社会调查理论与方法(实践)

主　编　王高飞　李　梅
副主编　杨宏慧　李　明

哈爾濱工程大学出版社

内容简介

本书以社会调查活动为研究对象,分为理论篇、方法篇和实际应用篇,由浅入深地介绍了社会调查的一般原理、基本程序及主要方法。通过学习本课程,使读者增加对社会信息的搜集、整理、加工与分析的能力,提高深入实际进行社会调查研究的能力。本书既吸收了国内外学者的最新研究成果,又进行了创新性的理论探讨。与同类教材相比,更具有理论性、可读性、可操作性。

本书可供各类本、专科院校的社会学、管理学等专业学习使用。

图书在版编目(CIP)数据

社会调查理论与方法:实践 / 王高飞,李梅主编. —哈尔滨:哈尔滨工程大学出版社, 2016.6

ISBN 978 -7 -5661 -1282 -8

Ⅰ. ①社… Ⅱ. ①王… ②李… Ⅲ. ①社会调查 Ⅳ. ①C915

中国版本图书馆 CIP 数据核字(2016)第 143362 号

选题策划 卢尚坤
责任编辑 张忠远　马中月
封面设计 恒润设计

出版发行　哈尔滨工程大学出版社
社　　址　哈尔滨市南岗区东大直街 124 号
邮政编码　150001
发行电话　0451 -82519328
传　　真　0451 -82519699
经　　销　新华书店
印　　刷　哈尔滨市石桥印务有限公司
开　　本　787 mm×960 mm　1/16
印　　张　23
字　　数　471 千字
版　　次　2016 年 6 月第 1 版
印　　次　2016 年 6 月第 1 次印刷
定　　价　66.00 元
http://www.hrbeupress.com
E-mail:heupress@hrbeu.edu.cn

前言

PREFACE

人类的社会生活丰富多彩、复杂奇妙，长期以来，人们一直没有停止过对社会现象、社会规律等的探索和研究。在此过程中，逐渐形成和发展了多种研究方法与技术，其中，社会调查成为社会科学最为常见的一种研究方式。

作为一项非常古老的研究方式，社会调查可以追溯到数千年前。当人类进入奴隶制社会之后，随着阶级、国家、战争等一系列新的社会现象的出现，统治者为了能够更好地控制与管理其领土及子民，在全国范围内或领域内开始了对人口、土地、劳动工具等社会基本情况的调查。随着社会的不断发展，社会调查经历了由奴隶社会初期到封建社会末期的发展过程，后来又出现了现代意义上的社会调查。从19世纪开始至20世纪初，社会调查进入了初步发展阶段，在这个阶段，社会调查所关注的焦点逐渐从以往的行政统计调查领域扩大到现实社会中人们的生活条件、生活状况等社会领域。从20世纪二三十年代开始至今，社会调查进入迅猛发展的阶段，在原有的基础上，社会调查又出现了民意调查、市场调查和研究性调查等多种类型，所采用的技术与方法也得到了进一步的发展，具有了规范性、程序性、标准性等特点，并出现了一些专业的社会调查机构和部门，承担了种类繁多的调查研究任务。

为了能够更好地对社会调查进行研究，笔者在深入了解社会调查理论与方法的基础上，撰写了《社会调查理论与方法（实践）》一书。本书共有十四章内容，第一章主要介绍了社会调查的概念、功用与原则；第二章主要对社会调查的发展历程进行了梳理；第三章对社会调查的基本要素进行了阐述；第四章主要对社会调查的基本原理进行研究；第五章至第八章对社会调查的常用方法和主要方法进行总结梳理，并着重介绍了两种最重要的社会调查方法——问卷法和抽样法；第九章对社会调查工具及设计进行阐述；第十章对调查资料的整理与加工的相关内容进行详细介绍；第十一章与第十二章对调查资料进行了定性分析与定量分析,其中定量分析介绍了最常使用到的部分内容,以便于各层次的读者学习;第十三章介绍调查报告的写作方法;第十四章介绍社会调查成果的应用,并通过具体的案例进行生动说明。其中,王高飞编写了第一章至第六章,李梅编写了第七章至第九章,杨宏慧编写了第十章与第十一章,李明编写了第十二章至第十四章。

总体来说,本书结构清晰明了,层次分明,语言上通俗易懂,在对社会调查的理论与方法进行全面阐释的同时又突出重点。全书分为理论篇、方法篇、实际应用篇,由浅入深、深入浅出地对社会调查理论与方法进行全面解读和阐释,适合各个层次的读者学习使用。相信本书的出版能够让广大读者加深对社会调查的认识,为社会调查研究提供一些新的思路。

本书在撰写过程中参阅了许多有关社会调查的著作,同时也引用了许多专家和学者的研究成果,在此表示最诚挚的谢意!由于时间仓促,作者水平有限,错误和不当之处在所难免,恳请广大读者提出宝贵意见,以便本书日后的修改与完善。

编　者

2016 年 4 月

目录

CONTENTS

理 论 篇

第一章 社会调查研究概述 …… 1
第一节 社会调查的概念与特征 …… 2
第二节 社会调查的功能与作用 …… 7
第三节 社会调查的程序与原则 …… 12
思考题 …… 20
第二章 社会调查的发展历史及特点 …… 21
第一节 古代的社会调查及其特点 …… 21
第二节 近代的社会调查理论及方法 …… 24
第三节 现代的社会调查理论及方法 …… 28
思考题 …… 34
第三章 社会调查的基本要素 …… 35
第一节 社会调查的主体 …… 35
第二节 社会调查客体 …… 48
第三节 社会调查方法 …… 60
思考题 …… 70
第四章 社会调查研究的基本原理 …… 71
第一节 社会调查研究的逻辑过程 …… 71
第二节 研究假设 …… 76
第三节 操作化 …… 79

第四节　社会测量 …… 83
思考题 …… 91

方　法　篇

第五章　社会调查的常见方法 …… 92
第一节　全面调查法 …… 92
第二节　抽样调查 …… 96
第三节　典型调查 …… 105
第四节　个案调查 …… 111
第五节　纵贯调查 …… 116
思考题 …… 120
第六章　社会调查的其他主要方法 …… 121
第一节　文献法 …… 121
第二节　实验法 …… 136
第三节　观察法 …… 144
第四节　访谈法 …… 154
思考题 …… 165
第七章　问卷调查法 …… 166
第一节　问卷调查法的含义及类型 …… 166
第二节　问卷设计的原则和步骤 …… 171
第三节　问卷调查实施 …… 184
第四节　对问卷调查法的评价 …… 188
思考题 …… 192
第八章　抽样法 …… 193
第一节　抽样概述 …… 193
第二节　概率抽样 …… 200
第三节　非概率抽样 …… 208

第四节　样本规模 …… 212
思考题 …… 214

实际应用篇

第九章　社会调查的工具设计 …… 215
第一节　调查指标的设计 …… 215
第二节　社会问卷的设计 …… 225
第三节　测量量表的设计 …… 235
第四节　计算机在统计分析中的运用 …… 239
思考题 …… 243
第十章　调查资料的整理加工 …… 244
第一节　调查资料的审核 …… 244
第二节　调查资料的整理 …… 248
第三节　调查资料的汇总 …… 256
思考题 …… 265
第十一章　调查资料的定量分析 …… 266
第一节　定量分析的一般问题 …… 266
第二节　基本分析方法 …… 273
思考题 …… 279
第十二章　调查资料的定性分析 …… 281
第一节　定性分析的一般问题 …… 281
第二节　比较分析与类型分析 …… 286
第三节　因果分析与矛盾分析 …… 294
第四节　结构分析和功能分析 …… 304
思考题 …… 313
第十三章　调查报告的写作方法 …… 314
第一节　调查报告的特点与类型 …… 314

第二节　社会调查的内容与结构 …… 320
第三节　调查报告基本写作要求 …… 329
思考题 …… 337
第十四章　成果的应用 …… 338
第一节　社会研究成果的应用 …… 338
第二节　社会调查研究成果评价 …… 343
第三节　一个例子 …… 345
思考题 …… 356
附录　SPSS 的简单用法和相关操作 …… 357
参考文献 …… 359

理论篇

第一章　社会调查研究概述

【本章提要】

该部分是对社会调查研究一些基本问题的介绍。它界定了社会调查研究概念的外延和内涵,阐释了社会调查研究的基本特征,指出了社会调查研究的目的及作用,说明了社会调查研究的对象,介绍了社会调查研究的沿革及发展趋势,以使大家对社会调查研究有一个初步的了解,为以后各章节的学习打下基础。

【学习要求】

1. 了解:社会调查研究的目的及作用;社会调查研究的发展过程。
2. 掌握:社会调查研究的概念;社会调查研究的特征;社会调查研究的对象。

社会如同万花筒,五彩缤纷,变化无穷。面对这纷繁复杂的社会现象,如何正确地了解它、认识它、剖析它,怎样正确选择认识社会的角度,怎样才能将所学理论和社会实际相结合,怎样将自己的聪明才智和改造社会相统一,最基本、最直接的方法就是向社会作调查。这是理论和实践相结合的桥梁,是认识社会、改造社会的基础活动和正确途径。人们认识世界是为了改造世界。人们要认识社会,改造社会,把社会推向前进,为人类自身创造更良好的社会环境。调查研究就是认识社会、认识事物的一个最基本的方法。调查那些变化发展中的客观事物,对所取得的资料进行去粗取精、去伪存真、由此及彼、由表及里的科学的分析研究,并从中找出相互联系,找出固有的客观规律,为决策者制定正确的方针政策提供科学依据,使决策更科学化。

第一节 社会调查的概念与特征

社会调查是现代社会研究的重要方式之一,是现代社会管理的重要基础工作,也是现代社会研究工作者和现代社会管理工作者必须掌握和运用的基本专业技能。社会调查有自身的一整套理论与方法知识,要有效地掌握这套理论与方法知识,当从掌握其概念与特征入手。

一、社会调查的概念

社会调查的通常说法就是"调查"。"调查"一词是由"调"和"查"二字组合而成的。"调"具有计算、算度的意思。《汉书·晁错传》有云:"调立城邑,毋下千家。"颜师古注曰:"调,谓算度之也。总计城邑之中令有千家以上也。""查"指寻检、考核、考察、考究。调查,意即通过对客观事物的考查、考究、计算、算度来了解客观事物本来面目的一种科学认识活动。关于社会调查的概念,目前学术界的认识不一,看法各异,主要体现在两个方面。

1. 称谓不一

目前,国内外对社会调查的称谓很不一样。就中文称谓来讲,有称"社会调查"的,也有称"社会调查研究"的;有称"调查方法"的,也有称"调查研究方法"的;有称"社会调查方法"的,也有称"社会调查研究方法"的;有称"问卷调查方法"的,也有称"抽样调查方法"的。就英文称谓来讲,有称为"Social Survey"的,有称"Social Investigation"的,有称"Social Research"的,还有称"Social Methods"的等。

2. 界定不一

对于社会调查的界定,不同学者的说法也不尽相同。例如,有的在比较抽象的层次上把社会调查视为人们认识社会的一种实践活动,有的则只在十分具体的层次上把社会调查看作社会研究的一种资料搜集方法;有的从非常宽泛的视角上把到社会中了解情况的各种不同活动都统统归入社会调查的范围,有的则从十分狭窄的视角上只把那种以自填问卷和结构式访问的方法,从一个随机样本中搜集资料的工作称作社会调查;有的认为社会调查的全部工作只是搜集资料，不包括对社会现象的分析研究，有的则认为社会调查不仅包括搜集资料的工作，还包括基于搜集到的资料对社会现象进行分析研究的工作。总之，目前学术界关于社会调查的说法颇多，分歧较大。其实，关于社会调查的称谓和界定的分歧意见都是可以调和的。一般来说，社会调查又称为社会调查研究，指人们有目的的调查研究，它是指人们有意识地通过对客观存在的社会现象的系统考察、了解、分析和研究，来具体地把握现实社会状态及其发展变化趋势的一种科学认识活动。关于社会调查这一概念的实质含义，可以从以下几个方面深入理解。

(1)社会调查的实质

社会调查的实质是一种对客观存在的社会现象进行科学考察的科学认识活动。社会调查作为一种科学认识活动，其基本目的是把握现实社会状态及其发展变化趋势，因而，它与其他对客观存在的社会现象的认识活动有着明显的区别。首先，它不同于对社会现象的直觉感悟。直觉感悟是凭人的感觉和悟性来认识客观存在的社会现象，而社会调查则要深入实际，通过对客观存在的社会现象的具体考察、了解、分析和研究来认识客观存在的社会现象。其次，它不同于对社会现象的日常观察。日常观察通常是一些无意识或潜意识的活动和一些无组织、无系统的活动，而社会调查则是在一定理论的指导下，有目的、有计划、系统地了解各种社会现象，并对所观察到的社会现象给出科学解释的活动，它必须以经验事实和逻辑法则为依据，必须以科学程序与科学方法为保证。

(2)社会调查的基本任务

社会调查的基本任务是具体把握现实社会状态。所谓现实社会状态是指一定社会系统在其内外各种因素的相互联系与相互作用下所形成的实际存在情形与具体运动形式的综合表征。任何社会都是一种客观存在，任何一个社会从产生时起，就处在一定的社会状态之中。社会状态制约着一定社会的构成、运行和发展，同时也决定着一定社会的管理与改造任务。正因为这样，有效把握一定社会的现实社会状态，既是评价社会构成与社会运行优劣的依据，也是开展社会管理与社会工作的基础。社会调查作为一种科学认识活动，其基本的任务就是通过科学地考察、了解、分析和研究客观存在的各种社会现象，系统地掌握表征一定社会及其构成要素的存在情形与运动形式的各种社会信息，具体地展现真实的社会状态，进而对社会现象作出解释，对社会发展作出预测，为人们有效地管理社会和改造社会提供科学认识的依据。

(3)社会调查的过程

社会调查的过程是一个完整的社会信息处理过程。一个完整的社会信息处理过程包括四个环节,即社会信息的输入、社会信息的转换、社会信息的输出、社会信息的反馈。在社会调查过程中,社会调查者对客观存在的社会现象进行考察、了解。具体搜集社会信息的环节,实际上是对社会调查系统输入社会信息的环节;社会调查者对各种社会信息进行整理、加工、分析、研究的环节,实际上是对进入社会调查系统中的社会信息进行转换的环节;社会调查者将转换的社会信息撰写成社会调查成果并提供给社会管理者和社会工作者等参考的环节,实际上就是社会信息输出的环节;社会管理者和社会工作者将对社会调查成果的评价和社会调查成果的使用效果反馈到社会调查系统的环节,实际上就是社会信息反馈的环节。可见,社会调查的过程确实是一个完整的社会信息处理过程,社会调查工作实质上是一种社会信息工作。

(4)社会调查的方法

社会调查的方法是一套完整的科学认识方法。有人认为,社会调查是一种感性认识活动,它只需要感性认识的方法,这是一种不正确的观点。实际上,社会调查既包括感性认识的方法,也包括理性认识的方法。社会调查要有效地把握现实社会状态及其发展变化趋势,首先必须走进社会,到社会中去考察了解各种客观存在的社会现象,搜集表征一定社会及其构成要素存在情形与发展势态的各种事实资料和数据资料,获得对社会现象的感性认识,因而似乎它应该采用感性认识的方法。但是,社会调查要有效地把握现实社会状态及其发展变化趋势,仅有感性认识的方法是不够的,它还必须采用理性认识的方法。社会调查不能仅仅停留于一般的感性认识层次,罗列各种再现客观存在的社会现象的事实资料和数据资料,而是要上升到理性认识层次,要通过对各种事实资料和数据资料的整理、加工、分析、研究,形成对现实社会状态及其发展变化趋势的准确描述、科学解释以及确定可靠的观点和结论。所以,社会调查同样要采用理性认识的方法。

二、社会调查的特征

社会调查(或称社会调查研究)是人类认识活动的一种重要方式,也是现代社会研究的一种重要方式。社会调查的特征,从某种意义上来说,实质上是社会调查区别于一般人类认识活动和社会研究活动的一些属性。

1. 目的性特征

任何社会调查活动都有着明确的目的。所谓目的,在这里即指社会调查的根本目标。没有目的的社会调查是毫无意义和价值的,事实上也是不存在的;目的不明或混淆了不同的目的,也必然会造成社会调查活动的紊乱。社会调查的过程实际上是一个负熵过程。熵是一个用于表示事物无序、模糊和不确定性的物理量,负熵则是一个用于表示事物有序、清晰和程度确定的物理量。负熵过程即增强事物的有序性和清晰性、消除事物的不确定性和降低事物的紊乱程度的过程。社会调查的出发点在于促使人们对社会的认识从无序到有序,从模糊到清晰,从不确定到确定,因此,它是一个负熵过程。任何负熵过程都必须是以明确的目的为基础的,没有明确的目的,负熵过程就不可能实现。社会调查作为一个负熵过程,当然是以明确的目的为基础的,所以,从其科学性而言,社会调查的目的性特征是显而易见的。事实上也是如此,在社会调查实践中,我们不难发现,无论何种内容与形式的社会调查,只要它是真正的社会调查,就不会没有相应的目的。目的性是社会调查区别于诸多日常观察活动的一个重要特征。

2. 自觉性特征

社会调查作为一种人们认识社会的活动,具有自觉性特征。社会调查的自觉性是指社会调查在明确目的的基础上,能自觉地按照相关的科学理论,遵循一定的社会规范,运用有效的科学方法,有计划、有步骤地对确定的对象和范围进行调查活动。社会调查的自觉性具体体现在三个方面:

(1)社会调查是一种有目的的认识活动。社会调查的自觉性,从根本上讲,是建立在社会调查的目的性基础之上的,社会调查所具有的目的性,从根本上确立了社会调查的自觉性,使社会调查成为一种自觉的认识活动。

(2)社会调查是一种科学的认识活动。社会调查作为一种科学的认识活动,它能自觉地按照一定的科学理论和科学方法进行,并在运作过程中还能自觉地排除各种非科学的理论和非科学的方法的干扰。

(3)社会调查是一种规范的认识活动。社会调查作为一种认识社会的活动,它总是自觉地依据一定的社会规范来进行。这些社会规范主要包括作为一种社会活动的道德规范、法律规范、政策规范等。

3. 社会性特征

社会调查是一种以社会为对象的科学认识活动,它有着明显的社会性。社会调查的社会性特征,首先表现在社会调查的客体上。社会调查的客体是社会现象,这种社会现象是一种集体性的现象,而不是个体活动的简单累加。把社会中出现的一切现象都看作是社会现象,只是一种常识。社会调查活动作为一种科学认识活动,其对象有确定的含义,即表示一种综合的现象,它是人类社会中人与人之间相互联系、相互影响、相互作用的具体反映。社会调查的社会性特征,其次表现在社会调查主体与社会调查客体的相互关系上。在社会调查过程中,社会调查主体对社会调查客体的反映,绝不是一种机械的、照镜子式的反映。社会调查的过程实际上更多的是一种作为社会调查主体的人与作为社会调查客体的人的相互交往的过程。这种作为社会调查主体的人与作为社会调查客体的人的相互交往,实际上形成了一种特殊的社会关系,在这种社会关系中既有社会协作,又有社会冲突,因而使社会调查的社会性特征表现得更加显著。

4. 程序性特性

所谓程序,是指事物运动和事情进行的先后次序,它所强调的是事物运动和事情进行的分步特性。社会调查的程序性是指社会调查具有清晰可辨的、十分完备的运作程序的特性。社会调查作为一种科学的认识活动,其程序性是十分明显的,具体体现在:

(1)社会调查十分重视运作过程的分步特性,按照严格的时序安排调查研究的具体作业步骤;

(2)社会调查十分重视运作过程的周密计划,对调查研究过程中的具体作业事项精心划分,并纳入适当的作业步骤予以实施;

(3)社会调查十分重视运作过程各作业步骤的逻辑衔接与分步推进,确保整个调查研究过程结构的完备性。

在现代社会调查中,社会调查的程序性深为社会调查工作者所重视,我们今天所采用的社会调查四步推进法(即筹划准备、资料搜集、整理分析、总结评估四个步骤),正是依据社会调查的程序性而设计的社会调查程序。

5. 服务性特征

社会调查作为一种系统地考察、了解、分析、研究客观存在的社会现象,有效地把握现实社会状态及其发展变化趋势的科学认识活动,相对于其他各种具体社会实践活动来讲,具有明显的服务性特征。社会调查的服务性特征具体表现在三个方面：

(1)社会调查通过搜集和处理各种社会信息，获得有关现实社会状态及其发展变化趋势的认识成果，能为政府机关及社会管理部门发现社会问题、预测社会趋势、制定社会政策、实施社会控制等提供社会信息保证，服务于政府机关和社会管理部门的社会行政和社会管理；

(2)社会调查通过搜集和处理各种社会信息，获得有关现实社会状况及其发展变化趋势的认识成果，能为社会组织的经营管理决策和其他组织活动的开展提供社会信息支持，服务于社会组织的经营管理活动和其他各项社会活动；

(3)社会调查通过搜集和处理各种社会信息，获得有关现实社会状态及其发展变化趋势的认识成果，能为社会成员的社会生活和社会行动提供社会信息帮助，有利于社会成员在现代高速流变的社会中有效地生活。

第二节　社会调查的功能与作用

社会调查既是一种科学的认识活动，也是一种科学的认识方式。作为一种科学的认识活动，社会调查有其特定的认知功能；作为一种科学的认识方式，社会调查有其广泛的社会作用。正确认识社会调查的功能和作用，对于我们合理地开展社会调查，有效地服务于各项社会管理与社会工作至关重要。

一、社会调查的基本功能

社会调查作为一种科学的认识活动，是在系统地、直接地搜集有关社会现象的经验材料的基础上，通过对所获得的信息资料的分析来综合、科学地阐明现实社会的状况及发展变化的规律。社会调查包括调查和研究两方面的工作内容(或两阶段的运作过程)，透过调查和研究两方面的工作内容(或两阶段的工作过程)来进行分析，人们可以从中发现社会调查的许多功能。

1. 感知功能

社会调查作为一种科学的认识活动，其最基本的功能是对社会现象的感知功能。所谓感知功能，即社会调查所具有的通过感性认识活动来考察社会现象，感知社会现象，以实现对社会的真实情况有切实了解的功能。人们了解社会情况,通常有多种途径,如听取别人讲述,收听广播,阅读报刊、书籍和调查报告,观看电视新闻,查阅网上信息等。这些手段虽然都是必要的,但如果仅仅依此了解社会则是片面的,因为这样获得的资料都是第二手资料,是别人的经验,或是书本的知识,它不能代替自己的实践,不能代替自己的感知。马克思主义的认识论认为:物质是第一性的,理性思维是第二性的;实践是第一性的,认识是第二性的;人们对客观世界的认识都必须首先从感性认识开始。毛泽东同志曾经指出:"要了解情况,唯一的方法是向社会作调查。""没有调查就没有发言权。"①社会调查作为一种科学的认识活动,是建立在感性认识活动的基础之上,并通过感性认识活动来考察客观存在的社会现象,感知客观存在的社会现象,了解现实社会的真实情况的。通过感性认识活动过程在现实社会生活中搜集具体的经验材料、考察客观存在的社会现象、了解现实社会的真实情况,是社会调查区别于其他社会认识活动的一大特色。这一大特色,恰恰是社会调查对社会现象感知功能的具体体现。当然,社会调查也并不局限于只到现实社会生活中搜集具体的经验材料,作为一种科学的认识活动,社会调查也通过搜集第二手资料来了解社会和认识社会,尤其在第二手资料较为真实可靠且第一手资料不易获取或没有必要去做重复搜集的情况下,社会调查对第二手资料还是相当重视的。

2. 描述功能

所谓描述功能,是指社会调查所具有的对现实的社会状态进行客观、精确的描述的功能。从理论上讲,社会调查通过对社会现象进行系统的考察,全面搜集各种社会信息,通过对其整理、综合、归纳的过程,便完全可以实现对现实社会状态的描述;从实践上来看,对现实社会状态作出客观、精确的描述,是现代社会调查起码的任务和要求。对社会状态进行描述是深入认识社会的基础,人们若对社会状态达不到描述的程度,简直就无法深入地认识社会。正是在这个意义的基础上,社会调查的描述功能被人们视为一种极为重要的基本功能。社会调查对社会状态的描述功能体现在多个方面,最主要的有如下几项。

(1)对社会现象所处状态的描述

例如,对社会中的离婚现象,通过一项社会调查,我们可以较为准确地描述出当前离婚现象的普遍程度、基本特点、地区差异、时段差异、民族差异,以及离婚者的年龄分布、文化

---

① 《毛泽东选集》第三卷,人民出版社,1953 年版,第 789 页。

程度分布、职业分布、婚龄分布等基本情况。这种描述，能提供给人们关于某一社会现象存在和变化的具体情况的完备的信息。

(2)对社会系统所处状态的描述

对社会系统所处状态的描述是指对一定社会系统现实的社会状态的描述，它是一种高层次的综合性描述。这种描述通常是对社会系统的各种构成因素或影响因素进行多个分项调查后通过各种指标综合实现的。例如，在我国，对以地域为标准划分的社会系统所处状态的描述，就是经过对十多个项目的分项调查后通过指标综合而实现的。这些项目是：

①自然环境；

②人口与家庭；

③劳动；

④居民收入与消费；

⑤劳动保险与社会福利；

⑥住房与生活服务；

⑦教育与培训；

⑧科学研究；

⑨卫生与环境保护；

⑩文化与体育；

⑪生活时间分配；

⑫社会秩序与安全；

⑬政治活动与社会活动参与情况等。

总之，社会调查具有对社会状态的描述功能。它不仅具有对单一社会现象状态的描述功能，而且具有对复合社会现象状态的描述功能；不仅具有对微观社会状态的描述功能，而且具有对宏观社会状态的描述功能。

3. 解释功能

所谓解释功能，是指社会调查所具有的对社会现象和社会系统所处状态的形成原因进行科学解释的功能。任何社会现象的存在与变化都有其内在和外在的原因，任何社会系统所处状态的形成亦是如此。人们要对社会有深入的认识，只对社会现象和社会系统所处的状态作出客观、精确的描述，即回答社会现象“是什么”或社会系统“怎么样”这类问题还是不够的，至少还应对社会现象和社会系统所处状态的形成原因作出解释，即回答社会现象和社会系统“为什么是这样”或“为什么会如此”这样的问题。社会调查同样可以满足这一要求。其基本做法是依据各种社会现象之间或社会系统各构成因素之间的相互联系，具体分析研究有关社会现象和社会系统，从而发现和揭示有关社会现象之间和社会系统各构成因素之间的必然的、本质的联系，找出其规律性，最终实现对有关社会现象和社会系统所处状况的形成原因作出合理的解释，实现对社会现象和社会系统所处状态作出客观描述，也即在“知其然”的基础上真正实现“知其所以然”，解决对社会现象和社会系统的深层次的认识问题。举例来说，国外社会学家在研究自杀问题时对自杀这一社会现象首先作了描述，如“男人比女人的自杀率高”“富人比穷人的自杀率高”“城市居民比农村居民的自杀率高”等，这些就是客观存在的自杀这一社会现象的所处状态。但是如何解释这些社会现象呢？也就是说，为什么不同的人群会有不同的自杀率？导致自杀的主要原因是什么？国外社会学家通过认真的调查和科学的分析最终解答了这些问题。他们指出，尽管每个自杀的人都有其特殊的具体原因，但是作为一种社会现象的群体之间自杀原因的不同，其主要是因为社会整合（或社会一体化）程度的不同。例如，穷人之间、妇女内部的人际关系比富人之间、男人内部更紧密，因此前两类人自杀率较后两类人低。① 这一例子说明，社会调查对社会现象或社会系统所处状态形成原因的解释已经不再是停留于经验层次，而是上升到理性认识的高度。

4. 预测功能

所谓预测，是指人们在业已掌握的知识和信息的基础上，通过运用一定的科学方法，预先推知事物的发展趋势，预见事物的未来状态的一种特定的科学认识活动。原苏联社会科学家 B. B. 科索拉波夫指出：预见是任何发达科学不可分割的一种功能。②事实上，社会调查也具有这种功能，我们称之为预测功能。在社会调查中，预测功能可以理解为社会调查者通过开展社会调查，在业已掌握的社会知识和社会信息的基础上，借由一定的预测方法，所能具体发挥出来的预先推知社会现象或社会系统的发展趋势，预见社会现象或社会系统的未来状态的功能。社会调查之所以具有预测功能，是因为通过社会调查的具体调查环节可

---

① 袁方，《社会调查原理与方法》，高等教育出版社，1990 年版，第 7 页。

② ［苏］B. B. 科索拉波夫，《社会预测与方法论》，贵州人民出版社，1985 年版，第 17 页。

以搜集到有关社会现象或社会系统的诸多社会信息，再经过社会调查分析研究阶段对各种社会信息的深度加工，可以揭示出社会现象或社会系统存在与变化的规律，根据社会现象或社会系统存在与变化的规律，人们便可以对社会现象或社会系统的发展趋势作出预先的推知，并对其未来状态作出科学的预见。预测功能是社会调查的一种重要功能。按科学的理论来分，评价一门科学的发达程度和成熟程度的重要尺度是其预测能力的有无和大小。根据这一道理，我们认为，社会调查的最大价值在于预测未来社会将要发生的一切，而不是描述和报道现实社会已经确定的一切。在现代社会中，社会调查的预测功能日渐受到人们的重视，并且借由人们广泛开展的各种预测性的社会调查研究活动而得以充分显现。如今，人们可以通过人口调查进行人口预测，通过市场调查进行市场预测，通过劳动就业调查进行劳动就业预测等。当然，由于社会现象和社会系统的影响因素是复杂多样的，社会调查预测功能的发挥肯定要受到许多主客观条件的制约。因此，在通常情况下，社会领域的预测不可能像自然科学领域的预测那样精准。

二、社会调查的作用

马克思主义者历来重视调查研究，认为没有经过调查研究而获得的知识是不会对人类有益处的。调查研究是马克思主义的基本工作方法，是辩证唯物主义的重要组成部分，也是我们做好一切工作的基础。当前，我们正处在全面开创社会主义现代化建设新局面的历史时期，新情况、新问题层出不穷。我们既要善于总结历史的经验教训，更要重视深入实际，对现实问题作周密的调查研究。只有勤奋地、及时地、精心地研究新情况，总结新经验，解决新问题，才可以为各级领导机关制定正确的方针、执行正确的政策提供可靠的依据，而且坚持宣传辩证唯物主义，坚持实事求是，一切从实际出发，理论联系实际，反对唯心主义形而上学，克服官僚主义，培养和造就社会主义事业的管理和领导人才，都会发挥重要作用。具体作用可以总结为以下四点：

(1)从感性认识入手来了解社会的真实情况；

(2)客观描述社会现象的一般状况、过程和特点；

(3)解释社会现象的产生、发展和变化，揭示社会现象的本质和发展规律；

(4)预测与控制社会现象的发展。

第三节 社会调查的程序与原则

社会调查的程序与原则问题,实际上是一个社会调查的科学规范问题。社会调查是社会管理工作及其他社会工作的基础工作,社会调查能否科学规范地进行,不仅影响社会调查本身的成效,而且事关社会管理工作及其他社会工作的成败。因此,在社会调查中,为了确保社会调查工作的顺利进行和社会调查成果的有效取得,必须强调包括社会调查的程序和社会调查的原则在内的社会调查的科学规范问题。

一、社会调查的一般程序

社会调查是一种对客观存在的社会现象进行科学考察的认识活动,它必须根据人的认识规律,科学地安排运作程序。所谓社会调查的程序,一般来讲,是指对一定社会系统客观存在的社会现象进行科学考察和深入认识的过程,具体地说,它是根据人的认识过程和认识规律而确定的几个具有严密逻辑联系和最佳运作效率的实施阶段。

1. 筹划准备阶段

筹划准备阶段是社会调查的基础阶段和重要环节。社会调查能否满足社会管理与社会工作对社会信息的需求,在很大程度上取决于筹划准备阶段的工作内容与工作质量。社会调查筹划准备阶段的工作内容主要包括以下三项。

(1)确立调查任务

社会调查的内容范围是十分广泛的,社会管理与社会工作中所需要的社会信息也是千头万绪的,任何一次社会调查都不可能包罗万象。如果眉毛胡子一把抓,便会使社会调查没有重点,没有针对性。社会调查应该首先确立调查任务,这就是说,要通过对人们面临的现实社会问题的探讨,根据社会管理与社会工作对社会信息的实际需要,确立具体的、实在的社会调查任务,使社会调查真正做到有的放矢。

(2)开展调查设计

调查任务的确立,实际上是对整个社会调查研究工作提出了具体目标。目标提出后,怎样达到这一目标便成为社会调查者所要思考的一个大问题。社会调查是要使人们对社会现象的认识从模糊转变为清晰,使人们对社会状态的认识从不确定转变为确定,因此,靠蛮干是不行的。要有效地完成社会调查的任务，首先必须进行周密的社会调查设计，而不是急于到社会中去搜集资料。社会调查设计的任务较多，主要包括调查课题设计、调查指标设计、调查方案设计、调查样本设计、调查问卷设计、调查过程设计等。

(3)准备调查条件

社会调查在考虑社会管理与社会工作的实际需要的同时还必须准备一系列的条件以作保证，因此，准备调查条件也是社会调查筹划准备阶段的一项重要工作。调查条件主要涉及三个方面：

一是人员条件。社会调查的人员条件不仅包括数量要求，而且包括知识、能力、素质等方面的质量要求，社会调查机构要根据本次社会调查的需要，有针对性地开展调查人员的选用培训工作。

二是经费条件。社会调查活动需要经费的支持，要做好经费预算，确保经费到位。

三是物质条件。社会调查往往需要一些物质技术手段的支持，如录音机、摄像机、录像机、照相机、电话机、电传机、计算机等，都是社会调查中所需要的物质条件，一般都应准备好。

2. 资料搜集阶段

资料搜集阶段也称为具体调查阶段，是整个社会调查过程中最为重要的阶段。整个社会调查能否按照社会调查筹划准备阶段所确立的调查任务的要求和所设计的调查方案的规定有效地进行，关键是看资料搜集阶段或者说具体调查阶段的实施情况。资料搜集阶段的主要任务包括实际搜集资料和争取多方支持。

(1)实际搜集资料

资料搜集阶段是社会调查过程中唯一的现场实施阶段。因此，根据社会调查方案的要求，采取各种调查方法来实际搜集各种资料，是资料搜集阶段的根本任务，资料搜集阶段的其他任务都要围绕这一根本任务的顺利完成来进行。在社会调查中，搜集资料的方法是多种多样的。从分类学的角度讲，根据搜集资料方式的不同，可以划分为直接搜集和间接搜集；根据搜集途径的不同，可以划分为正式途径搜集和非正式途径搜集；根据调查者的显隐特征的不同，可以划分为公开搜集和秘密搜集等。但无论采用上述哪一种资料搜集方法，都始终离不开以下的基本方法，即访谈调查法、问卷调查法、文献调查法、电话调查法、实验调查法等。

社会调查中所要搜集的资料可分为两种,一是原始资料,二是现成资料。原始资料也称第一手资料,即调查者深入现场实地调查所搜集的资料,它是社会调查资料搜集的重点。现成资料也称第二手资料,即经过他人搜集、记录或已经整理的资料,有的为了减轻调查负担、避免重复劳动或校核原始资料,也要适当搜集一些现成资料。在社会调查过程中,无论搜集何种资料,也无论采用何种方法搜集资料,都应以资料的真实、准确、全面、丰富为原则。

(2)争取多方支持

资料搜集阶段是社会调查者在一定的社会环境中与被调查者正式接触的阶段,也是社会调查者受各种外部因素制约而无法完全控制自己工作过程的阶段。为了确保资料搜集工作的顺利进行,真正搜集到真实、准确、全面、丰富的资料,社会调查者必须有效协调公众关系,争取多方支持。具体的工作内容有:

第一,要协调好与被调查者的关系,努力争取他们的支持与合作。在社会调查中,被调查者不是消极地被反映,而是能动地被反映,每一个被调查者在接受调查时,也在对调查者进行“调查”,并根据自己的“调查”结论来决定对调查者的态度和与调查者的合作程度,因此,社会调查者必须特别重视协调好与被调查者的关系,求得被调查者的大力支持与通力合作。

第二,要协调好与那些和调查者有关的组织及人士的关系,努力争取他们的支持与帮助。在社会调查中,与被调查者有关的组织及人士是不可忽视的一支力量,他们有可能影响和阻碍调查者向被调查者采集信息,也可能支持与帮助调查者向被调查者采集信息,甚至还可能向调查者提供被调查者的有关信息,因此,社会调查者很有必要协调好与他们的关系,争取他们的积极支持和具体帮助。

3. 整理分析阶段

整理分析阶段也称为研究阶段,它是运用科学的方法,对搜集而来的各种调查资料进行提纯、整理,并加以分析、研究的信息处理过程。整理分析阶段是社会调查从感性认识到理性认识的飞跃阶段,它不仅能为解答社会管理与社会工作中所遇到或提出的问题提供理论认识和客观依据,而且能为社会学理论的发展做出贡献。整理分析阶段的主要任务包括整理调查资料和分析调查资料。

(1)整理调查资料

一般来说,经过资料搜集阶段从社会调查现场搜集来的调查资料具有三个特点:第一,这种资料多是原始状态的资料,它们真伪不分,良莠并存,真实度和准确度都比较低;第二,这种资料多是零乱无序的资料,它们内容分散,形式各异,有序度和完整度都比较低;第三,这种资料多是细小粗糙的资料,它们无主无次,冗余性强,概括度和有效度都比较低。自然,靠这样一些调查资料很难明晰地测度社会系统现实的社会状况,很难清晰地反映社会系统存在的社会问题,很难有效地预测社会系统发展变化的趋势。因此,对于经过资料搜集阶段搜集而来的社会调查资料,必须进行悉心的整理。社会调查资料的整理是社会调查资料分析研究的基础工作,是社会调查从调查阶段过渡到研究阶段、由感性认识上升到理性认识的一个必经的中间环节,通常被划归为社会调查研究过程中研究阶段。社会调查资料整理的工作内容主要包括:第一,按照真实性、准确性、完整性、标准性的要求对调查资料进行审核;第二,按照科学性、实用性、渐进性、相斥性的原则对调查资料进行分类;第三,按照条理化、系统化、精练化、规范化的要求对调查资料进行加工。

(2)分析调查资料

社会调查资料的整理,解决了社会调查资料的表层和形式上的一些不规范、不实用的问题,为社会调查资料的利用打下了较好的基础。但是,要使社会调查资料中的某些重要信息充分显现出来,以作为社会管理与社会工作的依据,单纯对社会调查资料进行整理是不够的,还要对社会调查资料进行科学的分析。社会调查资料的分析是社会调查者运用一定的科学分析方法,对社会调查资料的内容进行深度加工的过程。这一过程所运用的分析方法很多,一般可以概括为定性分析法和定量分析法两类。在这一过程中,社会调查者可以通过对已经整理的社会调查资料进行由此及彼、由表及里、由浅入深的计算、比较、推理、判断,发现隐匿于大量的调查资料中的某些重要信息,揭示隐藏在大量的调查资料背后的某些关键问题,并据此提出社会管理与社会工作的若干对策措施,形成社会调查的科学认识成果。社会调查资料的分析是社会调查的深化和提高过程,社会调查能否真正出成果,以及社会调查的成果究竟具有多大的作用,在很大程度上取决于这一过程的工作。

4. 总结评估阶段

总结评估阶段是社会调查的最后阶段。在社会调查过程中,社会调查者经过精心策划准备、广泛搜集资料,并对资料进行认真的整理分析,可以说已经付出了艰辛的劳动,取得了实际的成果,至此,社会调查便要转入总结评估阶段。社会调查总结评估阶段的主要工作有三项,即撰写调查报告、评估调查成果、总结调查工作。

(1)撰写调查报告

调查报告是在分析调查资料的基础上撰写而成的社会调查活动成果的书面报告,它是对社会调查活动成果进行总结的最主要的形式。在社会调查中,调查报告通常侧重说明调查的结果和研究结论,并对调查目的、调查过程、调查方法等进行必要的叙述和说明,同时提出有关的政策性建议和解决存在问题的方式方法,以供社会管理机构和社会工作部门参考。一般来说,比较规范的社会调查活动都要撰写调查报告。

(2)评估调查成果

社会调查成果到底有何价值,对此必须作出评价。评估调查成果一般由社会学界的专家和社会管理与社会工作领域的实际工作者结合进行。评估的指标主要包括两个:一是调查成果的学术价值,二是调查成果的应用价值。在学术价值方面,主要应对社会调查所提供的事实资料和数据资料、理论观点和研究结论等作出客观的评价。在应用价值方面,一般是根据社会调查成果被采用的情况及其对社会管理与社会工作的实际指导作用来作出具体的评价。

(3)总结调查工作

总结调查工作实际上是对整个社会调查活动的工作过程进行回顾和检讨,其内容主要包括社会调查工作的成功和不足,社会调查各阶段取得的工作成绩和具体收获,社会调查人员在调查工作中的具体表现和典型事例等。总结调查工作主要是为了积累成功经验,吸取失败教训,为日后的社会调查提供参考与借鉴。

二、社会调查的基本原则

社会调查是一种自觉考察客观存在的社会现象,正确把握现实社会状态及其发展变化趋势的科学认识活动。作为一种科学认识活动,社会调查必须遵循一定原则,才能真正获取真实、准确、充足、有用的社会信息,正确认识客观存在的社会现象,有效把握现实社会状态及其发展变化趋势。

1. 客观性原则

社会调查是一种主观见之于客观的行动,它首先必须遵循客观性原则。所谓客观性原则,指的是任何社会现象都是客观存在的,是不以个人意志为转移的,无论是什么人,只要他们排除主观因素的干扰,客观地观察事物就能得到同样的事实和结论。在社会调查中,客观性原则的要求是:社会调查者应从客观实际出发,采取客观的态度来考察各种社会现象,而不能带有个人的主观偏见和成见,更不能歪曲和虚构事实,以保证调查结果的可信度。社会调查者在具体社会调查中遵循客观性原则,必须努力做到如下几点:

第一,把社会现象当作客观事物来对待。法国社会学家迪尔凯姆在《社会学方法的规则》中指出:“社会现象是客观事物,要研究它,就必须把它当作事物来看待。既然是一个事物的问题,就无须以哲理推理它的性质,争辩与它相类似的初级现象,而只要把它呈现在社会学者面前的唯一可据的现象弄清楚就行。所有呈现在我们面前的或者有待于我们进行观察的都是客观的事物。把一切现象都看作事物,是所有科学的出发点。社会现象毫无疑问体现着这种性质。”①

第二,以事实为依据,让事实和数据“说话”。事实是客观的、具体的,是任何人也否定不了的。只有以事实为依据,让事实和数据“说话”,才能真正做到实事求是,获得正确的调查结论。

第三,坚持客观的态度,力排各种主观因素的干扰。社会调查中的主观因素范围很广,有调查者本身的主观因素、被调查者的主观因素、上级领导的主观因素等。在具体社会调查中,社会调查者除本身应坚持客观的态度,力排自身的主观性外,还要尽量做好工作,尽可能消除其他主观因素的干扰。

第四,努力提高认识水平,注意识别虚假现象。在现代社会中,这一问题广泛存在于社会的各个领域,对社会管理造成不良影响。社会调查者应加强学习,努力提高自己的认识水平,以便在社会调查中更好地识别各种虚假现象,剔除各种虚假信息,确保社会调查资料的真实可靠。

2. 科学性原则

社会调查作为一种科学认识活动,它必须遵循科学性原则。所谓科学性,一般是指科学活动及其成果的实证性和逻辑性。在社会调查中,科学性原则的基本要求是,社会调查应坚持科学态度,遵循科学理论,采用科学方法,社会调查的结论应建立在系统的经验观

---

① [法]迪尔凯姆,《社会学方法的规则》,华夏出版社,1999年版,第23页。

察、全面的事实依据和正确的逻辑推理之上,而不能以个别的、片断的、偶然的事实来直接推出调查结论。社会调查者在具体社会调查中遵循科学性原则,必须切实做到:

第一,坚持科学的态度。坚持科学的态度最基本的是要遵循客观规律。客观规律实质上是客观事物发展过程的内在的必然联系或趋势,它是不以人们的意志为转移的。任何人类社会活动都必须遵循客观规律。毫无疑问,社会调查也必须遵循客观规律。社会调查者只有遵循了客观规律,才能算是坚持了科学的态度。

第二,尊重科学的理论。理论是实践的指南。社会调查作为一种社会实践活动,需要以理论为指导。社会调查的指导理论首先是马克思主义、毛泽东思想和邓小平理论,其次是社会学理论和社会调查理论,再次是其他相关学科的理论。这些理论,社会调查者应当努力学习,切实掌握,正确运用。

第三,采用科学的方法。所谓科学的方法,一般是指合乎逻辑并具有实证性的方法,其具体形式就是系统的经验观察和正确的逻辑推理。在社会调查中,只有经过系统的经验观察才能获得客观的事实资料,只有经过正确的逻辑推理才能取得正确的调查结论,因此,坚持科学的方法是社会调查作为一种科学认识活动本身的需要。

3. 系统性原则

社会调查的根本任务,就是要从整体上把握一定社会系统的现实社会状态,进行社会调查,必须坚持系统性原则。所谓系统性,是指任何事物都是由相互联系、相互影响的若干组成部分或构成要素组成的系统的特性。社会是一个系统,而且是一个复杂的系统。社会可以从不同的角度划分为各个不同的子系统,即各个不同的组成部分或构成要素。这些不同的组成部分和构成要素相互联系、相互影响、相互制约,从而共同形成一定的社会状态。因此,社会调查的系统性原则要求社会调查必须立足于系统的、全面的、整体的高度来进行,要考虑到社会系统的各个要素、各个层次、各种活动之间的具体联系,以求完整地、全面地把握社会系统的现实社会状态及其发展变化趋势。社会调查者在具体社会调查中遵循系统性原则,必须特别注意两个问题:第一,所谓系统性原则,并不是说要抽象地、笼统地去考察和分析一个包罗万象的社会整体,而是要将所考察和分析的社会现象分解,然后对社会现象的各种复杂的联系进行分析与综合。第二,社会调查的目的不是要解释社会中属于个别人的个别现象,而是要说明社会中普遍的、宏观的社会现象,但这种说明离不开对社会中属于个别人的个别现象的分析。形象地说,社会调查的系统性原则,就是要求我们既看到“森林”，也看到“树木”，努力克服“只见树木，不见森林”或“只见森林，不见树木”的共性与个性、一般与特殊的认识偏向，真正做到整体与局部、与微观的有效统一。

4. 实用性原则

社会调查要讲究实用性原则。所谓实用性原则，是指社会调查要适应人们认识社会和改造社会的实际需要，为人们从事各种社会管理与社会工作提供各种有用的调查成果和社会信息，以确保社会管理与社会工作的顺利开展。社会调查的实用性原则是由社会调查的性质和特点所决定的。首先，社会调查是一种针对性很强的工作，其工作目标、任务往往是由现实的社会管理与社会工作的需要所决定的，因而社会调查只有根据现实的社会管理与社会工作的需要来具体开展，方能实现其自身的价值，取得良好的工作效益。其次，社会调查又是一项基础性工作，它贯穿于人们所从事的社会管理与社会工作的过程之中，各项社会管理与社会工作都应以它所提供的社会信息和研究成果为依据。因此，社会调查只有遵循实用性原则，为社会管理与社会工作提供实用的社会信息和研究成果，才能真正表明其存在和发展的实际意义和作用。再次，社会调查也是一种服务性工作，它是为人们所从事的社会管理与社会工作直接服务的，因而社会调查必须根据社会管理与社会工作的各种要求，针对所需来开展社会调查的筹划准备、资料整理、分析研究等各阶段的实务活动，以适用于不同情况下的社会管理与社会工作对特定社会信息的实际需要。总之，社会调查不能搞任何形式的花架子，即使是学术性、研究性的社会调查也不能搞花架子，而应始终坚持实用性原则，从选择调查课题、建立研究假设、确立分析单位、选择调查样本到具体搜集资料、整理加工资料和分析研究资料等，都要确保实用。

5. 时效性原则

现代社会是一个高速流变的社会，现实社会状态不是凝固的，而是在不断变化的。社会调查要为社会管理与社会工作提供有关现实社会状态及其发展变化趋势的社会信息，并取得良好的社会调查效益，必须遵循时效性原则。所谓时效性原则，就是指社会调查具有时间效益特性，要讲究时间效益。首先，社会调查的时间效益特性主要表现为社会调查的效益大小不仅与社会调查取得的成果大小有关，而且与取得某种成果的时间有关。社会调查的效益与取得的成果大小成正比，与耗费的时间成反比。一定时间内取得的社会调查成果越大，它的时间效益就越大；反之，则越小。取得一定调查成果所耗费的调查时间越长，它的时间效益就越小；反之，则越大。所以，社会调查工作必须注重时间效益，要用尽可能短的时间及尽可能快的速度,及时地搜集各种社会信息,准确地把握一定社会系统的现实社会状态及其发展变化趋势。其次,社会调查的效益大小,还与是否能及时提供、利用搜集到的反映一定社会系统的现实社会状态及其发展变化趋势的社会信息有关。社会信息本身具有时效性,反映一定社会系统的现实社会状态及其发展变化趋势的社会信息更具有时效性,时间一过就会大大贬值,甚至一点价值也没有。因此,社会调查者必须有时间紧迫感,要为社会管理工作和其他各项社会工作及时提供各种有用的社会信息。在现代社会中,社会变迁、社会流动的速度都在加快,社会状态越来越复杂多变,这就要求社会调查者更应积极主动、迅速及时地开展社会调查工作,不失时机地为社会管理部门和社会工作部门提供社会调查成果和社会信息服务。

思　考　题

1. 国内外社会调查研究概念的内涵和外延有何不同?
2. 社会调查研究的目的及作用是什么?
3. 社会调查研究的对象有哪些?
4. 社会调查研究有什么特点?
5. 简述近代社会调查的产生及其特点。
6. 现代中国的社会调查取得了哪些进步,还有哪些地方需要改进?

第二章　社会调查的发展历史及特点

【本章提要】

本章对于社会调查的起源、发展进行了详细的介绍。包括对古代的社会调查以及近代的社会调查都进行了梳理,并对各时期采用的社会调查方法及特点进行了总结,目的是使读者对于社会调查的发展历史有较为清晰的了解,培养读者对本课程的兴趣。

【学习要求】

1. 了解:社会调查的历史、发展脉络及各个时期其各自具有的特点。

2. 掌握:古代社会调查的特点,近代西方社会调查的理论及方法。

社会调查的理论及方法有其萌芽、产生和发展的历史阶段。社会调查的起源可以追溯到古代埃及和中国,但它成为一门方法论的科学却是从近代开始的。随着科学技术革命的蓬勃发展,现代社会调查的理论及方法也不断地得到发展和完善,成为人类文化的共同财富。它适应现代社会发展的迫切需要,给人类提供了认识社会现象、探索社会规律、指导社会实践、解决社会问题的重要理论及方法,并深刻地影响着社会生活的各个方面。

第一节　古代的社会调查及其特点

一、古代中国的社会调查

古代中国有着光辉灿烂的文化,在社会调查方面也不例外。《汉书·王莽传》中记载:"故今谓刺取舆论式微,集文卷而求事实之实情曰调查。"中国历代王朝都设有专门机构,负责掌管人丁数、田亩数等,如吏、户、礼、兵、刑、工六部就是这样的机构。但是中国古代的调查都缺乏完整而严密的调查记录,今天我们只能从史籍和地方志中窥见一斑。从时间的发展来看,中国古代社会调查越来越严格。公元前21世纪,大禹治水划九州,曾进行过人口调查。它和古代埃及为建金字塔而进行的调查一样,并列为人类社会最早的社会调查之一。其后,历代的统治者从来没有停止过对人口的调查。在我国夏朝,有专管人口统计的官吏每年按照城乡、性别来登记人口的生死变化,每三年一次一式两份送官府存档。战国时期商鞅提出了我国历史上第一个调查提纲,建议国家必须摸清以下13个数字,即人口数,粮食储存数,壮年男子数,壮年女子数,女子数,老人数,儿童数,官吏数,士兵数,靠游说为生的人数,商人数,马、牛牲口数。这是一个较为系统的调查统计提纲。

中国是人口普查开展较早的国家。中国的社会调查就是从人口调查开始的。历代统治者为了征兵和徭役,不断地进行人口调查。秦始皇统一中国以后,历代王朝的官吏们经常普查民情,上奏皇帝或者记入地方志。公元416年,敦煌西凉国的残片记录载有各户的人名、称谓、年龄、住址等项目,这是至今保留下来的比较早的实物文献。明代朱元璋为了清查户口,编制了"黄册",为了丈量土地,编制了"鱼鳞册"。

虽然我国古代的社会调查十分简陋,也缺乏系统性、科学性,但和欧洲相比较,从时间上要早得多,见诸文字的材料也丰富很多。随着中国封建社会的衰败,当时未能在中国形成科学系统的社会调查理论及方法。

二、古代西方的社会调查

古代西方的社会调查同样也是为了维护统治阶级治理国家的需要而产生的。据古代希腊历史学家希罗多德记载,大约在公元前3000年,古埃及国王为了建造金字塔曾经进行过人口和财产的调查。这大概是人类有文字记载的最早的社会调查。人类在生产活动中,为了观察天象、调查自然资源等逐渐积累和摸索出了种种有效的原始方法,然后把它运用在探索、认识社会上,逐渐产生了经验的社会调查研究方法。所以,许多社会调查方法来自人类对自然界认识的方法。

古代经验的社会调查研究方法在古希腊可以找到其发源地。奴隶社会的科学中心转移到古希腊之后,在古希腊涌现出许多著名的自然科学成就。如阿基米德的浮力定律、欧几里得的几何学、毕达哥拉斯定理等,与此相伴生,古希腊人对社会调查研究的主要贡献提出了分析的方法和逻辑的方法。亚里士多德曾分派自己的学生收集希腊各城邦国的法规有158条之多,据此他对相应的社会和国家的制度作了详细的描述。由于他的这一功劳使一部分希腊法得以流传至今,这是人类对城市管理问题所做的第一次系统的研究。希罗多德认为一切革命和战争与社会问题有关,并由此产生了最早的阶级划分的思想。由于他在这一方面的研究而被称为“人类学之父”。古希腊人提供的这些方法是现代社会调查研究方法的来源。

在实用的社会调查研究方面,古罗马人超出了古希腊的学者。据说,罗马帝国的第一个皇帝凯撒·奥古斯都作出过在全国进行人口普查的决定。耶稣的父亲亚瑟和母亲玛丽亚因此而专程去祖籍参加了户口登记。在中世纪,征服者威廉皇帝于1086年派官吏前往英格兰各地调查每家的人口和财产,并且编订成册,称为《末日书》。这本书对居民的情况作了深入的叙述并有一些精致的图表,用来作为收税和征兵的依据。《末日书》只是机械的有限项目的调查报告。在此之后,英国的学者作了许多社会调查研究,写出了一些调查报告,如卡姆登(1551—1623)周游全国,收集资料,1586年著有《不列颠》一书。斯托(1525—1605)用观察的方法进行调查,1598年写出了《伦敦调查》,书中描述了伦敦社区由中世纪向近代过渡的社会生活全貌。这些都对社会调查研究做了开拓性的工作。

三、古代社会调查的特点

古代的社会调查是人类使用一些方法认识社会的开始。这些方法往往是原始的、缺乏科学性的。它的特点表现在以下四个方面。

1. 是直接为奴隶主和封建主的统治服务的

无论是中国的社会调查还是西方的社会调查都说明了这一点。在中国甚至设立了“户部”这样的机构来管理人口。

2. 没有形成自觉的系统的科学理论

古代的社会调查研究方法是人类在生产活动中对自然界观察认识的基础上产生的,都还属于一些简单的、萌芽状态的方法,是经验的研究方法。

3. 产生在经济比较发达的国家和地区

如古代的埃及和中国是人类文明的发源地,就是在这两个国家产生了较早的人口和财产的调查;而古代的希腊和罗马,由于重视思辨哲学,所以在社会调查方法上产生了影响至今的一些成果,如分析的方法和逻辑的方法等。

4. 调查方法比较简单

古代的社会调查方法主要有原始的观察法、直接的访问方法、比较方法、不成形的统计方法和有限的文献内容等。如中国古代的调查就突出地出现在历史典籍、地方志和传说中。

第二节　近代的社会调查理论及方法

一、近代社会调查的产生

科学系统的社会调查理论及方法是伴随着近代资本主义的产生而形成和发展起来的。近代社会调查研究方法产生的原因有以下几个方面。

1. 资本主义社会中大量社会问题的出现促使了社会调查理论的产生

由于资本主义社会固有的内在矛盾，使得资本主义社会出现了成堆的社会问题，也就是社会病，如城市人口急剧膨胀、贫富两极迅速分化、犯罪现象层出不穷等。这些社会病促使阶级矛盾日益尖锐化，阶级斗争日趋严重。资产阶级的社会改革家、慈善事业家企图弱化日益严重的阶级斗争，缓解或者治疗这些社会病症，协调社会的发展，因而进行了社会调查，其目的主要是弄清贫民阶层的处境问题。如 1794 ~ 1797 年伊顿爵士调查了英国通货膨胀后贫民的处境，写出了 3 卷本的《贫民的状况》。

2. 自然科学方法的渗透

自然科学革命之后，牛顿物理学占据了统治地位，因此一些学者把物理学的方法运用到社会研究中来。社会学的创始人孔德曾经称社会学是“社会物理学”。尤其是许多自然科学家直接用自然科学的方法来研究社会，成为经验社会调查研究的创始人。如哈雷、拉普拉斯、达兰贝尔、拉瓦西等人把自然科学的方法应用到社会研究中来并根据社会材料加以变通，创造出适应研究社会内容的方法，以加速社会调查研究方法的产生。统计方法在 17 世纪用来进行社会现象的研究，起了巨大的作用。英国的“政治算术”，德国的“国势学”后来演化为统计学。1795 年法国的拉普拉斯用概率论研究人口问题，出版了《概率论的解析理论》，奠定了现代人口统计理论的基础。随着统计方法的发展，英法等国建立了统计学会，成为探讨社会问题和发展统计技术的中心。

3. 人口普查的需要

随着统计方法的发展,人口普查工作也得到深入全面的开展。从1801年起英国开始了每年一次的经常性的全国人口普查。1853年第一次国际统计会议召开以后,许多国家设立了统计局。资产阶级重视社会调查的原因还有其他方面,而为了控制和管理社会的需要,则是根本原因。为了控制和管理国家,社会调查的主要方面表现为以下四个内容:第一,行政统计调查。各国开展的人口普查即是一例,以后扩展到行政的各个方面。行政统计调查为管理国家提供了翔实的基本证据。第二,社会问题调查。社会问题调查是资本主义社会较早开展的调查,目的是为了缓解阶级矛盾,维护资产阶级的统治。当时的学者都十分重视社会问题调查。调查贫民阶层生活状况、调查犯罪问题成为当时社会调查的热点。第三,民意调查和市场调查。进行民意调查是为了了解群众对社会热点问题的倾向性看法,便于利用或引导社会的舆论,使统治更加稳固。它也可以防患于未然,避免群情鼎沸,避免民众对社会某些方面的不满而最后导致社会动乱。而市场调查更是和民众的生活息息相关,也和资本家的利润紧密相连。第四,政策和科学研究性调查。以上四个方面的调查,从近代开始形成了社会调查的主要内容。这些内容也是现代社会社会调查的主要方面。

二、近代西方社会调查

近代的社会调查一开始多集中在行政统计调查和社会问题调查方面。17世纪中叶,欧洲的一些思想家和政治家意识到,要有效地进行社会管理和社会改良必须客观地、准确地了解社会的情况,因而,几个较早进入工业化阶段的国家开始了这样的调查。其中最为著名的人物是英国的威廉·配第和法国的柯尔柏。威廉·配第在《政治算术》一书中指出了任何社会现象都要用数字、质量和尺度来说明比较。在分析英国社会经济状况时,他运用了统计分组的方法、图表的方法和一系列统计指标。柯尔柏在担任法国财政部长期间,主持了一系列的大规模的社会调查,如1664年的法国社会概况调查、1665年的制造业调查以及不定期的人口状况调查。

18世纪中叶,从英国开始的社会调查主要目的是为了发动社会舆论,引起官方对社会阴暗面的注意,随后遍及了其他的国家。在这些调查中出现了近代西方社会调查研究的三位先驱人物。第一位是英国著名的法官、慈善事业家和社会改革家霍华德(1736—1790)。他广泛地调查欧洲各国监狱状况,使用访谈的方式同犯人谈话。通过访问,他调查了欧洲

200 座监狱的情况，写出了《英格兰和威尔士监狱状况以及外国监狱的初步观察和报告》。他使用同犯人谈话所调查的确凿事实来说服英国的众议院要求改善犯人的待遇。最后使英国通过了监狱改革法案。他是欧洲使用访谈方法进行系统社会调查的先驱。第二位是法国的冶金学教授、社会改革家黎普莱(1806—1882)。他从事过家庭调查，并在社会调查研究方法上做出了贡献。他进行了长达 20 年之久的，以家庭为基本单位的调查，尤其致力于劳工家庭的研究，著有 6 大卷本的《欧洲劳工》。他研究家庭问题的中心是家庭预算，认为家庭的收支决定家庭的生活。家庭的消费习惯不仅与他们的社会活动而且也与国家的社会政策都有一种固定的关系。他的问卷调查结果在 1853 年国际统计会议上公布时，使德国的统计学家恩格尔(1821—1896)备受启发，提出了著名的恩格尔法则，发现了工资与生活消费存在一定的比例关系，即一个家庭或个人的收入愈低，则其食品支出在收入中所占的比例愈高，反之则比例愈低。

第三位是英国的布思(1840—1916)。布思曾经是造船企业家，后来投身于社会调查事业中。他从 1886 年开始奋斗了 18 年，写成了 17 卷本的《伦敦居民的生活和劳动》。他是社区生活调查的创始人。布思调查研究方法是社区生活的个案研究，并在此基础上综合使用访谈法、问卷法和观察法等多种方法以及地图、图表和统计表等工具和技术，开创了城市生态研究方法。布思根据伦敦家庭收入的数额，把各种家庭分成八个等级，区别每一个城区的特点来逐街逐区地描述各种家庭的生活方式、问题和期望，描述了各行各业的工资和劳动条件。由于他的调查研究引起了社会上对劳苦人民的同情，终于导致英国于 1908 年颁布了“老年抚恤金法”、法定重活行业的最低工资，国家为病残者采取措施，以及开始实行失业保险。布思的调查还促进了城市调查的开展和社会统计方法的发展。

对社会调查研究方法做出重要贡献的还有与布思共同被称为“经验社会学之父”的法籍比利时学者凯特勒，他是著名的社会统计学家。他通过对犯罪、自杀、婚姻等现象的统计，发现社会生活的统计规律性。他是第一个将数理统计引入社会研究，并提出了“平均人”的概念和变量分析思想的统计学家。他认为人的智力、道德、心理、行为倾向都是可以精确测量的，通过测量可以确定人的“平均值”，并由此提出了“道德科学”的概念。

19 世纪以来，西方的社会调查集中在对社会问题的调查和改革社会制度而进行的社会实验。对社会问题的调查，如同医生一样，对社会进行诊断，找出社会问题的症结，以便对症下药，改良社会。因而近代的调查多是集中在犯罪调查、贫民调查、监狱调查、工业调查、城市调查和家庭调查上。还有许多思想家和政治家为了改革社会制度，围绕建立新型的社会体制开展了大量的社会实验，如傅里叶、圣西门和孔德等人就曾制订过理想的社会计划，试图改造社会。近代较为著名的社会调查著作有法国帕兰·杜沙特列在1834年发表的双卷本的《关于巴黎城里的卖淫》，英国约翰·辛克列尔爵士的双卷本的《苏格兰统计报告》。为了进一步揭示资本主义制度产生发展和灭亡的规律，科学地进行调查研究并付诸实践的是从马克思和恩格斯开始的。

三、近代西方社会调查的特点

近代是科学的社会调查研究方法形成和飞速发展的时期。社会调查在社会生活中发挥了重大作用，它的特点表现在以下三个方面。

1. 近代的社会调查是为资产阶级统治服务的

近代的社会调查是为资产阶级统治而服务的，是为资本主义社会正常运行而发展起来的。无论是为了重视社会问题的调查还是为了社会改良而进行的社会实验都清楚地表现出这一点。

2. 以实证主义为指导形成了主要的社会调查方法

这些方法包括观察方法、访问方法、问卷方法和统计方法等。近代自然科学有了飞速的发展，许多自然科学成熟的方法被用来进行社会调查研究，使社会调查研究越来越精确、越来越深入。

3. 近代社会调查研究也存在共同的缺陷

近代社会调查研究也存在共同的缺陷，即重视事实的描述，而缺乏正确理论的指导。尤其是资产阶级的学者所搞的社会调查往往否认社会发展的规律性，割裂社会调查和社会发展规律之间有机的联系。只有马克思和恩格斯利用近代调查报告的宝贵材料，全力去探索和发现社会发展的规律性。

第三节　现代的社会调查理论及方法

20 世纪以来,随着物理学革命的到来,人类的思维方式也发生了巨大变化,冲破了形而上学机械论的束缚,把经验的社会调查与理论研究、政策研究密切结合起来。随着科学技术的飞速发展,现代社会调查研究理论和方法逐渐成为一门科学。20 世纪 20 年代从美国开始的社会调查迅速发展,遍及了全世界。尤其是 20 世纪 40 年代以来,现代的社会调查研究已进入了科学化阶段。

一、现代西方的社会调查

早在 19 世纪末,法国社会学家迪尔克姆(1858—1917)应用统计学的技术对各种自杀现象作了不同于个体心理学原因的解释。他的《自杀论》(1897 年),标志着社会调查研究进入了实证阶段,为利用统计分析构建社会调查理论提供了范例。

20 世纪初,美国的社会调查研究以社会为舞台,特别重视调查研究当时的社会问题,创造了一系列的新技术和新方法。早在 1890 年,美国社会学家芮斯对美国纽约的贫民窟作了大量调查,写出了《其他一半如何生活》一书,接着又出版了《向贫民窟开战》,反映了美国工人阶级生活条件的恶劣情况。1909 年美国的施特文斯对美国七座大城市的公务员的腐败行为进行了调查,出版了《城市的耻辱》一书,引发了美国社会调查研究和揭发可耻行为的运动。1914 年,以凯洛葛为首,为找出解决工业都市化带来的社会问题做出了贡献,并由此推动了美国各城市的社会调查研究的开展。1914 年,美国伊利诺斯州进行了《春田调查》,对小城春田市的调查采用了多种社会调查方法,对改善城市管理产生了重大影响。

20 世纪 20 年代,美国社会学的芝加哥学派进行了早期的研究性调查,从此开始了美国社会调查的极盛时期。到 1928 年,美国共完成了 2 755 项社会调查课题,并从一般的、笼统的社会调查向着专题的社会调查研究发展。这一时期也是美国社会调查研究方法形成一门科学的关键时期。21 世纪 20 年代前期,在近代社会调查三大先驱之一的布思影响下,对美国的移民、贫民、种族、社区规划等问题进行了大量的研究和调查。如倡导实地调查的托马斯(1863—1947)和兹纳涅茨基(1882—1958),运用个案研究方法,通过自然科学的控制观察法,研究移居美国的波兰移民和仍在欧洲的波兰人的生活变化,在 1920 年写出了《欧洲和美国的波兰农民》,发展了个案研究方法,成为个案调查研究的经典实例。芝加哥学派的带头人派克(1864—1944),完善和发展了城市生态学方法,形成了都市区位学,对于建立和发展西方都市社会学起了很大的作用。他的《城市》和《都市社区》对美国社会学界影响很大,带动了都市研究的发展。芝加哥学派用生物界弱肉强食的社会达尔文主义为资产阶级的剥削、压迫和统治作辩护,但客观上也反映了资本主义社会的罪恶事实。

20 世纪二三十年代,舆论调查和市场调查盛行于世,一些国家相继成立了专门的民意调查机构,用来满足政治和经济生活的需要。以 1935 年美国的乔治·盖洛甫创立的“盖洛甫民意测验所”最为著名。民意调查在很大程度上得益于费希尔 1928 年创立的抽样理论,1936 年盖洛甫在美国总统选举前,使用配额抽样的方法只统计了 1% 的样本,就预测出罗斯福当选总统,从而使盖洛甫民意测验所名声大噪。之后他们又进一步使用了随机抽样的方法,使抽样调查逐渐在社会调查中占据了重要的一席。1968 年,在 7 300 万投票者总体中,盖洛甫民意测验所只用 2 000 人样本作为回答者,预测理查德·尼克松将获得 43% 的选票,而实际的得票率是 42.9%,使人们清楚地看到了随机抽样调查方法的准确性。美国社会调查在 20 世纪二三十年代涌现出一批高水平的成果。其中较为著名的有梅约组织的一批哈佛大学的教授,在芝加哥的西方电气公司的霍桑工厂进行调查研究,这就是有名的“霍桑实验”。20 世纪 30 年代莫雷诺为调查人际关系提出了社会关系测量法。怀特采用参与观察法对波士顿的一个贫民区 13 个青年组成的小集团进行调查,著有《街角社会》一书,参与观察方法对小团体的研究产生了深远的影响。20 世纪 80 年代末,拉斯韦尔在文献法的基础上,提出了“内容分析”的方法,也就是正文资料量化分析程序,用于情报收集和分析,卓有成效。

第二次世界大战期间和战后随着军事上电子计算机的应用,使得社会统计分析的方法大为发展。1949 年出版的四卷本《第二次世界大战的社会心理学研究》,其中前两卷《美国士兵》就是在美国陆军研究部工作的社会学家们使用社会统计分析的方法,在书中作出了准确的预测。按照他们研究的结论,认为美国复员军人有 8% 将自愿转入大学学习,而实际上上大学的人数是 8.1%。这样精确的结论为美国政府节省了大量的资金,也在数量分析方法方面产生了很大的影响。

20 世纪 40 年代到六七十年代是社会调查数量化方法最为兴盛的时期,也是社会调查理论和其他学科相互渗透的时期。社会调查研究的理论和技术大量吸收社会学、统计学、人类学、心理学、经济学、政治学、人口学和电子计算机技术的成果，呈现出多样化和多元化的趋势，出现了实证主义、马克思主义和现象学理论并存的状况。电子计算机和电话，录像、录音设备等现代调查技术手段的应用，使社会调查研究的具体手段和方法呈现出丰富多彩的景象。新的成果和方法大量涌现，如1966年斯坦福大学研究完成的“社会科学统计的软包”(SPSS)，成为社会统计分析的有效手段，促使社会调查工作者更加注意把数据分析和计算机技术结合起来。随着信息论、系统论和控制论的兴起，社会调查和研究广泛采用了结构分析、功能分析、因果分析和动态分析的方法，如罗马俱乐部于1972年出版的《增长的极限》，就运用系统动态法对全球状况进行了研究。电话的广泛使用使得访谈技术更为便捷。如今的观察法大量使用摄像、录音设备，使观察得到的材料更为客观、准确和身临其境。古老的实验法正在向着大规模的社会实验发展。而问卷法已经和心理测验技术紧密结合，更加科学化。

美国的社会调查研究方法为了给政府提供政策咨询，大量进行政策方面的调查。如为了在学校取消种族歧视，1964年科尔曼对黑人和白人的孩子由于分校学习带来的社会问题进行调查，为美国政府制定政策提供了依据。许多学者使用社会调查研究的工具对未来社会进行预测，其中最为著名的有托夫勒使用“浪潮前锋分析法”进行调查研究，出版了《第三次浪潮》一书；奈斯比特使用“内容分析法”进行研究，写了《大趋势》一书，引起了许多国家的重视。从20世纪60年代起，美国开始建立环境和生活质量等社会指标体系，促使社会向着更高的目标前进。

二、中国的社会调查

19世纪末20世纪初，西方的传教士和社会学工作者为了配合西方的殖民统治和经济掠夺开始在中国实地进行调查研究活动。侵华需要了解中国社会的状况，科学的社会调查研究方法开始在中国传播开来。他们配合教会学校开始进行社会调查，并且培养和训练了中国第一代社会调查人员。与此同时，也搞出了一些有科学价值的社会调查。

早在1889年美国神学博士司密斯调查研究了中国农村并出版了《中国乡村生活》一书。最早记载有中国人参加的这类社会调查是在1914~1415年间，在美国传教士伯吉斯的指导下，北京社会实进会对305个洋车夫的生活状况进行了统计调查，并发表了英文的调查报告。许多社会调查是由教会学校完成的。20世纪20年代中国人创办的大学仅有8所，而国立的仅有北京大学、山西大学和北洋大学3所，外国人创办的教会学校却有14所之多。1917年在清华大学任教的狄德莫(G. G. Dittmer)，指导清华大学助学生对北京西部195户居民家庭的生活费用进行了调查分析。1918—1919年间，美国传教士甘博尔和燕京大学教授伯吉斯(Burgess)仿照美国的春田调查在北京进行了较大规模的都市调查。这次调查内容包括历史、地理、政府、人口、健康、经济、娼妓、贫穷、救济和宗教等，调查结果于1921年用英文在美国发表了调查报告《北京：一个社会调查》。这是我国都市社会调查的开端，也是使用统计方法搜集整理材料的典型。1923年，白克令教授主持了沈家行调查。白克令指导沪江大学社会调查班的学生调查了离上海不远的沈家行农村，调查的内容包括家庭、宗教、地方行政、惩罚、教育、农工、商业、公共卫生、娱乐和居住等。调查的结果写成了《沈家行实况》一书。这是第一部西方传教士和学者为主体用中文写成的有关我国农村状况的调查报告。这个时期进行了近万项社会调查，推动了社会调查研究方法在中国的传播，促进了我国社会调查的兴起，开创了一代中国社会调查学术的先河。1915年留学于伦敦经济学院的陶孟和和梁宇皋发表了英文版的《中国乡村与城镇生活》，这是中国人用社会学观点使用社会调查方法研究社会生活最早的一部著作。

最早由中国人主持的社会调查是1923年清华大学陈达教授带领清华大学的学生调查了本校141名工人的生活费用，同时又在北平海淀区成府村调查91个家庭及安徽休宁县56个家庭的生活费用，调查结果由陈达教授编写成了《社会调查的尝试》。

20世纪二三十年代是解放以前我国学术界进行社会调查发展最快的时期。许多学者和革命的先行者为了寻找救国之策而要深入了解中国的国情，因而进行了大量的社会调查，在陈达教授之后出现了一系列著名的调查。如李景汉先生对北京的1 000名人力车夫的生活进行深入调查研究，于1939年发表了《北京无产阶级的生活》一书，书中揭示了人力车夫的收入和支出不能相抵、入不敷出的贫穷生活，反映了旧中国劳动人民的痛苦。1926年至1927年间陶孟和调查了北京居民的生活费用，于1930年出版了英文版的《北京生活费用之分析》，着重反映了工人家庭的收入与支出、衣服、食品、房屋、用具等生活状况，以及洋车夫和小学教员的生活费用的情况。1929年，陶孟和在北京建立了社会调查所，调查研究内容包括经济史、工业经济、农业经济、劳动问题、对外贸易、财政金融和人口统计等。

1929年商务印书馆出版了《北京郊外的乡村家庭》一书，这是李景汉先生调查了北京郊外的挂甲屯100个家庭，并指导学生对黑山扈村21户、马连洼村的31户和东村的15户进行调查研究而写成的。他还将调查结果与其他国内外的农村调查结果进行了比较研究。这本书是我国最早的关于家庭调查的报告,是人们进行家庭调查的蓝本,在调查方法上也有多方面的贡献。

1928年燕京大学社会学系在杨开道和许仕廉的主持下,组织学生在北京清河镇进行社会调查并于1930年正式建立了清河镇实验区。在对清河镇的人口动态、家庭、集市、村镇组织等项调查的基础上,出版了许仕廉的英文本《清河镇社会调查》,有的译作《清风,一个社会学的分析》,这本书是我国城镇调查的第一个社会调查报告。20世纪30年代,由晏阳初、李景汉主持建立了中华平民教育促进会,选定河北省定县为乡村建设实验区,由李景汉主持,多人协力对定县作综合性的调查。根据这些调查李景汉先生编写了《定县社会调查概况》。大规模的社会调查研究活动促进了社会调查方法的研究著作。在此基础上,我国出版了一系列论述调查方法的研究。如1924年许德珩先生翻译了迪尔克姆的《社会学方法准则》,1927年蔡毓聪撰写了《社会调查之原理及方法》,樊弘撰写了《社会调查方法》,1933年李景汉先生撰写出版了《实地社会调查方法》。这一时期,我国还建立了许多专门从事社会调查研究的机构。除陶孟和和李景汉主持的隶属于中华教育文化基金会的北京社会调查所之外,较为著名的机构还有以下几个:陈翰笙主持的隶属于中央研究院的南京社会科学研究所社会学组,陈达主持的清华大学国情调查所。到抗日战争前夕,全国平均每年完成的社会调查课题有近千项。社会调查在中国得到了迅速发展,这一时期社会调查的特点表现在以下几个方面:调查的目的是认识中国社会的状况;调查的重点是社会问题,并且极其重视社会问题产生的经济因素的调查;调查的范围和规模很大,在调查中注意将实际调查和统计结合起来;社会调查的主持人是中国人,并建立了社会调查的专门机构。

费孝通教授在社区调查上极有造诣和成就,他的中英文著作在国内外很有影响。他的《江村经济》(又名《中国农民的生活》)一书英文版于1939年在英国出版。该书是费孝通根据1936年在江苏吴江县开弦弓村的实地考察写成的。这本书的目的在于说明这个地区的经济体系与特点和地理环境的关系,说明这个社区的社会结构的关系。1981年英国皇家学会向他颁发了赫胥黎奖章,他作了"三访江村"的讲演。这些调查反映了中国农村社会的变迁。

早在20世纪40年代费孝通在云南禄丰县的大白厂村搞农业调查,写了《禄村农田》,这本书是《江村经济》的续篇;1955年他利用休假时间,在瑶山调查写了《花篮瑶社会组织》一书。张子毅教授在费孝通的指导下在易村进行手工业调查,写出了《易村手工业》,又对玉村的农业和商业进行调查，写成了《玉村的农业和商业》。费孝通和张子毅合作编辑并出版了《乡土中国》一书，这本书反映了农村的社会经济生活、基层社区管理等状况，并进行了深刻而有意义的分析。随后，史国衢为了进一步研究农民转变为工人的过程，研究在内地如何发展工业，对昆明的一些国有工厂的工人进行了调查，1946 年写成了《昆厂劳工》。

抗日战争时期社会调查集中在对少数民族地区的调查和解放区的农村调查。在民族矛盾和阶级矛盾尖锐复杂的情况下，要认清革命的对象，要搞统一战线又要注意政策，即需要不断地调查，不断地认识新事物，解放区的干部在党中央《关于调查研究的决定》的指引下，对农村进行了广泛的调查。

十一届三中全会以后，政策性和学术性的调查研究越来越受到党和政府的重视。民意调查和市场调查也发展起来，社会问题调查十分广泛。这些调查适应了当前我国改革开放、经济体制改革和社会急剧变化的需要，尤其对社会的"热点"问题，如城市问题、农村问题、青少年问题、老年人问题、独生子女问题、犯罪问题、婚姻家庭问题等都作了大量而有价值的调查研究。我国的社会调查工作正在蓬勃开展，社会调查研究已成为科学理论研究的一个重要的方面。

三、现代社会调查的特点

现代社会调查理论和方法的特点表现在以下四个方面。

1. 社会调查越来越广泛地运用了现代的先进科学技术

现代社会调查大量地使用了统计技术、抽样技术、测量技术和计算机技术。

2. 社会调查广泛吸收了其他学科的研究方法

社会调查不仅运用了自然科学的研究方法，而且还运用了社会科学的方法。而社会调查的理论和方法又在其他学科的发展中大量使用。

3. 社会调查理论和方法应用的范围大大扩展

如今人们更自觉地将社会调查与理论研究和政策研究密切结合起来，更自觉地运用社会调查方法认识社会，解决社会的实际问题、热点问题。

4. 社会调查的成果丰硕

现代的社会调查十分注重调查的整体性、系统性等多因素研究，注重将定量分析与定性分析相结合，注重计量的精确化，调查的结果也更加科学和准确。

思 考 题

1. 近代社会调查方法与古代时期相比有何不同?
2. 近代西方社会调查方法的特点是什么?
3. 中国在社会调查方面取得了哪些成果?

第三章　社会调查的基本要素

【本章提要】

本章对社会调查的主体(包括社会调查人员与相关调查机构)、社会调查客体(包括社会系统及其包含的现象)、社会调查方法等方面进行详尽的阐述,使读者对社会调查的主客体及调查的方法有一个全面的认识。

【学习要求】

1. 了解:社会调查人员及其相关机构的特点;社会系统的含义;社会调查方法的特点。

2. 掌握:社会调查方法的作用;社会系统中的社会现象。

社会调查是由多因素构成的一种科学认识活动。构成社会调查这一科学认识活动的基本要素有三个,即社会调查主体、社会调查客体和社会调查方法。在社会调查这一科学认识活动中,三要素缺一不可。没有社会调查的主体,社会调查就无法启动;没有社会调查的客体,社会调查就没有对象;没有社会调查的方法,社会调查主体就没有认识社会调查客体的中介。可以这样说,所谓社会调查,实际上是一定的社会调查主体借助一定的社会调查方法来科学地认识一定的社会调查客体的一种特殊的社会实践活动。正因为这样,对社会调查的构成要素进行必要的分析,是我们学习和研究社会调查的一项重要内容。

第一节　社会调查的主体

社会调查主体即社会调查活动的施动者、主导者,是试图通过实施社会调查活动而对现实社会状态及其发展变化趋势有着明确认识和具体把握的人和组织。社会调查主体是社会调查活动中极为重要的一个要素,它对社会调查活动的实施过程和实施效果影响很大,是社会调查活动的主导性因素。正因如此,正确认识社会调查主体,有效地培养和造就合格的社会调查主体,恰当规范社会调查主体的社会调查行为,是确保社会调查活动健康发展和有效实施的关键。关于社会调查主体的研究视角是多方面的,社会调查主体研究的内容也是十分丰富的,这里仅对作为社会调查主体的社会调查人员和社会调查机构作一定的讨论。

一、社会调查人员

社会调查人员通称社会调查者,是指具体从事社会调查活动的人员,他们是具体社会调查活动的操作者,是社会调查活动最基本的主体。社会调查人员的素质如何,直接制约着社会调查活动的实施,直接影响着社会调查活动的成效。

1.社会调查人员的主要类型

在现代社会中,社会调查人员是多种多样的,可以将社会调查人员分为不同的类型。

(1)按职业特性划分

社会调查人员按职业特性划分,可以分为职业化的社会调查人员和非职业化的社会调查人员。职业化的社会调查人员是指以社会调查为职业,专门从事社会调查工作的人员。如社会调查机构中的专业调查人员、各种社会组织中的专职调查人员等,都是职业化的社会调查人员。职业化的社会调查人员是社会调查职业化的结果,它产生于近代社会,尤其是工业化以来的社会管理和社会研究领域。在现代社会中,由于社会进一步变得纷繁复杂,社会调查的必要性日益提高,社会调查的难度也愈发增加,在这种情况下,社会调查人员的职业化更加明显。今天,无论在国外还是在国内,都已经有了许许多多的职业化的社会调查人员。这些职业化的社会调查人员已成为社会调查活动的一支专业队伍,是社会调查活动的骨干和中坚力量。非职业化的社会调查人员是指虽从事社会调查工作,但不以社会调查为职业的社会调查人员。非职业化的社会调查人员通常是结合自己所从事的特定职业和工作的需要开展社会调查活动的。在社会调查活动中,他们扮演着同职业化的社会调查人员一样的角色,起着与职业化的社会调查人员相似的作用。但由于他们所从事的社会调查总是与他们所从事的职业和工作息息相关,因而,他们所从事的社会调查目的极为准确,范围十分确定,调查成果也能及时得以应用。非职业化的社会调查人员古已有之,现代社会更是为数不少,他们中有社会管理者、社会科学工作者、各种媒体的记者、高校的师生等。非职业化的社会调查人员无论什么时代都是社会调查活动中不可忽视的重要力量。

(2)按活动领域划分

社会调查人员按活动领域划分,可分为社情调查人员、行政调查人员、舆论调查人员、现场调查人员、公关调查人员等。社情调查人员是指从事社会状况和社会问题调查的社会调查人员。他们的活动领域相当广泛,调查内容主要包括社会结构调查、社会问题调查、社会变迁调查等。社会学中狭义的社会调查人员,通常是指社情调查人员。行政调查人员是指为有效实施行政管理而从事社会调查的社会调查人员。这类社会调查人员包括政府官员,政府机关工作人员,政府所属的政策研究室、统计局、农村社会调查大队、城市社会调查大队中的各种专职的或非专职的社会调查人员。舆论调查人员是指为了解舆情民意而着重搜集公众意愿和社会舆论的社会调查人员。这类社会调查人员的主要组成部分是社会传播机构的记者,尤其是专门从事社会新闻采集的记者,他们搜集舆情民意的目的在于挖掘其中有价值的新闻信息,通过传播对社会进行舆论宣传和舆论引导。此外,在不少社会调查机构中,也有专事舆情民意调查的社会调查人员,他们的调查成果通常也多为社会传播机构所采用。市场调查人员是为了解市场行情、预测市场变化而从事市场信息搜集的社会调查人员。这类调查人员分布很广,他们中有的在企业就职,有的在政府商贸机构就职,还有的在社会调查机构就职。在现代市场经济条件下,市场调查人员已成为社会调查人员队伍中的一个重要方面军,他们在人数上已占整个社会调查人员的很大部分。公关调查人员是指专门从事社会组织的社会形象调查和公众关系调查的社会调查人员。这类社会调查人员集中分布在两类机构:一是社会组织的公共关系部门,二是社会上的公共关系咨询机构,如公共关系事务所、公共关系公司等。随着社会组织对自身社会形象和公众关系的重视,公关调查人员的社会需求量和总人数将会不断增加。除上述几类主要的社会调查人员外,还可列出许多专门活动领域的社会调查人员,这里不再赘述。

2. 社会调查人员的基本条件

社会调查人员的条件如何,直接影响和制约着社会调查活动的实施及效果。社会调查人员的条件是多方面的,其中最基本的是他们的知识构成和能力构成。

(1)社会调查人员的知识构成

丰富的知识不仅是现代社会对一般人提出的要求,更是社会调查人员从事社会调查工作的重要保证。社会调查人员的知识构成应是广博的横向知识和深化的纵向知识构成的一种全面完整的知识体系,是广度知识和深度知识的系统整体。它作为一个系统,由两个子系统构成，每个子系统又由不同的子系统组合而成。

第一，广博的横向知识。这是社会调查人员的一般知识，也是广度知识系统。它包括与社会调查密切相关的哲学、社会学、政治学、法学、心理学、传播学、公共关系学、人际关系学以及必要的外语知识和自然科学知识等。这些知识尽管不是社会调查本身的知识，但因其在不同角度和层面上对认识社会调查对象和搞好社会调查工作有着不可忽视的作用，所以是社会调查人员必需的知识内容。

第二，深化的纵向知识。这是社会调查人员的业务知识，也是深度知识系统。它包括社会调查的理论知识和方法知识，如社会调查的概念、特征、功用方面的知识，社会调查的主体、客体、方法方面的知识，社会调查历史发展方面的知识，社会调查总体策划方面的知识，社会调查工具设计方面的知识，社会调查资料搜集方面的知识，社会调查资料分析方面的知识，社会调查研究报告写作方面的知识等，这些都要求社会调查人员深刻透彻地理解和掌握。

(2)社会调查人员的能力构成

能力是胜任某项任务的客观条件，任何人要想做好工作，就要不断提高自身的能力。同理，社会调查人员要想胜任自己所从事的社会调查工作，至少应当具备与社会调查密切相关的一些基本能力。社会调查人员应当具备的基本能力包括以下几项。

第一，观察能力。观察能力是社会调查人员最基本的能力。社会是一本无字的书，要读懂它，首先要求社会调查人员具有较强的观察能力。社会调查人员较强的观察能力主要表现在三个方面：一是观察的敏锐，即善于发现社会中常人容易忽视，而对社会有较大影响的社会现象，甚至社会现象中的细节问题，善于从普通的人，普通的事，普通的物，普通的数据、资料、图表中发现特殊的问题，善于从社会事物、社会现象的平静状态发现其蕴含的发展变化趋势；二是观察的细密，即善于从社会现象的细微之处见实质，从察言观色去把握被调查者的心理特征，从纷繁复杂的社会现象中找出社会运动的规律；三是观察的多视角，即善于从多种视角去观察社会，善于从多种视角去获取观察材料，善于从多种视角去发现社会现象的本质所在。

第二，策划能力。策划能力是社会调查人员有效进行社会调查活动的一种重要能力。一般地说，策划能力即通过细致思考、准确判断，能对有效开展社会活动作出运筹、谋划和设计的能力。较高的策划能力是智慧的体现，也是取胜的前提。古今中外的大多政治家、军事家、管理专家，他们之所以能做到决胜千里，是因为他们具有非常强的策划能力。他们深谋远虑、玄机妙算、运筹帷幄、精心设计，这正是他们事业成功的重要条件。与人类社会的各种社会活动一样，任何成功的社会调查活动也都离不开充分的准备和高水平的策划。社会调查人员要想有效地完成社会调查任务，就必须在具体开展社会调查活动之前进行精心的策划。而要对社会调查活动进行精心的策划，社会调查人员必须注意培养自己的策划能力，至少要努力培养自己的社会调查活动的策划能力。

第三，表达能力。表达能力也是社会调查人员的一种基本能力。表达能力包括“说”与“写”两个方面，即包括良好的口头表达能力和较强的文字表达能力。社会调查人员要有较强的口头表达能力，在调查过程中要能“说”，要善于表述调查的目的、调查的任务、调查的意义，善于进行调查提问，善于与人交谈。社会调查人员还要有较强的文字表达能力，在调查工作中要能“写”，要善于编制调查方案，善于编制调查问卷，善于撰写调查报告。社会调查人员表达能力的基本要求是：懂得在什么情况下应说什么，该怎样说；懂得在什么情况下应写什么，该怎样写。如果达不到这种基本要求，就不能说已经具备了较强的表达能力。

第四，交际能力。交际能力也是社会调查人员的一种基本能力。所谓交际能力，是指通过人际交往传递信息、交流情感、增强了解、协调关系的能力。社会调查是社会调查者与被调查者之间的一种互动，社会调查者必须与被调查者开展良好的人际交往，才能真正获得可靠的调查资料，有效完成社会调查的任务。从某种意义上说，交际能力是社会调查人员进入社会、接触被调查者的一张无形但有效的“通行证”。社会调查人员只有具备较强的交际能力，才有可能顺利地进入社会，博得被调查者的好感，获得被调查者的合作。交际能力是一种综合性的能力，它是社会调查人员多种能力的综合，如表达能力、应变能力、心理调节能力、思考能力、判断能力、自我推销能力、与人相处的能力、赞美他人的能力、吸引他人的能力、改变他人思想和行为的能力等，社会调查人员应注意从多方面加强培养。

第五，研究能力。社会调查是社会研究的一种方式，通常被称为社会调查研究。社会调查人员应该具有研究能力，尤其是策划型、研究型、组织领导型的社会调查人员必须具备这种能力。所谓研究能力，是指能够运用各种思辨的、实证的方法获取新的知识的能力。研究能力是一种综合性能力，它是观察能力、理解能力、分析能力、综合能力、抽象能力、概括能力、推理能力、判断能力、论证能力、批判能力、计算能力和表达能力等的高度综合，是一种高层次的科学认识与科学活动能力，社会调查人员必须切实加强培养。其主要的培养方式有二:一是接受高等教育,从事科学研究的训练;二是在社会调查实践中参与策划、设计和研究事务,在实践中不断提高研究能力。

3. 社会调查人员的职业修养

社会调查人员尤其是职业化的社会调查人员应有良好的职业修养。良好的职业修养也是社会调查人员完成其社会调查任务的重要保证之一。具体来讲,社会调查人员良好的职业修养主要体现在以下几个方面。

(1)高度的敬业精神

社会调查的对象是社会,社会是复杂的、多变的,要高效地认识社会极有难度,因此,社会调查人员必须具有敬业精神,要脚踏实地地深入到社会生活中,不畏艰苦,不怕困难,扎扎实实地开展社会调查活动,"要深入地获得对社会的正确认识"。当年,著名的社会学家费孝通先生为了解瑶族山区的社会情况,与妻子王同惠深入茫茫大山之中进行调查,王同惠就是在与费孝通一起作社会调查的过程中,不慎跌入山崖,献出了年轻的生命。另一位著名的社会学家严景耀先生则为了了解中国的犯罪问题,自己扮演成犯人进行参与观察,他在监狱中生活了数月,写成了《北京犯罪之社会分析》《中国监狱问题》等多篇极有价值的论文。他们付出的代价和取得的成功都说明了敬业精神对社会调查人员的极端重要性。现代社会调查人员应学习他们高度的敬业精神。

(2)强烈的社会责任感

社会调查是一种考察社会、了解社会、认识社会,以便管理社会和改造社会的科学活动。社会调查人员必须具有社会责任感,要以关心社会成员的疾苦、增进社会成员的福利、医治社会存在的问题、促进社会正常的发展为动力,来开展社会调查工作。当年,毛泽东同志深入农村进行社会调查,足迹踏遍湖南许多县区,写出《湖南农民运动考察报告》等,正是为了推动农民运动的开展,解决当时中国存在的农民问题。近年来,一些社会调查人员深入贫困地区进行社会调查,他们与当地群众同甘共苦,在与当地群众的交往中了解了许多重要情况,并由此提出反贫脱贫的对策方案,其社会调查行动也正是由社会责任感所驱使。总的说来,社会调查人员进行社会调查,都需要有强烈的社会责任感,否则,社会调查就不可能真正取得社会所需要的调查成果。

(3)密切的群众关系

坚持群众路线,密切群众关系,是社会调查的重要指导思想,也是社会调查取得成功的重要保证之一。社会调查人员一定要深入基层、深入群众、深入生产和工作的第一线,与群众打成一片,养成平易近人的作风;一定要有“眼睛向下”的兴趣和决心,要有满腔的热情和求知的渴望,放下架子,甘当群众的小学生,养成谦虚的作风;要建立与群众之间的信任关系,让群众说出心里话,做群众的贴心人,维护群众的正当利益,养成诚实守信的作风。我们应当牢牢记住,群众是真正的英雄,而我们自己往往是幼稚可笑的,不了解这一点,就不能得到起码的知识。这是社会调查的一条重要规律,现代社会调查人员必须遵循这一规律。

(4)严谨的科学态度

社会调查活动是一种科学认识活动,社会调查人员从事社会调查活动必须具有严谨的科学态度。严谨的科学态度主要包括三个方面:

一是看问题要客观。社会调查人员要做到实事求是,不能想当然,不能主观臆断,不能把自己的立场观点强加于人或客观社会事实。

二是看问题要理性。社会调查需要社会调查人员的理性精神。所谓理性精神,就是要求社会调查人员对社会的认识不能停留于感性认识层次,而必须上升到理性的高度,要求社会调查人员对社会调查资料的分析研究应当符合逻辑,并由此正确地发现客观规律。

三是看问题要遵循实证原则。社会调查人员应时常注意到自己所从事的工作是对社会的实证研究,必须从实践中获得资料,对客观真理加以检验,不能用想象代替事实,不能用猜想代替调查。失去实证,社会调查就不成其为科学活动,社会调查就不成其为社会调查了。

(5)良好的职业道德

正如医生要讲医德,教师要讲师德,商人要讲商德一样,社会调查人员要讲社会调查的职业道德。社会调查职业道德的表现形式是社会调查人员的职业行为准则,专门用以约束社会调查人员的职业行为。这些职业行为准则主要包括:

第一,诚实。即要求社会调查人员对被调查者诚实无欺,对社会管理部门不虚报隐瞒。

第二,公正。即要求社会调查人员具有公正无私的高尚品格,在社会调查中要有客观公正的科学态度。

第三,守信。即要求社会调查人员信守诺言,注意保守被调查者的秘密,信守与调查活动委托者达成的各种协议。

第四,守法。即要求社会调查人员遵守国家的法律法规,采用合法的方式进行社会调查,并不得损害被调查者和其他社会成员、社会组织的合法权益。

二、社会调查机构

社会调查机构是指专门从事社会调查及其相关业务的组织机构。社会调查机构是组织化的社会调查主体,是社会调查职业化向高层次发展的结果,是现代社会迅速发展的产物。目前,无论在国外还是国内,社会调查机构已蓬勃发展起来,成为现代社会的一个极富生机的行业,并逐步形成了一些成熟的类型系统。在我国,社会调查机构大致可分为三大类型系统。

1. 政府所属的社会调查机构

政府所属的社会调查机构是由政府设立的一种职能部门或事业单位。其可分为以下几种类型。

(1)行政统计调查机构

政府的行政统计调查机构是政府综合管理部门之一,是政府机构中分工主管社会经济统计信息的职能机构。政府的行政统计调查机构的基本职能是通过行政统计调查,搜集与提供全面、及时、可靠的社会经济统计指标,为政府实施社会行政、经济行政、文化行政及其他行政管理提供信息依据。

政府的行政统计调查机构通常以统计局命名,其源头可追溯到19世纪初。1801年,法国政府率先设立了国家统计局,主要进行人口普查和有关社会经济的行政统计调查。随后,英国等欧美国家也纷纷设立了国家统计局,履行国家的行政统计调查职能。

我国于建国初的1952年成立了国家统计局,并在各省、地、市、县、乡等政府机构中设立了相应的统计局或统计工作站。经过50多年的建设,我国国家统计系统已得到完善,形成了实行“三垂一统”、分级管理体制,上下能联系国家和基层企事业单位,左右能联系各社会经济部门的纵横交错、四通八达的社会经济统计信息网,其覆盖面已达社会的各个角落。从业务上,国家统计局及其所属的统计信息网除常规的统计业务外,还承担着人口普查、工业普查、农业普查、社会基本单位普查等多种专项任务,成为大型综合性社会经济调查活动的主要组织者和承担者,以及综合性、客观性社会经济信息的主要源头和中心。

（2）城乡社会调查大队

随着社会的发展，各种社会信息不断生成，单纯依靠行政统计调查，尤其是普查式的行政统计调查已无法真正做到为政府和各种社会经济部门提供全面、可靠的信息。为了弥补这些方面的不足，国家统计局经国务院批准于1981年9月成立了城市社会调查大队和农村社会调查大队，简称为城调队和农调队，合称为城乡社会调查大队。接着，各省、地、市、县也成立了城乡社会调查大队。

城乡社会调查大队是我国行政统计调查机构的一种补充形式，它在行政上仍然属政府的统计局管理，在业务上接受政府的统计局指导。成立城乡社会调查大队的主要目的是弥补统计部门历史上形成的全面调查（或普查）的不足，以及自下而上的分级统计调查造成的信息滞后和信息变异的缺陷。城乡社会调查大队的基本任务是：利用新的调查技术，对社会经济领域诸方面进行抽样调查。其主要的作用是：第一，通过抽样调查尽快获取城乡社会经济信息，为政府的决策提供及时的服务；第二，通过抽样调查获得城乡社会经济信息，用以核实统计部门的各种统计信息；第三，通过抽样调查获得城乡社会经济信息，承担无法通过全面的统计调查来完成的社会经济调查任务。

城乡社会调查两大队在职责上有所分工，城市社会调查大队主要负责城市社会经济调查，农村社会调查大队主要负责农村社会经济调查。但它们的职责也不是截然分开的，在社会调查任务确立后，它们该分则分，该合则合。尤其是在遇有涉及城乡交叉、渗透、综合的社会调查课题时，城乡社会调查两大队是通力合作的。

（3）政府所属其他社会调查机构

政府所属的其他社会调查机构还有政府的政策研究室和政府的社会调查办公室。第一，政府的政策研究室。从某种意义上来讲，政府的政策研究室是一个实在的社会调查机构。政府的政策研究在很大程度上是一种调查研究，政策研究室的任务就是围绕政府制定政策和执行政策开展社会调查研究，为政府提供政策咨询和政策建议。因此，政策研究室的工作人员主要是社会调查人员，或至少是懂得社会调查的各类研究人员。第二，政府的社会调查办公室。不少地方的政府除了设有统计局、社会调查大队外，还设有社会调查办公室，如长沙市就设有社会调查办公室。政府设立的社会调查办公室是政府联系居民的一条重要渠道。它不以行政手段干预社会调查，而是以一般社会调查机构人员的身份进入社会、进入居民之中，从而获得准确可靠的舆情民意和各种社会信息。也正因为如此，它能得到居民的广泛合作。此外,政府所属的某些部门也有设立社会调查机构的,或者虽不设立专门的社会调查机构,却设有社会调查人员或岗位的,这里不进行详细讨论。

2. 社会组织的社会调查部门

社会组织的社会调查部门是指社会组织针对自身的组织目标,在组织内部设置的专门从事社会调查的职能机构。社会组织的社会调查部门依据不同的组织性质、类型和业务范围而有不同的设置,其名称也各不相同,有的叫社会信息部,有的叫市场调查部,有的叫公共信息部等。但总的来说,它们都是社会组织内部设置的服务于一定的组织目标的社会调查部门。

(1)社会组织设置社会调查部门的必要性

社会组织各类职能机构的设置,都是依据社会生产和社会进步的需要而定的。每一职能机构的设置,都是社会发展和组织活动需要的产物。社会组织设置社会调查部门的必要性主要表现在以下两个方面。

首先,社会组织设置社会调查部门是适应社会发展的需要。现代社会的发展一日千里,日新月异。伴随着社会的飞速发展,社会结构变得愈加多样,社会关系变得愈加复杂,社会生活变得愈加丰富,相应地,社会组织的社会环境实质上也愈加复杂,社会环境对社会组织的社会压力也日益增大。在这种情况下,社会组织要想很好地适应现代社会的环境状况,要想很好地跟上现代社会的发展步伐,不了解社会环境是不行的。正因为这样,社会组织便有了开展社会调查的必要,进而也就有了设置社会调查部门专事社会调查职能的必要。

其次,社会组织设置社会调整部门是优化组织活动的需要。任何社会组织都要从事一定的组织活动,或开办某种社会事业,或开办某种社会实业。为了办好各种社会事业和实业,还要开展各种各样的经营管理活动。这些活动,从一般的意义上来讲,都可说是组织活动。在现代社会中,每一个社会组织都面临着一种外部环境的变化、社会竞争的压力与追求自身利益的内在动力的猛烈撞击。在这种情况下,社会组织实际上都存在着一个如何优化自身的组织活动以在社会环境不断变化、社会竞争压力急剧加大的情况下有效生存和发展的问题。要优化组织活动,单纯盯住自身的基本条件是不行的,还需要紧紧盯住社会、盯住市场、盯住目标公众、盯住竞争对手。正因为这样,社会组织也便有了开展社会调查的必要,进而有了设置社会调查部门专事社会调查职能的必要。

(2)社会组织内设社会调查部门的基本职能

社会组织内设社会调查部门的基本职能主要有以下三个方面。

第一,社会信息搜集职能。社会组织的社会调查部门的首要职能是搜集社会信息职能。尽管各种社会组织的社会调查部门设置情况不一,但它们都要履行搜集社会信息这一基本职能是肯定的。当然,各种社会组织所需要搜集的社会信息的内容范围是有差异的。例如,企业单位的社会调查部门主要搜集市场信息,新闻机构的社会调查部门主要搜集社会舆论信息。实际上,各种社会组织的社会调查部门都主要是搜集与其组织目标和组织活动相关联的社会信息。

第二,社会状态分析职能。社会组织的社会调查部门的另一项职能是社会状态分析职能。社会状态分析职能是社会组织的社会调查部门不可忽视的一项职能。只搜集社会信息,而不对社会状态作分析,不能称为真正的社会调查。社会调查是社会调查研究的简称,对社会状态进行分析,是社会调查研究的重要任务,在现代社会中,社会组织设置社会调查部门的目的,在很大程度上也就是为了更好地把握现实的社会状态。所以,社会组织的社会调查部门应无条件地履行社会状态分析的职能。

第三,组织决策咨询职能。社会组织的社会调查部门是社会组织针对自身的组织目标而设置的,社会组织的社会调查部门应努力履行其组织决策咨询职能。社会组织的社会调查部门履行组织决策咨询职能有其特殊条件,这主要是:首先,社会组织的社会调查部门是社会组织的一个重要社会信息部门,它能为社会组织的决策者提供社会信息咨询;其次,社会组织的社会调查部门也是社会组织的一个直接接触广大社会公众的部门,它能为社会组织的决策者提供公众意见咨询;再次,社会组织的社会调查部门是社会组织中一个研究型人员集中的部门,它可以为社会组织的决策者提供指导性咨询,等等。

3. 独立经营的社会调查公司

社会调查公司包括社会调查事务所,是指社会上独立开办的,向社会提供社会调查及其相关服务的商业性社会调查机构。社会调查公司是社会调查职业化最高层次的产物,是社会调查产业化发展的结果。它同广告公司、信息公司、公关公司、律师事务所等性质类似,主要通过自己的专业人员运用专业知识和技术经验为委托单位提供专门服务而得以存在和发展。

(1)社会调查公司的产生原因

社会调查公司最早产生于美国。大约在20世纪初至30年代,美国社会调查的职业化、行业化都得到了很大的发展。据有关资料显示,1907~1912年,在美国存在着数家类似市场调研的企业。在此期间,哈佛大学商学院创建了商业调查研究所,西北大学商学院则在1918年创建了所属的商业调查研究所。1935年,美国人乔治·盖洛普(G. Gallup)创办了美国民意调查所,由于该所在1936年至1976年期间美国11届总统选举前的民意测验中准确预测了9次,准确率达81.82%,而成为美国乃至世界最著名的一个以民意测验为主的社会调查机构。社会调查公司自产生至今,大约不过100年的时间,但是,它的发展已是蓬蓬勃勃,蒸蒸日上。现在,在世界上,无论是西方还是东方,无论是外国还是中国,各种社会调查公司林立,并且还有继续增加的强劲势头。

社会调查公司主要是适应现代社会发展的需要而产生的。在现代高度竞争的社会环境里,各种社会组织都有着进行社会调查的必要和实际需求,但并不一定每个社会组织都能自己开展社会调查工作,更不一定每个社会组织都能建立自己的社会调查机构。例如,一些中小型社会组织往往无力建立自己的社会调查机构,一些大型社会组织尽管建立了社会调查机构,但有的社会调查业务又无法或无需由自己的社会调查部门完成。这样,就给社会调查专业人员造就了一个极好的市场——社会调查市场。正是在这样的情况下,社会调查公司应运而生。社会调查公司的兴起使社会调查市场由潜在市场变为显在市场,从而使各种社会组织都可以通过付费的方式获得具体的社会调查服务,从而解决了社会调查服务的需求与供给之间的矛盾,在更高层次的意义上,也使得各种社会组织之间的社会竞争更趋公平,更趋合理。

(2)社会调查公司的服务项目

社会调查公司的服务项目依不同公司的情况而有所区别,但基本的服务项目包括以下三项。

第一,代理社会调查。这主要包括两方面的内容:一方面是,为没有设置社会调查部门的社会组织提供全面的社会调查服务;另一方面是,为某些设有社会调查部门的社会组织进行专项社会调查代理服务。此外,社会调查公司也可以为政府机构及个人代理社会调查服务。无论是从理论上还是从实践上讲,也无论是从历史还是从现实来看,代理社会调查都是社会调查公司最基本的、最一般的服务项目。

第二，提供信息服务。社会调查公司不仅进行代理社会调查服务，而且自己也时常进行各种社会调查活动，从而建立起自己的社会信息库。当社会组织、个人等有某些方面的社会信息需求时，即可以找社会调查公司查询有关社会信息。从另一方面讲社会调查公司能够具体地为客户提供自己通过社会调查获取的各种社会信息。例如，盖洛普民意调查所就长期为新闻机构提供各种最新社会信息。

第三，开展社会咨询。社会咨询是一种新兴的咨询业务，其具体内容包括社会结构咨询、社会关系咨询、社会需求咨询、社会组织咨询、社会事实咨询、社会环境咨询、社会心理咨询、社会政策咨询、社会规划咨询、社会预测咨询、社会管理决策咨询等。社会调查公司因其社会信息来源广泛，其社会调查专业人员知识水平高、社会经验丰富、见多识广，因而完全能够胜任社会咨询服务工作。事实上，现在的许多社会调查公司都已经或多或少地开辟了社会咨询服务项目。

（3）社会调查公司的工作准则

社会调查公司的服务对象主要是各种社会组织，最主要的又是生产经营单位，如同工商企业要对客户负责一样，社会调查公司也要本着对客户负责的精神开展服务。社会调查公司及其人员除了遵守国家制定的法律、法规和本公司的规章制度外，在进行社会调查活动时还需要遵循以下工作准则。

第一，必须为客户进行广泛深入的社会调查活动。社会调查公司在代理社会调查服务时，绝不能为赚取更多的利润而缩小调查范围，减小调查深度，更不能不深入社会，靠拍脑袋捏造调查数据，杜撰调查报告。社会调查广度与深度是社会调查质量的基本衡量指标，社会调查公司应当明白这一道理。

第二，必须为客户提供真实准确的社会信息资料。真实，就是客观地表述社会事实，尽力消除调查资料中的虚假成分；准确，就是要准确表述社会事实，切忌夸夸其谈，不得避重就轻。真实、准确是社会信息的生命力之所在，社会调查公司必须切实保证为客户提供的社会信息资料的真实准确。

第三，必须为客户提供切实可靠的信息保密保证。社会调查公司在为客户进行社会调查服务及相关的信息服务和咨询服务时，可能会了解到客户单位的大量内部信息，如客户单位的组织状态、客户单位的社会调查动机等。因此，社会调查公司应当为客户单位保守秘密，并且不得接受可能泄漏和利用客户单位的私密信息的相关委托项目，同时还要从法律上为客户提供切实可行的信息保密保证。

第四,必须为客户单位尽量节省调查经费开支。社会调查公司是收取劳务报酬的服务单位,其收费标准必须事先向客户公开,然后要按照将要进行的社会调查活动的需要提出经费使用计划。在编制经费使用计划时,在保证社会调查活动广泛深入和保证信息资料真实准确的前提下,要尽量为客户节省经费开支。

第二节 社会调查客体

社会调查客体也称社会调查对象,它是社会调查活动的被动者或承受物,是社会调查主体借由一定的方法希望明确了解具体把握的认识对象。关于社会调查的客体问题,目前在学术界大致有两种意见,一种认为社会调查客体是社会,另一种认为社会调查客体是社会现象。我们认为,社会调查客体从总体上来讲就是社会。具体地说,它包括两个层面:第一个层面是社会系统,它是社会调查的总体对象;第二个层面是社会系统中的各种社会现象,它是社会调查的具体对象。社会调查客体的两个层面是紧密相连的,要想对整个社会系统的现实状态及其发展变化趋势有明确的了解和具体的把握,就必须对各种具体社会现象进行调查,对各种具体社会现象进行调查的最终目的,也就是要明确了解和具体把握社会系统的现实状态及其发展变化的趋势。

一、社会系统

社会调查的客体总体上是社会系统。社会系统是由各种要素构成的,社会系统还有各种结构单位。从系统分析的角度来看社会调查的客体,它实际上包括社会系统整体、社会系统的构成要素及其相互关系、社会系统的各种结构单位及其相互关系。

1. 社会与社会系统

社会是由“社”和“会”构成的一个合成词,在我国古籍中,“社”是指土地神。《礼记·祭法》中有:“共工氏之霸九州也,其子曰后土,能平九州,故把以为社。”此外,“社”还有祭神的节日、祭神活动的地方等意思,如秋社、里社等。“会”是指集合、集会,又转意为组织、团体,如工会、农会、学生会等。“社会”两字连用,一般泛指人们在一定地方聚集以从事某种活动,或表示志同道合者结成的组织或团体。在现代社会学中,社会被定义为以人或人群共同体为活动主体、以生产方式为物质基础的各种要素按照一定方式组合而成的有机整体。

社会是由多种多样的要素构成的,构成社会的要素是按照一定结构、一定方式组合而成的,社会是一个有机整体,是一个完整的系统。我们把社会这样一个完整系统称之为社会系统。社会系统有其存在状态和运动方式,有其发展变化的规律,也有其特定的目的和功能。社会调查把社会系统作为客体,实质上是要通过社会调查活动对社会系统的现实状态及其发展变化趋势得出明确的认识和整体的把握,以有效地管理整个社会系统,并达到优化和改造社会系统的目的。

2. 社会系统的构成要素

社会调查的客体是社会系统。社会调查要真正达到认识社会系统的目的,自然离不开对社会系统的构成要素的了解和把握,因而社会系统的构成要素以及它们相互之间的关系也当是社会调查的客体。具体来说,作为社会调查客体的社会系统的构成要素有以下几项。

(1) 自然环境

所谓自然环境,是指人类社会所处的地理位置所决定的物质条件,它包括地理面貌、气候水文、矿产植被等。人类社会是自然界长期发展的产物,人类不可能脱离自然环境而生存,当然不能脱离自然环境而构成社会系统,所以,自然环境是社会系统的一个关键要素。自然环境作为人类生存的空间,在很大程度上决定或影响着人们的生活方式,影响着人类的物质文明和精神文明的发展。

自然环境影响着人类活动,人类活动也影响着自然环境。人类要生存,就要影响和改造自然,造就“人工自然”。但是自然规律是不能被否定的,它不以人们的意志为转移。尽管人们可以认识并利用自然规律,但是在人与自然的生态关系上,人类活动如果破坏了自然界的生态平衡,就等于破坏了人类自身存在和发展的基础。

由此可知,社会是人与自然界的统一体。在这个统一体中,自然环境影响着人类社会,人类社会也影响着自然环境。自然环境与人类社会的关系,实际上是人与自然界之间的对立统一关系。基于此,社会调查在把社会系统当作客体的同时,自然地把人类社会的自然环境当作社会调查的客体。

(2)人口

社会是人的集合体,人口是社会系统的基本要素。正因为有了人口,才有了人类社会,也才有了真正的社会系统。

人口不是一个抽象的概念,它是指具体社会的人。人口对社会有影响,社会对人口也有影响。人口对社会的影响一般有两个方面:第一,人口构成对社会有影响。人口构成包括人口的自然构成(如性别、年龄、身高等)和社会构成(如民族、阶级、职业、教育、宗教、婚姻),这两者对社会都有影响。第二,人口过程对社会有影响。人口过程是指人口的变动趋势,包括自然变动(如出生、死亡)和社会变动(如迁徙等),这两者对社会也都有影响。社会对人口的影响更是多方面的,主要表现为社会的政治、经济、文化等因素对人口构成和人口过程的各种影响。

人口作为社会系统构成的基本要素,历来被视为社会调查的重要对象,其调查内容主要有人口的数量、质量、密度等对社会的影响,和社会的政治、经济、文化对人口的影响两个方面。

(3)文化

文化是社会系统中一个纯粹社会性的构成要素,它是一个具体形态的社会的象征,人与动物的区别在于人类创造了文化,文化造就了人们的行为方式和生活方式,也就造就了社会的相互关系和规范。广义的文化是指人类在社会的历史实践中创造的物质财富和精神财富的总称,是人类对社会对自然界进行改造所产生的一切成果。这种成果,一般分为物质文化和精神文化。物质文化体现为人类改造自然界的物质产品。精神文化则是人类意识活动的直接产物,它包括知识、信仰、艺术、道德、法律、风俗、习惯及影响人们的行为方式和思维方式等。

如果我们把社会和文化加以严格区分的话,我们完全可以这样说,文化对社会有着重要影响,社会对文化也有着重要影响。社会对文化的影响通常是通过一定社会的生产方式起作用的。而文化对社会的影响则是多方面的。具体地说,文化对社会的影响,主要指思想基础、理论基础、行为特征、组织形态、领导形态、控制形态、评价标准、综合特征、综合气氛等对社会的影响,这种影响包括对人们认识和改造自然界的影响、对人们行为的影响、对人们生活方式的影响、对人类社会管理的影响、对人类社会进程的影响,等等。

文化作为社会的一个特殊的构成要素,历来为社会调查者所关注和重视。在过去很长的一段时间里,社会调查所关注的对象,与其说是社会本身,倒不如说是社会文化系统。这也从一个侧面反映出,作为社会系统构成要素的文化,理所当然地是社会调查的客体,而且是十分重要的客体。

3. 社会系统的构成单位

社会调查不仅把社会系统的构成要素视为社会调查的客体,而且把社会系统的构成单位视为社会调查的客体。通常来讲,社会调查主要把以下社会系统构成单位视为社会调查的客体。

(1)社会系统中的个人

人是社会中的主体。每个人都具有自然属性和社会属性。从人的自然属性来讲,每个人都是独立的能够自我实现新陈代谢的生命实体。从人的社会属性来讲,依据马克思主义观点分析,人的本质则是在现实社会中的一切社会关系的总和。

社会系统中的个人能够作为社会调查的客体,是由人的社会属性所决定的。每个人都是社会系统中的一个成员,个人在社会系统中生活,既要受到社会系统的影响,也会影响社会系统。社会调查把社会系统中的个人作为调查客体,其调查的内容是十分丰富的,主要有:个人的社会属性问题、个人的社会化问题、个人成长的社会环境问题、个人的社会角色问题、个人的社会地位问题、个人的社会关系问题、个人对社会的影响和作用问题等。尽管许多社会学家对个人行为不大关心,但只要我们依据人的社会属性的原理把个人纳入社会系统中加以考察就会发现,社会系统中的个人是能够而且应该作为社会调查的客体的。个人不仅因其社会属性而成为社会调查的客体,而且个人也是社会调查过程的直接的调查对象,通常称之为被调查者。在许多社会调查活动中,社会调查主体必须通过作为被调查者的个人取得个人资料和其他调查资料,然后通过综合归纳而成为对一定社会构成单位或一定社会系统综合研究的成果。从这个角度来讲,个人是社会调查中十分重要的调查客体之一。

(2)社会系统中的初级社会群体

初级社会群体是指家庭、村落、非正式组织等。这类群体的共同特点在于,它们都是通过长期的、面对面的、直接的相互作用而形成的。从某种意义上来说,初级社会群体不是由共同目标组合的,而是由感情色彩联结而成的。

初级社会群体历来是社会学所特别关心的社会系统构成单位之一,也是社会学家毫无例外地将其作为社会调查客体的社会系统构成单位之一。许多社会学家认为,只有社会群体现象才能成为社会学所研究的对象。

作为社会调查客体的初级社会群体,依其社会结构的性质又可以分为四种类型:

一是家庭。家庭通常被认为是社会的基本单位,家庭与社会息息相关。社会调查的目的主要是研究家庭的社会职能和社会关系及其变化;通过家庭调查来研究妇女、儿童、老人等问题,以及以血缘关系为基础的"亲属网"在社会组织或整个社会系统中的作用等。

二是村落。村落指自然村,是广大农村地区最普遍的群体形式,它是若干户家庭居住在同一地域而形成的。自然村落形成邻里关系,邻里关系对组织生产、开展互助、青少年教育、人们之间的思想交流和情感联络具有重要作用。作为社会调查客体的村落,可供社会调查研究的课题是多方面的。

三是非正式组织。非正式组织是以感情为媒介发展起来的自然形成的无形组织,它产生于共同的社会背景或利益、爱好、观点等,如同乡群、朋友群、同辈群、同学群等,这是一种普遍存在的初级群体。非正式组织作为社会调查的客体早已得到肯定,但真正受到特别的重视,是从西方企业管理学界发现正式组织中的非正式组织的影响和作用开始的。

四是其他特殊类型。初级社会群体还有其他一些特殊的类型,如游戏群体、玩要伙伴等。这些也可成为社会调查的客体,尤其在儿童教育研究和青少年社会化研究中,这些初级群体可以成为社会调查的重要客体或对象。

(3)社会系统中的社会组织

社会组织是人们基于一定的社会需要和利益要求,为实现一定目标而有意识地建立起来并从事一定社会实践活动的社会共同体。它是一种高级社会关系的结构形式,是一种复杂的社会群体,属于次级社会群体的范畴。社会组织是一种社会的资源,是社会发展健全的重要保证,是社会发展水平的标志之一。社会组织的兴起和发展,产生了现代管理科学。

社会组织的具体形式纷繁复杂、多种多样,诸如工厂、公司、商店、银行、政府、政党、军队、学校、报社、电台、医院等。随着社会的发展,经济的、政治的、文化的各种社会组织形式将会日益增多。

社会组织是社会系统的一种重要构成单位,它本身也成为社会大系统的一个子系统,即它本身也是一个系统。社会组织的形成、发展和完善,是有其社会历史背景的。反过来说,社会历史背景即社会的经济、政治、文化的发展,对组织建设又提出了更多的要求。随着现代经济建设和政治体制改革的需要，我国现阶段的组织体系需要进行调整，党政关系、政企关系、党群关系、政群关系、行业之间关系、企业内部关系等，都有许多环节与社会主义现代化建设不相适应。这些社会组织方面的关系不能理顺，社会就达不到良性循环。所以，社会组织是有效地、科学地管理社会的基础和前提，社会组织是现代社会调查研究的重要客体。

(4)社会系统中的社会阶层

社会阶层是指同一经济地位的人们，根据他们的职业、收入和社会地位的差别而呈现出的分层。各社会阶层由于利益、欲望、态度、价值观念等各有特点，因而它们对社会进程的影响和作用也不尽相同。对社会分层的问题进行研究，对于认识社会的宏观组合，对于在实践上协调各方面的利益，对于调动各方面建设社会主义现代化的积极性、主动性、创造性等，都具有极其重要的意义。

人们所处的社会阶层是不断变化的，尤其是社会处于急剧变革之时，人们所属的阶层变动会很大。近20年来，由于我国实行改革开放政策，使许多农民离开土地做工经商，个体经营者已经成为较大的社会阶层，这种现实的社会分层与组合对社会产生了深远的影响。所以说，社会阶层及其变化也是社会调查客体之一。

讲到社会系统中社会阶层的时候，还有必要提到社会系统中的阶级。“阶级(Class)”这一术语，最早是由古罗马的人口普查人员为了军事的义务性服役目的，以财产状况为基础区分人口时使用的。18世纪，随着工业革命的兴起，“阶级”一词才逐渐有了近代的意义，并被当代的社会学家及其他学科的学者广泛地用来分析现代社会的社会结构与社会分层。

阶级是一种特定的社会分层，它是基于人们的社会经济地位而进行社会分层的结果。阶级问题都是与社会经济地位的不平等密切联系的。阶级问题的研究不仅对于社会成员的生活质量有意义，而且与社会结构、社会性质、社会变迁等有重要关系。正因为如此，社会调查同样把社会的阶级作为其重要客体，具体调查社会的阶级结构、社会的阶级结构对社会系统的影响和作用以及社会阶级结构的变迁等。尤其是马克思主义的社会学家，更对社会的阶级问题的调查研究给予十分的重视。

(5)社会系统中的民族

民族是人类历史长期发展过程中逐渐形成的具有共同语言、共同地域、共同经济生活以及表现于共同文化上的共同心理素质的稳定的人们的共同体。形成民族的因素是多方面的、有自然地理条件因素,也有社会的因素;有政治的、经济的、文化的因素,也有宗教的以及其他方面的因素。但一般认为,构成民族的主要因素是斯大林所提出的四个方面,即共同的语言、共同的地域、共同的经济生活以及表现于共同文化上的共同心理素质。

民族是一种特殊的社会构成单位。在社会大系统中,各民族一方面是社会系统中的一员,它与社会大系统相互依赖、相互作用、相互影响,另一方面各民族在语言、地域、经济生活、文化生活、心理素质等方面又有所不同,形成各民族之间的诸多差异,从而给社会管理和社会全面发展带来一定的困难。正因为这样,社会系统中的民族便成为社会调查研究的重要客体。

我国是一个多民族的国家,出于历史的原因,少数民族大都聚居在边远地区,而且在经济、政治、文化方面均较落后。我国的民族政策是加速发展少数民族地区的经济和文化事业,实现共同繁荣、共同发展的目标,当前的突出问题是如何使少数民族地区加快发展,在经济和文化两个方面消除事实上的不平等。在民族调查中,一方面要调查研究一个民族的生产方式如何转移到现代化生产方式的过程,另一方面要调查研究少数民族的独特文化,包括语言、文字、风俗、习惯、心理素质、行为方式等,研究这些因素对少数民族地区发展的影响,同时要研究各民族之间的相互影响和联系,共同弘扬中华民族文化精华。

(6)社会系统中的社区

社区是一定地域内人们社会生活的共同体。它是基于同类型社会生活而形成的相对独立的地区性社会。它由以下要素构成:第一,以一定方式组织起来的进行共同生活的人群;第二,一定的地域条件;第三,一定的生活服务设施;第四,一定特色的文化制度和生活方式;第五,社区居民一定的心理上的认同感。从这些构成要素的分析中我们可以看出,一个社区是具有人口、自然环境、文化、心理和相应的群体的社会组织系统,它是一个现实的社会,一个社会的缩影。

社区的具体内容、具体形式千差万别,一般把社区分为两类,即农村社区和城市社区。农村社区是社会系统中最基本的一种社区形式,它是指以从事农事活动为主的人们所组成的地域性社会生活共同体。城市社区是社会系统中另一种基本社区类型,它是指以从事工商业及其他非农社会活动的居民所组成的地域性社会生活共同体。尽管不同的社区差异较大,但它们却有着某些共同的特征:第一,社区是相对完整的社会实体,社会普遍存在的现象都可以从某社区中反映出来;第二,社区是相对完整的社会功能整体,它的基础和结构能够满足人们的基本需求，并且随着人们需求的不断扩大，其功能也趋于增加；第三，社区是一个历史范畴，是人类活动的产物，它随着社会的发展而发展，随着社会的进步而进步。

社区是现代社会学研究的一个重要范畴，当然也是社会调查的重要客体。自滕尼斯提出“社区”这一社会学范畴以来，对“社区”的调查研究一直是社会学家特别重视的领域，许多社会学家都投身到社区研究之中，并取得了许多重要成果。其中美国社会学家林德夫妇的《中镇》、我国社会学家费孝通的《江村经济》，都是社区调查研究的典范之作。

这里值得一提的是，社会调查把社区作为客体，应是对社区的全面的区域性的调查，否则，社区调查就可能走样，变成其他类型的社会调查。

二、社会系统中的社会现象

社会系统本身是一种社会现象，但它只是一般的社会现象，只是区别于自然系统而存在的科学范畴。社会系统中有许多具体的社会现象，包括本节中前面所述的具体社会现象。这些具体的社会现象才是社会调查的具体对象，即社会调查中可以具体把握的具有可操作性的实实在在的客体。

1. 社会现象的含义

什么是社会现象？这是一个长期以来为社会学家所关心的概念，不同的社会学家对社会现象作出了不同的解释。例如，程继隆主编的《社会学大辞典》中认为，社会现象是“人与人之间交互作用所表现的现象。人与人之间无时无地不互相作用、互相影响，以构成错综复杂的社会行为，形成种种不同的社会现象”①。宋林飞教授在《社会调查研究方法》中认为，“社会事实是许多人共同参与和发生的活动，是群体性的外在现象，是在现实中存在或已经完成了的事物。”②宋林飞教授所讲的社会事实即社会现象。此外，有人也把社会中所发生的一切现象说成是社会现象。

对社会现象进行过权威解释的要属法国社会学家迪尔凯姆，他在《社会学方法的规则》（又译《社会学方法的准则》）一书中，专门研究了社会现象（Fait Social）。

迪尔凯姆认为，社会现象不能简单地等同于社会中的普遍现象。人们通常将社会现象

① 程继隆，《社会学大辞典》，中国人事出版社，1995 年版，第 304 页。
② 宋林飞，《社会调查研究方法》，上海人民出版社，1990 年版，第 1 页。

一词用来表示社会场所发生的一切现象。按照这种说法,所有关于人类的事情,都可称为社会现象,这样把社会现象作为研究对象的社会学就成为一个包罗万象的大杂烩,就失去了独立存在的意义。迪尔凯姆指出:“其实,在社会中存在着一种确定的团体现象,这种现象的性质与其他自然科学所研究的现象的性质有着很大的差别。”①这就是“社会现象”。“它们是存在于人们身体以外的行为方式、思维方式和感觉方式,同时通过一种强制力,施以每个个人。这些现象不同于有机体的现象,后者是通过某些形态和动作表现而存在的。它们也不同于心理现象,心理现象只存在于个人意识之中和通过个人意识表现出来。总而言之,这些现象具有一种新的性质,只有用‘社会的’一词可以表明这种性质和它的含义。因为个人不可能有非有机体和非心理的现象,只有社会才具有这种现象。诸如政治团体(整体或者其中一部分)、宗教、政党、文协、行会等,都是社会的现象。另一方面,‘社会的’一词只有用来表示一种综合的现象,一种与已经形成的个体现象相脱离的现象,才有确定的意义。这样的现象,是社会学专有的现象。”②迪尔凯姆认为,社会现象是外在于个人意识的,是独立于个人的特殊现象。“普遍的、概括的现象并不能称为社会现象。各种在个人意识中可以找得出来的思想,在个人中能够见到的行为,也都不能算作社会现象。如果把这些现象当作社会现象,那是把个人身体以内的事情与社会现象相混淆。构成社会现象的是集体性的信仰、倾向和守则。那些名义上为集体的实际上仍然属于个人性质的形式,也不能称为社会现象。集体和个人这两种现象通常有不同的状况。例如,某种思想经过许多人的共同加工,成为一种集体的思想,这时它与先前出自个人的思想是不相同的。不论先前个人的思想与这种集体的思想是如何地接近,两者不是一回事。个人的思想存在于个人身上,集体的思想存在于集体之中,它独立于个人而发生作用。与这种集体思想和行为相适应,采取某种形式,构成一种特别的团体,形成集合的现象,这与个人现象显然不同。集体习惯所以存在,不仅仅在于连续行为中一种固定不变的形式,而且这种形式一经采用,就会通过人们的交谈、教育以及文字的传播等发生作用。这是社会现象的特性,在生物界里,找不出这样的例子。”③由此可见,迪尔凯姆所说的社会现象,是一种团体现象或集体现象,是“一种强制力,普遍存在于团体中,不仅有它独立于个人固有的存在性,而且作用于个人,使

① [法]迪尔凯姆,《社会学方法的规则》,华夏出版社,1999年版,第4页。
② [法]迪尔凯姆,《社会学方法的规则》,华夏出版社,1999年版,第5页。
③ [法]迪尔凯姆,《社会学方法的规则》,华夏出版社,1999年版,第7~8页。

个人感受的现象”。

2. 社会现象的特点

尽管人们对社会现象所做的界定或解释不同,但人们对社会现象与自然现象还是能够作出比较明确的区分的。这是因为,社会现象相对于自然现象来讲,有着某些基本的特点。

(1)主观性

与自然现象不同,社会系统中的一切社会现象无不留下人类主观意志的烙印,在自然界中,没有任何事情是作为有意识的自觉的目的发生的。相反,在社会历史领域内,全是有意识、有目的的人的活动,任何事情的发生都不是没有自觉的意图、没有预期的目的的。因此,人们就常常把社会生活当作是任人摆布的纯主观的东西,就往往用人们的意志、愿望、性格、心理状态等主观因素去解释各种社会现象。

(2)偶然性

同自然现象相比,社会系统中的社会现象具有更大的偶然性。尤其在现代社会中,各种社会因素变动性越来越大,某种社会现象的产生,其偶然性愈加明显,跟随某一社会现象状态之后出现的通常不一定是严格规定的预期状态,因而,社会现象似乎总的来说是由偶然性支配着的。正是由于这种情况,人们往往把社会现象当作是偶然事件、偶然现象的堆积,好像其中没有任何必然性可言。

(3)复杂性

社会现象具有较大的复杂性,这种复杂性主要表现在以下几个方面:第一,社会现象是由多种社会因素构成的;第二,社会现象的产生是由多种多样的原因造成的;第三,任何一种社会现象的出现,必然引起多种多样的结果和一系列的连锁反应;第四,社会现象之间的联系纵横交错,从而构成更为纷繁复杂的高层次、大范围的社会现象。社会现象的复杂性,给人们认识社会带来了很大的麻烦。

(4)流变性

社会现象具有高速流变性,它的变化极为迅速,往往是自然现象所不可比拟的。特别是现代社会,由于科学技术迅猛发展,社会生产力巨大进步,社会发展一日千里,社会系统中各个子系统的变化节奏大大加快,各种社会现象瞬息万变。社会现象的这种流变性,给人们正确把握社会系统的现实状况和发现变化趋势增加了困难。

(5)模糊性

社会现象还具有模糊性。所谓模糊性,就是人们对社会现象的认识中存在着的不确定性或不明晰性。社会现象的模糊性,首先是由社会现象本身的复杂性所造成的;其次是由社会现象之间没有绝对准确的界限造成的;最后是由人们对社会现象认识的不完全性造成的。在现实生活中,社会现象的模糊性能为人们广泛感受到,如社会信息的真与假,社会行为的善与恶,社会产品的优与劣,社会成员的贫与富等,往往由于多种因素的影响而难于明确加以区分。

正因为社会现象具有上述特点,所以,我们要有效地认识社会,就必须对社会现象进行广泛、深入、持久的调查研究。实际上,透过社会现象的主观性、偶然性、复杂性、流变性和模糊性去认识社会生活的客观性、必然性、规律性、相对稳定性和相对确定性,进而具体把握现实社会的状态,对社会现象给出明确的解释,对社会发展进行准确的预测,为人们有效地管理社会和改造社会提供科学认识的依据,是社会调查的基本任务。

3. 社会现象的类型

社会现象可以分为各种各样的类型,按照社会学领域通常的划分方法,大致可以对社会现象作如下区分。

(1)规则现象与不规则现象

把社会现象区分为规则现象和不规则现象的是法国社会学家迪尔凯姆。迪尔凯姆认为,社会现象有两种:一种是应该怎样就怎样的现象,可以称之为规则的现象或者常态的现象;另一种是应该这样但它偏偏不是这样的现象,可以称之为不规则现象或病态的现象。为了弄清规则现象和不规则现象的界限,迪尔凯姆还归纳出三条区分标准:

①在一定的社会中,一个社会现象是否为规则现象,与这个社会的一定发展阶段相联系;在同一类型的各个社会中,确定一个社会现象为规则现象,必须考虑与这种社会相联系的进化时期。

②用检验方法验证第一种方法得出的结果,看它是否符合这样的条件,即规则现象依赖于一定社会类型中社会生活的普遍条件。

③如果被考察的社会现象所附属的那种社会仍处于变革中,还未完成其整个演变的过

程，那么，用检验方法去证明它是必不可少的。①

(2)“活动状态”现象与“存在状态”现象

“活动状态”现象和“存在状态”现象也是由迪尔凯姆提出的②。在《社会学方法的规则》一书中，迪尔凯姆为了深入说明社会现象的含义，引入了“初步状态”和“存在状态”两个概念，并由此而将社会现象区分为“活动状态”和“存在状态”两种类型。他认为，由生理现象表现出来的，即关于思想、行为和感觉的现象，我们统称为“活动状态”现象。它们是社会现象的基本部分。另外，社会上还存在一些外貌、形态的现象，我们称为“存在状态”现象，它们同样与社会生活的基本条件有关，因此也属于社会学感兴趣的社会现象，如组成社会的各个基本分子，这些分子的形式和集合程度，各地区人们的分布、交通道路的状况、人们的居住环境等。这类“存在状态”的现象具有与“活动状态”现象相同的特征。“存在状态”对个人的强制也和“活动状态”对个人的强制一样，它们的差别只是在于表现程度的强弱不同。

(3)原生事实现象与派生反应现象

雷洪教授在《社会问题——社会学的一个中层理论》③一书中认为，社会现象十分复杂，依事物的根本性质而言，可区分为两类性质的社会现象：一类是发生和正在发生的客观事实现象或原生事实现象，例如社会人口多少，社会结构状况如何，物价是否上涨了；另一类是对发生和正在发生的客观事实现象所产生的社会主观反应现象或派生反应现象，例如人们对人口多少，社会结构状况如何，物价是否上涨等事实现象的感受、认识、态度、评价、意愿、期望。在社会系统中，原生事实现象与派生反应现象确实有着不同的性质和特点。原生事实现象体现的是社情，派生反应现象体现的是民意；原生事实现象的客观性强，派生反应现象的主观性强。在社会调查中，对原生事实现象和派生反应现象需要分别以客观指标和主观指标来测量。

---

① [法]迪尔凯姆，《社会学方法的规则》，华夏出版社，1999年版，第52页。

② [法]迪尔凯姆，《社会学方法的规则》，华夏出版社，1999年版，第11页。

③ 雷洪，《社会问题——社会学的一个中层理论》，社会科学文献出版社，1998年版，第21页。

第三节　社会调查方法

所谓方法,就是指各种能够保证人类社会实践活动朝着预定的方向进行,达到人类社会实践活动目的的途径、手段、工具、方式的总和。社会调查是一种特定的人类社会实践活动。社会调查方法就是社会调查主体为保证其社会调查活动朝着预定的方向进行,达到了解和认识社会的目的所运用的手段、工具和方式的总和。社会调查方法在社会调查活动中是必不可少的,它是构成社会调查活动的第三大要素。

一、社会调查方法的特点

社会调查方法是人类社会实践活动方法体系中的一种专门方法体系,它有着自身所固有的、用以区别于其他方法体系的许多特点。正确认识这些特点,对于我们掌握和运用社会调查方法是极有好处的。

1. 相对独立性

社会调查方法的相对独立性,是指社会调查方法体系是一种相对独立存在的方法体系。社会调查方法的相对独立性可以从两个方面进行分析。首先,是社会调查方法体系构建依据的相对独立性。一般来说,在人类社会实践活动中,各种人类社会实践活动方法体系的构建依据都是其活动本身。由于具体人类社会实践活动多种多样,因而各种人类社会实践活动方法体系的构建依据也就各不相同。构建依据的这种相对独立,决定了方法体系的性质、功能等的不同,从而形成方法体系的相对独立性特点。社会调查方法体系的构建依据是社会调查活动本身,按照上述道理,依据社会调查活动而构建起来的社会调查方法体系,自然就具有相对的独立性。其次,是社会调查方法体系适用领域的相对独立性。不同人类社会实践活动的方法体系适用于不同人类社会实践活动领域,即使其中某些方法内容能为别的人类社会实践活动领域使用,也必须依据有关人类社会实践活动领域的实际情况通过移植研究进行移植。诚然,经过移植研究移植到某一人类社会实践活动领域的具体方法,会具有新的内容、形式和意义,而不再是原人类社会实践活动方法体系中同名同义的方法内容。但社会调查方法体系是专门适用于社会调查活动领域的,它专门为社会调查活动的实施而构建,专门为社会调查目标的实现而应用,从这个意义上讲,社会调查方法体系确实具有适用领域的相对独立性。

2. 中介性

社会调查方法的中介性，是指社会调查方法在社会调查活动实施过程中居于中间地位和具有桥梁作用。所谓中间地位，是指社会调查方法居于社会调查主体与社会调查客体之间，社会调查方法是社会调查主体用以了解和认识社会调查客体的媒介。它表明，社会调查活动实施过程中，要实现社会调查主体与社会调查客体的联系，社会调查方法是不可缺少的因素，社会调查主体与社会调查客体之间只有通过社会调查方法才能联系起来，构成完整的社会调查活动。所谓社会调查方法的桥梁作用，是指社会调查方法在社会调查活动实施过程中起手段、工具作用。社会调查主体必须借助于社会调查方法的桥梁作用，才能达到对社会调查客体的真正了解和正确认识。按照马克思主义认识论的观点，社会调查主体与社会调查客体之间的关系，是在社会调查实践基础上的反映与被反映的关系，但这种反映不是直接的、消极的、被动的反映，而是间接的、积极的、能动的反映。因此，在社会调查活动中，要取得好的调查效果，社会调查主体必须善于使用各种社会调查手段与社会调查工具，依靠社会调查方法的桥梁作用，去获得对社会调查客体的真正了解和正确认识。社会调查方法的桥梁作用，说明了它在社会调查活动实施过程中的功能性地位。

3. 综合性

社会调查方法具有综合性。社会调查方法的综合性是由三个方面的因素决定的：

第一，社会调查方法的综合性是由社会调查客体的复杂性所决定的。总体上说，社会调查的客体就是社会，社会是一种复杂的系统，它涉及构成社会的各种各样的复杂的因素以及社会中的各种复杂的社会现象。面对如此纷繁复杂的社会系统，社会调查只采用单一的方法是不行的，它必须综合地运用各种科学方法，才能有效地考察社会，切实地了解社会，正确地认识社会。

第二，社会调查方法的综合性是由社会调查学的综合性所决定的。一般认为，社会调查学是一门综合性很强的方法科学，它的兴起和构建与众多的学科密切相关，如社会学、哲学、信息学、统计学、逻辑学、心理学、语言学、写作学、人际关系学、公共关系学、数据处理技术等，这些都是在构建社会调查学中起重要作用的学科。社会调查学的综合性，决定了它规范的社会调查方法的综合性。事实上，上述各门学科的许多方法，都已经或正在综合地应用于社会调查之中。

第三,社会调查方法的综合性是由社会调查实务内容的丰富性所决定的。社会调查的实务内容很多,诸如调查课题的选择、研究假设的提出、分析单位的确定、总体方案的编制、调查样本的抽取、调查工具的设计、调查资料的搜集、调查资料的整理、调查资料的统计、调查资料的分析、调查结论的确定、调查报告的写作、调查活动的评估等都是。社会调查实务内容的丰富性,必然要求社会调查根据不同的实务内容采用各种不同的科学方法。在这些科学方法中,不仅要有社会科学的方法,而且要有自然科学的方法。

4. 科学性

社会调查方法具有科学性。社会调查方法的科学性是由两方面的因素所决定的:

首先,社会调查方法的科学性是由社会调查本身的科学要求所决定的。社会调查不是一般的直觉领悟,也不是一般的冥思苦想,它区别于一般的社会认识活动的一个突出特点就是它必须遵循科学性原则。社会调查中强调科学性原则,说到底就是要求其方法应当科学。确保社会调查方法的科学,是确保社会调查科学性原则得以贯彻执行的基本保证。离开了方法的科学,社会调查就不可能“利导”。在现代社会中,社会调查对方法的科学性有着越来越高的要求,而这种要求又证明了社会调查方法必然存在的科学性特点。

其次,社会调查方法的利导性也是由其方法本身的科学化所决定的。按理来说,方法是认识和实践的一种“工具”,但这种“工具”不是工人手中的扳手,也不是农民手中的锄头,它本身是一种具有科学性的知识体系。任何没有科学性的内容,都不能称其为科学意义上的方法,充其量也不过是日常生活中所说的“方法”的含义。方法的科学性历来就是为科学工作者所重视的。随着科学技术的不断发展,人们对方法的科学性的认识越来越深刻,方法的科学化也得到了极大的提高。至当代,关于方法的研究已经成为一门科学,真正的方法已被称之为科学方法,这样,对于社会调查来说,其方法的科学性特点将会得到进一步的体现和增强。

二、社会调查方法的作用

真正的科学方法是人们发现真理、纠正错误的有力武器,是人们科学实践、达到目标的得力工具。社会调查方法作为一种科学的方法,它在社会调查活动中具有多方面的作用。

1. 全面增进调查人员的才华

学习、创新和运用社会调查方法,将会提高社会调查人员的科学素质,增进社会调查人员的聪明才智。法国科学家贝尔纳曾经指出:“良好的方法能使我们更好地发挥运用天赋的才能,而拙劣的方法则可能阻碍才能的发挥。由此,科学中难能可贵的创造性才华,由于方法拙劣可能被削弱,甚至被扼杀;而良好的方法则会增长、促进这种才华。”①社会调查对社会调查人员的科学素质和实际本领的要求是非常高的,社会调查人员除了具备较为丰富的社会学与社会研究知识外,最为关键的是要掌握社会调查的方法。社会调查的方法,正像贝尔纳所提山的那样,它可以增进社会调查人员的聪明才智,可以提高社会调查人员的运筹、谋划、设计、实施各种社会调查活动的能力,使社会调查人员的科学素质和实际本领不断得以提高。

2. 顺利完成社会调查的任务

学习、创新和运用社会调查的方法,将会提高社会调查人员的社会调查本领,使社会调查人员顺利完成社会调查任务。毛泽东同志曾形象而深刻地说明过方法的重要性。他说:“我们不但要提出任务,而且要解决完成任务的方法问题。我们的任务是过河,但是没有桥或没有船就不能过。不解决桥或船的问题,过河就是一句空话。不解决方法问题,任务也只是瞎说一顿。”②在社会调查活动中,调查任务确定以后,要顺利完成任务,最关键的是要解决方法问题。社会调查的方法,从某种意义上来说,就是社会调查的有效途径、工具和手段,它就是毛泽东同志所说的“过河”的“桥”或“船”。为社会调查人员提供社会调查的方法知识,实际上就是为他们提供了进行社会调查活动实施的“桥”或“船”,使他们能顺利地完成社会调查的任务。

3. 有效提高社会调查的效益

学习、创新和运用社会调查的方法,将有助于社会调查人员提高社会调查的效益。这主要是因为:

第一,运用社会调查的方法,有利于社会调查人员正确把握社会调查活动的方向,从而提高社会调查的效益。在社会调查活动中,方向问题是一个很重要的问题。英国哲学家培根曾经指出:“跛足而不迷路的人能赶上虽健步如飞但误入歧途的人。”③这实际上反映了方向与效益的关系问题。方向对头,就可以不走或少走弯路,沿着正确的道路前进,取得良好

---

① 转引自郡培仁,《传播学导论》,浙江大学出版社,1997 年版,第 22 页。

② 《毛泽东选集》,人民出版社,1957 年版,第一卷,第 134 页。

③ 转引自[澳]W. I. B. 贝弗里奇,《科学研究的艺术》,科学出版社,1984 年版,第 1 页。

的效益,否则,就会事倍功半,徒费辛劳。社会调查的方法是科学的方法,它有利于社会调查人员把握社会调查活动的正确方向,从而使社会调查活动收到事半功倍的效果。

第二,运用社会调查的方法,有利于社会调查人员全面优化社会调查运作的过程,从而提高社会调查的效益。社会调查运作的过程并不是一种凝固的、不变的运作过程,它是可以优化的。一般来讲,社会调查人员通过社会调查方法的灵活运用,可以运筹、谋划、设计、安排好社会调查运作的过程及这一过程中各阶段、各环节的各种具体任务,使社会调查运作的过程更加科学,更加合理,更为优化,这样,定然可以提高社会调查的效益。

三、社会调查方法体系

社会调查方法是一个体系,称之为社会调查方法体系。从发生学的角度来讲,社会调查方法体系是人们对社会调查方法的认识和创新不断深化的产物,其实质是社会调查方法内容积累到一定数量后,人们对这些方法内容相互之间的关系加以研究和整理,并使之系统化的结果。它既是社会调查方法内容内在联系的反映,也是人们对其内在联系形式化后的产物。从系统理论的角度来看,社会调查方法体系是一个有层次的系统。根据科学方法论的一般划分方法,社会调查方法体系可以分为三个层次,即方法论、基本方式和具体方法。

1. 方法论层次

社会调查方法论是从各种具体方法和基本方法内存中抽象出来的方法层次,它是一种方法理论,主要涉及社会调查的立场、观点、角度、原则等问题,它提供社会调查的指导思想,介于社会调查方法体系中的最高层次。社会调查方法论是直接从社会学方法中引入过来的。在社会学中,作为指导思想的方法论在现实中并不是统一的,它总是与一定的哲学观点相联系。不同哲学观点者因其对“如何看待和认识社会现象”“如何获得客观、可靠的事实”“如何分析和解释事实”“如何检验社会理论”等问题的看法不同,从而形成了不同的社会学方法论流派。这样,社会调查方法论事实上也就有着不同的流派之分。近代以来,社会调查方法论的主要流派有三种,即实证主义方法论、人文主义方法论和马克思主义方法论。

(1)实证主义方法论

实证主义方法论形成于19世纪的法、英、美等国。它最初出自德国近代经验哲学、理性实验科学，于19世纪30年代被提出，后来由斯宾塞引入生物进化论观点作了进一步的论证和补充，再经由迪尔凯姆的进一步发展而得到完善。

孔德是法国的实证主义哲学家、社会学家，是社会学的创始人。他在1838年投身于“社会学”这一学科时，其明确的意图就是要建立一门研究社会的实证科学。他曾对“实证”一词作过解释，认为“实证”一词有几个意义：第一，现实的而不是幻想的；第二，有用的而不是无用的；第三，可靠的而不是可疑的；第四，确切的而不是含糊的；第五，肯定的而不是否定的。①孔德希望社会学能像自然科学那样，发现客观存在的社会规律，以便预测、控制、管理和改造社会，因而他创造了一套实证研究方法，主要有观察方法、实验方法、比较方法、历史方法以及数学在社会研究小的应用等。斯宾塞是英国一位重要的社会学家，是西方社会学古典理论的奠基者之一。在方法论上，他部分地接受了孔德的实证主义观点，即人们通过观察、实验获得的经验性知识才是科学知识，探索人的经验之外事物的规律是毫无意义的，并且发展孔德的实证观，提出了只存在“现象的实际规律”，而现象则是人的感觉，科学就是对人的主观感觉的描述、记录、整理。迪尔凯姆是孔德实证主义方法的直接继承者和重大发展者。他1895年出版了《社会学方法的规则》这一实证主义方法论的专著，并于1897年出版《自杀论》这一关于自杀现象的实证研究成果。19世纪末20世纪初实证主义方法论从欧洲传入美国，与美国的实用主义相结合，得到进一步发展，变成一套完整的模式化、程序化、精确化的可以操作的科学方法。

实证主义方法论的核心是唯科学主义，它的本质特点在于对社会现象采取客观主义态度以及“价值中立”原则。这一方法论的基本观念建立于自然主义假设以及社会文化现象可还原为自然现象的假设之上，并由此逻辑地导出这样一个方法论原理，即社会研究可以运用自然科学规律和方法来进行。基于此，实证主义方法论便有了如下主张：第一，主张从宏观层次通过大量样本的调查和统计来考察社会现象；第二，主张依靠自然科学规律对社会现象进行客观解释；第三，主张运用自然科学方法对社会现象进行静态分析和数量分析；第四，主张按照自然科学“价值中立”的原则，对研究结果进行客观检验。

（2）人文主义方法论

人文主义方法论是在与实证主义方法论的论证中于19世纪末20世纪初在欧洲大陆兴

---

① 宋林飞，《西方社会学理论》，南京大学出版社，1997年版，第15页。

起的一种社会研究方法论。实证主义方法论把自然科学的研究方法绝对地植入了社会研究之中,并试图完全排斥人的价值观的影响来体现所谓的科学性、客观性,这当然有它的不科学的一面。正因为这样,在社会研究领域,出现了反实证主义方法论的人文主义方法论流派。

人文主义方法论流派最早形成于德国,其代表人物有狄尔泰和韦伯。狄尔泰是德国解释学家和社会学家,他在方法论上持与孔德、迪尔凯姆等实证主义方法论者相反的意见和观点。他认为,人有自由意志,因此无人能对人们的行为及其社会现象作出预见,也无人能对之形成判断,也就是说,人的行为以及社会现象是偶然的,是无规律性可循的,即使有规律性,也是人们无法把握的。人们对社会现象只能进行描述,并且这种描述只能基于主观感受来体验和理解。这种观点代表了社会研究领域中人文主义方法论流派的极端观点。韦伯是德国重要的社会学家,他在方法论上持于狄尔泰的主张(人的行为和社会现象是不可预测的)和迪尔凯姆的主张(人的行为等社会现象可预测并且可用自然科学的方法进行预测和说明)这两个极端之间的一种观点。他认为,社会现象不仅取决于社会规律,而取决于人的有意识的结果。使用实证方法来研究一切社会现象有它的合理性,但仅此是不够的,实证的方法不足以解释和预测社会现象。他主张,对社会现象的研究,还要通过直接理解或投入理解的方法,即社会研究者要通过自己的感受和体验,通过对自己的理解,来重构他人的体验,来理解他人的行为,来解释他人行为及其社会现象的意义。韦伯的观点代表了人文主义方法论的一般主张。

总体上说,人文主义方法论的基本观点是人的行为不同于物体运动,所以对社会现象的研究应不同于对自然现象的研究。正是基于这一观点,人文主义方法论反对实证主义方法论从自然科学中寻找社会研究方法的方法论思想。人文主义方法论的基本主张有:第一,主张在微观层次上通过实地调查来直接了解具体的社会生活状况;第二,主张从主观角度对社会现象进行主观理解;第三,主张运用人文科学方法对社会现象进行动态分析和定性分析;第四,认为对研究结果没有一个客观检验标准,只能依靠主观判断。

(3)马克思主义方法论

马克思主义方法论是由马克思主义的创造人马克思和恩格斯创立的一种哲学层次的方法论。马克思主义方法论的基本内容是唯物辩证法。唯物辩证法是关于普遍联系和对立统一规律的学说,在对社会现象的研究方面提供了真正意义的科学方法论观点。

①普遍联系的观点

马克思主义认为，事物之间的相互联系、相互作用是社会现象的本质，任何社会现象之间都有其内在的联系，社会现象同自然现象一样具有一定的规律性，但具体现象之间的联系又是个别的、偶然的、多方面的及多层次的。因此，人们对社会现象的研究，既要从整体上通过对大量现象的分析来把握其一般规律，也要根据不同的联系采用不同的方法对具体现象进行具体分析，在方法论上决不能只强调某种方法而排斥其他的方法。

②历史和发展的观点

马克思主义认为，社会现象是在历史过程中产生、运动和发展的，只有把社会现象放在一定的历史过程中才能准确地作出说明与解释。因此，在研究社会现象时，不仅要静态地研究事物的现状，还要动态地考察它的来龙去脉或历史演变，并且对它的发展趋势和未来状态进行预测。

③对立统一的观点

马克思主义认为，世界上的任何事物或现象内部都包含着矛盾，事物或现象内部的各种性质、各个方面、各个层次既对立又统一，它们共同构成了一个整体。因此，对社会现象的研究要采用“一分为二”的观点和“对立统一”的分析方法。

④质与量相结合的观点

马克思主义认为，质量和数量是客观事物的两个基本规律，事物的性质决定其内涵、特征和表现形式，而数量则规定其规模、程度和水平。质与量也是对立统一的，质是量的前提，只有同质的事物才可以进行量的比较分析。但量的变化也可以导致质的变化，一定事物的性质都有其一定的数量界限。因此，人们对社会现象的研究，既要注重其质量方面，也要注重其数量方面，要将对社会现象的定性分析与对社会现象的定量分析结合起来。

在上述三种方法论流派中，实证主义方法论观点与人文主义方法论观点似乎反映出自然科学方法与人文科学方法的对立面，但在实际的社会研究中，这两种方法并非不可调和。马克思主义方法论即提供了将这两者及各种对立面统一起来的理论依据。正因如此，在社会调查的方法论层次上，应以马克思主义方法论作为理论依据，吸收实证主义方法论和人文主义方法论的合理成分，有效构建社会调查方法论的内容体系。

2. 基本方式层次

社会调查的基本方式是指贯穿于调查研究全过程的程序、步骤和操作方式。它说明社会调查者采用何种方式通过何种途径完成社会调查的任务,是一种对社会调查活动具有综合指导意义的方法层次。社会调查基本方式可以从不同的角度划分为不同的类型,主要有:

(1)按调查研究的基本目的划分

按调查研究的基本目的划分,可分为探索性调查研究、描述性调查研究、解释性调查研究与预测性调查研究。探索性调查研究是借助于"走马观花"和查阅资料等相应活动对社会现象进行初步考察,由此发现问题、提出问题,为进一步的调查研究提供基础和指导的调查研究方式。它可以分为两种基本类型:一是短期的、走访式的调查研究;二是作为一项调查研究的前期准备工作的先导性调查研究。描述性调查研究是系统地了解某一社会现象的状况及发展过程,并对其现状和历史作出准确描述的调查研究方式。描述性调查研究是解释性调查研究的基础和前提,描述一般是从观察入手而不是从理论或假设入手,描述的准确性与概括性是其两项基本要求。解释性调查研究是以说明社会现象发生的原因,探讨社会现象之间的因果联系为目的的调查研究方式。这种调查研究方式往往要求有严格的科学规范。在调查方案的设计和调查程序的安排上,它比描述性调查研究复杂得多,严谨得多,并且需要明确提出所需检验的假设。预测性调查研究是以预测社会现象或社会系统的发展变化趋势和未来可能状态为目的的调查研究方式。一般来讲,科学的预测是根据社会现象之间的因果关系所作的逻辑推论。因此,预测性调查研究实际上就是解释性调查研究的延伸,从某种意义上也可以说,预测性调查研究是一种以预测为目标的解释性调查研究。

(2)按调查研究的时间特性划分

按调查研究的时间特性划分,可分为横剖式调查研究和纵贯式调查研究。横剖式调查研究是指在某一时点对一定社会范围的社会现象作"横断面"的调查研究。例如,1982 年我国进行的第三次人口普查,就是在 1982 年 7 月 1 日零点对我国人口状况所作的横剖式调查研究。横剖式调查研究的特点是调查面较大,调查时点统一,调查指标统一,调查研究的标准化程度高。但由于调查时间较短,所以调查指标不宜太多,且调查研究内容的深度和广度受到限制,无法对社会现象的发生、发展过程和人们的行为动机作具体分析。纵贯式调查研究是在不同时点搜集资料,以了解某一社会现象在较长时期内发展变化情况的调查研究方式。例如,费孝通教授从 20 世纪 30 年代到 80 年代的 50 年间对江苏的一个农村进行三次实地调查(称"江村调查"),他不仅深入探论了中国农村的发展道路,而且为研究中国农村的历史变迁提供了丰富的资料。①纵贯式调查研究还可分为趋势研究、同期群研究、追踪研究、回溯研究等类型。纵贯式调查研究的优点是:第一,能够了解社会现象的发生、发展过程;第二,能够对社会现象进行动态分析;第三,能够对社会现象进行趋势预测。纵贯式研究也有缺点,这就是由于需要对社会现象作长时期关注和多时点调查,往往费时费力,且需要较多的经费支持。

(3)按调查研究的方法特性划分

按调查研究的方法特性划分,可分为统计调查研究和实地调查研究。统计调查研究是一种利用调查问卷或测量量表,调查大量样本,搜集标准化数据资料并对其进行统计分析的调查研究方式。统计调查研究特别关注社会现象的数量关系,是现代社会调查中一种十分重要的方式。统计调查研究的特点是:第一,利用标准化、结构化的调查方法搜集资料;第二,调查资料可以精确地分类或转换为数据形式;第三,对调查资料进行定量研究或数值分析。实地调查研究主要是一种利用观察、访问、座谈等方法到实地搜集比较真实的信息资料的调查研究方式。实地调查研究的主要类型有参与观察、个案研究、蹲点调查、社区研究等。实地调查研究的一个重要特点是需要调查者深入现场,亲自与调查对象接触才能具体实施。实地调查研究的成败,不取决于事先的严密设计,而取决于现场调查是否有效。它的优点在于:第一,调查内容深入具体,调查资料效度较高;第二,能对具体的人和事物作较全面的洞察和理解,能从感性上把握社会生活状况;第三,调查活动简单灵活,而且适用于边调查边研究。但它也有缺点,主要是调查研究结论的概括性和可靠性较低,且易受调查者主观因素的影响。

社会调查基本方式除上述三种划分方法外,还有其他的一些划分方法,如按调查对象范围划分,可分为普遍调查研究方式、典型调查研究方式、抽样调查研究方式和个案调查研究方式等,这四种方式将在第四章作专门研究。

3. 具体方法层次

社会调查具体方法是指在社会调查过程中各具体阶段、具体环节使用的具体技术手段和实用科学方法。与社会调查方法论层次和社会调查基本方式层次的方法内容比较,社会

① 袁方,《社会调查原理与方法》,高等教育出版社,1990 年版,第 56 页。

调查具体方法层次的具体方法只对社会调查过程中的某一特定阶段、特定环节、特定方面甚至特定环境条件下起作用,它们对社会调查活动只有特定的指导意义和作用,而没有综合的指导意义和作用,更无普遍的指导意义和作用。在社会调查方法体系中,这种具体方法层次属于基础层次。

社会调查的具体方法层次的具体方法是多种多样的。如按社会调查的程序来分,可分为筹划准备阶段应用的具体方法、资料搜集阶段应用的具体方法、整理分析阶段应用的具体方法、总结评估阶段应用的具体方法等。对于社会调查过程各阶段的具体方法还可进一步细分,如筹划准备阶段的具体方法可分为选择课题的方法、提出假设的方法、确定分析单位的方法、选择调查对象的方法、设计调查工具的方法;资料搜集阶段的具体方法可分为科学观察方法、访谈调查方法、问卷调查方法、文献调查方法、实验调查方法、电信调查方法以及资料搜集过程中的人际关系协调方法等;整理分析阶段的具体方法可分为整理资料的方法、分析资料的方法;总结评估阶段的具体方法可分为撰写调查报告的方法、评估调查成果的方法、总结调查工作的方法等。由于这些具体方法将在本书的社会调查实务内容中具体介绍,这里不再赘述。

思 考 题

1. 社会调查的方法具有哪些特点?
2. 进行社会调查有何意义?
3. 社会调查方法体系包括哪些?

第四章　社会调查研究的基本原理

【本章提要】

本章对于社会调查的基本原理进行了介绍。其中包括科学研究的一般逻辑、研究假设的构成与作用、操作化的内容、社会测量的特征与属性。目的是能使读者对于社会调查研究的基本原理有较为清晰的了解。

【学习要求】

1. 了解：科学研究的一般逻辑；研究假设的概念；何为操作化。

2. 掌握：研究假设的作用；社会测量的指标；信度与效度的具体含义。

第一节　社会调查研究的逻辑过程

社会调查研究是一项严谨的科学活动，它遵循科学活动的一般逻辑，又遵循它自身的特殊逻辑。科学研究的一般逻辑和社会调查研究的特殊逻辑之间，既有共同点也有区别。

一、科学研究的一般逻辑

科学研究的一般逻辑经历了不断发展、不断深化的过程。在真正的科学建立之前，人们相信一些伟人或智者的倡导和预言，视他们的话为真理。而这些提出惊世骇俗的见解，能够揭示真理的伟人或智者，所依靠的是他们“超人”的洞察力。他们的方法或是冥想，或是通过奇遇，甚至通过“神启”来发现真实。由于他们有与平常人不同的洞察力，因而普通的老百姓把发现真理的“权力”交给了这些特殊的人。然而，随着科学的发展，这种别人不可重复的发现活动已经不能满足人们对世界和社会的探求之心了。人们在寻找、了解这个世界的思维的一般逻辑，于是人们发现了归纳、演绎、实证、假设检验、范式等重要的逻辑方法。这里介绍几种最基本的科学逻辑。

1. 归纳法和演绎法

(1)归纳法

归纳法是通过对许多特殊或个别现象及问题的分析比较,得出一般结论或归纳出带有普遍性的原理的方法。归纳法的一般原理是:如果在各种各样的条件下观察过大量的S类对象,所有这些被观察到的S都毫无例外地具有性质P,那么我们可以判定所有S类对象都具有性质P。在数学中,有归纳法证明某项数学推断的方法。在社会调查研究中也可采用归纳逻辑。如调查1 000名青年(男女各500名),了解他们选择配偶的标准。调查结果为绝大部分青年都考虑对方的年龄、身高、学历、职业、家庭状况、收入、相貌、性格、品位9个方面,这样就可以归纳出一般性的认识,即中国青年择偶的主要标准是个人自然特征(年龄、身高、相貌)、个人心理特征(性格、品位)和个人社会特征(职业、家庭情况、学历、收入)。在社会科学研究中使用归纳逻辑,是以调查事实的陈述为前提,以理论的陈述为结论,即根据调查事实归纳出理论结论。人们认识事物,总离不开要运用这种归纳推理。毛泽东说,就人类对于客观事物的认识的程序来说,总是由认识个别的和特殊的事物,逐步地扩大到认识一般的事物。人们总是首先认识了许多不同事物的特殊的本质,然后才有可能更进一步地进行概括工作,认识诸种事物的共同的本质。

(2)演绎法

①演绎法的原理

演绎法是根据已知的一般原理,推知某从属于该类事物的个别事物的情况及结论的方法,它的基本形式是三段论,即由大前提、小前提推导出结论的方法。

②演绎法的作用

演绎分析的第一个作用,是靠演绎逻辑来证明研究结论的普遍指导意义,在调查资料的理论分析中,演绎推理需要以归纳推理的结论作为前提。例如,数学中平面几何的证明题就是事先要有公认的“公理”,以及被证明的“定理”,再根据已知条件,推出必然的结论。再比如,以上面的中国青年择偶标准的研究结论为出发点,演绎分析如下:大前提——凡是(符合调查对象特征的)中国青年都按此标准择偶;小前提——某地区(或某单位、某个人)青年是中国青年;结论——所以某地区(或某单位、某个人)的青年按此标准择偶。作了这种演绎分析后,“中国青年择偶标准”的研究结论就脱离了某个具体的调查(假定该项调查是在全国范围按科学原理抽样的调查),而具有了一般的指导意义。

演绎分析的第二个作用,是用经过演绎方法证明的研究结论去解释未知的情况,或解释和预见社会生活中的事实。如用"中国青年择偶标准"的结论解释青年人找对象所选择的条件,不是特殊的个别的现象,而是青年人择偶标准的体现,社会各界应理解青年人,积极引导他们提出合理的条件,并为他们达到理想的结合提供条件。

(3)归纳法与演绎法的对立与统一性

在科学研究的过程中,归纳法和演绎法是互相补充、交替进行的,在概括个别经验事实上升为理性认识,形成研究结论时,需要归纳法;在表述研究结论,并力求说明研究结论的普遍指导意义以及用研究结论解释事实时,需要演绎法。科学的思维方法要求归纳法和演绎法的统一。

2. 假设检验

随着科学活动的发展和深入,对于科学活动的认识,人们已经不满足于归纳和演绎两种解释。波普首先对单纯的归纳逻辑和演绎逻辑进行了批判,然后提出了自己的研究逻辑。他的假设检验法是由归纳和演绎两种逻辑构成的,并有助于克服各自的局限性,它是由理论推导出研究假设,然后通过观察来检验假设。假设如果被证实,就可以对被观察到的具体现象作出更有效的理论解释;假设如果被"证伪"(即被证明不成立),或者部分证伪,就要对理论做出修正或推翻原有理论,发展新的理论。波普进一步提出,所有的科学研究,实际上只能在有限的时间内提出有效的解释,而不是终极的真理。科学结论必须是可以被检验的,在这个假设没有被实际观测的结果证伪之前,人们接受它作为一个结论,而下一次科学研究的目的,就在于提出和这个结论不同的假设,试图突破原有的理论。当然证实或者证伪的依据是根据实际观测所得的资料。因此,科学研究对自然和社会的观测就不是漫无目的的随意浏览,而是受某一次具体研究的研究假设左右的。研究假设是科学研究观测事物的取景框,是每一次具体观测的方向标。

爱因斯坦的广义相对论在没有被实际的天文观测结果证实以前,只能被称为一种假说。直到人们从广义相对论中演绎出一种假想的结论,并找到合适的方法加以观测,才通过这个观测的结果证明了爱因斯坦的这个理论果然具有有效性。他的广义相对论从一种假说变成了一种被众人接受的理论。但是在科学研究者看来,这个理论仅仅是还没有被证明是错的,迟早有一天它会被证伪,会被更好的理论取代。

以"中国青年择偶标准"为例,研究者事先提出了一个研究假设,即中国青年择偶的标准包括了个人自然特征(年龄、身高、相貌)、个人心理特征(性格、品位)和个人社会特征(职业、家庭情况、学历、收入)等,然后就这些假设设计一些有效的问题,即观测指标,来检验这些假设,结果证明了这些假设是成立的,或者说观测的结果没有证明上述假设是错误的,所以研究者就接受了研究假设把它作为研究结论,并以一种理论化的形式提出来。

上述研究的结论完全有可能恰恰相反。即如果观测结果不能证明研究假设的正确,或者说观测结果与从研究假设推导出来的结果恰恰相反,则说明中国青年的择偶标准不是所谓的"个人择偶标准",不是所谓的个人自然特征(年龄、身高、相貌)、个人心理特征(性格、品位)和个人社会特征(职业、家庭情况、学历、收入),研究结论可能是另外的一副样子。一般来说,一种理论是不容易被轻易推翻的,由它推测出的研究假设即使被否定,也常常只带来该理论的修正和补充;同样研究假设被证实也不一定意味着理论解释被证实,因为研究假设的被证实,可能只是在某一方面支持了该理论,而没有全面、普遍地加以证实。其包括:

(1)建立研究假设;

(2)运用逻辑推演,从研究假设中推导一组经验命题;

(3)通过操作化过程将经验命题和概念具体化为测量指标;

(4)实地测量,搜集有关资料;

(5)整理与分析资料;

(6)检验与批判研究假设,形成研究结论。

就社会调查研究的逻辑过程而言,首先它遵循一般的科学逻辑过程,但是它也有自己的特殊性。具体而言,解释性社会调查研究和描述性社会调查研究的逻辑也有区别。

二、解释性社会调查研究的逻辑过程

解释性社会调查研究的逻辑遵循假设检验的逻辑。它可以从已有的理论出发,也可以由以往的经验或事实出发,或者从工作需要出发,提出自己的研究假设,然后从研究假设中产生一系列可以观测的、可以检验的指标。通过对指标的测量,来反推到研究假设,证明或证伪假设,导致对研究假设的证实或修改,形成结论,并为下一次调查研究提出新的任务。具体地说,它包括:

(1)提出假设;

(2)操作化,从假设中推导出可以直接测量的命题、概念、形成指标;

(3)用操作化的指标到社会中观察;

(4)分析观察资料,检验那些从假设中推导出的可测量命题、概念;

(5)检验研究假设,形成结论接受或修改,否定原假设;

(6)推及结论的意义,指出新的研究方向。

必须强调的是,社会调查研究最终要得出对社会生活的理论化的解释。所谓理论化的解释,即是人们经常说的理论建构,是从研究中发现社会生活中的普遍的规律性,并使之上升到抽象的理论高度。这个过程是在研究假设的指导下完成的。

三、描述性社会调查研究的逻辑过程

描述性调查研究和大部分应用研究的目的,是要对现象的一般状态和主要特征进行描述和概括,它们一般不需要建立明确的研究假设,但也不纯粹是从观察出发,而是在调查之前,提出一些初步设想,以便明确调查的重点和主要内容。例如,人口调查就是事先确定哪些调查项目比较重要,能说明全国的人口特征,然后才能设计出调查表格。实际工作部门的调查研究也大多是先提出初步设想,然后系统地、有重点地进行调查和研究,以解答实际问题。

描述性的社会调查研究同样需要制定详尽的调查指标。调查指标要能够比较全面地反映事物的总体特征和性质。不能用以偏概全的思维设计描述性调查研究的指标。

进行描述性调查研究的指标设计,一般经过如下逻辑过程:

(1)了解、分析描述对象的内部结构,将描述对象列为数个方面;

(2)产生要描述的数个子研究命题;

(3)由这数个子问题产生一系列调查研究指标;

(4)通过指标去搜集资料;

(5)用指标回答研究命题中的问题;

(6)回到对总体状况的描述。

描述性研究的重点是用系统化的观点,掌握事物的内部结构,这需要平时掌握熟练的结构分析技巧,同时有赖于对研究对象的熟悉程度。只有弄清楚描述对象的内部物质结构、逻辑结构,才有可能事半功倍地描述分析这些对象。这就需要我们有系统化的观点,用整体的、全面的、系统的观念来看待事物、研究事物、描述事物,力争看到事物有研究和描述价值的方面。

第二节 研究假设

解释性社会调查研究在搜集资料之前,需要对研究的课题提出具体的研究假设,然后用搜集的事实来检验并对要研究的问题提出解答。

一、研究假设的概念与特点

1. 研究假设的概念

研究假设,又称理论假设,是对调查对象的特征以及有关现象之间的相互关系所作的推测性判断或设想,它是对问题的尝试性解答。

例如,在研究"升学意愿"时,其中的一个问题是:对升学意愿有影响的社会因素是什么?针对这一问题,可提出"家长如何看待大学将会影响其子女的升学意愿"等假设。

2. 研究假设的特点

研究假设概括地说明了社会现象的特征及其相互关系,因此它是对现象的一种理性认识,这种理性认识有以下几个特点。

(1)研究假设是针对所要研究的问题而做出的尝试性的理论解释,它不同于一般的或普遍的理论解释;

(2)研究假设能够由经验事实来检验,例如,如果提出一种假设,认为"人能否考上大学是由命运或上帝安排的",这就无法由科学研究来检验;

(3)研究假设或许被调查结果证实,成为科学结论;或许被证伪,部分或全部被推翻;或许被修改、补充、完善。

二、研究假设的来源

研究假设虽然是在调查之前由研究人员提出的,但不是主观臆造或凭空想象出来的,它的来源主要有三种。

1. 由以往的实践经验或实地初步探索而得出的研究假设

实际上,研究人员在调查之前就已初步观察了解到了一些现象,研究课题就是依据这些发现而提出的。例如,了解生育意愿与什么因素有关,可以凭借以往的实际经验或有关研究经验,提出一系列假设:文化水平越高,生育意愿越低;传统价值观念越多,生育意愿越高;不同职业影响生育率的高低,等等。

2. 根据以往理论推出的研究假设

理论的作用是概括地解释各类具体现象,当我们面临新的需要解决的课题时,可以依据现有理论推出研究假设。例如,调查青少年犯罪的家庭原因,可以根据家庭社会学关于"家庭的重要功能是教育作用"的理论,提出"父母不全或不和谐家庭的子女犯罪率高"的假设。

3. 从推测中提出的研究假设

如果调查的问题前人不曾涉及,或者旧有的理论不能作出令人信服的解释,新的理论尚未形成,即可通过思考,提出一些猜测性设想。例如,对于下岗职工再就业难这一现象的原因探讨,没有以往的经验可供借鉴,又很难用社会学理论直接解释,可以假设:我国劳动力市场发育不健全是下岗职工再就业难的客观原因;下岗职工就业意识落后是其再就业难的主观原因,等等。有了这两个假设,再通过调查研究予以证实。

三、研究假设的作用

在社会调查研究中,研究假设的主要有以下作用。

1. 指导调查研究

有了研究假设,就可以明确研究的重点和主要方向,使调查任务具体化,有针对性地搜集资料,这样就能避免资料搜集的盲目性和片面性。研究假设还是设计调查研究方案的主要依据,有了假设,就能明确要在哪些地区调查,要调查哪些人,如何抽取样本,采用何种方法和程序去调查,等等。

2. 将抽象的概念与具体的经验事实联系起来

形象地说,社会调查研究需要清晰、明确而又富于想象地往返于抽象层次和经验层次之间,在调查研究中,由于研究假设具有推演作用,因此,它是连接这两个层次的桥梁,它能够将理性认识和感性认识、抽象层次与经验层次、理论与实践联系起来。

3. 探求新的理论知识

研究假设或者是由某一理论推演而出,或者是由经验观察中得出,但它们的目的都是探求新的理论知识。在调查研究中,研究假设不管是被经验事实证实或否定,都可以促进科学知识的发展。研究假设如果在具体现象的研究中被证实,就能支持它所依据的一般理论或发展新的理论;如果被否定,要认真修改、补充和完善。

四、研究假设的构成与形式

1. 研究假设的构成

假设是由概念构成的。概念是人们抽象思维的产物和基本单位,人们通过对具体现象的大量观察,从同类事物或现象中归纳、抽象出它们的共同属性,归纳出同一类事物或现象的抽象名词,如职业、社会地位、文化等。

科学研究一般使用变量。变量是概念的一种类型,它是通过对概念的定义和界定转换而来的,也可以说它是对概念的具体化,它反映了概念在具体形态上的变动性,例如,说"某人有文化",这里的"文化"概念是模糊的、含义不清的,但经过界定的"文化程度"则是清晰的,它或者说明某人具有大学程度、中学程度或小学程度的文化水平,或者说明某人受教育的年数。研究假设都要以变量的语言说明现象的特征及其关系。

2. 研究假设的陈述形式

研究假设实际是一种命题形式(命题是关于一个或更多概念、变量的陈述)。假设一般是陈述两个变量之间的关系。它的陈述形式主要有以下两种。

(1)条件式陈述

其基本形式为"如果 A,则 B,"或"只有 A,才会有 B"。在这种形式中,A 表示先决条件,B 表示后果。例如"如果社会地位发生变化,那么人的观念也必然发生变化"。再比如"只有交往频繁,人们之间的关系才会密切"。

条件式陈述常用来说明两变量之间的因果关系,但有时也只说明相关关系。

(2)差异式陈述

其基本形式为"A 与 B 在变量 Y 上有(或者无)显著差异"。在这种形式中,A 与 B 表示某一变量(x)的不同类别或不同的组。例如"城里人与农民(不同居住地的人)在生活方式上有显著差异"。再比如"教师与公务员(两种不同职业的人)在收入上无明显差异"。差异式陈述主要说明两个变量之间有(或没有)相关关系。

最后需要指出的是,并非任何调查研究都事先建立假设。只有在解释性和理论性的调查研究中,才必须有较明确的研究假设,因为这类研究的目的是要探寻现象间的因果关系,发现社会现象的一般规律。

第三节　操　作　化

解释性社会调查研究和描述性社会调查研究都需要进行操作化。

一、解释性调查研究的操作化

对于解释性调查研究而言，操作化就是从研究假设到具体的调查指标的过程。通过操作化，抽象的研究假设成为可以测量和检验的具体事物。可以说，操作化是体现社会调查研究实证性的重要环节。具体说，所谓操作化，是通过对抽象概念的定义来选择（制定）调查指标，从而将抽象概念转化为具体的可以观测的指标。

1. 概念的定义与操作化

研究课题往往是以抽象的概念提出问题，如“当前国有企业职工的生产积极性如何”“城市青少年犯罪是否与社会环境有关”。这些概念通常是模糊的、不明确的，要进行调查研究，就要明确定义这些概念。对概念的定义有两种方式，一种是抽象定义，一种是操作定义，在社会调查研究中，这两种定义都是必要的。

（1）概念的抽象定义

抽象定义是用文字来概括说明一个概念的内涵与外延，从而将概念所指的某类社会现象与其他现象区分开来，例如，“社会改革”的抽象定义是：在社会制度、体制、机构、文化、思想等方面的人为改变。这一定义说明了概念内涵的本质属性，即“人为改变”；另一方面，它还说明了概念的外延，即社会改革包括哪些方面，不包括哪些方面。进行抽象定义可经由两个步骤：

①将概念分解，即从不同角度或不同方面对概念所指的现象进行分类。通过分解可了解一个概念的主要分类。

②从各种类型中抽取出它们的共同属性和特征，对概念下抽象定义，例如，从各种类型的社会组织中抽取出共同属性，将社会组织定义为“具有共同目标和正式规章制度，并在内部实行专业分工的社会群体”。抽象定义是在抽象层次对概念的界定，它没有说明与概念相对应的各种具体现象，因此，要想具体度量某一概念，就必须在经验层次上对概念作出操作定义。

(2)概念的操作定义

所谓操作定义是依据抽象定义所界定的概念内涵和外延提出一些可观测的调查指标来说明如何度量一个概念。例如,"人口增长"和"智力"都是抽象概念,它们的操作定义为

人口增长 = 出生人数 - 死亡人数 + 迁入人数 - 迁出人数

智力 = 智力列表中几十项指标得分相加的总和

通过操作定义,概念就转化为变量形式。在社会调查研究中,必须要使用变量来描述和说明具体现象。变量是可以观测的,它能反映现象或事物在规模、程度、性质、种类上的具体差异。

(3)选择或设计调查指标

调查指标就是在调查过程中用来反映社会现象的类别、状态、规模、水平、速度等特性的项目。例如,姓名、性别、年龄、产值、利润、增长速度等,都是我们常用的调查指标。

操作定义是与一定的调查指标相联系的。事实上,调查指标是概念内涵中某一方面内容的指示标志,它表示经验层次的现象。例如,工人每天的生产量是"生产效率"的一个指标;能否迅速辨认各种图形是"智力"的一个指标;耐心回答行人问题是"同情心"的一个指标;是否参加选举是"政治参与意识"的一个指标,等等。

另外,对简单的概念可以用一两个指标来测量,如一个人的"文化程度",可以用受教育的年龄、取得毕业证书的等级来表示。而对复杂的概念,则要用多个指标来衡量。在用多个指标测量一个概念时,需要建立一个综合指标来表示对一个概念的综合度量。

社会指标是指反映具有普遍社会意义的社会状况的量化指标,调查指标与社会指标既有联系,又有区别。二者都用于衡量社会现象,社会指标是通过调查指标发展、完善而来的;反过来,社会指标又可以成为调查指标的依据和指南。

社会指标体系则是具有内在联系的社会指标集,可以提供对整个社会状况的客观描述。

(4)设计调查指标的原则

设计调查指标,一般应遵循以下几项原则。

①科学性原则

科学性原则即设计的调查指标必须符合客观对象本身的性质、特点、关系和运动过程,这是设计指标时考虑的基本出发点。无论是指标的种类、数量、口径、计量单位、计算时间

及计算方法都要考虑其科学性。

②准确性原则

准确性原则即指标的设计应该有明确的定义。例如,“年龄”这个指标,有虚岁、周岁、实岁等多种不同计算方法,故在设计年龄这一指标时,应根据调查的目的、要求,明确规定使用哪一种计算方法。

③完整性原则

完整性原则即要求设计的指标既具有完备性,又具有互斥性;既不能残缺不全、有所遗漏,又不能互相交叉、互相重复。例如,对于“婚姻状况”,只设计“未婚”“已婚”两个项目是不完备的。假如一个人结婚后又离了婚,他应该怎样填写呢?他将无法选择。正确的设计应该是“未婚”“已婚”“离婚”“丧偶”“再婚”“分居”“同居”。

④简明性原则

简明性原则即指标设计力求简单明了。

(5)概念的操作化过程举例

概念的操作化过程就是通过抽象定义和操作定义一步步从抽象层次下降到经验层次,使概念与可观测的具体现象对应起来。下面以“社会剥夺”这一概念的操作化为例,来说明这一过程,具体如图4-1所示。

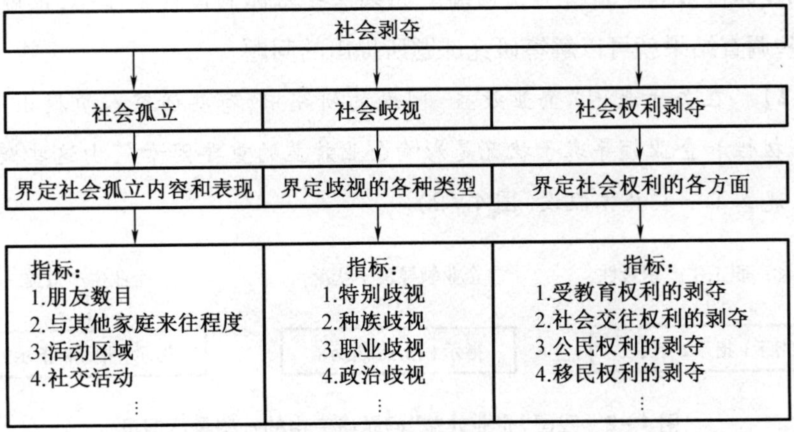

图4-1 “社会剥夺”操作化图示

2. 假设的操作化

研究假设是对研究课题的尝试性回答，它是用抽象概念陈述现象之间的关系，如“职工生产积极性越高，企业的生产效率就越好”；“社会污染越严重，青少年犯罪率就越高”等，这种假设是无法直接检验的，它必须转化为具体的假设。下面举例说明。

【例 4－1】 一项课题要研究“为什么近年来家庭关系和亲戚关系越来越淡漠”。其中一个研究假设是“工业化的发展导致亲戚关系的淡漠”。对“工业化”这一概念的度量有多种指标，例如：①工业生产总值；②人均收入；③人均汽车拥有量。对“亲戚关系”可用以下三项指标来衡量：①每年走亲戚的次数；②亲戚之间互助行为的多少；③亲戚之间经济关系的强弱。这样，就可以把研究假设操作化。

研究假设：工业化程度越高，亲戚关系越淡漠。

具体假设：

A. 工业产值越高，每年亲戚见面次数越少；

B. 人均收入越高，亲戚间经济联系越弱；

C. 人均汽车拥有量越高，亲戚间互助行为越少；

D. 工业产值越高，亲戚间经济联系越弱。

由于一个概念可用多个指标来衡量，由此从一个抽象的研究假设可推演出许多个具体假设，它们都能通过搜集经验材料来检验。如果这些具体假设被证实了，那就证明了研究假设。由这些调查结果就可以解答研究课题所提出的问题。

【例 4－2】 在关于我国“企业效益”问题的研究中，有些研究人员提出了一种假设：“职工生产积极性和企业领导班子状况是影响企业效益的重要因素”，由这些概念推演出一些调查指标，建立了一些具体假设(图 4－2)。

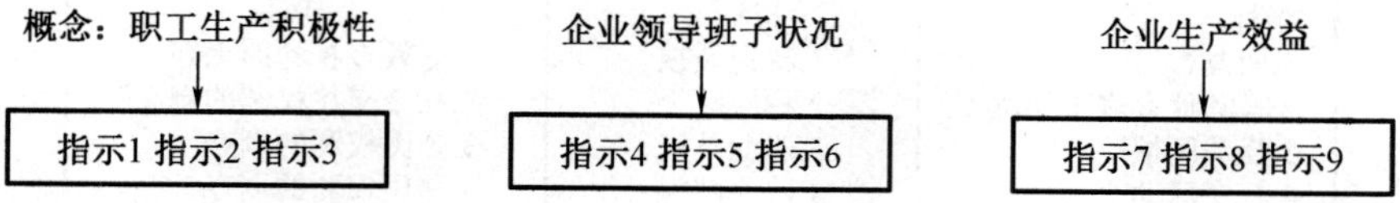

图 4－2　我国“企业效益”问题研究中的一些具体假设

可见，经过操作化过程，抽象的理论被一步一步导向可以观测的具体调查项目，在多数情况下，研究假设如果不是很复杂，可以一步操作成子假设和调查指标；如果研究假设的理论抽象层次较高,则需要研究者按照从抽象到具体的顺序一步步将其操作化,直到找到可以观测的指标为止。

经过了操作化过程,调查研究已经有了明确的工作任务以进行具体的所谓"社会测量"工作。

二、描述性调查研究的操作化

由于描述性调查研究中可以不提出研究假设,因此,社会调查研究的操作化主要是概念的操作化和研究主题的操作化,这是因为:

第一,概念的操作化与解释性调查研究的操作化相同,即从提出概念,到明确概念、分解概念,从概念的抽象定义转化成概念的操作化定义。操作化定义的提出,直接为设计调查研究指标的提出提供了基础。

第二,描述性研究需要对研究主题进行操作化。即要描述事物的总体特征、性状,需要把一个总的"是什么""怎么样"的大问题分解为一些较为具体的问题。要描述对象的特征、性质、状况。这就产生了大主题之下的一系列小主题,分别对应对象的各个特征、性质、状况,进而产生了一系列需要研究的概念。应该提出的是,描述性研究除了要回答事物内部的结构和特征外,还要注重事物各个组成部分,以及事物与外部系统的联系和依赖关系,这是描述性调查研究所不能缺乏的。

第四节　社 会 测 量

前面提到调查指标的时候,实际上已经提到了社会测量的内容。社会测量是社会研究的重要环节,假设经由操作化成为指标的目的在于进行观察和测量。

一、社会测量的概念

在社会调查研究中,所谓社会测量就是对所确定的研究内容或目标进行有效的观测与度量。测量必须依靠特定的指标。例如,在考察一个干部的工作时,我们可以用群众对他工作绩效的打分来测量。我们将工作绩效分为德、能、勤、绩四个方面,每个方面有一定的分数,那么这些测量的方面就是这个干部工作绩效的测量指标。

二、社会测量的指标

我们知道,研究假设是以一个个命题的形式出现的,命题中包括了明确的概念。这些概念之间是一种类似数学函数的变量关系,或者说假设本身就是一些变量之间的关系陈述。在一个具体研究中,每个变量都有特定的测量指标。测量时所得到的一定数值可作为某一现象或事件特征的代表符号。有效的测量必须满足三个条件,即准确性、完整性和互斥性。

在社会调查研究过程中测量过程实质上就是使用调查指标搜集、分析资料的过程。同一个调查指标可以使用不同的测量尺度。这就好比日常生活中,测量身高使用米尺,称量体重使用磅秤一样。指标的测量尺度主要有四种,由低到高、由粗略到精确的排列顺序是:定类尺度、定序尺度、定距尺度和定比尺度。相应地,对应于这四种测量尺度,有四种指标类型:定类指标、定序指标、定距指标和定比指标。

1. 定类指标

定类指标是测量尺度最低的指标。它的取值只有类别和属性之分,而无大小程度的区别。根据指标值,只能辨别研究对象是相同或是不同。例如,性别、婚姻状况、职业、民族等都是定类指标。从数学运算特性看,定类指标只有等于(=)或不等于(≠)的性质。

2. 定序指标

定序指标的测量尺度要高于定类指标。它的取值除了有类别和属性之分外,还有等级、次序的差别。常见的定类指标有教育程度(文盲、小学、初中、高中或中专、大学及以上)、社会经济地位(上等、中等、下等)、积极性(很积极、一般、不积极)等。从数学运算特性的角度看,它的取值除了能判断等于或不等于之外,还有大于(>)和小于(<)之分。

3. 定距指标

定距指标的测量尺度又高于定序指标。定距指标的取值除了具有类别、次序属性外,取值间的距离还可用标准化的距离去量度,如温度、智商等。其数学运算特性除了等于、不等于、大于、小于之外,还可进行加(+)减(-)运算。

4. 定比指标

定比指标的测量尺度最高。它除了具有定距指标的数学运算特性之外,还可进行乘除运算。判别一个指标是定距指标还是定比指标还可看其有没有绝对意义的零点,即零的意义是否表示“没有”。如果是,那么它就是定比指标。例如,温度、智商都没有绝对意义的零点,因此它们是定距指标而不是定比指标。另外,从数学运算的角度讲,温度和智商的取值都无法进行乘除运算,例如,18 ℃并不是9 ℃的2倍。

在社会研究中,只满足定距而不能同时满足定比要求的指标并不多。除了我们上面举的温度和智商的例子外,已很难找出属于定距而同时又不是定比的指标了。因此,在社会统计分析中,人们一般不再区分定距指标和定比指标,而是把其当作一类,统称定距指标。后文若非特别说明,我们所说的定距指标包括严格意义上的定距。

必须指出的是,一个指标,它的测量尺度并不是唯一的。如果一个指标的测量尺度是高层次的,它也必然可以作为低层次来使用。但降低层次的使用,一般会使资料的信息使用不充分。例如,收入按实际数字填写是定距指标,如果按低、中、高的档次来填,则是定序指标。一般来说,如果没有什么不方便的话,在问卷调查中,总是按照指标的最高层次来询问。问卷的设计一般是让被调查者直接填入数字,而不是分组后让它们进行选择。后者不仅会丢失信息,而且对于被调查者来说也并不方便。

三、调查指标所测量的属性和特征

指标的属性和特征包含各个方面。例如,一个人具有多种属性(如社会属性、阶级属性、生物属性)和多种特征(经济、政治、心理态度、行为等特征),但是一项研究不可能调查所有的方面,只能从中选择一些主要特征。一般来说,可以将调查指标的属性和特征分为三大类:状态、行为和主观意向。

1. 状态特征

状态特征是指分析单位的基本情况,它们可用一些客观指标来调查。如个人的状态特征包括年龄、性别、身高、体重、职业、收入、文化程度、婚姻状况等,企业组织的状态特征有组织结构、人员规模、产量、产值、利润等;社会产品的状态特征有产品的形式、风格、质量、色彩等。研究者可根据研究假设选择其中某些指标来调查分析。

2. 行为特征

行为特征是一种外显指标,研究者可直接观察到各种社会行为和社会活动,如考大学、参军、结婚、下岗等,群体、组织、社区等分析单位也有其特定的行为,对社会行为特征可以利用指标,从各个方面考察。

3. 意向特征

意向性是分析单位的内在属性,它是一种主观指标。意向性包括态度、观念、个性、动机、偏好、倾向性等。不仅个人和群体具有意向性,组织、社区甚至社会产品也具有意向性。例如,国有企业和乡镇企业有不同的企业文化和行为倾向,不同的社区具有不同的社会规范和风俗。

意向性是内隐的,很难直接观测。研究者通常设计一组指标来描述态度、观念和行为倾向的不同类别或不同程度。对意向性的分析要以分析单位的行为动机、目的、手段、策略等来解释它的行为,例如,对游行活动可以区分为不同的目的和动机——政治动机或非政治动机。

四、分析单位

社会测量的单位是研究者所要调查的一个个"点",即调查对象,它是进行调查和抽样的基本单位。研究的最终目的是将这些分析单位的特征汇集起来以描述由它们组成的较大集合体或解释某种社会现象。一般来说,人们也把社会测量单位称为分析单位。社会调查研究中的社会测量单位主要有以下几类。

1. 个人

个人是社会调查研究中最常用的分析单位,大部分社会调查研究都要通过分析个人特征来解释和说明各种社会现象。但社会调查研究不像生物学、心理学、医学或生理学那样分析人类所共有的特征,而是在不同社会环境、不同社会制度或不同文化中的具体特征,即分析各种社会角色的特征,如家长与子女、学生与教师、领导者与被领导者等。

此外,社会调查研究一般并不停留在个人层次上,因为它的主要目的是描述或解释由个人或个人行为组合而成的社会现象。

2. 群体

群体主要指有某些共同特征的一群人,如妇女、儿童、青年、老年人、下岗职工、失业者等,它们可作为社会调查研究的独立分析单位。群体特征不同于个体特征,例如家庭的特征包括家庭规模、形式、高档消费品的拥有量等,但有些群体特征可由个人特征汇集或抽象而来,如家庭的经济状况是由每个家庭成员的收入决定的,家庭的社会地位主要取决于家长的职业和声望。群体成员特征的平均值也可用来描述群体特征,如工人的平均文化程度、知识分子的平均收入等。

3. 组织

组织是指由有共同目标和正式分工的一群人组成的单位，如企业、学校、医院、公司、机关单位、政党等。组织特征包括组织的规模、组织方式、管理方式、组织行为、组织规范等。组织在社会研究中是一个重要的分析单位，因为许多社会现象是在组织内部以及组织之间产生的。

4. 社区

社区是按地理区域划分的社会单位，如乡村、小城镇、市区等。社区内的人们一般共同从事社会、经济、政治等活动，并具有较为一致的文化规范和价值标准。将社区作为分析单位通常是描述社区居民的生活状况、交往活动、行为规范以及社区的历史发展状况等。

5. 社会产物

分析单位还可以是各种类型的社会活动、社会关系、社会制度和社会产品。例如，分析历次战争活动的特点和共同特征，分析各个国家的生育制度、国际关系、婚姻关系等，社会行为也是社会研究的一个重点，在将犯罪、离婚、自杀、吸毒等行为作为分析单位时，不仅把行为主体作为研究对象，而且侧重描述各个行为本身的特征，例如分析吸毒的人数、方式、目的等。

社会产品是指建筑物、交通工具、服装、书籍、电影等物品，它们也可以作为独立的分析单位，研究者可分析不同国家电影的主题、内容、表现手法、道德准则等特征。

可以说，分析单位是研究所要了解的一些个案，它在很大程度上决定了调查方案和抽样方案的制订。在选择分析单位时，应注意：第一，一项研究课题可以采用多种分析单位，如研究职工下岗问题，可以以个人、下岗职工群体或企业组织为单位。研究者应根据社会现象的复杂程度和研究目的来选择分析单位。对于复杂的现象，只有从不同角度、不同层次去搜集资料才有可能得到更完整、更真实的信息。第二，在研究中，如果以某一分析单位进行调查所搜集的资料不能完满地解答研究课题的话，就应该增加或改变分析单位，例如，要解释“城市犯罪率为何增高”的问题，最初以个人和家庭为分析单位，但当资料不能满足需要时，就应考虑以群体——青少年群体、盲流群体、个体经营者群体或城市为分析单位。

任何测量必须在一定的测量单位上进行。社会测量的单位是确定具体的测量手段的关键性环节之一。没有正确的测量单位，就会测量不到调查研究的结果，降低调查研究的信度和效度。例如,要测量人们的消费水平,可以把个人作为测量单位,也可以把家庭作为测量单位,具体选择哪一种分析单位,要根据研究的具体需要而定。要研究大件的消费品,诸如汽车、空调、冰箱、彩电等,要以家庭为单位,而化妆品、书籍等又以个人单位为宜。

五、信度与效度

在研究社会测量的时候,有两个重要的概念,即信度和效度。信度和效度是良好的社会测量应该具备的品质。如果对社会测量的信度和效度一无所知,则无法判断其获得的资料的可信性与有效程度。

1. 误差

我们知道,社会测量是要测量研究需要的指标。但是科学研究告诉我们,我们的测量一定会有误差。其原因不仅在于测量者本身的素质问题,也在于任何一种测量方法都有误差。

自然科学中的测量有精度和纯度的问题,例如,人们找不到质量一个百分之百为 1 g 的物体,只能近似地相信一个“标准砝码”;也找不到一个毫无误差的测量工具,哪怕是最先进的核子测量设备。社会研究更是如此,社会现象是如此难以琢磨,有人说能完全读懂社会这本书的人其实并不存在,任何人看事物都有局限性。

反观我们操作化的过程,研究假设被分解、操作化成了具体的命题,假设中的概念最终被转化成了指标。从假设到指标,已经损失了许多信息量。比如我们规定,用职工迟到、早退的次数、比例,职工的生产效率,职工提出合理化建议的人次、比例来测量“职工的生产积极性”,实际上“职工的生产积极性”远远不止上面列的那些内容,我们还可以为它设计出其他指标,比如“职工提前上班,主动加班的次数”等,同样也是反映“职工的生产积极性”的指标。只是一个调查研究不可能铺天盖地,我们总是希望用有限的具体的指标来反映抽象的带有普通意义的概念和命题,这也意味着我们的测量必然有误差。

但是,社会调查研究中的误差是可以接受的,只要它被控制在一定的范围内。世界上没有不存在误差的测量,社会测量也不例外。只是,我们进行社会测量的时候,必须清楚地意识到这种误差的存在。正因为如此,我们更要了解信度和效度。

2. 信度

(1)信度的定义

信度是测量数据(资料)与结论的可靠性程度,即测量工具能否稳定地测量到它所要测量的事项的程度。也就是说信度主要反映的是测量的"稳定性"和"一致性"。

打个比方,有一支枪,每次瞄准靶心射击,总能打到 8 环左右,多次射击,它的命中率比较稳定。我们说这支枪虽然不是很准,但是它比较稳定,不会出现反复无常的情况。只要我瞄准了 10 环,就至少可以保证我打到 8 环,这种可靠性就是信度。科学研究需要信度,尤其是测量的方法。这种方法即使有误差,但它应该是稳定可靠的。应该说,信度是良好研究的必备。

(2)影响信度的因素

①随机因素

在高度结构化、标准化的社会测量中,调查研究方法所产生的误差比较小,而一些不好控制的因素的出现会影响信度。这些因素被称之为随机误差。

随机误差的来源包括:被调查者是否耐心、配合,认真等;调查员是否按照规定的程序和标准,严格执行调查规定;是否有诱导行为,是否忠实记录等;测量内容是否有敏感问题,是否表述清楚等;测量环境与时间是否有他人在场,是否有干扰因素等。随机误差越大,此类社会测量的信度越低。

②主观因素

在非结构式、非标准化的测量中,除随机误差外,信度还受到研究者主观因素的影响。即测量方法的随机性带来了难以控制的误差,如个人偏见、知识结构、思维定势、观察角度、价值观等,此类测量的信度较低,研究的可靠性和稳定性比较差。

3. 效度

(1)效度的定义

社会测量的效度指测量的正确性,测量工具或方法确能测出其所要测量的特质的程度。效度越高,即表示测量结果越能显示其所要测量的对象的真正特征。效度是任何科学测量的必备条件。还是以一支枪为例,效度指这支枪打中 10 环的可能性。如果打了 10 枪,有 8 发击中 10 环,虽然另外两发脱靶,我们仍说这支枪虽然不大可靠,但有特别准的时候。

效度可以决定社会调查研究所要建立的结论,特别是理论化的结论的正确程度,对效度的检验可以保证不同的研究人员对某一研究指标的意义与内涵有一致的理解。尽管每种测量方法都有其适用的范围和局限性,不存在放之四海而皆准的方法,但是,一种有效的测量工具可以被不同的研究人员反复用来测量同一种现象或同一个概念,这样才能保证他们所测量的内容是一致的、可比的。

在选择测量方法和设计问卷、表格的时候,首先要考虑效度问题。亦即要考虑"测量出来的东西真正是研究者想要的东西""所测得的结果能够真正地正确有效地说明所要研究的现象"。

(2)效度的种类

①内在效度

内在效度测量内容的适当性。

②准则效度

准则是被假设或定义为有效的测量标准,符合这种标准的测量工具可以作为测量某一特定现象或概念的准则。

对同一概念的测量可以选用多种测量工具,其中每种测量方式与准则的一致性称为准则效应。例如,社会学家英格尔斯提出了测量世界各国的社会发展指标体系。如果以他的指标体系为准则,那么其他从事社会发展水平研究的人,其所用的研究指标越接近英格尔斯,则其准则效度越高。

③建构效度

建构效度是为了了解社会测量是否反映了概念和命题的内部结构。它通常在理论性研究中使用。由于它是通过与理论假设相比较来检验的,所以亦称理论效度。

④内在效度和外在效度

内在效度指一项研究的资料和结论的有效性;而外在效度是指这种研究结论的普遍有效性,即能否推广到更大的社会生活中去。

4. 信度与效度的关系

信度和效度都是科学的测量手段所必须满足的条件,二者关系如下:

(1)信度低,效度不可能高,即如果搜集的资料不可靠,那么它肯定不能用来有效地说明所研究的对象;

(2)信度高,效度未必高(甚至可能很低);

(3)效度低,信度可能很高;

(4)效度高,信度必然高。

如果有效地说明了某种社会现象,那么它的资料和结论都必然并且必须是可信的。由这些关系可以看出,测量信度是效度的必要条件,但不是充分条件,无信度必然无效度,但有信度未必有效度。反之,效度是信度的充分条件,但不是必要条件,有效度必然有信度,但无效度不一定无信度。信度与效度的关系详见表4-1。

表4-1 信度与效度的关系

信度	效度	
	低	高
低	可能	可能
高	可能	可能

本章介绍了社会调查研究的基本原理。社会调查研究的具体方法是这些原理的应用和推广。只有了解、熟知这些原理,才能更好地掌握社会调查研究的具体方法。

思考题

1. 科学研究的一般逻辑包括哪些?
2. 研究假设的构成与形式有哪些?
3. 社会测量的指标有哪些?
4. 信度与效度的具体含义是什么?

方法篇

第五章　社会调查的常见方法

【本章提要】

本章对于社会调查的常见方法进行了阐述，其中包括全面调查、抽样调查、典型调查、个案调查和纵贯调查。并通过对各种方法的含义、特点、类型、调查步骤与该方法的评价的详细梳理，使读者对于常见社会调查有较为清晰的了解，并且能够选择使用。

【学习要求】

1. 了解：各种类型调查方法的含义；各种调查方法的特点。

2. 掌握：全面调查、抽样调查、典型调查、个案调查、纵贯调查的步骤；各种方法的评价；选择调查方法时应注意的事项。

社会调查的目的在于全面地、及时地、准确地认识客观事物，揭示事物发展变化的内在规律性。由于调查研究的具体目的不同，所涉及的调查范围和调查对象以及所用的具体调查方法也不同。社会调查的一般方法有全面调查、抽样调查、典型调查、个案调查等，本章将对这四种调查方法作简单介绍。

第一节　全面调查法

全面调查是对调查对象的全部单位无一例外地逐个进行调查。全面调查和其他调查方法不同,它是对所有需要进行调查的对象的全部单位进行调查的一种方法。因此,它所得到的调查结果能够全面地反映出领导部门所需要了解的实际情况,它所提供的资料对领导部门有重要的参考价值。

一、全面调查法的含义与特点

全面调查是指为了解调查对象总体的情况,对全体对象逐个进行调查的一种调查方式,又称普遍调查、全体调查。由于全面调查涉及的范围广、对象多,由此决定了它具备以下特点。

1. 资料全面

由于全面调查的资料是从所有调查对象那里逐一搜集的,包括了各种不同的情况,对事物、现象的各个方面、层次都有所反映,因此是非常全面的。全面调查往往用于了解国情、省情等最基本资料,是各级领导机关制定政策的基本依据,又是各种科学研究的最重要参考。例如,人口普查,反映了一个国家在一定时期内的人口数量、结构、变化趋势,是有计划地进行社会主义现代化建设,统筹安排人民的物质和文化生活,制定人口政策、规划等的基本依据。同时,人口普查的资料对于科学研究意义也很大,例如,许多抽样调查,首先需要对总体结构有所了解,最起码要提供一份总体名单(又称抽样框),而人口普查资料往往能够满足要求。

2. 时间、人力、资金消耗很大

由于对象多、散布广,使得全面调查的工作量很大,也无法在短时间内把资料搜集齐并对大量数据与资料进行处理,分析出结果来。这就使投入全面调查的人力、资金要比其他调查多得多。以第三次全国人口普查为例,这次普查从1979年底国务院人口普查领导小组成立起到1985年11月底宣布正式结束止,共历时约6年。正式参加这次普查的工作人员包括:518万名普查员、109名万普查登记员、13万名编码员、4 000多名电子计算机录入员、1 000多名电子计算机工作人员,并得到1 000多名基层干部、群众积极分子的配合、协助。这次普查共花费人民币4亿元,另外,联合国还资助了1 560万美元。由于人力、资金、时间消耗如此之大,全面调查只能由政府部门作为一项重要工作出面主持,组织专门的调查班子,划定调查专门经费,进行社会动员,由各部门通力合作才能完成。由于代价大,普查不能频繁进行,一般是按一定周期进行,便于前后资料进行对比,测知调查对象总的发展趋势。

3. 高度统一、集中

普查的地域范围一般很广,时间又长,参加人员也多,这就决定了必须要有一个高度集中的组织协调班子,要有严密的全盘考虑和计划。

(1)必须规定统一的调查时间

例如,我国每天约有5.87万人出生,0.18万人死亡(1982年日平均数),因此第三次全国人口普查规定人口登记的标准时间为1982年7月1日零时,凡从这一时点到实际登记时间内死亡的人口仍需在普查中登记上,而在这一段时间内新出生的婴儿则不予登记,如果没有这样严格的规定,各地登记时间只要一天差别,全国人口普查的误差就会有几万人之多。决定调查标准时间要考虑多方面因素,例如,人口普查登记选在人口流动相对较少时,避开农业最忙的季节,所以选定7月1日。

(2)普查指标不能多

普查指标不能多,只限于了解某一方面必不可少的基本情况。指标越多,调查难度和工作量就越大,误差也越大,反而影响对最主要事实的了解。对于指标必须有统一的规定和解释,要求标准化。例如,人口普查中就专门规定"人口普查登记提问示范用语"以及行业、职业分类的办法。对于每一个细节都要规范化,决不允许自行其是和自作主张,必须保持高度的一致性。

4. 调查的资料全面

调查的资料要全面,但不可能细致深入。全面调查是对一定范围内的所有单位进行调查,同其他形式的调查相比较,全面调查所搜集的资料最完整、误差最小。但是也正由于全面调查涉及面广、对象多,调查内容和项目就不能太多太复杂。全面调查往往只限于对现象最一般、最基本的描述,因此单有全面调查资料,仍然只能得到对事物宏观上的了解,还需要与其他方法结合起来,才能使认识深化。例如,我国人口普查项目一般只涉及被调查者的最一般、最基本的情况。我国的人口普查大多分为两类,一类是按人填报的,项目包括:姓名、与户主关系、性别、年龄、民族、文化程度、在业人口的行业、在业人口的职业、非在业人口的状况、婚姻状况、妇女生育的子女数和现在存活的子女数、现年育龄妇女生育状况。另一类是按户填报的,项目有:户的类别(家庭户或集体户)、本户住址编码、本户人数、本户现年出生人数、本户现年死亡人数、有常住户口但已外出一年以上人数等。从人口普查所确定的项目中可以看到,普查项目必须限制,加上时间紧,误差就会加大。对象的最一般最基本情况描述项目太多，工作量就会加大。

二、全面调查法的类型

全面调查法的类型主要有三种，即一次性全面调查、经常性全面调查和快速普查。

(1)一次性全面调查

一次性全面调查，即一时性全面调查，它是对调研对象总体在一定时点上的性质和状态的调查。在一次性调查中往往采取两种形式：一是不专门设立统一的组织机构和配备普查人员，而利用其事业单位本身的组织系统和平时的核算资料等进行调查，如物资库存调查；二是自上而下地组织专门的普查机构和队伍对调查对象进行调查；我国历史上几次大的人口普查，如1953年第一次全国人口普查，1972年的全国人口普查均采取了这种方式。

(2)经常性全面调查

经常性全面调查，是对调研对象在某一时期内的性质和状况进行调查。它是随着调研对象的不断变化而连续不断地进行登记或观察。这种全面调查方式除采取一次性全面调查的两种方式外，最主要的方法是通过经常性的统计和核算，通过定期的报表资料进行的。经常性全面调查和一次性全面调查是相互联系的，两者的区别只是从总的方面来划分的。经常性调查由于是连续的，可以根据需要按年、月、日等进行经常性的统计和调查。一次性调查可以只进行一次，也可以根据需要不断地进行，有时在某一全面调查中也难区分是时点内容还是时期内容。

(3)快速普查

快速普查是普查的一种特殊形式，其特点除了全面准确外，就是速度快。搞好快速普查一是要科学地搞好设计，设计时尽量只搞单项设计；在方法上尽量采用直达方式，即由调研主体直接向被调研单位布置任务，直接搜集资料，不经过中间环节；在调查手段和资料处理上尽量采用先进的通信工具，如电话、传真、电子计算机等。快速普查能够迅速地搜集到所需要的资料，如1956年4月我国进行的钢材快速普查，仅用20天就取得了基本数据。但快速普查的项目有限，又花费人力、财力较大，一般只在特殊情况下才使用。

三、全面调查法的评价

全面调查法最主要的优点是调查资料的全面性和准确性。这是因为，普查是对全部调查对象逐个进行的调查,因此,与其他类型的调查方法比较起来,它所搜集的资料无疑是最全面的,而且误差最小,精确度最高。正因为如此,全面调查就成了了解国情、省情、市情、县情等最重要的方法。但是,全面调查也有明显的局限性,这主要表现在两个方面:一是全面调查的工作量大,费用高,组织工作异常复杂,而且时效性差。比如,我国的第三次人口普查,动用普查工作人员710多万人,正式普查期间还动员了1 000多万名干部和群众参加,花费人民币约4亿元(包括联合国资助的1 560万美元),全部普查数据400亿字符,前后历时6年之久。二是调查的内容有限,只能调查一些最基本、最一般的社会现象,而很难对社会问题进行深入细致的研究。正因为如此,全面调查的应用范围比较狭窄,适用性较小。它只适于对有关全局性的基本情况进行调查。

第二节 抽样调查

抽样调查是一种非全面调查,是从调查事物总体中抽取部分对象,通过对部分对象、单位的研究和分析去推断调研事物总体的特征与性质的一种调查方法。在各种调查方法中,抽样调查作为一种很重要的、行之有效的调查方法已被许多国家普遍采用,随着我国经济和社会的发展,它在我国的应用也正在日益推广。

一、抽样调查法的含义与特点

抽样调查是指从调研事物总体中抽取一部分对象,然后根据对抽取对象的研究去推断调研事物的总体,从而达到对事物总体的认识。抽样调查的样本选择必须遵循随机原则,即抽样时要排除调研工作者的主观意图和干扰,使调研事物总体中的每一部分都有被抽中的机会。如对某高校学生体质和视力的调查就可以抽取一部分学生进行调查,然后再根据部分的调查结果去推断全校学生体质和视力的状况。抽样调查中所要认识的对象的全体称为全及总体,它是由某些共同性质和特征的具体单位组成的集合体,通常用字母 N 表示。如对某市青年专业户调查中的所有专业户,就是一个全及总体,全及总体简称总体。从总体中随机抽选出来的单位组成的小总体叫样本总体,简称为样本,通常用字母 n 来表示,抽样调查中的样本总是大于1而小于总体数。由于样本单位数目多少的不同,样本又区分为大样本和小样本,一般把样本数达到或超过30个的称为大样本,而低于30个的称为小样本。抽样调查中，总体总是确定的，而样本则是不确定的，因此，根据调研的需要和抽样方式抽取适当的样本数是抽样调查中应该认真对待的问题。抽样调查具有以下几个方面的特点。

1. 它以足够数量的调查单位组成的“样本”来代表和说明总体

这一特点使它既区别于全面调查，又区别于典型调查。抽样调查既不需要对全体调查对象展开调查，也不是用个别单位来代表总体，它是通过数目有限但能够代表总体的样本的调查，对总体的状况作出推断。抽样调查所依据的是概率论原理，即在总体中被抽作样本的个别单位虽然各有差异，但当抽取的样本单位数足够多时，个别单位之间的差别会趋向于互相抵消，因而“样本”的平均数接近总体平均数，以部分来说明总体。在自然界和人类社会中，存在着许多这样的统计规律。例如，对一个孕妇来说，生男生女具有很大的偶然性，有的妇女一连生了几胎都是女孩，也有的一连生了几胎都是男孩，个别看来会觉得生女孩多或生男孩多，但是根据实际各国的统计资料，就长期大量的地方观察结果来说，男女的出生比例总是大体接近于1∶1（经验占比是男51.5%，女48.5%），即大体上各占一半。

2. 按随机原则抽取调查单位

这是抽样调查法最主要的特点。所谓随机原则即同等可能性原则，是指在抽取调查对象进行调查时，完全排除人们主观意义上的选择。全体被研究对象中，每一个对象被抽取的机会是均等的。例如，所有个体单位总共为100个，须使每个单位都同样有1%被抽中的机会。严格遵循抽样的随机原则，才能使得样本对总体具有必要的和充分的代表性，不致出现倾向性误差。

3. 以样本推断总体的误差可以事先推算并加以控制

抽样误差是指用样本统计值推算总体参数时存在的误差。任何调查研究都不可避免地会出现误差，抽样调查也是如此，它的准确性是相对而言的。但是，它的抽样误差可以事先计算出来，并可以通过调整样本数和组织形式来控制误差大小，因而在推及总体时，也就可以知道总体数据是在怎样的一个精确度范围之内，从而使调查研究的准确程度比较有把握，这是其他调查方法所做不到的。

4. 节省人力、物力和时间

通常，抽样调查的单位在总体中所占的比重，最大不超过三分之一，而在一些大的总体中，有时只有百分之几甚至千分之几。调查单位少，使调查搜集和综合样本资料工作量小，提供资料快,结论具有时效性。例如,面对市场物价波动,可以适时进行抽样调查,帮助有关部门及早制定对策,以稳定市场,促进社会经济的协调发展。总之,抽样调查比起全面调查,需要的调查人员少、费用低,可以大大节省人力、物力、财力和时间。

二、抽样调查法的类型

根据抽样原则的不同,抽样方法可分为两种类型,即随机抽样和非随机抽样。

1. 随机抽样

随机抽样又叫概率抽样,它是按照概率论原理来抽取样本的,具体方法主要有以下五种。

(1)简单随机抽样

简单随机抽样又称纯随机抽样。它是随机抽样的最基本也是最常见的类型。它按随机的原则,直接从含有 N 个单位的总体中,抽出 n 个单位作为样本进行调查。这种抽样方法最严格地遵守了使每个单位有同等被抽中机会的随机原则。简单随机抽样的具体做法可以分为抽签法和随机号码法两种。

抽签法是将总体中每个单位的名称或号码,逐个填写在卡片或签条上,将卡片或签条放在容器中,打乱次序,进行搅拌,然后从中任意抽出所需数目的调查单位。抽签法又可以分为有回置抽签法和非回置抽签法两类。为保证总体单位数的同一性和样本抽中的同等可能性,一般使用有回置的抽样方法(也称重复抽样),对于重复抽取的样本可以舍去。

随机号码法是将总体所有单位进行编码,一个单位一个号码,然后利用随机数字表,挑出所需的调查单位。使用随机数字表时,可以根据总体单位的数目来确定使用几位随机号码,从表中任何一栏的任何一行开始,向任何一个方向摘取数字,凡符合总体单位编号的,假定我们要从 50 个总体中抽取 5 个单位作为样本,那么首先应将总体单位按 50 编码(随机数表见 5-1)。任意取定某数(这里取第一行,第五列),然后从“62”开始,顺序下数,第二个数是 32,在 50 范围内,符合要求,即为抽中的第一个样本。依次还可以取 15,39,31,29 作为样本单位,这样 5 个样本单位就选出来了。这是总体单位数为两位数的例子,比较简单。如果总体单位很多,如从 1 000 个单位中抽取 100 个单位,则从随机数表中任意取一个数字作为计算单位,顺序向任何方向去,只要碰到 1 000 以内的数字号码就作为样本单位,超过 1 000 的和重复的不选,直到选到 100 个单位为止。

表5－1　随机数表(部分)

46	93	63	71	62	70	29	17	12	13
42	53	32	37	32	56	62	18	37	35
32	90	79	78	53	99	49	57	22	77
05	03	72	93	15	16	08	14	04	72
31	62	42	09	90	31	16	93	32	43
16	22	77	34	39	17	76	37	13	04
84	42	17	53	31	70	33	24	03	54
63	01	63	78	59	04	43	18	66	79
33	21	12	34	29	12	72	07	34	45
57	60	86	82	44	52	85	60	66	44

注:此表横数为行,共10行;竖数为列,共10列。

(2)等距随机抽样

等距随机抽样,又叫机械随机抽样或系统随机抽样。它是先将总体各单位按某一标志顺序排列,编上序号;接着,用总体单位数除以样本单位数,求得抽样间隔;然后,在第一个抽样间隔内随机抽取一个单位作为第一个样本单位;最后,按抽样距离作等距抽样,直到抽取最后一个样本单位为止。如要从某乡1 000户农民中抽取50户调查1987年粮食生产情况,采取等距抽样方法的具体做法是:首先,将1 000户农民按一定标志(如行政村或自然村)加以排列,编上序号(1～100);接着用总体单位数除以样本单位数,求出抽样间隔,即1 000÷50＝20;然后,在第一个抽样间隔即1～20号内,随机抽取一个单位作为第一个样本单位,假定是5;最后,依照间隔距离依次确定样本单位,即25,45,65,85等,直到确定第50个样本单位为止。

(3)类型随机抽样

类型随机抽样,又叫分层随机抽样。它是先将总体各单位按一定标准分成各种类型(或层);然后,根据类型单位数与总体单位数之比,确定从各类型中抽取样本单位的数量;最后,按照随机原则从各类型中抽取样本。如我们要了解某省企业生产经营的情况,并决定采取类型随机抽样法,从该省企业中抽取20个企业作为样本进行调查,其具体做法是:首先,将这20个企业按产业(也可按行政区划、盈利情况、规模大小等)分为三类,假定第一产业的企业40个,第二产业的企业200个,第三产业的企业160个。然后,按各类企业在总体中的比重,确定各类企业抽取样本单位的数量。其中,第一产业的企业占总体10%,按比例应抽样本企业2个,按同样方法计算,第二产业中应抽样本企业10个,第三产业中应抽样本企业8个。最后,采用简单随机抽样或等距抽样方法,从各类企业中抽出上述数量的样本单位。

(4)整群随机抽样

整群随机抽样,又叫集体随机抽样。它是先将总体各单位按一定的标准分成许多群或集体;然后,按随机原则从这许多群或集体中抽出若干群或集体作为样本;最后,对作为样本的若干群或集体中的每一个单位实施逐个调查。如某工厂要检查某月产品的质量,确定抽出1/8的产品检查,采取整群抽样方法的具体做法是:首先,将生产的产品按每小时的产量分成若干群;然后,在每天8小时生产的产品中,抽出1小时生产的产品作为样本单位;最后,对作为样本的那1个小时的产品实施逐个检查。

(5)多阶段抽样

多阶段抽样,又称多级抽样。上述简单随机抽样、等距抽样、类型抽样等均属不分阶段的直接抽样法,即从被调查事物的总体中直接抽出所需要的全部调查单位。它们主要适用于调查规模较小、调查对象较集中的情况;而在调查对象数目庞大、分布很广的情况下,很难直接抽取调查单位,因而常常需采用多阶段抽样的方法,即把抽取样本单位的过程分为两个或两个以上的阶段进行。如要在某县抽取若干居民户进行调查,可按县—乡—村—居民户的顺序,分三个阶段抽样:第一阶段,从全县所有的乡中抽出若干个乡;第二阶段,从已抽出的乡中抽出若干个村;第三阶段,从已抽出的村中抽出若干个居民户。每一阶段都必须严格按随机原则抽取样本。在这里总共有三个抽选阶段,就叫作三阶段抽样。其中前两个阶段是过渡性的,只有第三个阶段才能抽到调查单位。

以上五种方法是随机抽样调查的基本方法。在实际的抽样调查中,必须根据调查任务的要求和调查工作的客观条件,灵活选择适当的方法,以收到最佳的调查效果。

2. 非随机抽样

非随机抽样又叫非概率抽样。它是根据研究者个人的方便,以人的主观经验、设想来有选择地抽取样本并进行调查的方法。其具体方法主要有以下四种。

(1)判断抽样

判断抽样,又称目的抽样,即由调查者根据主观判断选取样本的方法。在这种抽样中,凡总体中具有代表性的单位都可作为样本,个数对抽取的概率是无法确定的,其抽样结果的精确度也无法判断。所以,这种判断抽样的准确程度取决于抽查者对调查对象了解程度以及调查者的判断能力。如果调查者具备相应的能力,则判断抽样有代表性,因而有利用价值;反之,样本可能会出现各种偏差。

(2)任意抽样

任意抽样,又称偶遇抽样,即指调查者根据其方便,任意抽选样本的方法。调查者可以在车站附近、戏院门口、办公大楼前、街道上等公共场所访问群众,取得资料。应用这种方法,研究者所遇到的每一个分子都有可能成为样本,可以由同一个人在不同地点使用,也可以由不同的人在同一地点使用。

(3)定额抽样

定额抽样,也叫配额抽样,就是根据统计报表等已知的情况,按照一定的标准和比例分配样本的数额,然后由调查者在额度内任意抽取样本。定额抽样比前两种方法抽取的样本代表性要大一些,客观性强一些,但组织实施起来工作量也稍大一些。

(4)滚雪球抽样

滚雪球抽样方法是找出少数个体,通过这些个体了解更多的个体。就像滚雪球一样,了解的个体越来越多,因而越来越接近于总体,便可以在不清楚总体的情况下了解总体。在使用这种方法时,有一个前提,即总体分子之间应具有一定的联系。如果个体之间缺乏联系,则缺乏滚雪球的依据。

总之,非随机抽样对样本的抽选,主要取决于调查者的主观因素,因此,样本的代表性、客观性差,样本调查的资料也不能推断总体。但是由于它非常简单、方便,并能通过对样本的了解而大致认识总体的某些情况,因此,在那些不可能或不需要推断总体的调查中也经常被采用。

三、抽样调查法的步骤

抽样调查是由点及面的调查方法,为了保证达到这一目的,对于程序的要求是比较严格的,具体的步骤如下。

1. 界定总体

界定总体即根据研究课题的要求，把所调查的对象的范围确定下来，从而确定抽取样本的对象和依据样本作出推断的范围。如1988年全国千分之一生育率调查对总体定义是：1988年7月1日零时全国(除西藏、台湾外)28个省、直辖市、自治区所有15～60岁的妇女。一般说来，界定总体不至于发生问题。例如，从一批冰箱产品中抽样检查冰箱的性能时，总体就比较容易界定。但在实际调查中，也会出现一些难以界定的情况，诸如在家庭调查中，单身户是否可以算家庭。因而，在进行抽样调查时，就必须事先作出一些相关规定。正常的情况应该是调查员在现场能够毫不犹豫地确定一个可疑情况是否属于调查总体。

此外，要从中抽取样本的总体(称作被抽样总体)必须与要得到信息的总体(称作目标总体)完全一致。有时，为了实用与方便，被抽样总体会在范围上比目标总体受到较多的限制。在这种情况下，如果要把这些结论运用到目标总体，就必须以其他来源的信息作为补充。例如，要了解中学生作业负担，如果只到几所重点学校抽样调查，得到的结论则只能说明重点学校的情况，而不能说明该地区的所有学校的情况，因为重点学校与非重点学校在学生负担方面是有差别的。而要了解非重点学校学生的学习负担，就必须在非重点学校中作抽样调查，并以此为补充来说明整个中学生作业负担的情况。

2. 选择适当的抽样方法

抽样方法可分两大类：随机抽样法和非随机抽样法。调查者可根据研究目的和要求，结合要研究的总体情况，选取不同的抽样方法。

3. 制定抽样框

简单随机抽样是最基本的抽样方式，但它需要一个总体名单——抽样框，因此在抽样之初，先要编制总体或部分总体的抽样框。有时对总体的情况知之甚少，那么，就通过给每个单位编上号码来制定抽样框，而在整群或多阶段抽样的第一阶段中，则无需对总体单位编制名单，只对单位的群类编抽样框就行了，但到了第二阶段，还是需要对抽中的群类单位编制名单的。

4. 确定样本的大小

样本的大小是指样本中含有单位的多少。确定抽取多少样本，是一个非常重要的问题。抽样数目过多，就会多花人力、物力、财力，造成浪费；抽样数目过少，又会使调查结果发生较大的误差，不能保证样本对总体的代表性，也就不能对总体作出正确的推论。确定样本大小需考虑的因素如下。

(1)调查总体的规模大小

一般来说,调查总体的规模越大,所需样本数目就越多。

(2)调查总体内部的差异程度

总体内各单位的差异程度较大的,样本数量应多一些;反之,样本数量就可以少一些。

(3)对调查结果的可信度以及精确度的要求

要想使调查结果有较高的可信度(把握程度)和较小的偏差度,样本数量应多一些;反之,则可少一些。

根据统计学的要求,样本数量不能少于30(也有人认为不能少于50)。由于社会调查大多涉及的范围较广,总体中各方面的情况较复杂,故社会调查中抽取样本的数目较一般统计学的要求还要多一些。在理论上,抽样数目是可以用公式进行计算的。但由于在抽样调查之前,总体平均数和标准差通常是未知的,故利用公式计算抽样数目往往并非切实可行,因而在实际的抽样调查中,样本数目一般是根据统计学家的研究成果大致确定的。

样本数目并不一定要与总体所包含数目成比例。在一定范围内,样本数的多少对统计结果会有显著的影响,但当样本数大到一定程度时,即使再增加其数量,对统计结果也不会产生太大影响。例如,只要严格按照随机原则抽样,在一个城市中抽取1 000个职工来推断全市职工的平均收入与抽取10 000个职工作出的推断,其准确程度和可靠程度是相差不大的。总之,在确保样本数能足够代表总体的前提下,应以选择较小样本容量为宜。

5. 搜集、整理和评析样本资料

这一步的任务是集中所有样本的实际资料,尽量减少和避免登记性误差。获取到样本资料后,应着手进行审查、整理和分析,通过电子计算机进行编码整理,运用数理统计手段来分析样本资料,找出样本对于总体的代表性、准确程度及误差,进而推断总体,得出调查结果。

6. 抽样调查的评估

一方面对调查资料进行统计运算,验证误差和可信度是否达标;另一方面是搜集有关总体的现成资料,与抽样资料中相应的项目对比。例如,作一次家庭调查,从镇上1 000户居民中抽选了100户进行调查,得知平均每户3.8人,而从全镇户口资料上可以查到全镇平均每户3.6人;再如从100户中了解到有40位不在业的成年人,而从镇上民政部门了解到全镇1 000户中不在业成年人是350位，从这些比例关系中大致可以评价抽样的代表性，如果二者相差不远，那么100户的统计资料就可以用于推断全镇1 000户的家庭情况，否则就要重新找找问题出在哪里。

四、抽样调查法的评价

1. 抽样调查法的优点

(1)抽取样本比较客观

抽样调查一般都按照随机原则抽取样本，这就从根本上排除了调查者主观因素的干扰，保证了样本对总体的代表性和客观性，这是使整个调查结果具有较大的真实性和可靠性的基础。

(2)推断总体比较准确

抽样调查的数学基础是概率论和大数定理，抽样误差不仅可以准确计算，而且可以适当控制。抽样调查便于对调查总体进行定量研究，它的调查结论是运用数学方法计算得出的，因而它对总体的推断比较准确。

(3)调查代价比较节省

抽样调查仅仅是对总体中少数样本单位进行调查，因此，无论在人力、物力、财力和时间等方面，都比较节省，组织工作也比全面调查简单得多。

(4)应用范围十分广泛

抽样调查近几十年来得到了迅速的发展，它的应用范围也在逐渐扩大。目前，世界上许多国家，无论是经济调查，还是舆论调查；无论是农村调查，还是城镇调查，都广泛应用抽样调查方法。可以预言，随着现代社会的发展和科学技术的进步，抽样调查方法将会得到进一步的普及和提高。

2. 抽样调查的缺点和局限性

(1)抽样调查一般更适于做定量调查而不大适于做定性调查。

(2)对于调查总体的范围尚不十分明晰的调查对象，如许多正在形成中的新生事物，就不可能进行抽样调查。

(3)抽样调查需要相关的数学知识，特别是概率论和数理统计方面的知识，在我国目前的状况下，能够掌握这类数学知识的人还不多。

因此,抽样调查方法的使用实际上受很大的限制。此外,抽样调查由于样本单位的数量相当庞大,因而调查内容的广度和深度仍然受到很大的局限。

第三节 典型调查

典型调查是按照实际工作的需要和具体要求,经过对实际情况进行全面的大略分析之后,挑选出一个或几个有代表性的单位,深入进行周密系统的调查研究。通过典型调查,找到具有普遍意义的规律性的东西,用以指导和推动全面工作的开展。

一、典型调查法的含义与特点

典型调查法是指在对调查对象进行初步分析的基础上,选取若干具有代表性的对象作典型,以认识调查对象的总体情况。这种方法,也就是毛泽东所说的"解剖麻雀"的方法。

典型调查法是一种认识世界的科学方法。它以辩证唯物主义认识论关于从个别到一般的原理为理论依据,通过对有代表性的个别典型单位的了解,推及对同类事物和现象的认识,这符合我们认识客观事物从个别到一般的认识规律。马克思曾以英国为典型,揭示了资本主义社会的一般规律。他在《资本论》初版序言中说:"我要在本书研究的,是资本主义生产方式以及和它相适应的生产关系和交换关系。到现在为止,这种生产方式的典型地点是英国。因此,我在理论阐述上主要用英国作为例证。"以毛泽东为首的中国共产党人在中国民主革命时期,多次运用典型调查法对中国社会的状况进行了深入细致的调查研究,为正确制定各种方针政策奠定了基础。

1. 典型调查法是一种定性调查

典型调查法是通过对个别事物的性质、状态进行调查和分析,来认识它所代表的同类事物和现象的一种方法。因为每个事物都有普遍性的一面,其必然存在有代表性的典型,只要抓住这个典型,作周密的调查研究,弄清它的本质、产生和发展变化的规律,就大体上可以看出同类事物的本质和变化发展的规律。由于典型调查的调查单位被抽取的概率一般无法确定,总体各单位的平均差异也没有精确的测定,因而选样误差无法计算。因此,典型调查的结果,可以大体上估计总体,但不能严格推断总体。

2. 选择少数具有代表性的单位进行的调查

调查单位的代表性如何,取决于调查者在选择调查单位之前对于总体情况的了解程度。对总体情况的了解程度越大,则从总体中选取的各种典型的代表性越高;反之,代表性就越低。从这点看,典型调查的质量主要取决于调查者的思想水平和判断能力。

3. 典型调查是一种直接的面对面的调查

典型调查主要依靠调查者深入基层进行长时间的调查,对调查对象接触与剖析,对现象的内部机制和变化过程往往了解得比较清楚,资料比较全面、系统,所以它比全调查和抽样调查更为深入、细致。

4. 典型调查法简便灵活

由于典型调查只对总体中的少数单位进行调查,调查的单位少,可以节省人力、物力。另外,典型调查在内容、时间及调查的方法等方面都有较大的灵活性:内容上可以随时发现问题、解决问题;时间上可以自由掌握;方法上可采取蹲点、开座谈会、访问、观察等具体的途径,所以典型调查具有简便灵活的特点。

正因为典型调查有其一定的科学依据,又具有方便灵活等特点,故而典型调查法在今天仍然是一种比较重要的社会调查方法。

二、典型调查法的理论依据

典型调查法是认识世界的一种科学方法,这种方法的科学性在于,它是以事物的个性和共性的对立统一关系理论为基础的。唯物辩证法认为,客观事物处于普遍联系之中,任何事物都是个性与共性、个别与一般的统一。共性存在于个性之中,共性与个性,一般与个别是客观矛盾的对立统一。列宁说:“对立面(个别跟一般相对立)是统一的,个别一定与一般相连而存在。一般只能在个别中存在,只能通过个别而存在。任何个别(不论怎样)都是一般。任何一般都是个别的(一部分或一方面,或本质)。”人们认识客观事物就是从具体的、个别的事物开始,进而深入到对事物的一般性或普遍性认识。正如恩格斯在《自然辩证法》中所指出:“事实上,一切真实的、详尽无遗的认识都只在于我们在思想中把个别的东西从个别性提高到特殊性,然后再从特殊性提高到普遍性;我们从有限中找到无限,从暂时中找到永久,并且使之确定起来。”

就人类认识运动的秩序来说,总是由认识个别的和特殊的事物,逐步地扩展到认识一般的事物,接着又以这种概括出来的共同认识为指导,继续深入地研究更加广泛的、个别的、特殊的东西,找出其特殊本质,从而进一步补充、丰富和发展人们已经取得的一般的认识。毛泽东同志在《矛盾论》中指出:“一个是由特殊到一般,一个是由一般到特殊。人类的认识总是这样循环往复地进行的,而每一次的循环(只要严格地按照科学的方法)都可能使人类的认识提高一步,使人类的认识不断地深化。”

人们对客观事物的共同的本质的认识,是从许多个别事物的特殊本质中概括得出的。人们不可能通过认识现实所有的具体事物再去概括它们的共同本质,一方面因为受时间和空间等条件所限,人们无法做到;另一方面也没有这种必要。每个个别事物中都包含着同类事物中共同的本质。譬如桃、李、苹果虽然不一样,但都是水果,同样具有水果的共同本质;又如,尽管许多桌子的形状和式样各不相同,但是它们都有一个共同点,即它们都是桌子,都有桌子的本质,每一张个别的桌子都是这一本质的反映和表现;再如,尽管各种商品也有着千百种不同种类的价值,但正如马克思所说的,所有这千百种价值的表现总是代表同一种价值。因此,只要人们认识某一类事物中一个或几个有代表性的事物,通过科学的抽象,就能把握该类事物的共同本质。俗话说:“麻雀虽小,肝胆俱全。”仔细分析一个麻雀的生理结构,就可以认识所有麻雀的共同的生理结构。古人曾说:“有道之士,贵以近知远,以今知古,以所见知所不见。故审堂下之阴,而知日月之行,阴阳之变;见瓶水之冰,而知天下之寒,鱼鳖之藏也;尝一脔肉,而知一镬之味,一鼎之调。”找有代表性的个别事物,进行典型调查,在认识上具有十分重要的意义。总之,典型调查是认识客观事物的科学方法之一。以认识森林为例,如果只见单棵树木,而不见森林,这是经验主义的方法;但是为见森林而去数一棵一棵的树木,那仍然是经验主义的方法。只有把对各种类型的树木的典型分析与对森林的全貌考察结合起来,方能达到认识森林之目的。

三、典型单位选择应注意的问题

所谓典型,即具有代表性的事物,也有“标本”和“表率”等含义。无论何类事物都可以找到代表、标本或表率,通过解剖、分析这些典型事物,就能认识这些典型所代表的同类事物,从这个意义上说,对于典型的认识,就是对该类事物的认识。因而,选择典型十分重要,典型选择妥当与否,与调查研究的实际成效有直接的关系。

典型调查中经常会遇到这样几种典型类型:一是先进典型,它以总结先进经验为主要目的,选择一些先进单位、先进人物进行调查,深入分析总结,抓住关键,探索事物发展的方向和规律性。二是后进典型,它以总结教训为主要目的,选择那些后进单位为调查点,经过调查,分析其落后的原因,提出建议,帮助后进单位赶上先进单位。三是一般性典型,它以了解一般情况为主要目的,选择能够反映同类事物一般水平的单位作为典型。选择这种典型进行调查,可以了解一般的动态。如通过对某生产队农村市场供需情况的调查,就可以了解到该地农村购买力的投向。四是特殊性调查,它以了解某种新生事物的出现或某一突出问题的发生为主要目的,选择最初出现这类事物和发生这一问题的单位为典型。五是全面性典型,它以了解某类事物的主要特征与发展过程为目的,选择那些发展形态较为完整的单位为典型。如某县在贯彻农业生产责任制方面,能够按照各种不同经济、自然等条件,采取不同形式的责任制,收到了很好的效果,这个县就可以作为研究不同形式的生产责任制的全面性典型,进行典型调查研究。

典型的选择不是依人们的主观意识随便拈取的,而是有其一定的客观要求和标准。只有当我们的选择符合客观要求和标准时,选择出来的调查对象才具有典型性,否则,典型调查的结果就不能反映同类事物的共同本质及其规律性。选择典型必须注意以下几个问题。

(1)选择典型一定要用唯物主义辩证法的观点

选择典型一定要用唯物辩证法的观点对所要了解的客观现象有个大略的调查分析,作为进一步从事典型调查的基础。这种调查一般是通过文件报告、汇报、实地采访、开座谈会以及利用全面调查资料等直接和间接相结合的方法进行的。然后,将这些了解到的情况加以汇集整理,分门别类地作以大致的类型区分,从对各类型特点的研究中,从各类型诸对象的比较中找出适合典型要求和标准的多个或一个对象,来进行典型调查。例如,我们到某地区调查贯彻中央提出的落实农业生产责任制的情况,通过一般性调查研究之后,发现该地区几个县的工作发展很不平衡。我们就根据实际情况划分为上、中、下三种情况,然后从这三种情况中进一步找出更有代表性的三种不同情况的县进行典型调查。典型调查之前的一般调查是非常重要的,可以使我们在确定典型时尽可能避免盲目性和主观随意性,能对调查诸对象进行多方面的分析和选择,切合实际地确定出某个或若干个调查对象。只有这样,才能保证所选择的典型具有代表性。有的调查人员盲目性较大,缺乏对通盘情况的调查、考虑和研究,往往是只依据下面的一份报告、某一单位的一次汇报和座谈,就凭一时的印象确定典型,这样的选择常常有较大的偏颇或片面性,必须坚决改变这种盲目抽取个别事物当“典型”的工作方法。

(2)要根据调查目的来选择典型

调查目的不同,选择典型也不同。如果调查的目的是为了揭示事物的本质,研究事物的一般规律,就要选择矛盾暴露得比较充分、比较明显的单位作为典型;如果调查的目的是为了研究新生事物或总结先进经验,就要选择那些有新生事物或具有先进经验的单位作典型;如果调查的目的是为了总结后进单位的情况及其教训,就要选择与先进单位成鲜明对比的后进单位作为典型,全面深刻地分析其落后的主观和客观原因,提出改进的建议,促使后进单位赶上先进单位。

(3)注意典型的代表性

选择典型要考虑被调查事物本身的特点,注意典型的代表性。在一定情况下,如果被调查事物的特征参差不齐,不容易找到具有代表性的典型,可以采取“划类选点”的办法,即先把被调查的事物按特点划分成若干个类型组,然后再在每个类型组中选择有代表性的单位分别进行调查。这样调查的结果,才能比较全面地反映被调查事物的特点。

(4)因调查对象选择典型

选择典型,可以是个体的、整群的,也可以从典型群体中选典型单位。如果调查对象的各单位间差异较小,解剖一两个麻雀就可以了;如果调查对象的各单位间差异较大或所研究的问题比较复杂且带有综合性,就以解剖一群麻雀为好。列宁在俄国革命胜利后,为了研究经济建设工作的规律,曾指示当时苏联中央统计局除了做好全面的统计工作之外,还选择较好的、中等的、较坏的三种类型工厂,典型农场和政府机关进行典型调查,以了解它们的真相。

(5)视工作需要和客观情况选择

典型调查可以是定点的,也可以是非定点的,这要视工作需要和客观情况而定。比如“先进”和“后进”之间就是相对的,有些单位在某一时期是先进单位,而在另一时期则有可能转化为后进单位;相反,由于后进单位奋发努力,也可以转变为先进单位。在需要对先进典型进行调查时,就应当根据已经发展和变化了的实际情况选择先进单位进行典型调查,这就是非定点的调查。典型调查也可以是定点的,这适用于对某个调查点做长期的、永久性的观察。

四、典型调查法的评价

典型调查的优点很多:首先,它是面对面的直接调查,它能获得比较真实可靠的第一手资料;其次,它是系统、深入的调查,它可以调查比较广泛、深入、丰富、系统的内容,它可以采取多种多样的方法,作较深入的调查;再次,它便于把调查和研究结合起来,因此,它有利于揭示事物的本质及其发展规律,有利于探索解决社会问题的道路和方法。此外,典型调查是对个别或少数几个单位进行的调查,它需要的调查人员较少,花费的财力和物力也较小。典型调查的这些优点,是全面调查、抽样调查难以具有的。因此,典型调查是其他类型的调查所不能替代的,它是社会调查中的一种基本类型,在社会生活的各个方面,典型调查都有着极其广泛的用途。但是典型调查法也有它自身的局限性,其最大的问题在于,典型到底选得准不准,是否具有代表性。具体而言,主要表现在两个方面。

1. 选点依据不足

虽然我们前面已经介绍了选择典型的方法,但是仔细推敲起来,仍然存在难以解决的矛盾。在调查之初,对于总体的、面上的情况,调查者是无法准确了解的,换句话说,如果他已经知道了面上的情况,那么也就不必再搞典型调查了。典型调查的意义就在于从点了解面,但选点时又要从面上选出点来,这里是有自相矛盾的地方的,实际上是不知或不甚知而选出点,那么这些点就一定能代表面上的基本情况吗?即便是对面上作了粗略地初步了解之后再来选点,问题仍未解决。所谓初步了解,其实是对面上过去的、某个侧面情况的认识,是不能说明现在的和全面的情况的。例如,我们把各个被调查单位划类,分成先进、中间、落后三个层次,依据的不过是这些单位过去的工作,或者在其他工作中比较先进或落后,但这又怎能说明这些单位现在或在要调查的这项工作中也是先进或落后的呢?因此可以说,前面介绍的那些选点方法都只有相对意义。

2. 难以从典型推及整体

由于代表性无法测定,也就无法知道典型所揭示出来的现象,哪些是有普遍意义的,哪些只是它的特殊性表现而已,当然也就很难推断其共性是什么。而且,即使所选的典型是适当的,但它们总有自己的特殊性,少数典型很难表现面上的各种现象,总是不完备的、受限的。因此,这样以点代面,以个别代替一般,必然影响我们对客观事物的全面认识。典型总是受空间和时间的局限,因此在一定范围内的典型,不能夸大其共性内容,以为某一个典型的个别情况就是普遍的情况。同样,从典型中发掘过时的经验,而后普遍推广用以面上的工作也必定要失败。所以进行典型调查和运用典型材料分析总体事物时,一定要防止和克服片面性和绝对化。

第四节 个案调查

个案调查法是对一个具体地区、单位、组织、个人或事件进行全面深入地了解。这种方法曾在本世纪初的各国社会调查中风行一时,后来又受到许多批判,但至今仍在各种调查方法中占有一席之地。

一、个案调查法的含义和特点

"个案"调查,是指对某个特定的社会单位作深入细致的调查研究的一种调查方法。任何一种社会现象,如一个人、一个家庭、一个团体、一个事件,都可以当作一个个案来进行详尽的研究,作出社会诊断,并加以治理。

"个案"一词源于医学和心理学,是指具体的一份病例。最早的医学个案研究是指对病例中的病人(又称案主)作详尽临床检查,判明病理和病因,并提出治疗方案。心理学处理个案研究时,广泛搜集有关案主家庭、社会环境、个人经历、健康状况等多方面的历史资料,从而探究他的心理特征和形成、发展过程,提出心理治疗方案。弗洛伊德精神分析学的兴起,曾大力借助过这种方法。社会学研究借用了个案研究的方法技术,不仅调查个人,而且扩及对组织、团体、社区(例如贫民窟、犯罪集团等)的调查分析,逐渐形成了独具特色的社会学个案调查方法。

同时,个案调查作为一种认识世界的有效的科学方法,其理论依据是辩证唯物主义一般与个别、整体与部分相互关系的原理。世界上万事万物均处于普遍联系之中,任何事物自身都是一个整体,而同时又是由许多部分构成的;整体是部分的综合,部分是整体的部分;整体的性质大致体现了部分的性质,而部分又体现了整体的部分性质。我们进行个案调查不仅能达到对单个调查对象的较为深刻而全面的认识,而且还可以从对单个事物对象的认识达到对同类事物的认识,以及对整体部分性质的认识。例如,可以通过对老年人个案的调查,掌握老年人的生理特点和心理特点,了解老年人的要求,从而合理地安排老年人的学习和生活。在这个问题上,学术界有的同志把个案调查的主要理论依据归结为一般与个别关系的原理,这并不十分妥当,因为个案调查的主要目的并不是通过个别去认识一般,而是要达到对调研个体的认识。而且个案调查只有在个案反映同类事物总体的性质时,其结论才能表现一般与个别关系的性质。实际情况是,个案调查中的个别单位往往只是部分地反映整体的性质。个案调查的特点主要体现在以下方面。

1. 个案调查是在对总体没有全面了解的情况下确定调查单位的

例如,我们把某高校 2015 年校运动会中获奖学生的年级分布作为个案进行调查,并不需要对全国所有高校运动会学生获奖情况作全面了解,也不需要有意识地选取某个省份的若干个高校进行调查。调查目标为 H 高校,那么则以参加 H 高校运动会的学生作为调查研究的个案。

2. 个案调查的调查结果不能对综合体进行推论

虽然调查者在调查了若干个案之后,往往有一种试图推论一般的自发倾向,这种倾向不是个案调查本身所具有的。但这并不是说个案调查没有任何普遍意义,个案调查的结果对于调查者定性地认识更多的个体和总体具有启发意义。例如,我们对 2015 年 H 高校运动会中获奖的 50 名学生进行个案调查,结果发现其中 30 名是二、三年级的大学生,8 名是毕业班的学生,7 名是一年级的新生,5 名是研究生;30 名是理科的,10 名是工科的,10 名是文科生,等等。能不能由此推论说:2015 年 H 高校运动会中获奖的学生多数是二、三年级的大学生,新生与毕业生则比较少;多数是理科学生,工科与文科学生比较少?答案是,不能这样推论。因为作为调查单位的 50 名学生,既不是随机抽样而来,也不是通过典型调查方法“划类选点”而来的,而是根据调查者的方便与可能从某个学校抽取的。这 50 名学生的个案调查,可以给调查者提供许多启发,而要得出一般性结论,必须使用全面调查、抽样调查或典型调查的方法。

3. 个案调查侧重个人的生活史与社会背景

个人作为一种调查单位,在个案调查中被调查的内容最为详细。例如,个人在人口普查和抽样调查中,被调查的内容一般都只涉及几个或十几个指标值;个人在典型调查中,一般不是基本单位,基本单位一般是社会组织或社区,个人作为其中的分子而被调查,也并不涉及过多的内容;而在个案调查中,个人的生活经历、爱好、家庭背景以及与哪些人交往等,往往都要被调查者所注意和搜集。个案调查类似于医学研究中的病例调查,医学研究者通过对个别病例全面与详细的检查记录，弄清个别病例发生与发展的过程，借以推测某些疾病的病理。社会研究者在个案调查中对于个案的社会生活细节及其社会环境因素，也十分重视调查研究。

4. 个案调查主要应用于社会反常个体、反常时间或新生事物的调查

如家庭个案（如离婚家庭）、儿童个案（如缺乏教养）、老年个案（如老而无养）、少年个案（如少年犯罪）、学校个案（如激进闹事）、社区个案（如生活不便）、社会组织个案（如效率低下）以及新生事物个案（如私营企业）等。

二、个案调查搜集资料的特点和注意事项

1. 个案调查搜集资料的特点

个案调查搜集资料一般使用参与法，即直接与调研对象进行面对面的接触以获取调研资料，如座谈、观察、采访等，还可以通过其他方式，如召开座谈会、通信调查等。另外，在搜集关于调研对象的资料时还要遵循相应的顺序，如先搜集关于调研对象的“外围”资料，达到对其有大概的把握，然后再与调研对象接触，通过各种渠道和方法获取资料。个案调查搜集资料也可以多角度多方面进行。一是调研工作者可以从静态角度去考察调研对象，从而获得关于调研对象的静态资料，如自传、日记、文件、文稿等。二是从动态角度考察调研对象，获得关于调研对象的动态资料，如思想、观点、态度、意见、心理状态等。动态调查在调查研究中有重要作用，有时直接关系到调研的成功与否，动态资料一般是通过访谈时的记录以及由调研对象所填写的调查表获得。三是从动静结合的角度进行考察，从而获得关于调查对象、调研事物的动静资料，即前两类资料的复合物，这些资料主要是指说明问题和解释事物现象、反映社会事实的内在逻辑联系的材料。这种材料往往有较强的社会证据作用。因为资料不管多么琐碎，都是在一定时间和条件下调研对象的本质反映，因此个案调查中要重视这类资料的搜集，并在搜集中做到深与博的结合、质与量的结合，从而反映出调研事物的本质。

2. 个案调查要注意的事项

在个案调查中应注意以下几点。一是调研工作者要有充分的准备。要搞好个案调查，调研工作者要做好必要的准备，既要认真考虑在具体调查中应采取的大致的调研程序和调查方法，并对调研对象进行初步的调查分析，尽可能掌握其基本情况，又要进行必要的学

习,掌握与调查内容密切相关的调研方法和专门技术,为调查打好基础。二是注意调动调研对象的积极性。在进行个案调查时,多采用参与法,因此,必须注重调研对象的积极性,取得调研对象的配合。其中,科学的谈话方式,对提高对象的积极性有重要作用,在这方面应做到:

(1)要告诉调研对象谈话的目的和要求,消除对方的顾虑;

(2)要耐心细致地听取对方的谈话,灵活地做好记录,并注意及时引导对方的谈话;

(3)要机智地引出新的话题,注意在谈话中发现新的线索;

(4)在谈话结束时要注意感谢对方的合作,对对方的希望和要求尽量适当地给予满足;

(5)要选择恰当的调研方式和方法,保持谦虚的态度。

3. 要注意整理与分析资料

个案调查中要科学地对调研资料进行分析,不能随便用个案调查的结论推导有关的总体。对资料进行整理与分析既要对资料进行必要的分类,抓住重点,又要注意核实,确保资料的准确性和真实性。另外,在分析资料时要处理好一般与个别、整体与部分的关系,既把个案调查的资料放在客观对象的总体中去考察,又要在个案中窥探总体的性质,从而得出个案调查的正确结论。

三、个案调查法的步骤

个案调查一般可以分为确定个案、搜集资料、分析研究、社会治疗四个阶段。

1. 确定个案

确定个案,即根据调查的课题与目的以及调查者的需要与条件选择个案。我国著名社会学家严景耀先生为研究犯罪问题就曾调查了许多犯罪个案,这些个案都是根据其研究目的确定的。

2. 搜集资料

个案搜集的资料包括自传、回忆录、著作、日记、信函、报刊、会议记录、档案、地方志等。除此之外,一切有关该个案的零星的事项,只要能用来说明被调查者的个性特征和行为方式的都要搜集。搜集各种个案资料时,要求深入、细致,掌握尽可能多的历史资料。要使所得到的资料能证明所调查的问题,并且可以相互印证。

3. 分析研究

在取得调查资料的基础上，进行分析和研究，找出问题症结所在，以便作出客观的社会诊断。取得调查资料后，必须对资料进行整理和分析，这与典型调查所使用的方法基本相同。所不同的是个案调查并不着眼于对事物和现象的描述，而是着眼于事物和现象之间的因果联系，找出问题的症结所在，为下一步进行社会诊治做好准备。这里要求调查者具备一定的判断、分析和推理能力。

4. 社会治疗

寻找妥善的解决方案，针对存在的问题，提出治理的建议或方案，进行社会治疗。找出问题症结所在，就要设法诊治。这一步要求调查者针对发现的问题，寻找妥善的解决方案，对症下药，以便彻底根治。或者在对一些个案的变化发展过程及方向做深入细致的分析后，提出一些富有建设性的意见，促使其自我改变。

总之，个案调查通过对个别事物和现象的分析，可以把握事物的特殊矛盾，了解其真实状况，有针对性地提出解决问题的方案。但个案调查法也有其不足，主要是代表性差。个案的特征可能是同类事物共有的，也可能是个案特有的，因此，从个案研究中得出的结论不能直接代表全体。另外，这种调查所需时间也较多，所以在社会调查中，个案调查法常作为其他研究方法的辅助方法来使用。

四、个案调查法的评价

1. 个案调查的局限性

(1) 无法保证个案的代表性，因此难以从个案调查中导出普遍性规律。

(2) 可以通过个案揭示总体的某些类型，但无法揭示其结构，也就是说，个案调查基本上是定性的，而不是定量的。

(3) 分析方法难以标准化，容易作出主观的、不精确的结论。

2. 个案调查的优点

正因为个案调查在上述方面的限制，使它被怀疑能否称得上是一种科学的调查方法。但是，个案调查也有许多优点：

(1) 对特定对象的调查研究比典型调查更为具体、深入和细致。这一特点主要表现在纵向上，即通过对调查对象做历史性研究，进行较详细的过程分析，以弄清其来龙去脉，具体而深入地把握个案的全貌。一般还要求做追踪调查,以掌握其发展变化的情况和规律。例如,对一个人进行个案调查,就要多方面搜集有关这个人的资料,如个人的经历、物质、精神生活状况、心理特征、个人习惯、爱好、各个成长阶段的表现、家庭环境甚至遗传因素等。

(2)个案调查的目的主要不是用来说明它所能代表的同类事物,而是为了了解和认识个案本身的问题。个案研究一般不存在其是否有代表性的问题,个案调查所得出的结论一般也不能用来推论有关总体。只有通过各个个案的综合研究,才能推导出总体性结论。个案调查这一特点使它既区别于抽样调查,也区别于典型调查。

(3)个案调查法在调查时间、活动安排上有一定的弹性,研究者可采取的方法也比较多样,有观察法、访问法、文献法等,便于灵活掌握。

个案调查的调查对象是个别的,这一点类似典型调查,因此,它也可以归入典型调查的范畴。但是,个案调查与典型调查又有明显的区别:一是调查对象的特点不同。个案调查的调查对象都是确定的不可代替的,它不存在选择的问题。二是调查的具体目的不同。个案调查的目的是就事论事,解决具体问题。这两点都是与典型调查的根本不同之处。

第五节　纵贯调查

一、横剖式调查与纵贯式调查

社会调查研究可以从各种角度、按不同标准划分为不同的类型。各种类型具有各自的特点,它们在调查方式、方法、步骤、程序、适用范围等方面都有所不同。

例如,根据调研任务的性质,可划分为理论性调查研究和应用性调查研究;根据调查研究对象的范围,可分为普查(或全体调查、全面调查)、抽样调查、典型调查和个案调查;根据调查的时间性,可分为横剖式调查研究和纵贯式调查研究(简称横剖研究与纵贯研究或横剖调查与纵贯调查);根据调查的区域性,可分为农村调查与城市调查、地区性调查与全国性调查;根据调研题目的范围,可分为综合性调查与专题性调查等。

本章前面介绍的四种类型的调查主要是根据研究对象范围划分的,但从时间上考察它们主要属于横剖调查研究的类型。所谓横剖研究就是在某一时点对调查对象进行横断面的研究。人口调查就是最典型的横剖研究的案例。当然,横剖研究定义中所说的"时点"是与"时期"相对而言的某一具体时间。例如,民意测验的"时点"可能是某一天或某几天,而离婚问题所研究的"时点"可能是某一年。所谓"横断面"是指由调查对象的各种类型在某一时点上所构成的全貌,比如不同年龄、不同职业、不同地区、不同民族的人在某一调查时点上对物价政策的意见和态度。横剖研究可采取问卷调查,也可以采用其他调查方法(如观察、访问)。

横剖研究的优点是调查的面较大,调查资料的格式较统一,标准化程度较高,而且资料都是在同一时间搜集的。横剖研究也有其局限:由于调查时间较短、调查内容较少,因此搜集的资料缺乏深度和广度,并以静态分析为主。当然,横剖研究并不等于只对现象作静态分析,它也作动态分析,但是,社会研究中注重进行动态分析的主要借助于纵贯研究的方法。

二、纵贯调查的类型

纵贯调查,也称纵贯研究,它是在较长时期的不同时点搜集资料,并对社会现象作纵向研究。例如,费孝通教授从 20 世纪 30 年代到 90 年代对江苏吴江开弦弓村进行了 9 次实地调查,他不仅深入探讨了中国农村的发展途径,而且也为研究中国农村的历史变迁过程提供了丰富的资料。研究的主要目的是了解某一社会现象的历史发展过程,分析社会现象产生的社会历史背景和社会条件,探寻现象之间的前后联系,由此来发现社会发展的一般规律,或者对事物发展、变化的全过程作出详细说明。又如,社会史研究、社会变化研究、政治制度史研究、生活史研究、家庭生命周期研究、厂史研究等都属于纵贯研究。纵贯研究主要有以下四种类型。

1. 趋势研究

趋势研究一般是对较大规模的调查对象总体随时间推移而发生的变化的研究。不同时点的民意测验和人口普查实际上就是一种趋势研究。例如,哈尔滨市科协自 2007 年开始,配合哈尔滨市科技节,每隔两年进行一次"市民科技素养调查"。本书作者接受委托在 2007 年、2009 年、2011 年、2013 年连续四年配合实地采访及资料分析工作,从中可以明显地看到哈尔滨市民科技素养逐年提高的情况。这就是一种趋势研究。

2. 同期群研究

同期群研究是对在某一时期具有同一特征的人群随时间的推移而发生的变化的研究。"老三届"现象越来越引起人们的关注。我们可以调查在特定的"文革"时期那些"老三届"

们伴随着中国社会政治的进程,其人生轨迹丰富多彩的走向。特别是"知青子女"这一特殊的中国现象,也值得我们进行纵向考察研究。应当注意同期群研究不是对同一类人,而是对同一代或同一年龄组的某一群人的纵向研究。此外,它注意的是这一人群的特征,而不是其中某些人的特征。所以,在不同时点可以抽取不同的样本,也就是说,具体的被调查者可以变化,只要他们都属于这一人群。

3. 追踪研究

追踪研究是对同一批人随时间推移而发生的变化的研究。追踪研究与同期群研究比较相似,区别在于前者的每次调查都是了解同一批人,而后者的样本可以每次不同。举例来说,国外对吸毒者的一项追踪研究是抽取了数名吸毒者作为样本,然后每月访问他们一次,了解他们吸毒或戒毒情况,这也是一项追踪研究。

4. 回溯研究

在这一调查中要求被调查者回想他们过去的态度或行为是怎样的,而现在又起了哪些变化。例如,据复旦大学项目研究组对上海地区的调查显示,18 岁至 35 岁是接触吸食毒品的高危年龄段。在上海,"瘾君子"月均吸毒支出超出 8 500 元,远远高于其平均收入,大多数的人染上毒品的根本原因,绝非社会对他们不公平,而是个人意志薄弱,缺乏起码的社会、家庭责任感,并受到"好奇心"驱使和不良同龄群体的怂恿。在调查中,他们采用了问卷调查和个别访谈两种方式,在与吸毒者的个别访谈中,就采取了回溯研究的方式,让被调查者回想他们童年时代的家庭生活,第一次吸毒的年龄及其原因,这几年曾吸食过的毒品数量和种类,第一次进戒毒所的年月,进过几次戒毒所以及吸毒的过程等。回溯研究侧重于了解调查对象的具体变化过程,并概括出一些共同的、普遍的本质。它比追踪研究要省时、省力。但是回溯研究的资料准确性较差,有时被调查者记忆不清,无法准确地说出过去的事情或出现记忆错误。

由纵贯研究的几种类型可以看出,纵贯研究相当于在不同时点上的横剖研究,但在每一时点上,抽取样本的方式可有所不同;趋势研究每次都是从同一个总体中抽取样本,它试图了解这一总体的历史变化;同期群研究每次都是从一个固定的人群中抽取样本,它要了解这一类人的变化;追踪研究是每次都对同一批对象进行调查,它要了解具体对象(如个人、村庄、企业等)的历史变化。在这四种研究中,只有追踪研究可以给出具体变化过程的全貌,而纵贯研究的优点在于,它能够了解事物的变化过程,能够对社会现象进行动态分析,并通过这种分析发现现象之间的联系。由于能掌握现象之间或现象变化的时间顺序,因而也能确定出各种因素的因果联系。但它的缺点是,比较费时、费力,需要较多的经费。此外,由于历时较长,调查内容较丰富,因而调查范围一般较小。

社会发展的主要目标是为了创造和改善人民大众的生活及其社会环境。在现代化进程中,社会各项事业的变迁,民众的实际生活状况,对生活质量的知觉与评估,政府在推进社会发展中的功能与作用,应是高校及政府有关部门研究的重大课题。

通过这样长期的研究,至少可以达到下述一些理论性与应用性的目标:

(1)增进对新区社会、文化、政治状况的全面客观了解;

(2)定期的纵贯调查,可以把握和预测新区社会发展的趋势和方向;

(3)协助政府探讨民众的实际状况及面临的问题,以供政府决策参考;

(4)高校研究机构凭借逐年积累的信息资料,对有关重要指标进行深入分析,推动教学和科研,深化我国的社会发展理论研究。

针对哈尔滨市的调查样本为 1 000 人/户,2007 年首次调查后,时隔六年,我们在 2013 年底对这 1 000 人/户进行了一次追踪调查,并计划在 2019 年再对这 1 000 人/户进行第二次追踪调查。通过追踪调查来反映哈尔滨十年来及二十年来的社会发展轨迹。

通过对两次调查数据的对比研究发现,在哈尔滨居民心中,近五年来本地区生活业已发生以下八大方面喜人变化:

(1)以居住条件改善及家用电器拥有量增加为代表的物质生活水平提高;

(2)以受访者对空气、水质、噪声控制等满意度普遍提高为代表的哈尔滨走可持续发展之路,经济与环境质量共同进步;

(3)以交通、邮电、水电为代表的公用事业设施全面改善;

(4)以居民对购物条件、娱乐设施满意度提高为代表的服务业较快发展;

(5)以治安状况、法制建设明显进步为代表的公众安全感普遍改善;

(6)以人的现代性程度为衡量指标的新区居民素质不断提高,以社会归属感为代表的新区社会凝聚力显著增强;

(7)在关于政府是否廉洁、办事效率如何、政府透明程度等问题的调查中,受访者的评价均比 2007 年更为积极;

(8)举措得当的政府和健康发展的社会经济,特别以冰雕为特色的哈尔滨赢得广泛的国际声望,本地居民的自豪感、凝聚力显著增强。

我们进一步通过追踪调查的大量资料对“哈尔滨居民现代性”进行了实证分析。运用统计学中的对时间序列资料的“同组分析”方法,我们得到个人现代性总体变动交互分析表,如表5-2所示。

表5-2 个人现代性总体变动交互分析表

现代性程度	低(93)	中(93)	高(93)	合计
	样本数/%	样本数/%	样本数/%	样本数/%
低(97)	88(15.9)	41(7.4)	33(5.9)	162(29.2)
中(97)	40(7.2)	65(11.7)	88(15.9)	193(34.8)
高(97)	37(6.7)	66(11.9)	97(17.5)	200(36.0)
合计	165(29.7)	172(31.0)	218(39.5)	555(100.0)
Gamma = 0.383 43				

从表5-2中可以看出,追踪样本的现代性表面上只有42位发生了变化,原来有165位的现代性属性属于低等,追踪访问时变成了162位,变化幅度为3位;中等现代性的人由172位变成了193位,变化幅度为21位;高等现代性的人由原来的218位变成了200位,变化幅度为18位。合计起来净变化为42位。可是,一旦比较内部个人层次的变化,则发现实际上一共有305位个人的现代性程度发生了变化:原来143位的现代性属于较低层次,再次访问时已经上了一个台阶;相反,有162位原来属于较高层次的人则下降到了较低层次。追踪样本的总变化是净变化的7倍多。由此可以看出,内部转变分析更为深刻地揭示了样本的实际变动情况。

思考题

1. 各种调查方法有何特点,有何区别?
2. 在选择各种调查方法时应注意哪些问题?
3. 请指出各种调查方法的优缺点。
4. 请指出各种调查方法的步骤。

第六章　社会调查的其他主要方法

【本章提要】

文献法、实验法、观察法和访谈法是进行社会调查研究经常用到的方法。对某研究领域过去的成果即文献进行梳理是社会调查的基础工作,而实验法、观察法和访谈法则是社会调查研究的最直接、最真实和最有效的调查方法。本章将说明文献及文献调查法的概念和特点,并详尽地介绍实验法的原理及作用、观察法的特点及原则、访谈法定概念及分类等内容。

【学习要求】

1. 了解:文献的特性和类别;当前文献的特点;文献调查法的显著特点及其在社会调查研究中的特殊地位;搜集文献的基本要求;文献法的优点和缺点。

2. 掌握:文献调查法的概念及其在社会调查研究中的特殊地位;实验法的原理及其作用;观察法的特点及原则;访谈法的概念及分类。

第一节　文　献　法

一、文献的概念、种类、特点及其特殊地位

1. 文献的概念

所谓文献最早是指历史典籍,后来又泛指社会中记载信息的一切书面文字材料。在现代信息技术飞速发展的今天,文献被赋予了更广泛的含义和内容,人们把利用各类物质载体记录并用以交流传播的一切文字、图表、数字、符号、音频、视频等知识信息资料统称为文献。任何文献都必须具备三个特性:第一,必须有知识内容的表现。没有知识内容的物体,

如空白纸张、空白光碟等就不是文献。第二,必须有一定的客观物质载体。仅仅存在于人们头脑中或口头相传的知识就不能称为文献。第三,必须有人类的记录行为。如果只是客观存在的事物,但没有被人们记录下来,也不能称为文献。

文献是人类知识的结晶,是人类积累知识的重要宝库。从认识论来看,一切真知都是从直接经验发源的。但人不可能凡事都通过直接经验,所以事实上多数的认识都是通过间接经验获得的。而间接经验主要就是各种文献。任何新的知识成果也都是在前人成果(主要体现为文献)的基础之上诞生和发展起来的。文献能超越时间和空间的限制,使人们极大地拓宽视野,了解古今中外的各种事物。因此,它是人们获取知识和认识世界的重要依据。

2. 文献的种类

(1)按物质载体分

根据物质载体的不同,文献从古到今有甲骨文献、铜器文献、竹木简牍文献、布帛文献、纸张文献以及胶卷文献、磁带文献、光盘文献、磁盘文献、网络文献等。其中纸张文献多年来一直居于主导地位,但是20世纪以来,先后出现的胶卷、磁带、光盘、磁盘、网络等新型物质载体文献逐渐占据了越来越重要的地位。

(2)按记录手段分

根据记录手段的不同,文献可分为手工型文献、印刷型文献、感光型文献、录制型文献、电子型文献等。手工型文献是指用手工刻、铸、写的文献,如甲骨文、铜器铭文、竹简、帛书以及手书的各种手稿、信札、日记、原始记录等。印刷型文献是指印刷在一定物质载体(主要是纸张)之上的文献,包括木印、石印、铅印、油印、胶印、复印等,其中大量和主要的是报刊、书籍等。感光型文献是指以感光材料为物质载体,用照相、摄影等光学技术记录下来的各种文字、图片、资料等。录制型文献是指运用录音、录像等现代技术记录下来的各种录音带、录像带、光盘等。电子型文献是以数字形式将信息存储在磁盘、磁带、光盘或网络等介质上,并通过计算机或网络进行阅读的文献。随着人类科学技术的不断发展,这种基于新技术手段的文献类型还会越来越多。

(3)按文献加工层次分

根据文献加工层次的不同,或者说根据文献作者与文献的相关程度的不同,文献可分为零次文献、一次文献、二次文献和三次文献。零次文献一般是指未经再加工或未公开于社会的最原始的资料，如信件、手稿、日记、笔记、回忆录、自传、实时记录及会议记录等，以及在现场拍摄、录制的照片、胶卷、录音带、录像带等。一次文献是作者根据自己的经历、工作或研究成果而写成的文章或加工制作的音频、视频作品，其特点是内容有独创性，含有前所未有的发明创造，或者一些新的见解与理论，是科学技术有所前进的标志。一次文献是对知识的第一次加工，是信息的基础，也叫信息源。一次文献包括：期刊论文、研究报告、会议记录整理、专利说明书、学位论文、调查报告以及音像作品等。二次文献是指他人对零次和一次文献进行收集、分析、整理并进行再加工而成的文献，包括各种文字材料和经过剪接后的录音带、纪录片及其目录、索引、文摘等。三次文献是科技人员在二次文献的基础上，对文献阅读、分析、归纳、整理和推理，进行概括、论述，重新组织、加工提炼成文字，可供人们了解某一学科或专题的进展，了解其过去、现在和预测未来的发展趋势的文献。三次文献包括：综述、评论、述评、进展、动态、年鉴、专著、指南等。三次文献一般是由专家写成，水平较高、专业性强。也有一种简明的分类方法。即把零次文献和一次文献称作原始文献、直接文献或第一手文献，是指由社会事件或行为的直接参与或接触者撰写或录制的文献；而二次文献和三次文献称作间接文献、第二手文献或次级文献，它不是由事件的直接参与或接触者撰写或录制的，而是在第一手文献的基础上再加工而成的各类文献。一般说来，第一手文献比第二手文献的信度高，因为后者是在多次加工的基础上，甚至掺杂了作者带有主观因素的分析和感受之后撰制而成的，信度自然受损。所以，研究者在使用文献之前。要注意资料的类别，要考察文献的信度和效度。

(4)按资料来源分

按照资料来源的不同，文献可分为个人文献、社会组织文献、大众传播媒介文献和官方文献。个人文献是指个人写的日记、信件、自传、回忆录等。社会组织的文献是指各种企事业单位、各种社会团体(如同乡会、同学会、同业协会以及各种宗族、宗教组织等)的规章制度、统计报表、总结报告、族规家训、教义教条等。大众传播媒介文献是指各种书籍、报刊、杂志、广播影视、网络内容等。官方文献是指各种法律、法规、文件、会议记录、统计资料等。

(5)按学科领域分

按照学科领域的不同，可分为社会科学文献(又可分为经济学文献、政治学文献、社会学文献等)、自然科学文献(又可分为物理学文献、化学文献、生物学文献等)；按照出版发行方式的不同，可分为公开出版发行文献和内部印发文献；按照保密等级的不同，可分为公开文献、内部文献、秘密文献、绝密文献等。根据不同标准还有一些其他分类方法，但上述分类是最主要的分类。

3. 文献的特点

20世纪以来，特别是第二次世界大战之后，在科学技术高速发展的推动下。世界范围内的文献出现了许多新的特点。

(1)数量急剧增加

据苏联学者统计，15世纪后50年内全世界出版的图书仅为3万种，16世纪为25万种，19世纪为700万种，20世纪为2 500万种。20世纪以来，图书给读者提供的信息约等于过去3 000年人类各种读物所提供的信息总和。这种现象被人们称为“信息爆炸”。

(2)类型日益丰富

随着科学技术的发展，文献的物质载体和记录方式越来越多样化。就物质载体而言，除目前最为普遍的纸张外，感光材料、磁性材料、热导材料、半导体晶片以及其他金属材料都已陆续成为记载文献的物质载体。就记录方式而言除目前最一般的手工、印刷方式外，摄影、录制、光刻、数码等新型记录方式相继出现并日益占据重要地位。

(3)速度快、失效快、寿命短

近几十年间，作为第一生产力的科学技术发展迅猛，从而导致社会各个领域的内容及其知识更新极快，大量新文献不断涌现，却又很快落伍，被更新的文献所取代。

(4)内容重复交叉

由于知识更新速度加快，在同一时期人们的研究课题及其成果雷同的概率很高，所发表的文献也就难免撞车。美国情报科学协会曾经对1 588种社会科学期刊进行调查，发现有1 201种期刊刊登的文章出现重复，占76%。许多类似文献竞相发表，许多类似图书也一版再版。有人称这种现象为“情报污染”。

(5)质量良莠不齐

由于当代社会发展迅速，人们的生活节奏加快，也由于某些功利的原因，许多文献未经深思熟虑和严格审查就匆忙发表。结果在汗牛充栋的文献中，虽不乏精粹之作，但同时也泥沙俱下，有大量所谓“垃圾文献”充斥其中。

此外，人类全球化的趋势使文献的语种增多，文献的多样化和急剧增加使其分布异常分散；文献大量涌现但发表的渠道不足使文献的公开化严重滞后等，也是当代文献的一些重要发展趋势。

当代文献的这些特点，一方面为人们提供了丰富的知识基础，有利于人们更加深入地、全面地认识社会，但另一方面也加大了人们通过文献认识社会的难度。它要求人们必须多渠道地、广泛地、及时地搜集文献，并花费大量的时间沙里淘金、去粗取精、去伪存真，才能获得真知灼见。

4. 文献法的特殊地位

文献法也称历史文献法，就是搜集和分析研究各种现存的有关文献资料，从中选取信息，以达到某种调查研究目的的方法。它所要解决的是如何在浩如烟海的文献群中选取适用于课题的资料，并对这些资料进行恰当分析和使用的问题。文献调查法有三个显著特点：一是历史性。它不是对正在发生的社会情况的调查，而是对社会过去曾经发生过的事情和已经获得的知识所进行的调查。二是间接性。它所面对的是各种间接的文献资料而不直接介入有关事件，也不直接接触有关事件的当事人和文献的记录、编撰者。三是无反应性。它所接触的是无知无觉的物（文献），而不是有情绪有思想的人，在调查过程中没有任何调查对象的心理或行为因素的直接影响。在社会调查研究中，文献法具有特殊的地位。

（1）文献法是最基础和用途最广泛的搜集资料的方法

任何社会调查研究前期的课题的选择、确定和探索性研究以及方案设计，都必须先从文献调查入手。以便调查目的更为明确和有意义，使调查内容更为系统、全面和新颖。当进入了具体调查阶段，也往往仍然需要进行文献调查。利用文献法可以搜集到其他方法难以搜集到或者没必要用其他方法搜集的资料，例如某地区的自然概况、历史沿革、统计数据等。在采用其他方法进行调查的过程中，以及在调查后期对搜集的资料做整理、分析和撰写调查报告时，也常常需要利用文献提供必要的佐证和补充。另外，有些社会调查研究由于人、财、物或某些客观条件所限而只能以文献法作为基本的搜集资料手段。总之，文献法对于所有的社会调查研究来说，都是必不可少的。

（2）文献法是一种独特的和专门的研究方法

文献法并不仅仅是一种重要的搜集资料的方法，它还是一种独特的和专门的研究方法，这是它与其他调查方法之间最显著的区别。诸如问卷法、测量法、访谈法、观察法、实验法等，一般都无法独立完成从选择课题到搜集资料的全部工作，都要借助文献法。文献法却不然,它可以独立完成某些调查研究从选择课题到搜集资料到分析研究的全过程。那些旨在再现或分析历史现象的课题,如分析民国时期社会各阶层的生活状况或者是研究不可能重演的现实社会的某些事件,如战争、犯罪等;以及时间跨度大的纵贯性课题,如中华人民共和国成立以来农村基层组织的变迁,只能是以文献法为主要方法来完成的。

文献法长期以来一直是以手工操作为主。20 世纪 50 年代以后,人们开始采用电子计算机等现代技术和设备来处理、存储和利用文献,从而极大地提高了文献调查的效率。然而,无论使用的手段怎样,其基本步骤都大体一致,包括文献搜集、摘录信息、文献分析三个环节。在文献法独立或主要担纲的调查研究中,这些环节缺一不可;而在其他调查方法为主的调查研究中,文献法一般特指前两个环节,文献资料的整理、分析是和其他调查后资料的整理、分析一并进行的。

①所谓文献搜集有广义与狭义之分。广义的文献搜集是指将文献按照一定方式集中组织和存储起来,并按照文献用户需求检索和收集有关文献或文献中包含的信息内容的过程。狭义的文献搜集则专指后者。社会调查研究中文献法所使用的是狭义的文献搜集概念。

②所谓摘录信息是指从检索和搜集的文献中摘取并记录与调查课题有关的信息的过程。

③所谓文献分析是指对文献中的某些特定内容进行分析和研究来了解其中所反映的外在内容及其本质、规律,以及文献作者和有关人们的思想、感情、态度和行为,进而达到说明调查研究课题的目的。

文献法的这三个步骤既可以分别进行,也可以交叉运用。究竟如何选择,要依据调查者的习惯与方便而定。文献法的实施是从文献搜集开始的。只有广泛搜集文献,对所需要的文献资料做到心中有数,才能保证文献法的顺利进行。在文献搜集中,必须遵循一些基本要求,掌握一定方法。

二、文献搜集的基本要求

1. 取其精华

按照传统说法搜集文献应尽可能做到竭泽而渔、全面无遗。但是,在当代文献数量激增、分布广泛、质量良莠不齐的情况下,不一定刻意求全,而应以求精为上。1980 年 8 月在丹麦哥本哈根召开的国际文献联合会第40届年会上,美国文献学家布里伯格提出应当用"以少胜多"的情报搜集原则来取代以往"多多益善"或"百分之百"的搜集方式是非常正确的。在众多大同小异的文献中,精选出若干代表性之作,对于大多数课题来说已经能够解决问题。

2. 有的放矢

搜集文献必须具有较强的针对性,应攻其一点,不及其余。切忌眉毛胡子一把抓,不管对课题有无作用都网罗其中。如果所搜集文献中夹杂了太多对完成调查课题无用的成分,那么不仅会浪费人力、物力、财力,而且会大大降低调查研究的信度和效度。

3. 内容丰富

就完成某一调查课题而言,搜集文献的涉及面要尽可能宽,种类要尽可能丰富。无论是过去的还是现在的、正面的还是反面的、国内的还是国外的、专题的还是综合性的、本学科的还是相关学科的,等等,只要和本调查课题有关,都应千方百计地搜集。

4. 形式多样

有人在文献调查中,只注意搜集文字材料,这显然是不对的。我们既要搜集各种类型的文献,也要搜集声、像、网络等类型的文献;既要注意公开出版物,也要注意未公开或内部的资料等。总之,搜集的范围应囊括与调查课题有关的所有形式的文献。

5. 系统连贯

从所搜集文献的内在结构看,要注意其系统性,不能有明显的漏项或弱项。所搜集文献在时序上也要尽可能保证一定的连续性和累积性,不能时断时续。必须明确一点:残缺不全的资料是不能用来说明任何问题的。

6. 注重时效

在"信息爆炸"的今天,对有关调查课题的各种新资料、新信息必须反应敏捷,做到及时了解、及时搜集、及时研究、及时利用,否则调查研究就缺乏时效性,调查成果也就失去了实用价值。另外,应该按照调查课题的时间跨度来决定搜集文献的时间跨度。许多课题并不需要追根溯源,例如,要调查我国目前落实九年制义务教育的情况,就应重点搜集近年来的情况,而没有必要细究十几年以前中国基础教育的情况(少量背景资料除外)。这样可以事半功倍,既能节省时间和精力,也能较快地了解到与调查课题有关于各类问题的最新动态。

总而言之,只有满足了上述基本要求,文献的搜集工作才能圆满完成,后续的摘录信息、文献分析等工作也才能有一个坚实可靠的基础。

三、文献搜集的方法

1. 文献检索

在搜集文献的实际过程中，首先应当知道在哪里才能找到所需的文献。或者说，如何才能发现这些文献的具体存在位置，否则所谓搜集文献就只是一句空话。而要做到这一点，就必须掌握检索文献的方法。

总的来说，我们可以将文献分为未公开发表和公开发表两大类进行检索。未公开发表的文献主要有个人写的日记、信件、自传、回忆录等文献，以及政府部门、企事业单位、社会团体的内部文件，规章制度，统计报表，总结报告，宗族的族规、家谱，宗教组织的教义、教规等。这部分文献相对数量较少，查找的办法也比较单一，我们只能根据已知的线索成主观判断按图索骥，向个人咨询或到有关单位查找。公开发表的文献包括所有的各种类型的正式出版物。而在互联网上发表的文献，是文献的主体，数量十分巨大。我们就必须充分利用现有的图书情报资料和网络资源。到专门的图书情报机构(图书馆、情报所等)或互联网去查找。其检索方法也相对复杂，往往需要借助一些专门的文献检索工具。我们需要着重掌握的也就是检索这部分文献的方法。

(1)人工文献检索

迄今为止，人工文献检索仍然是查找公开发表的文献的主要方法。这种方法主要借助两类工具，即有关机构编制出版的文献检索工具和图书馆编制的目录。

①有关机构编制出版的文献检索工具

按其著录形式可分为目录、索引、文摘和全文等几种形式。

目录是对图书或其他单独出版的资料名称的记载。通常以图书、期刊作为报道单元依一定次序编排而成。按照职能划分有出版发行目录、资料来源目录等，按收录文献种类划分有图书目录、报刊目录、标准目录、专利目录等，例如《全国总书目》《全国新书目》《全国中文期刊联合目录》《中文科技资辑目录》《中国学位论文通报》等。

索引是著录一篇篇内容上独立的文献的外部特征，包括文献篇名、著者、著者单位、原文出处、语种、专利号、合同号等，并分类编排而成。例如《全国报刊索引》、《人民日报索引》、《中国人民大学复印资料索引》《中国专利索引》、美国《科学引文索引》(*Science Citation*

Index,简称 SCI)、《社会科学引文索引》(*Social Science Citation Index*,简称 SSCI)等。文摘除了描述文献的外部特征之外,还对文献的内容特征作较深入的报道,即带有文献的摘要。文摘型检索工具比索引和目录型检索工具揭示文献内容要深,因此它所报道的速度相对较慢。如《新华文摘》、《报刊文摘》、《中国专利分类文摘》、《世界专利文摘周报》(*Word Patent Abstract Journal* 以,简称 WPAJ)、《国际学位论文摘要》、英国《科学文摘》(*Science Abstracts*,简称 SA)、日本《科学技术文献速报》(简称《速报》)等。

全文型检索工具不仅能获取文献的目录信息,还能得到文献的原文内容。如《中国期刊网全文专题数据库》《中国人民大学报刊复印资料》等。在上述检索工具的指引下,我们可以很快查找到所需要文献的有关信息,并可以顺藤摸瓜,到图书馆等地进一步找到具体文献,从中获得所需内容。

②图书情报机构(主要是图书馆)编制的目录

它们是更为常用的检索工具,不仅可以提供文献的线索,更可以成为获取文献具体内容的直接通道。特别是当人们通过其他检索工具了解到存在某种文献后,最终往往还是要到图书情报机构去查询各种目录才能一睹芳容。各级各类图书馆都有自己的馆藏目录,它一般只列出原文献的题目、作者、出处(包括原书刊名称、出版单位、出版年份、卷名、期次、页码等)及文种等。目录的种类很多,目前我国图书馆仍普遍采用卡片式目录,大致有分类目录、书名目录、著者目录和主题目录四种。

分类目录是根据图书内容的学科特点,按照图书情报机构所采用的分类法编制起来的目录。调查者通过分类目录查找文献,可以按类查找,较快地查找到同类学科的有关文献。

书名目录是按照图书名称排列起来的目录。调查者如果知道书名,就可以在最短时间内查找到所需的文献。

著者目录,即按照著作考的姓名排列的目录,同一作者的著作集中在一起,便于了解其著述的全貌。

主题目录,也叫标题目录,即按照图书的主要标题排列的目录。它把各种著作、文章中有关某一主题的文献资料集中在同一主题词中,它可以帮助调查者迅速找到某学科、某专题比较全面的文献。当既不知道所需文献的分类,又不知道书名或著者而又想查找有关文献资料时,就可根据调查所涉及的学科、专题去查阅主题目录。

上述各种目录在内部排列顺序上又有不同的方法。中文图书有:

a. 音序法,即以文献标题首字的发音按照汉语拼音字母的顺序依次排列的编目方法。熟悉汉语拼音的人可用此法。

b. 笔画法,即按照首字笔画多少结合笔顺加以排列的方法。不熟悉汉语拼音的人可用此法。

c. 部首法,即依首字形体及偏旁构造排列的方法。外文图书中,西文与俄文目录是按原文字母顺序排列的。日文目录是按50音图顺序排列的,其他语种目录也各有自己特有的排列方法。掌握这些具体方法,查找文献就会十分方便。

(2)计算机文献检索

计算机用于信息检索的研究始于20世纪50年代初。20世纪60年代中期,人们主要利用单台输入输出进行过期文献的检索。20世纪70年代初,计算机检索进入联机检索阶段,单台储存信息的主机可利用分时技术通过通信线路连接多个检索终端,多个用户可以同时与主机"对话",即检索文献。目前,我国多数图书情报机构建立的可在计算机上阅读的机读检索工具(磁带式目录)即属于此类。进入20世纪80年代以后,计算机信息检索进入信息-计算机-卫星通信三位一体的新阶段,即国际联机信息检索阶段,使信息、文献不受地区、国家限制而真正实现全世界信息资源共享的目的。到了20世纪80年代末、90年代初,用光盘制成的数据库取代了一部分联机检索的市场。特别是计算机信息检索已逐渐发展成计算机网络(互联网)检索系统。互联网上提供联机信息检索服务的数据库现在已从文献型逐步过渡到数值型和事实型数据库,而且全文型数据库也开始不断增加;数据库内容的存储形式向多媒体方向发展,从单纯的字符模式过渡到图文并茂的图形方式,在不久的将来,还会提供大量实时的声音和动画的文献存储模式。目前,计算机文献检索更重要的就是指利用互联网的文献检索。

在互联网上查找文献,主要有两种方式:一是登录专门网站检索。目前,国内外绝大多数国书情报机构、政府部门、学校、科研机构、大众传媒机构、企事业单位都有自己的网站,其中建有各种数据库。只要按照其网址上网登录即可从容寻找有关信息。即使不知道其网址,但只要按其中文或外文名称登录,一般也可以达到目的。例如,北京图书馆等,已有专门的网站,并且建立了网上图书馆,人们只要上网登录,即可检索有关文献目录甚至直接阅读到有关文献;再如要查找我国国情资料,就可以登录"中国统计网"。二是利用大型门户网站的搜索引擎查找。例如,著名的"Google"和"百度"网站,人们就常用其搜索引擎检索文献，具体操作办法主要是主题概念检索。在检索过程中，如果检索提问式只有一个主题概念，那么计算机就直接根据这个主题概念所对应的提问特征标志在数据库中的倒排文档中进行搜索、类比、匹配，得到相对应的文献特征标志后，再根据该标志后的文献存取号。在顺排文档中找到相对应的文献，即所需要的检索结果；如果检索提问式是带有逻辑运算的多个主题概念的复杂检索式，那么计算机就会首先在数据库的倒排文档中找到这些主题概念所对应的文献特征标志，再根据逻辑运算符的要求，对这些文献特征标志后的记录存取号集合进行比较、匹配、取合，实现多个文献特征标志的逻辑运算，运算结果得到符合要求的记录存取号，根据这些存取号在顺排文档中找到的相应记录（文献）即是最后的检索结果。用户可根据计算机输出的检索结果的反馈信息来修改检索策略（检索提问式），以期得到最满意的结果。

计算机文献查找法使用起来非常便捷。通过这种方法还可以找到大量并未公开出版、只在网上公开发表的个人文献、官方文献和机构文献。但目前许多网络资源尚在建设过程之中，文献还不系统、不完全。如北京图书馆所建网上图书馆，储存图书量不到全馆藏书的10%；许多机构由于种种原因未把全部文献在网上发表，所以此方法虽然很重要，但却还不能取代其他文献检索方法，这一点是需要引起特别注意的。相比之下，美国的各种网站信息量较大，可以重点利用。

在上述主要文献检索方法之外，还有一种简便的参考文献查找法，也称追溯查找法，即根据作者在文章、专著中所开列的参考文献目录，或在文献、专著中所引用的文献名目，追踪查找有关文献资料的方法。具体做法是：从已经掌握的文献资料开始，根据文献中所开列的参考文献目录和所引用、所介绍的文献名目，直接去查找较早一些的文献，再利用较早文献中所开列的参考文献目录和所引用、所介绍的文献名目，去查找更早一些的文献。如此一步一步地扩大查找范围，直到查找出比较完整的文献资料为止。

用参考文献查找法，查找的文献比较集中，省时省力，而且往往能及时捕捉到一些最新的研究成果。因此，这种方法虽然不如用检索工具查找法所得到的文献那样全面和广泛，但仍很有效。

另外，在实际工作中，往往将几种方法交叉使用，叫作综合查找法，也叫循环查找法或分段查找法，即将检索工具查找法、计算机查找法和参考文献查找法结合起来，循环查找。具体地说，可以先采用检索工具查找法和计算机查找法查找出有用的文献资料，然后再根据这些文献中所开列、所引用的参考文献名目,去查找更早一些的文献,也可以先采用参考文献查找法,查找出更早一些的文献,然后再采用检索工具查找法和计算机查找法,去扩大查找文献的范围。如此分阶段地交替使用两种查找文献方法,直到满足需要为止。

总而言之,我们查找文献要尽可能以检索工具查找法为主。参考文献查找法和综合查找法较适合于在缺乏检索工具或图书情报机构较少的部门或地区使用。计算机查找法在目前则仍是其他查找法的重要补充。

2. 搜集文献的主要途径与一般方法

当我们能够灵活、熟练地使用上述文献检索方法发现所需文献的存身之处,而其后的搜集文献就变成一件顺其自然、非常简单的事情了。目前,搜集文献的渠道主要有个人、机构和互联网三种。我们应该针对文献的不同来源和出版、收藏情况,采取不同的方法,通过这三种途径进行文献搜集。

一般说来,对于未公开发表的文献,若属于个人收藏品,例如个人写的日记、信件、自传、回忆录等文献,可以根据线索主动联系,在征得文献主人同意的前提下,采取租、借、复印等办法搜集;若是机构收藏品,例如企事业单位、社会团体的规章制度,统计报表,总结报告,宗族的族规、家谱,宗教组织的教义、教规等文献,或者官方不宜公开的各种规章制度、文件、统计数据等内部资料,则可按照一定程序和规定,采取向有关单位直接索取、文献交换、复印复制、租、借等方法搜集,某些特别的历史档案则可到专门的档案管理机构去采取借阅、复印等方式搜集。此外,在某些特殊情况下,还可通过上级主管部门下达指令采用征集、调拨等方式搜集。

对于公开发表的文献,若是正式出版发行的各种书籍、刊物、磁带、光盘等文献资料,可到图书情报机构和可能收藏这类文献的单位、读者那里去询问,或者从互联网上的有关数据库中下载,当然也可以直接购买。另外,对那些虽未正式出版发行,但已在互联网上公开发表的文献,例如个人撰写的各种文章,大众传媒机构因版面不够或其他原因未刊印的稿件,政府部门的官方网站、社会组织和企事业单位的网站中发布的各种信息、文章、统计资料等,可以通过下载或复制的方式来搜集。

四、文献信息的摘录

在通过检索发现并搜集到文献之后下一步的工作就是摘取与调查课题有关的信息。

1. 摘取信息的基本步骤

(1)浏览

浏览就是文献搜集告一段落后,应将搜集到的文献资料全部快速阅读一遍(包括对音像文献的视听),以对它们有个初步认识,即大致了解文献的内容,初步判明文献的价值。浏览的关键是速度要快。据统计,一般人的阅读速度是平均每分钟300~400字,而浏览的速度则要求快很多,争取做到几十分钟翻完一本数十万字的书。为此,应注意几点:第一,要粗读而不要精读,即所谓"一目十行",只求迅速了解文献的大概内容、基本思路和主要精华所在,而不去反复揣摩其意。第二,只谈"干货"而去除"水分",即只注意文献的主要脉络、主要观点和有关数据,跳过那些无关紧要的过渡段落、引文和推理过程等。第三,全神贯注,思维敏捷,即浏览时精神一定要高度集中。同时大脑要不停顿地高速运转,眼看到哪里耳朵听到哪里大脑就想到哪里。第四,抓住重点,迅速突破。在浏览的过程中,不能始终保持一种速度做全文通读,而要先以文献的重点部分作为切入点,并相对多投入一些时间、精力。浏览书籍要重点关注该书的著者、提要、目录、前言(或序)、后记(或跋),以及注释、图表、参考文献、索引等,浏览论文或其他体例的文献要重点关注它的篇幅、大小标题、主要观点、论证和数据等。只要抓住了这些重点,就能尽快了解文献的概况,并对文献价值作出初步的估计,对文献其他部分的浏览进度也可以大大加快。

(2)筛选

筛选就是在浏览的基础上,根据调查课题的需要,从所搜集的文献中选出可用部分。筛选时应当注意以下几点。

第一,必须注重文献的质量,或者说文献的信度和效度,即文献的可靠性和有用性。一般来说,公开出版发行的各类文献、在互联网上公开发表的官方机构和社会正式组织的文献、未公开出版发行的官方机构和社会正式组织的内部资料质量比较有保证,只要根据需要从中筛选出不同层面的文献即可。而未公开出版发行的个人文献和在互联网上公开发表的个人文献则要慎重对待。因为这部分文献当中固然有许多极富价值的内容,但也往往由于作者的某种动机和社会价值取向,而导致某些文献有事实的失真或观点的偏颇。有的文献内容不是原始资料,却又不说明转引出处,因此并不具有实际使用价值。所以在筛选这部分文献时,一定要仔细甄别,做到去伪存真、正本溯源、选优汰劣。

第二,要注重所选文献的代表性。应通过反复比较,从时间的角度,选出不同时期的代表作,尤其要选用那些最先论述某一问题的原始文献和最近论述这一问题的新作;从内容的角度,选出阐述不同事实或不同观点的代表作。在筛选时,要特别注意那些一流出版单位编辑出版的文献和权威作者的文献。总之,要选取那些最能说明问题的、上乘的文献。

第三,在筛选时,应从应用的角度,区分文献的层次。可以把全部文献预设为必用、应用、备用、不用等几个部分,先从大量文献中筛选出备用文献,剔除不用部分。再从备用文献中筛选出应用文献,最后从应用文献中筛选出必用文献;也可反向操作。从选取必用文献一步步扩大范围到选取备用文献,最后所剩下的就是不用的文献。这种层次的区分,对于文献的使用,具有很大的实际意义。

对决定不用的文献,也不要轻易抛弃。因为在其后的调查研究过程中,往会突然发现其中存在着原来被忽视而实际上却非常有用的资料。

(3)精读

精读就是对于筛选出的可用文献要认真、仔细地阅读,同时着重在理解、联想、评价等方面下工夫。文献越重要,下的工夫也要越大,那些必用和应用文献往往需要反复地阅读、思考。在精读时,不但要认真理解文献所阐述的观点,详细了解文献所引用的事实,而且要把它们与其他文献联系起来进行反复对比和研究,还要对文献所引用的事实和阐述的思想同调查课题之间的关系作出客观判断和全面评价。在此基础上,需进一步明确对于调查研究课题有价值的观点。

(4)记录

记录就是把在精读中确认的有价值信息记录下来,供进一步分析研究之用。记录信息最基本的要求就是及时,最好精读与记录同步进行,边看边记,边听边记,或者是读一部分记一部分。如果记录太滞后,不仅会事倍功半,而且容易丢掉在精读中常有的一瞬间产生的思想火花。

长期以来,文献的主体一直是各种印刷文献,因此传统的记录信息方法主要是印刷文献的记录方法。这些方法主要有以下几项。

①标记

标记就是直接在书上做记号。记号有多种,常用的几种标记方法如下。

a. 着重号......　表示关键性的字词

b. 直线____　表示比较重要的内容

c. 曲线______ 表示特别重要的内容

d. 惊叹号！ 对某些内容表示欣赏

e. 问号？ 对某些观点表示疑问

f. 三角号△ 揭示一段文字中并列的几个观点

g. 双圈号 OO 表示一段重要内容的结束

此外，还可根据自己的习惯做标记如√、□、×等。这种方法可边读边记，简便、省时。

②批注

批注就是在图书、期刊正文上面的空白边（称"书眉"或"天头"）或正文下面的空白边（称"地脚"）注上简单的订误、校文、音注、心得、体会、评语或疑问等。这种记录形式和标记一样，可随读随写，相对简便。

③抄录

抄录就是把文献中有价值的信息原封不动地照抄下来。一般做法是把信息抄录在卡片上，一条信息资料一张卡片，有的也抄录在活页纸或专用笔记本上。抄录时一定要注明出处（作者、书名或篇名、卷次、页码、出版单位或出版日期等），否则会影响以后的使用。还要注明抄录信息的主题，以便于问题的归类。另外，有人习惯于在抄录信息的卡片上批注，简要说明自己的看法，这种做法有利于对抄录信息的进一步分析和研究，很值得提倡。

④编制纲要

编制纲要就是把整本书或整篇文章的框架结构、基本观点、主要事实和数据，用概括的话句和条目的形式依次记录下来。这种做法便于掌握全书或全文的内容和逻辑结构，加深对原文献思想脉络的认识。它实际上就是文献的缩写，已具有了加工、整理性质。在编制纲要时，必须注意不能打乱原文的结构和逻辑顺序，也不能曲解原意和任意发挥，否则这一工作就没有任何意义了。

⑤撰写札记

撰写札记就是阅读文献后，将心得、感想、批评、疑点、意见等成文。札记是一种最高级的记录形式，实际上已带有初步研究的性质。

现代社会科学技术的发展使文献的外延不断扩大。在印刷文献之外，还先后出现了音像、光盘、磁盘、网络文献等。与此相适应，传统的记录信息的方法也随之发生了一些重大的变化。除了标记、批注和札记仍然常用之外，其他方法如抄录、制作卡片和编制纲要等已逐渐退出历史舞台,取而代之的是高效的计算机操作和简便易行的复印、扫描、网上下载等方法。人们可以利用种种现代技术,将所搜集的文献先存入计算机,再任意进行摘录、各种编排和其他处理。这些现代方法使人们节省了大量的时间和精力,极大地促进了当代社会调查研究的发展。

第二节 实验法

实验是一种有目的、有意识地改变客观环境的实践活动。在古代就有了实验的萌芽和雏形。到了近代,随着社会生产力的发展,出现了真正意义上的科学实验。它构筑了经验事实与理论之间的桥梁,使近代自然科学得以建立和迅猛发展。进入20世纪以后,科学实验从自然科学领域逐渐移植到社会科学领域,于是有了专门的实验法。

一、实验法的概念和基本原理

实验法也称实验调查法,是实验者有目的、有意识地通过改变某些社会环境的实践活动来认识实验对象的本质及其发展变化规律的方法。它是一种最重要的直接调查方法,也是一种最复杂、最高级的调查方法。正如美国著名社会学家索罗金所说,要对社会行为和社会现象的发展变化作出解释、预测和控制,只能通过实验,其他方法不能完全达到这些目的。

实验法是有一定结构的,即不仅有明确的实验目的,而且有较严格的实验方案设计和控制,其实验结果既可以用于定量分析,也可以用于定性分析。

实验法有几个基本要素:一是实验主体,即有目的、有意识地进行实验调查的实验者;二是实验对象和实验环境,即实验调查所要认识的客体及其所处的各种社会条件;三是实验活动,即改变实验对象和实验环境的实践活动,它们有一个专门称谓是“实验激发”;四是实验检测,即在实验过程中对实验对象所作的检查和测定。

实验法的主要任务就是明确实验对象和实验激发之间的因果关系,由此认识实验对象的本质及其发展变化的规律。它一般包括三个组成部分:自变量与因变量、实验组与对照组(也叫控制组)、前测与后测。

自变量是实验中的激发因素,是引起实验对象变化的原因。在实验中,自变量必须经过严格定义和操作化,才便于进行测量。因变量是激发因素的受体,是要被解释的现象和变化的结果,在实验中处于关键地位。它也同样要经过操作化,有一系列具体的测量方法。自变量与因变量在不同的实验中,可以互相转化。

实验组是接受自变量激发的一组对象,对照组则是不接受自变量激发的一组或几组对象。它们在实验之前各方面条件和状态都基本一致。之所以作这种区分,是为了更清楚地看出实验激发对实验对象的影响。

前测是进行实验激发之前对实验对象(包括实验组与控制组)所作的测量,后测则是实施实验激发之后对实验对象所作的测量。从两次测量结果的比较中,就能看出实验对象的因变量是否发生了、怎样发生了以及发生了哪些变化。这正是实验法关注的焦点。

实验法的基本原理是:实验者假定某些自变量会导致某些因变量的变化,并以验证这种因果关系假设作为实验的主要目标。在实验开始时,先对因变量进行测量(前测),再引入自变量实施激发,然后选择其后的某一个时点对因变量进行再测(后测)。比较前后两次测量的结果就可以对原理论假设完全证实或部分证实或证伪。以著名的1924~1932年美国管理学家在芝加哥西部电力公司霍桑工厂进行的现场实验为例,这次实验的目的是探寻提高劳动生产率的途径和方法。其基本假设之一就是"工作条件的改善有利于工作效率的提高"。实验对象是该厂装配电话中继线的女工。在实验开始时,先对这些女工的工作效率作了量化的前测,然后进行实验激发,引入的自变量有改善照明条件、供应工作餐、增加工作休息时间、允许提前下班、改变工资结构等。经过一段时间,再对这些女工的工作效率做后测。结果发现工作效率的确有较大提高,证明原假设成立。

在验证假设时,必须排除那些非自变量激发而引起的因变量的自然变化成分,否则会影响对因果关系判断的准确性。在实验组之外另设对照组的意义就在于此。对照组虽然不接受自变量激发,但受其他外部因素影响,在经过一段时间后,也会自然而然地发生某些变化。例如,上述美国霍桑实验,如果工厂管理加强、设备改进,也会使工作效率发生变化。有时后测时实验对象会有一些缺损,例如,自愿退出、工作调动、出差等;有时后测时实验对象由于知道自己被测量或已经熟悉测量的方法和内容(因为前、后测必须一致),因而故意迎合或唱反调等,例如,在美国霍桑实验中,实验者发现取消那些改善工作条件的措施之后,生产率不降反升,经进一步了解才明白,这是由于工人知道自己受到实验者的关注而特意表现才造成的。诸如此类的变化都与实验者的因果关系假设毫不相干,因此只有从测量结果中排除这些成分,才能得到准确的实验结论。

二、实验法的特点

1. 实验主体的实践性

在观察和访谈等直接调查方法的运用过程中,调查者一般只是耳闻目睹和口问手记,不存在有意识地改变调查对象及其所处社会环境的问题。实验法则不然,调查者必须主动地通过自己的实践活动,有目的、有计划地改变实验对象的某些状况,并在此基础上对实验对象的本质及发展变化规律进行调查和研究。这一点是实验法的最根本的特征,没有这种实践活动,就不是实验调查。

2. 实验对象的动态性

在其他各种调查方法的实施过程中,调查对象一般都处于相对稳定的状态。即使有所变化,也是自身因素所引起的,而且变化幅度往往较小,变化频率往往较低。实验调查法则不同,在实验者连续不断的实践活动的推动下,社会环境不断变化,实验对象本身也处于不断的运动和变化之中。这种因受到外来刺激而产生不断变动的现象是实验法所仅有的,从另一角度说,实验法最为关注的恰恰就是这种变动过程,而不仅仅是实验的结果。

3. 实验目的的因果性

实验法的主要任务就是发现实验对象和实验激发之间的因果关系,由此认识实验对象的本质及其发展变化的规律。社会调查研究中探讨社会现象之间因果关系的方法有两种,即相关分析法和实验法。前者主要限于对既有的统计资料的处理,因此无法通过对调查研究环境的控制,修正调查对象因果关系中的不合理部分,或重新构建调查对象的因果关系。实验法则对实验环境和实验条件有所控制,并在现场同步进行资料搜集和研究分析工作。因此不仅可以根据可控的原因去预测结果或实现预期,即证实事先提出的因果假设,而且可以通过实践随时修正或推翻原来的假设,重新构建调查对象的因果关系。这也是其他调查方法难以做到的。

4. 实验过程的可控性

实验法对实验环境和实验条件是有所控制的。实验法的目的非常明确、具体,实验对象是根据一定条件精心选择的。在实验过程中,无论是实验激发还是前后检测,都是严格按照事先的实验设计而进行的。这是实地观察、个人访谈和集体访谈等其他直接调查方法所无法比拟的。

5. 实验方法的综合性

实验法在所有调查方法中是最复杂的一种。实验调查的过程，不仅是不断搜集资料的过程，而且是不断研究资料的过程。在实验法的实施过程中，除了要进行实验法特有的改变社会环境的实践活动外，往往还要采用实地观察、个人访谈和集体访谈等直接调查方法，有时还要采用文献调查、问卷调查等间接调查方法。因此，实验法的实施过程实际上是各种调查方法和研究方法综合运用的过程。

三、实验法的类型

1. 对照组实验和单一组实验

按照实验的组织方式不同，实验法可分为对照组实验和单一组实验。

（1）对照组实验

对照组实验也叫平行组实验，是指既有实验组又有对照组（控制组）的一种实验方法。实验组即实验单位，对照组是同实验组进行对比的单位。两组在范围、特征等方面基本相同。在对照组实验中，要同时对两个观察客体（试点客体和控制客体）作前测与后测，并比较其结果以检验理论假设。例如，要检验"管理是提高生产率的要素"这一假设，以某工厂某车间为实验组，实行新的管理方法，以另一个与此相似的车间为对照组，维持旧的管理方法，在一段时间的首尾，同时对两个车间做前测与后测，再比较其结果，得出结论。

（2）单一组实验

单一组实验也叫连续实验，是对单一实验对象在前后不同的时间进行前测与后测，比较其结果以检验假设的一种实验方法。在这种实验中，不存在与实验组平行的对照组（控制组）。同一组在引入自变量之前相当于实验中的对照组，在引入自变量之后则是实验中的实验组。检验假设所依据的不是平行的控制组与实验组的两种测量结果，而是同一个实验对象在自变量作用前和作用后的两种测量结果。

2. 实验室实验和现场实验

按照实验的环境不同，实验法可分为实验室实验和现场实验。

（1）实验室实验

实验室实验是在人工特别设置的环境下进行的实验调查。这种实验的环境是所谓"纯化了”的和封闭的,实验者对实验环境可进行严格有效的控制,实验对象除了接受引入的自变量实验激发外,不会受到任何其他外来因素的影响。例如,在实验室里对宇航员进行失重实验,宇航员在完全封闭的人工环境下,接受的是没有任何外来因素的纯粹实验激发,实验者可以完全按照自己的设想控制地球引力的变化,以测量和比较宇航员在不同条件下的反应,并探寻造成这些反应的原因。

(2)现场实验

现场实验是在自然的、现实的环境下进行的实验调查。实验者只能部分地控制实验环境的变化,实验对象除了受到引入自变量的实验激发外,还会受到其他外来因素的影响。例如,在农村进行产业结构调整的实验,实验者所能控制的,只有改变经营品种、改变生产组织形式等实验条件,而对于国际国内大环境等因素对实验对象的影响,却无法进行有效的控制。

(3)实验室实验与现场实验的优缺点

实验室实验和现场实验相比,前者实验结果的准确率要远远高于后者。但是社会领域的实验调查,仍然大多采取现场实验的方法,这是因为实验室实验的成本高,操作复杂,而且样本规模十分有限,所以难以广泛应用。而现场实验所处的环境都是自然的现实的环境,随时随地可以进行,成本相对较低,操作也简单很多,样本规模可以很大,并且只要对非实验激发因素有较充分的认识和一定控制,也能保证实验结果有较高的准确率,因此应用非常广泛。在我国几十年的社会主义革命和社会主义建设中,从中央政府到基层部门一直普遍运用着一个传统的重要工作方法,即试点法。这种方法就是为了验证某一方针政策的可行性或实施效果,选择一个或几个有代表性的单位作为试点,以这一方针政策作为自变量,对试点进行一个时期的激发,然后检验其效果。通过试点法,可以系统地搜集和积累第一手资料,发现问题,总结经验,探索规律,得出正确的认识,进而指导全面工作。我国改革开放以来新出台的各项制度和政策,都是经过试点工作以后,才得到大面积推广的。这种在社会生活和国家政府的实际工作中起着重要作用的试点法,实际上就是一种现场实验方法。

3. 研究性实验和应用性实验

按照实验的目的不同,实验法可分为研究性实验和应用性实验。

(1)研究性实验

研究性实验是以揭示实验对象的本质及其发展规律为主要目的的实验方法，主要用于对某一领域理论的检验与探讨。如对某种经济学、社会学、法学、教育学理论等进行证实或证伪的实验调查，就属于这一类。

(2)应用性实验

应用性实验则是以解决实际工作当中存在的某些问题为主要目的的实验方法。如对农村联产承包责任制、企业股份制的实验调查就属于这一类。应该指出，研究性实验调查和应用性实验调查的区分只具有相对的意义，它们只是就实验调查的主要目的而言的。事实上，许多研究性实验调查的结论，往往对解决实际工作中的问题具有重要指导意义；许多应用性实验调查的结论，也可以作为重要的理论概括。因此，它们中间并不存在着截然分明的界限。

4. 单盲实验和双盲实验

按照实验者和实验对象对于实验激发是否知情，实验法可分为单盲实验和双盲实验。

(1)单盲实验

单盲实验是不让实验对象知道自己正在接受实验，由实验者实施实验激发和实验检测。目前多数实验都是这类实验。

(2)双盲实验

双盲实验是不让实验对象和实验者双方知道正在进行实验，而由第三者实施实验激发和实验检测。

之所以有单盲实验和双盲实验，是为了避免两种情况：一是实验对象出于对实验激发的欢迎或反感而有意迎合或故意不配合实验者；二是实验者和实验对象出于对实验结果的某种心理预期而影响实验检测结果的真实性和准确性。例如科学研究证明，在某种新药效果的实验中，如果实验对象(病人)知道自己正在接受新药实验，就会产生“新药有效”的心理预期，那么即使新药并不对症，也往往会在心理作用下使病情好转。同样，如果实验者知道正在使用新药，也会产生“新药有效”的心理预期，从而将其他原因引起的病情好转归之于新药。这两种情况都会导致新药效果检测的真实性和准确性。

5. 其他分类方法

此外，按照调查的内容不同，实验法还可分为心理实验调查、经济实验调查、法律实验调查、军事实验调查等。

四、实验法的实施程序

1. 准备阶段

(1)确定实验课题及实验目的

一般做法是在有了初步的构想后,通过查阅文献和有关访谈,对初步构想的价值和可行性进行探索性研究,最终明确实验的主题、大致的内容范围和所要达到的目标。

(2)提出理论假设

一般做法是仔细寻找出实验的主题和内容范围所涉及的各种变量,将它们分类,并认真分析它们之间的关系,建立各种变量之间的因果模型。

(3)选取实验对象

选取的根据是实验的主题和变量间因果模型的需要,选取的方法既可以是随机抽样,也可以是主观抽样。

(4)选择实验方式和方法

根据实验的要求和可能,决定究竟采用哪种实验类型,如何分组,如何设计,怎样控制实验过程,如何进行检测等。

(5)制订实验方案

将已确定的实验主题、内容范围、理论假设、实验对象及实验方式方法等整理成文字,说明实验的时间安排、地点和场所、进程、测量工具等,并形成系统的、条理分明的实验方案。

2. 实施阶段

(1)前测

用一定的方法对实验对象的各种因变量进行详细的测量,并详细记录。如果是有对照组的实验,事先要做到能够控制实验环境和条件,以保证实验组与对照组的状态基本一致。

(2)对实验组进行实验激发

引入或改变自变量,对实验组进行激发。

在激发的过程中仔细观察,认真做好观察记录。

(3)后测

在经过一段时间后做再次详细测量,并做详细记录。

3. 资料处理阶段

资料处理阶段的工作主要有以下几项。

(1)整理分析资料

对全部观测资料进行统计分析,并对原假设进行检验,形成实验结果,据此提出理论解释和推断。

(2)撰写实验报告(具体内容略)

五、实验法的评价

1. 实验法的优点

(1)适于对理论、方针、政策的检验

实验法是社会调查研究中检验理论、方针、政策的最好方法,尤其适于探讨事物之间的因果关系。实践是检验理论的唯一标准,而实验正是一种目的明确的实践。在实验中,实验者将理论假设成方针、政策,作为自变量,引入特定的实验对象进行实验激发,并通过对实验的控制使其作用独立出来,再经过科学的测量,得出结论。这样,就能对理论、方针、政策成立与否和效果如何作出较为准确的判断,有利于探索解决社会问题的途径和方法,揭示社会事物、社会现象的本质和规律。

(2)控制性强

在各种社会调查研究方法中,实验法对实施过程的控制能力最强。它通过对自变量、实验环境、实验条件和实验对象的控制,可以减少和排除外部因素对实验结果的影响,减少各种误差的产生,适于进行较为准确的定量分析,能够大大提高实验结果的可信程度。这对于认识社会的本来面貌,具有重要的意义。

(3)可重复运用

实验法基本上都是有结构的,各项实验的方式、方法、测量技术、标准、工具等都是严格一致的,因此便于重复运用。而这种重复对于获得可靠的结论来说十分必要。其他一些社会调查研究方法虽然也可以重复运用,但常常不如重复实验方便、可靠。

2. 实验法的缺点

(1)实验法的代表性往往不够充分

尽管实验法的一个关键要求是实验对象必须具有代表性,但实际做到却常常很难。受实验方法的特殊要求所限,大多数实验的范围和样本规模都非常有限,并不足以反映较大总体的状况。因此,当项实验的结论要推广到更大的总体时,例如要推向全中国时,就存在着较大的风险,容易犯"一风吹"或"一刀切"的错误。所以实验法在社会科学领域更多地应用于社会心理学或小群体研究。一些有关大政方针的实验,则必须由国家有关政府部门和权威机构来进行大规模的组织和实施。

(2)实验法的实验范围仍然有限

实验法在所有调查研究方法中虽然是较好的一种,但也不是适用于任何问题的。对于许多阴暗的、有悖伦理道德的、违法的社会现象和社会事物,是不可能实验的,例如杀人放火、拦路抢劫、贪污受贿、卖淫嫖娼、吸毒、赌博等。对于个人特质极强的社会现象,也不可能实验,例如自杀、恋爱等。对这些现象,只能依靠其他一些方法来调查。

(3)实验法耗费人力、时间且操作复杂

许多实验涉及的人员数量很大,实验过程很长,而且具体实验和测量方法、技术比较烦琐、复杂,因此往往令一些人望而却步。

第三节　观　察　法

一、观察法的概念和特点

1. 观察法的概念

观察是人类和其他所有动物的一种本能行为,原意是指运用眼、耳、鼻、舌、身等器官和直觉感知外部环境。它在人们日常生活中无时无处不在,我国自古以来流传的许多成语,如"仰观天文,俯察地理""眼观六路,耳听八方""察言观色""窥测方向,以求一逞""视而不见,充耳不闻""管中窥豹"等,说的都是这种观察。但是这种观察基本上是随意的、无研究目的的、不系统的、不规则的,因此并不是科学意义的观察。人类在发展的过程中将原始观察延伸、拓展为科学观察。科学观察有着明确的研究目的,预先有一定理论准备相比较系统的观察计划，用经过一定专业训练的观察者自己的感官及辅助工具（观察仪器与观察技术）去直接地、有针对性地了解正在发生和发展变化的现象。观察记录也是有系统的，并且要求观察者对所观察到的事实有实质性、规律性的解释。目前，科学观察不仅在自然科学领域普遍应用，而且被引入社会科学领域，形成了特定的观察法。观察法是观察者有目的、有计划地运用自己的感觉器官和辅助工具，能动地了解处于自然状态下的社会客观现象的方法。它的主要作用就在于搜集到真实可靠的资料，并通过对资料的科学分析得出正确的结论。它通常用于在实地调查中搜集社会初级信息或原始资料，而且通常结合其他调查方法共同使用。例如，要研究家庭暴力产生的原因这一问题，可综合采用多种调查研究方法：对不同类型的人和家庭进行个别访谈和集体访谈；查阅有关赡养纠纷处理的文献资料，进行问卷调查；对实施家庭暴力的现场进行观察（主要是非参与实地观察）等。其中究竟以哪种方法为主，需要根据调查者所具备的主客观条件而决定，但观察法无疑是提供最直接的、真实的感性资料的重要方法之一。

2. 观察法的特点

观察法有以下几个显著的特点。

（1）它以人的感觉器官为主要调查工具

这是观察法与其他调查方法之间最根本的区别。观察法虽然也经常使用照相机、摄像机、录音机等设备搜集信息，但更多的是依靠人的各种感觉器官，其中最主要的是视觉器官眼睛。

（2）它是有目的、有计划的自觉活动

在实地观察的过程中，观察者不是毫无范围界限地观察，而是紧紧围绕调查研究主题，制订明确的观察目的和周密的观察计划，据此对观察对象的有关一切内容进行系统、周密的观察。观察者也不是简单地充当照相机、摄像机、录音机的角色，被动地扫描客观现象。观察过程不仅是人的感觉器官直接感知的过程，而且是人的大脑积极思维的过程。观察的内容及其结论究竟如何，除了取决于观察对象的客观状况和观察者感觉器官的感知能力外，也取决于观察者的认识能力。

（3）它是在一定理论指导下的观察

由于立场、观点等理性因素的差异，人们在观察同一事物时，出发点及相得出的结论往往不同，例如，哥白尼和托勒密同样观察太阳和地球的运行，前者得出的结论是“日心说”，后者得出的结论则是“地心说”。所以观察法实际上是有理性因素渗透其中的感性反映形式,是有科学理论进行指导的活动。例如,著名的恩格斯对英国工人阶级状况的观察就是以辩证唯物主义和历史唯物主义为指导的。

(4)它观察的是保持自然状态的客观事物

观察法的一个核心特点就是在实地观察中没有任何来自观察者的人为干扰。因为只有使观察对象始终处于现实的自然发生和自我发展变化的状态,才能保证观察的客观性和真实性,否则观察结果必然出现严重偏差,观察就失去了意义。

二、观察法的原则

1. 客观性原则

这是观察法的最重要的原则。它要求观察者必须如实地反映客观事物本身,得出的观察结论必须真实可靠。具体地说,观察者在观察过程中,必须不折不扣地如实记录与调查目的和计划有关的一切客观情况,决不能因为个人好恶或感官意志任意歪曲事实,也不能故意摒弃或削减自己不愿看到的事实,更不能凭空捏造事实;在作出观察结论时,一定要以充分的、真实可靠的观察资料为依据。而且一定要全面、系统地说明有关情况,决不能无中生有,也不能只顾一点,不及其余。

2. 全方位原则

社会中绝大多数事物都是由多层次、多变量所构成的。因此我们在实施观察法时不能是“盲人摸象”或“一叶障目,不见泰山”,而是要多方面、多角度、多层次地对有关调查主题的一切客观情况进行全面、立体的观察,否则观察结果必然出现严重失误,从而无法全面、正确地认识事物。例如,我们在某工厂了解企业改制后的情况,不仅要观察生产经营状况和管理状况,而且要观察人们的生活状况;不仅要观察各级各类干部的生活状况,而且要观察技术人员和一般工人的生活状况,等等。

3. 求真务本原则

社会现象和事物往往都是复杂的,它所包含的变量之间具有多种多样的联系方式和表现形式,而且时常会出现一些偶然情况,或者因为人为因素和其他因素产生一些假象。如果是不辨真伪的观察或者是走马观花、浮光掠影式的观察,就很难得出真实可靠和深刻的科学结论。因此,观察法除了要求观察必须全面外,还要求观察做到“去伪存真”“由表及里”和“由此及彼”。这并不意味着在观察中对那些虚假内容或偶然现象、表面现象可以忽略不计或敷衍了事，而是要求观察者能够从所记录的观察内容中认清虚假，进一步追求真相；透过表象，进一步看到实质；通过偶然，进一步寻求必然。为此，观察者应深入到观察对象之中，密切注意发生的各种情况及其细节，一丝不苟地做好观察记录。对于较复杂的社会现象和事物的深入观察工作往往需要坚持相当长的一段时间，因此要求观察者必须具有极大的恒心和毅力。美国著名社会学家怀特为了调查研究波士顿意大利贫困移民的生活状况，居住在贫民区观察那些贫民达三年半之久；英国著名社会人类学家马林诺夫斯基为了运用观察法研究西太平洋突布兰群岛的土著文化，在岛上前后三次共生活了六年。他们的这种精神值得所有观察者学习。

4. 法律和道德伦理原则

和其他的一些调查方法相比，观察法有一个需要特别注意的问题，就是法律和道德伦理问题。在很多观察中，为了保证观察结果的客观真实，调查者并不向观察对象明确自己的身份，而是在私下旁观观察对象的真实的状况和所作所为，这在某种意义上说甚至类似于对观察对象的隐私进行“窥探”。这种情况如果处理不当，很容易引起法律纠纷或者违背社会伦理道德。因此，对于那些不直接牵扯法律法规或不甚敏感的问题，观察者固然不一定要事先告知被观察者，但有些涉及受法律保护的个人权益或个人隐私的观察，例如查证个人的财产、进入民宅、阅读个人书信和日记、了解男女情爱等，则必须事先征得观察对象的同意。在少数民族地区和宗教场所观察时，还要遵守一些特殊的法律、政策、风俗习惯和教规等。另外，有些实验观察需要人为设置一些场景，来观察参与者在这些场景中的反应，对那些被观察者必须进行自愿参与的原则，同时在观察中，要尽一切可能避免对被观察者造成任何肉体和精神的伤害，这也是一个重要的道德伦理原则。

三、观察法的类型

从不同的角度，可以将观察法划分为不同的类型。根据观察程序的不同，观察法可分为结构式观察和非结构式观察两大类；根据观察场所的不同，观察法可分为实验室观察和实地观察两大类；根据观察者的角色不同，观察法可分为非参与观察和参与观察两大类；根据观察对象的不同，观察法可分为直接观察和间接观察两大类。

1. 结构式观察与非结构式观察

(1)结构式观察

结构式观察也称有结构观察、有控制观察或系统观察,是根据事先设计好的观察项目和要求进行观察的类型。它要求事先对要观察的内容进行分类并加以标准化,明确研究假设,规定要观察的内容和记录方法,并统一制定观察表格或卡片,卡片上明确列出各种观察范畴和分类,观察者只需在相应的格内标记,而不作出自己的评价。在实际观察过程中,要严格按照设计要求进行观察,并做详细的观察记录。结构式观察的表格有些类似于问卷,对观测数据的整理、分析也近似于对问卷资料的处理分析,即可进行定量分析和相关分析。但它缺乏弹性,而且比较费时。

许多专家经常提到的结构式观察范例是美国社会学家贝尔斯对小团体内部成员互动过程的观察。贝尔斯观察的范畴是"小组讨论会上人们的互动行为"。他把"互动行为"这一概念操作化,分解为12种互动行为类别,再根据这些分类制作成观察卡片,然后进行观察,并将观察结果标记在相应格内,作为互动行为分析的依据。表6-1就是贝尔斯对一次小组讨论会上互动行为的分类及统计。

表6-1 贝尔斯观察小团队互动的分类及统计

互动范围	行为类型	行为数	所占比例/%
情感范围:积极反应	1. 显示团结	5	0.7
	2. 缓解紧张:开玩笑等	57	7.9
	3. 表示赞同	179	24.9
工作范围:试图解答	4. 提供建议	59	8.2
	5. 提供意见	192	26.7
	6. 提供工作方向	161	22.4
工作范围:提出问题	7. 探寻工作方向	12	1.7
	8. 探寻意见	12	1.7
	9. 探寻建议	4	0.5
情感范围:消极反应	10. 不赞同	29	4.0
	11. 表示紧张:不退场	7	1.0
	12 表现对抗	2	0.3
合计		719	100

由表 6 - 1 的统计数据可以分析出,在与会者全部 719 个互动行为中,情感方面的极端行为(1 和 12 类)很少,仅占 1%;积极反应(1,2,3 类共占 33.5%),远远超过消极反应(10,11,12 类共占 5.4%);互动行为集中表现在解答工作问题(4,5,6 类共占 57.3%)和肯定他人意见方面(3 类占 24.9%)。这些数据可以与其他类型的小组讨论会进行比较,也可比较小组内部不同个人的互动行为,还可用于某些自变量之间的相关分析。

(2)非结构式观察

非结构式观察也称无结构观察、无控制观察或简单观察,是没有先期具体设计要求的观察类型。它一般只要求观察者有一个总的观察目的要求,或一个大致的观察内容和范围,但是并没有很明确的研究假设和具体的观察内容与要求;也不是仅专注于某些特定的行为与现象,而是到观察现场去根据当时环境和条件变化随时进行观察内容和观察角度的调整。无结构观察比较灵活,适应性较强,而且简便易行,因此最为常用。但非结构式观察所得的材料分散在许多方面,也没有制定适于量化的观察结构,故无法进行定量分析和严格的对比研究。它主要用于对观察对象的定性分析,例如,恩格斯就是在英国曼彻斯特等地运用非结构式观察等方法,调查工人阶级生活状况极端贫困的根本原因等定性结论。

2. 实验室观察与实地观察

(1)实验室观察

实验室观察是指在有各种观察设施的实验室或者经过一定布置的活动室、会议室等场所内,对研究对象进行观察的方法。它常常用于了解人们某些具体的、细微的行为特征。在这种实验室观察中,核心的问题是不能让观察对象知道被人"监视",否则会影响观察的真实性,所以一般是借助一种单向透镜来进行观察,里面的人看到的可能是一块不透明的黑板,而外面的人却可以对里面一览无余。同时,在实验室的各个不同位置均装有隐蔽的摄像镜头,可以摄下室内的一切活动。由于这种实验场所要求资金投入较大,而且即便有了这种实验场所,对于见多识广的成年人来说,也很难避免产生某种压力或者干脆被看破,从而使观察无法如愿进行,所以这类观察法使用较少,并且多半局限在对天真无邪的少年及儿童的观察方面。

(2)实地观察

实地观察是指在现实社会生活场景中所进行的观察。它与实验室观察相比,除了地点和场景不同外,还不需专门对观察场所和观察对象进行控制,而是直接地深入到现实生活场景中,对观察对象进行观察。它多数是非结构式观察,适用于定性类型的调查研究。它在社会调查研究中有着十分重要的意义,目前对社会现象的绝大多数观察都是实地观察。例如,我国各级党政领导部门和领导干部有一个传统做法,即到基层“蹲点”,以了解情况,发现问题,总结经验,寻求对策,这实际上就是一种非结构式的实地观察。

3. 非参与观察与参与观察

(1)非参与观察

非参与观察也称局外观察,就是观察者不加入被观察者的群体,不参与他们的活动,完全以局外人或旁观者的身份进行观察。如组织考察团到国外参观考察,就是一种非参与观察。这种方法的突出特点是“冷眼旁观”,也就是要使被观察者意识不到他们正在被观察,保证他们在极其自然的、不受观察者任何干扰的环境中行动,以避免被观察者感到不自在而影响到观察结果的真实性和准确性。一般来说,非参与观察比较客观、公允,但不够深入,看到的多是一些表面的、甚至偶然的社会现象,所获得的也多是感性知识。它比较适用于对某些公共场所(比如会议、剧场、车站等)或某些公众活动(比如游行、集会、考试等)中人们行为和表现的观察。2004 年,中央电视台新闻频道针对国家普通高等教育入学考试中渐趋严重的作弊、泄题等问题进行调查,由于用其他调查方法很难得到调查对象的合作,因此采取了非参与观察的方法。调查者根据举报线索,以河南濮阳市的某些考点作为观察点,在无人察觉的情况下,对作弊行为进行观察。他们用隐蔽的设备摄录了考场外一些人肆无忌惮地用手机等现代通信工具向考生传递试题答案的情景,也摄录了考场内一些考生作弊的表现。不久,中央电视台“焦点访谈”栏目播出了有关的观察结果,真实、客观地揭露了高考作弊的问题。这就是运用非参与观察的一个典型的案例。

(2)参与观察

参与观察也称局内观察,就是观察者参与到被观察者的社会环境、社会关系之中,并通过与观察者的共同活动从内部进行观察。在社会调查研究中,它常用于对现代社会某些特殊群体和社区的调查研究,目的是全面地、深入地描述某一特定的社会现象。

它是在自然场所里进行的直接观察,而且多采取无结构的形式,预先并没有什么具体的理论假设,因此需要根据调查研究主题,进行长期观察,从大量现象中逐步概括出调查对象的主要特征。

参与观察根据参与程度不同,又可分为完全参与观察和不完全参与观察。完全参与观察，就是观察者完全深入到被观察者的社会群体之中，作为其中一个成员参与这个群体的正常活动进行观察，在整个观察的过程中，被观察群体的成员都相信他是这个群体中的一个普通成员，并不知道他是一个观察者。例如，有些社会学家长期生活在某工厂之中，完全以本厂普通工人的身份参加活动并进行观察；美国社会学家罗伯特和兰德对美国中部城镇进行研究时，要求观察员长期住在城镇的公寓或私人住宅里，让他们在任何可能的情形下，参加该城镇的生活，交朋友，建立社会关系，就像住在城镇的居民一样尽他们的义务。这些就是完全参与观察。完全参与观察可以获得许多深入的、真实的资料，但是总让人感到有“欺骗他人”之嫌，所以有人批评它违背社会伦理道德。

不完全参与观察，就是观察者是以公开的身份参与到被观察者群体之中。即人们都知道他是一个观察者，而且他有时和被观察者共同活动并进行观察，有时又作为旁观者进行观察。如很多人以调查者的身份去农村，和当地农民同吃、同住、同劳动，同时进行实地观察就是一种不完全参与观察。不完全参与观察的优点是观察者不仅能够通过与被观察者共同活动得到大量生动具体的感性资料，而且能够公开地同被观察者深入探讨问题，搜集到许多完全参与观察难以得到的理性资料。但这种方法会使被观察者时时感到他们正在被观察，从而有可能改变他们的行为方式，影响观察资料的真实性和准确性，而且观察结论易带主观感性成分。

4. 直接观察和间接观察

直接观察是指观察者从观察到的现实社会事物那里直接获得所需的信息资料。上述各类观察都属于直接观察。它们的应用最为广泛。间接观察则是通过观察到的物质痕迹或行为标志等中介物间接地获得有关某种社会事物的信息资料，例如观察一定时期内阅览室中哪些书刊磨损严重，由此看出这一时期人们的阅读倾向；观察某小区生活垃圾，由此发现居民的饮食习惯或生活水平；考古学家观察历史文物，由此了解古代人们的社会生活状况；古生物学家观察各地层沉积物，由此认识自然界和动植物的演变情况；社会学家将一些标有姓名、住址的物品故意丢在不同地区，然后观察各地区的归还率，由此看出各地区居民的道德水准，等等。一般来说，直接观察比较简便易行，真实性和可靠性高。间接观察则比较复杂，需要观察者有较强的分析能力，有时还需要有科学的鉴定手段和方法，而且在推论时也可能发生种种误差，但是，它对已消逝的历史事物来说，是唯一可行的观察方法；对一时无法直接观察到的现实事物来说，也很有效，往往可以弥补直接观察的不足。因此，间接观察虽然应用较少,但也不可或缺。

在实际的观察过程中,上述各种观察类型是互相联系、兼容和交叉的,例如某实地观察同时也是非结构式观察、参与观察和直接观察等。

四、观察法的突出优点

1. 观察法它可以提供有关社会现象和社会行为详细的第一手资料

第一手资料是记录社会信息的原始资料,对于任何研究都弥足珍贵。在观察的过程中,观察者不需其他中间环节。直接感知观察对象,获取大量生动具体的第一手资料,从而使人们不仅可以得到对社会丰富的感性认识,而且可以迅速将这些感性认识上升到理性认识。这是其他间接调查方法无法比拟的。特别是对于收集非言语的行为资料来说,它是最有效的方法。

2. 可靠性较高

观察者采用观察法直接到现场观察发生在自然状态下的社会现象,不仅可以把握整个现场情况,而且可以感受到当时当地的情境和气氛,还可以借助于现场记录或录音、录像得到详细、可靠的信息。这种做法在很大程度上消减了被观察者人为作假的可能。因此,它与书面调查和口头调查比较起来,可靠性就高得多。另外,观察在自然状态下进行,对观察对象的干扰较小,尤其是在实验室观察、间接观察、局外观察和完全参与观察中,观察对象很难觉察到观察者的存在,因而可以得到客观真实的资料。

3. 获取的资料及时有效

由于观察法观察到的是正在发生的社会现象和被观察者的现实活动,感受到的是当地当时的特定环境和气氛,所以获得的资料较为及时。根据这些资料得出的结论和意见对现实社会的指导性也较强。

4. 适于搜集用其他方法很难获取的信息

在社会调查研究中,观察法可以避免其他调查方法经常遇到的一些问题,例如调查对象不愿接受访谈,拒绝回答问题以及不交回调查问卷等。它还特别适用于对无法进行语言文字沟通的对象的调查,例如对土著、少数民族、幼儿、聋哑人的调查,而其他调查方法对此则是无能为力的。另外,观察法还可以为文献调查补充具体、详尽的感性材料,并且能验证其他方法所获得的资料。

5. 简便易行

多数观察不需要复杂的方案设计，不用太多的物质准备，只要调查员到达现场即可。

五、观察法的局限性

1. 难以进行定量分析

对社会事物的定量分析要求必须探寻每一个细节，并用标准化语言予以记录，并能运用统计检验。这在结构式观察中才有一定可能，而在作为观察法主体的非结构式观察中却不大可能。由于非结构式观察的直接性和自然性，使观察者很难预见所要观察的社会现象和观察环境何时会发生变化和怎样变化，即很难控制环境变量和时间变量，不易做到有计划的观察。而且它主要依靠具体观察者的感官和主观描述，这些主观描述不是以数量表示的，也不是标准化的，很难相互对比，因此无法进行数量分析和统计判断。另外它一般只是对一个或几个点的调查，所以难以通过定量分析推断其他单位或总体的情况。

2. 易受观察者主观因素的影响

在观察时，观察者与观察对象有着不可分割的联系，这种联系会直接影响他对社会现象的感知和理解，例如观察者有时可能会拒绝相信或不愿记录某些对后者不利的事情，从而破坏了观察的客观性。另外，观察主要依赖于观察者个人的感官和思维能力，而人的感官能力是有限的和有选择性的，人的思维方式也是不同的，即所谓“仁者见仁，智者见智”。因此，观察者不仅有可能忽视某些重要的社会现象，而且不同的观察者对相同的观察对象也有可能得出不同的结论。也就是说，观察资料会受到观察者的价值观和感情因素的影响。而且一般来说，观察者的参与程度越高，观察的时间越长，观察结果的主观成分也就越大，情感色彩也越浓。由此得到的资料很难重复验证，无法相互比较，不易检验观察的可靠性。另外，对少数人的观察或一次性的观察也很有可能导致歪曲和偏差。

3. 获得合作有一定难度

现场观察往往需要直接观察某些组织和重要人物，如政府机构、企事业单位、领导人等，但获准对其观察往往很难。即使对私人的观察，也经常得不到后者的配合，特别是涉及个人某些特殊行为的观察，如家庭内部矛盾、邻里纠纷、性行为、吸毒、赌博等，往往会由于观察对象心存疑虑而遭到拒绝。

4. 受时间空间条件的限制

虽然从表面上看，观察是一种任何人都可以采用并适用于大多数场合的方法，但实际上它受到许多限制。观察法都是在一定时间、一定空间中进行的，超过一定时间或空间范围就观察不到。例如，我们现在就不能亲临现场观察到八路军抗日战争的情况；在山西农村观察也不可能了解到四川农民的情况。而且观察的工作量很大，较费时间和精力，需要较多的经费，所以一般来说，观察法的样本数较小，只适于对一个或少数几个单位进行观察，不适于进行大规模调查。

5. 资料整理和分析难度大

由于观察的范围较大，涉及的现象和行为非常庞杂，因此，通过记录而得到的大量观察资料很难整理和分析。这种资料类似于开放性问卷中的回答，它通常是定性的描述或琐碎的记录，缺乏系统性，不易分类和编码，而且要从大量的观察资料中提炼出有意义的结论，要求观察者本人有较丰富的经验和较高的认识能力以及较深的理论知识功底。

第四节　访　谈　法

一、访谈法的概念和分类

1. 访谈法的概念

访谈法，即访问调查法，是社会调查的一种基本方法。它是指访问员通过口头交谈等方式向被访者了解社会实际情况的方法。访问调查一般都是访问者向被访问者作面对面的直接调查，是通过口头交流方式获取社会信息的口头调查。访问调查的最大特点在于，整个访谈过程是访问者与被访问者互相影响、互相作用的过程。因此，在访问调查中，访问者应努力掌握访谈过程的主动权，积极影响被访者，尽可能使他们按照预定的计划回答问题。

由于访问对象都是有思想、有感情、有心理活动的活生生的人，因此，访谈过程首先是人与人之间的交往过程。访问者只有在人际交往中，与被访者建立起基本的信任和一定的感情，并根据对方的具体情况采取恰当的方式进行访谈，才能使被访者积极提供他所掌握社会情况。这说明，要取得访问调查的成功，访问者不仅要认真做好访谈前的各项准备工作，而且要善于进行人际交往，熟练地掌握访谈技巧，并有效地控制整个访谈过程。

2. 访谈法的分类

社会调查中常用的访谈法有多种，它们大致可以分为下述类别。

(1)结构式访谈与非结构式访谈

①结构式访谈

结构式访谈是指严格按照设计好的结构式问卷或与此类似的编制得很详细的调查提纲进行的访谈。由于这类访谈有统一的问卷或调查提纲为根据，问什么、怎样问以及提问的顺序，都是标准化了的，所有实施访谈的人都必须严格参照执行，不准随意变动，以保证获得的资料也是标准化的，故被称为"标准化访谈"。它多半用于大规模社会调查，成为访问员通过访谈代替调查对象填答问卷的主要方式。这种访谈法虽较呆板且限制了访问员的主动性，但却能极大地减少访谈误差。

②非结构式访谈

非结构式访谈是指根据调查课题确定的基本内容或预先拟定的结构较松散且灵活的提纲而进行的访谈。访谈具有很大的伸缩性，可以让访问员根据访谈遇到的具体情况灵活机动地提问。有新的、原问卷或提纲未预计到的发现，还可以主动探索或深入追询。这类访谈可用于大型调查中的个别面访，又可用于小型调查中的座谈会，虽比结构式访谈更为灵活，但却容易增大访谈误差。

非结构式访谈中，还有一些完全撇开问卷和调查提纲而只依据一个总的调查题目进行的相当自由的访谈法，其情形类似于新闻记者的自由采访，具体内容由被访者随意谈出，调查者只作一定引导、鼓励和追问，只要被访者不离题，便不给予任何限制。这种访谈法常用于参与式观察过程和各种个案调查，被国外学者称为"自由面访法"。"自由面访法"又分为深层或深度面访与查询式面访两类。前一类多用于个案调查中深入了解调查对象思想深处或个人隐情的某些东西，它需在调查者与被调查者之间建立起较大信任和相当感情的基础上才能施行；后一类多是在一般访谈中发现了某些新型所获较复杂的事实后，为进一步收集有关资料和弄清这些事实的情况所作的专门性访问。

(2)重访法与非重访法

重访法与非重访法的区别，从形式上看虽然是访谈次数的差异(重访法要求两次以上的访问，而非重访法一般都是指一次性的访谈)，但实质则在于，前者是用于了解同一调查对象随时间变动时同一调查问题态度有何变动；后者则不是为此目的进行的调查。例如，在一群同时代的青少年中选定一批重访对象并在他们小学毕业时开始访问他们的职业打算及抱负，然后在初中、高中与大学毕业时又作同样的访问，看其有何不同的变化。重访法所访问的对象无论进行多少次都必须是原来已访问过的人而决不能更换。有时由于历时过长，会丢失很多原来的访问对象（如例子中有相当多的人会因考试不及格而未能升入高中、大学）。若调查对象丢失过多（如达60%以上），重访的调查目标便无法达到。因此，历时过长的重访法由于很难坚持到底而很少被采用。如果有必要，可以采用类似于重访法的趋势考察法。趋势考察法做法与重访法基本相同，不同的是其被访问的对象可以在后来的访问中由总体中的人代替（样本数前后都应相同），不必一定是原来选定的对象。如用同一届的小学毕业、中学毕业、大学毕业的青少年来代替。趋势考察法虽与重访法相似，但却属于非重访法的范畴。

(3)个别访谈与集体访谈

这是按每一次访谈所包括的对象的数量作出的分类。在我国，个别访谈因多是到被访者的家里，因而常被称作"入户调查"，而集体访谈常被称作"开调查会"。

二、访问员

1. 访问员素质

为了搜集调查数据，研究者需要派出访问员向研究对象口头提问并当场记录其答案。由访问员填写问卷的方法比起自填问卷的方法有多种长处。首先，回收率高。一个正确设计和实施的访问调查回收率应当至少达到80%～85%。答问者不好意思拒绝站在门口的来访者，却比较容易丢掉通过邮政寄来的问卷。从问卷内容看，访问员到场一般会减少填写"未详"或空着不填的项目的比例。访问员访问这一方式还可以减少答问者对问题的误解。此外，在提问的同时，访问员还可以进行观察。特别是对于一些被访者比较敏感的问题，访问员可以直接观察对方的反应、表情。

访问员的素质如何，直接关系到访谈资料的质量。为此，我国有的社会学家将访问员的标准归纳为以下几点：

(1)在初次见面时给人以良好的印象；

(2)具有搜集资料的机智与技巧；

(3)具有相当程度的社会常识；

(4)在调查工作中能做到正确、可靠及诚实；

(5)能忍受枯燥、烦琐的访问工作；

(6)受过相当的教育。

访问员的存在不应当影响答问者对问题的理解和回答。因此,访问员应当成为问题与回答之间的中性媒介。如果成功地做到了这一点,不同访问员对同一研究对象的访问应当得到同样的答案。假如某项对建造廉价住房的态度的调查旨在为政府的建筑计划选择适当地点,负责某街区的访问员可能通过语言或手势表示出不喜欢这一计划,并影响了答问者,从而使调查结果显示出这一街区的居民强烈反对在该街区建造廉价住房,其实他们的反对态度可能仅仅反映了访问员本人的态度,这就违反了这项调查的本意。

多数访问式调查需要多个访问员,访问员是被雇和有报酬的。在这种情况下,训练和指导访问员是必要的。访问员的训练应当是集中的而不是个别的训练。首先对他们说明这项研究的目的。尽管访问员只参加搜集数据阶段的工作,使其了解整个研究的目的是有益的。如果访问员不了解自己是在干什么,就会情绪低落而缺乏动力。访问员训练应从一般规则开始,然后转向问卷本身。研究者要大声朗读每一问题,解释其意义,并回答访问员提出的一切问题。此时要预先想到访问中可能遇到的一切问题,并向访问员作特别说明。举例来说,某人说他下周就满 25 岁,访问员可能不知道把他算成 24 岁还是 25 岁更合适。特别说明就要对此类问题给出规定(如规定一律以上一个生日的年龄为准)。问卷讲解完毕,研究者应当为访问员作一两个示范访问,示范越接近现实越好。不要在中途停下来解释自己为什么这样做或那样做,事后再作解释。因为当答问者回答问题时,这种插入性的解释会使他觉得访问是个演习而已,因而影响访问效果。

作完示范后应将访问员分为两人一组,一问一答,全部问卷问完后再让他们交换角色来问,研究者从旁观察。全组练习完毕应当让访问员谈谈经验体会并提出进一步的问题。训练的最后阶段是模拟访问。随便找一些人来访问,但一定不要用样本中的人。每个访问员作了 3 ~ 5 个访问后交回问卷,检查全部合格后即可交给他们真正的访问任务了。不要一下子全部撒手不管,而应当要求访问员每访问 20 至 30 人来报告一次。研究者要仔细检查问卷的填写情况以便及时发现问题。

2. 访问具体事项

(1)设计访问提纲

访问提纲一般包括:调查目的和要求、调查题目及反映调查内容的访问问题。如果是结构性访问,必须设计统一的访问问卷,如果是非结构性访问,必须把与研究假设紧密相关的主要项目和问题列出。

(2)选择并了解访问对象

访问对象的选择主要服从访谈内容的需要,一般说要找那些既有代表性,又熟悉情况的人(结构性访问多采用随机抽样选取对象)。要尽可能了解被访者,例如其年龄、职业、文化程度、经历、兴趣等。这对于顺利进入访问,与被访者建立良好的交谈气氛,提高访问的质量有好处。

(3)选好访问的具体时间、地点和场合

访谈时间的选择应因人而异,一般来说,最佳访问时间是被访者工作、劳动、家务不太繁忙,而且心情比较舒畅的时候。这有助于一开始就建立愉快轻松的气氛。访谈地点的选择,应以有利于被访者准确回答问题和畅所欲言为原则。例如,有关工作方面的问题,以在工作地点为宜,而有关个人或家庭方面的问题,如果选择在家里,则便于被访者寻找或核查准确回答问题的有关材料。至于访问的具体场合,最好是能单独与被访者个人交谈,这样可避免其他人的干扰,有利于双方畅所欲言。

进入访问是访问的开端,访问者在接近被访者时,首先要作自我介绍,然后说明来访目的,以及为什么要进行这项研究,请求他的支持与合作。此外,还要告诉被访者,他是如何被选出来的,为什么要找他而不是其他人了解情况。这一阶段的主要任务是与调查对象建立融洽的关系,消除其顾虑,使其产生参加研究的动机。在访问开始,或许会出现访问对象不合作,拒绝回答问题等情况。对于这些情况,优秀的访问员应灵活开动脑筋,尽快缩短与被访者之间的距离。

(4)控制访问过程

提问是访问调查的主要手段和环节,它在访谈中占有十分重要的地位。从一定的意义上说,访谈技巧首先就是提问的技巧。访谈过程中提出的问题,可分为实质性问题和功能性问题两大类。

①实质性问题

它是指为了掌握访问调查所要了解的实际内容而提的问题。它可以是事实方面的,如姓名、年龄、产值、文盲率等;也可以是观念方面的,如“你怎样认识当前的经济形势?”“你对政治体制改革有何看法?”“你认为当前农民最迫切的要求是什么?”等;或者是感情、态度方面的问题,如“你对目前市场供求情况感到满意吗?”“你赞成住宅商品化吗?”“你最喜欢的电视节目是什么?”等。

②功能性问题

它是指在访问过程中为了对被访问者发生某种作用而提出的问题,可分为四类。

a. 接触性问题

如“近来身体好吗?”“工作很忙吧?”“今年收成如何?”提出这些问题的目的,不是了解这些问题本身,而是为了接触被访者。

b. 试探性问题

如“你今天有紧急任务吗?”“你经常到基层了解情况吗?”提出这些问题是为了试探一下,访谈对象的选择是否恰当,以便决定访谈是否进行和如何进行。

c. 过渡性问题

如果当访谈从生产问题转向销售问题时,可先提出一个这样的问题,如“你们单位生产情况很好,销售情况是否也很顺利呢?”如果从工作问题转向家庭生活,则可以问“你的工作非常繁忙,回到家里大概可以轻松一下吧?”有了过渡性问题,访谈过程就会显得比较连贯和自然。

d. 检验性问题

如先问“你对现在的工作单位满意吗?”经过一段谈话后,再问“你是否希望调换一下工作呢?”提出后一个问题的目的,是为了检验前一个问题的回答是否真实、可靠。又如先问支出后问收入,或先问收入后问支出,也可起到互相检验的作用。

一般来说,访问者对实质性问题都比较重视,而对功能性问题却往往比较忽视,或者不善于运用。一个熟练的访问者,不仅要善于以恰当的方式提出各种实质性问题,而且要善于灵活运用各种功能性问题,促进访谈的顺利进行。

提问的方式可以多种多样,或开门见山、直来直去;或投石问路、先作试探……究竟采用哪种方式提出问题,这要考虑三方面的因素:一要考虑问题本身的性质和特点,二要考虑被访者的具体情况,三要考虑与被访问者之间的关系。一般来说,对比较尖锐、敏感的问题或顾虑重重、性格孤僻、多疑的被访者,应采取谨慎、迂回的方式。而且,在访问者与被访问者尚未建立起基本信任和初步感情的情况下,也应采取耐心、慎重的方式提出问题。总之,提问方式没有固定的模式。只有从上述三方面的实际情况出发,选择最恰当的方式提出问题,才能取得良好的访谈效果。

③引导和追问

在访问中被访者有时会跑题,或者对所提问题理解不正确,答非所问;要么被访者顾虑重重、欲言又止……遇到这些情况,访问员应对被访者进行及时引导。其方式主要有三种,即直接追问、迂回追问和反感追问。

a. 直接追问

直接追问即重复提出问题或直截了当地要求被访者对所提问题进行再思考。如"我想您可能没有听清楚我刚才提出的问题,我再说一遍……""您所谈的这个问题对于我们的调查来说非常重要,您可以再讲具体一些吗?"等等。

b. 迂回追问

迂回追问即通过询问其他相关问题以获得此前未作回答或回答不全的问题的答案。对于遗忘、弄不清的问题,或对于敏感、威胁性问题宜采用迂回追问的方式,举例如下。

【例6-1】(H代表调查者,Y代表被调查表)

H:您谈过恋爱吗?

Y:还没有。

H:您认为女孩子在男孩子心目中哪一点是最重要的?

Y:我认为是长相和外貌,当然,这只是我自己的想法而已,并不代表全体女性。

H:那么,您是否会刻意去追求自身的相貌,而忽视其他因素呢?

Y:当然不会。虽然平时我也会化一点淡妆,但我觉得提高自身素质和修养也很重要。毕竟我们现在还是学生,应以学业为主。至于恋爱问题,我认为至少应该在大学毕业以后再说。

H:您认为择偶最重要的是什么?

Y:性格、个性相投是最重要的。美满的婚姻是建立在共同的兴趣、爱好基础上的。一对夫妻能够长久幸福地生活下去,必然有一些共同的因素在联系着他们。

H:您能不能具体说说“共同的因素”有哪些?

Y:有,比如……相貌的匹配,学历的相当等有许多啦……

H:看来,虽然您还没有谈过恋爱,但我想请您谈一谈对大学生谈恋爱的看法。

Y:这个问题不好说。我个人认为其实没有什么关系,良好的恋爱关系对于双方都是有益的。但最重要的是千万不能耽误学业。学生应以学习为主,这是我一贯的看法。

H:那么,现在的大学生恋爱最看重的是什么呢?

Y:好玩、刺激是主流,主要是使空闲时间充实一些。

H:您认为恋爱和婚姻是一回事吗?

Y:应该不是一回事,恋爱是一个认识、了解的过程,在这个过程中,需要男女双方在心理和生理上产生共鸣,还得为以后的家庭生活做好充分的准备。

H:最后,我想向您提一个问题,假如您是(泰坦尼克中的)Rose,您将在两个男人中作出怎样的选择?

Y:额……我选择富翁(大笑)。

【例6-2】(H代表调查者,Y代表被调查表)

H:你有没有参加那天在工厂门口的起哄?

Y:参加了。

H:当时你参加起哄是怎么想的?

Y:同事们都去,我不去就是不合群了,会受讥笑的。

H:那么,你去起哄是因为大众,屈从于群众压力?

Y:是的。

H:是不是还有其他原因?

Y:没有。

H:能不能回忆一下,你的同事为什么要到工厂门口起哄?

Y:同事们认为,起哄的方式有点极端,但不把事情闹大,上面不会重视的。

H:当时你是不是也这样想?

Y:有时也这样想。

H:这是不是说,你那天跟着起哄,因为自己的一些想法。

Y:……(笑而未答)

c. 反感追问

对于说谎者,调查人宜使用这种方法。在非激起对方的反感不能得到必需的资料的情况下,使用这种办法是允许和必要的。

【例 6-3】(H 代表调查者,Y 代表被调查表)

H:你是否有过对不起你丈夫的时候?

Y:我从未对不起他。在离婚之前,我从未避着他私会男友。

H:请原谅我,我得追问一句,弄清你的话是否正确。你说你在离婚前从未与男友幽会过?

Y:你说得不错。我是一个好妻子,因为我认为那样做是不道德的。

H:那么,我以前的一部分记录是错了。你不是说过,当你们分居时,你的主要活动是约会男友吗?

Y:(激动地)不,我从未认为那是约会。李涛好像是这个家庭的一员,甚至我们结婚后还是很好的朋友(流泪)。可是,在我的丈夫对不起我后,我想我有权做我想做的事。

H:他怎样对不起你?

Y:刚才我说过,我们离婚只是因为相处不来,那是不对的。事实上是因为他和我 17 岁的小表妹关系暧昧。这是家丑,我一想起就害怕……

三、非语言因素

访问技巧,首先就是语言技巧。但是,在访问过程中,起信息传递作用的,不仅是语言,还包括人的外貌、行为、表情,以至周围的环境等非语言因素。

1. 外部形象

一个人的衣着、服饰、打扮等,往往可以反映其职业、教养、经济状况和兴趣爱好等内在素质。因此,一个成熟的访问者,一方面要注意使自己的穿戴、服饰尽可能与被访问者类似,以便给对方以易于接近和交往的信息。另一方面也要学会从对方的衣着、打扮来获取信息,打量、揣摩被访问者。

2. 行为

任何行为都受思想、感情支配。访问者既可通过自己的行为来表达一定的思想和感情,又可以通过观察被访问者的某些动作和姿态来捕捉对方的思想和情感信息。比如,连连点头表示“很对”“赞成”“同意”“支持”;东张西望表示注意力已经转移;做无谓小动作表示不感兴趣、心不在焉;伸懒腰、打哈欠表示已经劳累和疲倦;频繁看表表示希望加快进度,尽快结束谈话,等等。在访谈中注意这些小细节来捕捉信息,往往能起到语言所不能起到的效果。

3. 表情

表情是内心感受的外化,也是传达思想、感情信息的一种方式。一个成熟的访问者,既要善于控制自己的表情,又要善于观察被访问者的表情,并恰当地运用表情来传达信息,调节和控制访谈的进程。

4. 环境

人们周围的环境,包括各种用具、器物、陈设以及活动、状态,也蕴藏着一定的信息。比如,访问者仔细观察被访问者家庭的用具、器物、摆设和气氛,不仅能够了解主人的职业状况和经济状况,而且还能了解主人的教养、兴趣、爱好和性格特征。应该指出的是,同样的非语言信息,在不同对象、不同情况下,其含义往往各不相同。例如,一个讲究衣着的人,既可能是一个很有教养、作风严谨的人,也可能是一个内心空虚的花花公子。因此,在访谈过程中,决不能仅仅根据某些表面的非语言信息就轻易作出判断,而必须以非语言信息与语言信息、外部现象与内在本质联系起来进行考察。只有这样,才能对各种非语言信息作出正确的判断和解释。

四、结束访问及再次访问

访问调查应力争通过一次访谈活动完成调查任务,但这也会受到多方面的影响。这就需要进行多次访问。再次访问大体可分为三种类型:一是补充性再次访问,即原定调查任务由于种种原因在第一次访问中没有完成,或访谈后发现了遗漏或错误之处,然后再去做补充访问。二是深入性访问。三是追踪性再次访问,就是第一次访问后再间隔一段时间,仍按照第一次访问的基本内容对原调查对象进行的再次访问。这可以用来检验调查的有效性。访问调查,一般要做好访问记录。在当场做记录,有的访问者会有顾虑;有的则恰恰相反,你记得越认真,他就越说得起劲。我们进行访问的原则是,对有顾虑的,尽量做思想工作;做思想工作也不行的,则可以考虑事后回忆整理。

标准化访问的记录比较好办,按照规定的记录方式,把被访问者的访谈内容记录在事先设计好的表格、问卷、卡片上就行了。非标准化访问的记录则比较困难,因为当场记录往往会分散访问者的注意力,降低访谈的质量和进度。为了做到访谈、记录两不误,可以采用两人一起访问的办法,一人专门访问,一人专门记录,也可以采用录音记录的方式,但一定要经过被访问者的同意。录音结果仍然要用笔记下来。因此,笔记是访问记录的最基本形式。笔记有以下三种方法,即速记、详记和简记。

1. 速记

用速记法将对方的回答全部记录下来,然后再做翻译和整理。

2. 详记

用文字当场做详细记录,事后无需再做翻译和整理。

3. 简记

用一些符号或缩写来记录,以提高记录速度。

这三种方法各有优缺点。速记比较全面,但事后翻译又很费时间,而且对于多数访问来说,也不必将全部谈话内容都记下来。详记整理的工作量小,但会影响访谈进度的质量,而且难免有所遗漏。简记比较方便,但事后仍需整理和说明,不然别人看不懂,时间久了自己也会忘记。究竟采用哪种方式,应据具体情况而定。无论采用哪种方式进行记录,在记录内容上都要注意以下几种关键点。

(1)记要点

记要点,即记录主要事实、主要过程、主要经验、主要教训、主要观点、主要意见等。

(2)记特点

记特点,即记录具有特色的事件和情节,具有个性的语言和表情,特别是要捕捉住那些关键性的语言。

(3)记疑点

为了不打断对方的谈话,可将各种有疑问的问题记录下来,待访谈后进行询问,或访问后再去进行调查。

(4)记易忘点

记易忘点,如记录人名、组织的名称、时间、地点以及各种各样的数据等。

(5)记自己的主要感受点

访问者在记录对方谈话时,也要将自己的一些片断的思索、联想和感受记录下来,以免遗忘。

在以上要点的记录中,既包括语言信息,也包括非语言信息。只有这样的记录,才是其实、全面、具体、生动的记录,才是最有效的记录。

为了保证访问记录的准确性和可靠性,同时也为了消除被访问者的疑虑,在访谈结束前,最好将访谈记录的主要内容,特别是那些容易发生差错的部分念给被访问者听听,请他进行复核、更正或补充。访谈结束后,应尽快整理访谈记录,根据记忆及时发现和解决错记、漏记等问题,对记录中所使用的符号、缩写作出翻译或说明,并努力消除一切错写的或不清的字迹。

思 考 题

1. 什么是观察法，它有哪些特点？参与观察主要解决什么问题,适用范围是哪些?
2. 观察误差是怎样产生的？如何看待观察误差?
3. 应当如何评价访谈法?
4. 什么是实验法,它有哪些基本要素,由哪几部分组成?
5. 文献法有何特点?
6. 简述实验法的基本程序。
7. 怎样对实验法的实施过程进行控制?

第七章　问卷调查法

【本章提要】

本章介绍了问卷调查法的概念和特点；说明了问卷的基本结构，并详细描述了问卷每一部分的具体内容；同时介绍了量表这种特殊类型的问卷；对问卷调查法的实施步骤和实施原则也作了明确的阐释；还评价了问卷调查法的优缺点。通过学习这些内容，社会调查者可以初步掌握当代最流行的问卷调查的基本方法和技能。

【学习要求】

1. 了解：问卷调查法的种类；问卷设计中应该注意的问题；问卷调查法的优缺点。

2. 掌握：问卷调查法的概念及特点；问卷的基本结构；问卷中问答的种类、结构；设计问题和答案的方法及原则；问卷设计的一般程序，量表的概念和类型。

问卷调查法是一种以客观验证和定量分析为基础的实证研究方法。它是社会调查中最为常见、应用最为广泛的方法之一。问卷调查法的应用与发展适应了现代社会发展变迁和新技术工具手段使用的要求，越来越受到社会学、心理学、管理学、人口学等各学科研究人员的关注。本章将对问卷调查法的含义和类型、问卷设计的原则和步骤、问卷调查的实施以及问卷调查的优缺点等内容进行探讨。

第一节　问卷调查法的含义及类型

问卷调查法的定义表明了它与其他调查研究方法不同之处。问卷调查法依据不同的标准可以划分为几种不同的基本类型。问卷类型的确定是问卷设计及问卷调查实施的前提和基点。

一、问卷调查法的含义

问卷调查法是指调查者依据调查课题设计出与其内容相关的问题,并运用统一设计的问卷了解被调查者情况,征求被调查者意见的一种资料收集方法。问卷调查法以书面形式的问卷为调查工具,通过含有多种量度指标的统一表格收集资料,调查者根据回收的调查表对被调查者的行为态度及特征作出定量或定性的分析,达到完成调查课题、任务的目的。

1. 问卷调查法是一种标准化的调查方法

随着社会发展速度的加快,社会分工的日益细化,人们思想观念意识日渐多元化,社会不同群体间差异不断增大,从而引起了社会调查方式方法的变化。一些以主观定性分析方式为主的研究方法受到了挑战,而问卷调查法以科学设计的统一结构的问卷为工具,可以从不同的研究对象那里获得具有同样形式的数据,具有的客观性程度较强。标准化的调查表也在一定程度上适应了现代信息处理手段的要求。

2. 问卷调查法是一种书面形式的调查方法

不仅调查者必须把与调查课题有关的问题用表格或选项设计等书面形式确定下来,而且被调查者的答案也必须以书面形式表述出来。

3. 问卷调查法与访谈法的区别

问卷调查法一般实行间接调查,由调查者设计问卷,被调查者填答问卷,调查者与被调查者通常不直接见面。而访谈法在程序上要求访谈者与被访者必须进行面对面的直接调查。

4. 问卷调查法与实地调查法有明显的区别

问卷调查法本质上是一种实证的社会研究方法,在逻辑程序与内容结构上有与自然科学方法相类似的地方,而与采取定性的方法,依靠主观洞察的实地调查方法有明显的区别。问卷作为资料收集的工具,与抽样、测量和统计分析存在着内在必然的联系,问卷调查也必须是同时包括这四者的一种完整的实证研究方法。

问卷调查者适用于成分单一的总体。在成分单一的总体中,被调查者社会背景有许多相同或相似因素,便于问卷的设计。问卷调查法作为社会研究中一种收集资料的方法,越来越受到社会学、管理学、心理学、教育学、人口学等多学科的青睐,它的应用标志着社会研究方法开始从定性向定量、思辨向实证迈进。

二、问卷调查法的类型

由于社会调查研究的任务多种多样,调查内容各不相同,不同的调查者在选择调查方式时存在着一定的差异。就问卷调查法而言,按照不同的标准,可以将问卷划分为几种基本类型。每一类问卷往往有各自的特点,并在一定的领域内适用。

1. 按照问卷填答者的不同划分

(1)自填问卷

自填问卷,指的是由被调查者自己阅读并填答的问卷。在运用自填问卷进行调查时,调查者一般通过邮寄、派人发送或报刊发行等方式将问卷交到被调查者手中,由被调查者自行填写后,再由调查者收回。自填问卷因其直接为被调查者设计,其形式比较简单,便于填答者理解,回答质量较高,人力投入较少,费用较低。采用自填问卷调查的前提是被调查者必须具有一定的文化水平。自填问卷法是现代社会调查中最常用的一种资料收集方法。

(2)访问问卷

访问问卷,亦即代填问卷,指的是调查者按照统一设计的问卷,采取口头询问的方式向被调查者当面逐一提出问题,然后再由调查者据被调查者的口头回答来填写的问卷。访问问卷是用在访问调查中的问卷,是实现访问标准化的一种手段。访问问卷的形式远比自填问卷的形式复杂,这是因为访问问卷的使用者是经过专门训练并有较高文化素质的调查员,他们能够准确熟练地操作并填写问卷。访问问卷不要求被调查者填写,调查对象的选择范围较广,不受文化程度的限制。而且访问中调查员对整个过程控制程度较强,能够运用方法和技巧使被调查者的回答对调查更有意义。回收率高是访问问卷的一大优点,但由于使用访问问卷需要大量的人力、物力和时间,被调查对象的广度受到限制,况且有许多问题因为主观或心理因素并不适合当面回答,因而访问问卷在实际中应用的比例并不很高。

2. 按照问卷发放方式的不同划分

(1)送发问卷

送发问卷,指的是调研主体将问卷印制好后,把调查问卷逐个发送到调研对象手中,讲明调查意义和填答要求,并按时由调查者本人或派专人收回问卷的方法。个别发送问卷是自填问卷法这一大类中最常用的一种。它可以使调查人员了解到填答现场的情况,又可以相对节省时间、经费和人力,并具有一定的匿名作用。它的调查对象过于集中,调查范围比较窄,问卷回答过程中被调查者之间易互相影响,使答案失真。这种方法一般适用于集体的有组织的问卷调查,方便快捷,并能在一定程度上保证回收率和回答质量。

(2)邮寄问卷

邮寄问卷,指的是调研主体通过邮局把印制好的问卷寄发给被选定的调查对象,并要求被调查者按照规定的要求和时间填答问卷,待被调查者填答后再由其将问卷寄回调查机构或调查者。邮寄问卷是一种比较新颖的收集调查资料的方法,它可以有效地控制发卷的范围和对象,有很强的匿名性,回答质量较高,调查不受空间距离的限制,实施方便,但问卷回收率很难保证,费用比较高,很难被调查者把握和控制。

(3)报刊问卷

报刊问卷,指的是将问卷在报刊上刊登出来,并随报刊发行传递分发到读者的手中,号召报刊的读者对报刊中的问卷作出书面回答,然后按规定的时间要求填答者将问卷寄回报刊编辑部。报刊问卷在现代报刊业发达的社会里比较常见。它具有填答质量高的优点,省时、省力、费用不高,调查的分布面也较广,匿名性也很强,但非读者的意见无法反映,回收率很低。

3. 按照问卷问题的开放程度划分

(1)限制型问卷

限制型问卷,也称封闭型问卷,指的是问卷中不仅写明了提出的问题,而且将其可能有的若干答案一一列出,让被调查者根据实际情况选择答案。限制型问卷的优点是:回答者填写问卷和回答问题十分容易和方便,他们只需认真阅读、理解问题和答案的意思,而不需要多动脑筋一字一句将自己的想法完整的表达出来;只需要在答案上或相应的位置做出符号标记即可,不会浪费回答者太多的时间;限制型问卷的资料集中,避免了出现不相关答案的可能性;统计分析和处理资料比较方便,不用花过多的精力分类编码就可以获得进行手工或计算机定量统计分析的数字,结果因其科学严密性而更具说服力。这类问卷的缺点是:对回答者的回答范围和方式的限制较强,在较为复杂的问题面前,回答者很难作出非此即彼的选择,不能充分详尽地表达自己的观点,因而影响了答案的真实性;将答案限制在被选项内,回答者没有权利指出问题或答案中的弊病,不利于发现问卷中的偏误。

限制型问卷一般划分为等级式、清单式和坐标式三种类型。等级问卷指的是将问题的答案按照由浅入深的顺序排列升级。这种排列方式有利于回答者衡量答案的程度水平和

倾向。清单式问卷是指把一个问题的若干答案排列成清单,各选项间并没有明显的层次梯度。例如:

你的职业是什么?

A. 工人　B. 农民　C. 干部　D. 教师　E. 医生　F. 商业人员　G. 其他

坐标式问卷是指把选项用数轴表示出来,即在数轴上分开若干轴距,请调研对象选择,测量其对事物的意向和态度。

(2)半限制型问卷

半限制型问卷,即半开放型问卷,指的是在列举每一个问题的若干答案后,加上“其他”一栏,但并不是仅仅作为该问题的一个选项,而是要求调研对象在给定的空间内写明自己的意见。这种问卷是介于限制型问卷和开放型问卷之间的一种问卷形式,它比封闭限制型问卷对回答者答案的限制小了一些,允许回答者在给定栏内陈述不同于其他选择项的观点,又不同于完全开放式的问卷,往往使回答者摸不着边际。

(3)开放型问卷

开放型问卷,指的是提出一个问题,不为回答者提供具体答案,而是让其不受限制地自由填答。开放型问卷的优点是,它允许被调查者按自己的意志、以自己的表达方式充分自由地回答问题,不易受思维定式的干扰,使其观点态度自然而然地流露出来,因此开放型问卷的答案往往更加丰富生动,超越问卷设计者的想象,可以帮助调查者得到未曾估计到的资料,指出问题设计中的错误或遗漏,以便改进问卷的质量。它的缺点是,对回答者文化水平和语言表达能力的要求很高,回答者不仅要看懂问题,还要把自己的情况、看法和态度等用书面语言表达出来,因此限制了调查的范围和对象,问卷的回收率也受到了极大的影响;开放型问卷的回答需要花费较长的时间和较大的精力;对于调查者而言,开放型问卷的答案千姿百态,分类标准很难确定,分类过程也需要大量时间,给统计和处理带来了许多困难;同时,开放型问卷中极易产生与调研毫不相关的内容,有时答案的语言表述缺乏准确性,给调研者造成许多麻烦,甚至有时费了很大气力收集到的资料却对调研毫无用处。

开放型问卷更适合于对问题了解不多,潜在答案类型很多且比较复杂的探索性调查,目的是掌握重要的回答类型。而限制型问卷适用于检验假设,在正式的、大规模的调查中用于证明调查者的设想。

第二节　问卷设计的原则和步骤

问卷设计的水平直接影响到整个问卷调查的效果，影响到调查结果的信度与效度。问卷设计作为一个过程，必须经过细心准备、反复推敲才可能完成。在设计问卷时，必须按照一定的原则，符合一定的要求，遵循一定的步骤，才能达到以严密求可信、以客观求真实、以准确求有效的目的。

一、问卷设计的原则

一份设计良好的问卷要做到便于提出问题，便于回答问题，更要便于资料的处理，因此，问卷设计过程必须遵循以下几项原则。

1. 简明、精练

所谓简明、精炼，就是阐述问题或说明填答要求时，能够让被调查者一目了然，在相对短的时间内能够较容易地回答出调查者要求其给出的答案。在可以获得必要资料的前提下，问题数目不要过多，也不要难度过大，更不要形式繁杂。要围绕调查研究的课题假设选择最必要的问题，贪多求全往往增大工作量，有些问题在分析结果时往往毫无用处，造成人力物力浪费。同时，问卷中的问题设计要追求高质量，做到清楚、明确、适于所有对象。问题中出现的概念要具体，切忌抽象，语言要通俗易懂，便于填答，以利于调查员、被调查者以及资料处理人员减少潜在的错误和误差。为被调查者或调查人员提供一份设计上“少而精”的问卷，能够保证调查的速度和质量。

2. 问卷设计要从被调查者的角度出发

调查者在设计问卷时不应把注意力全部放在编制什么样的问题上，而应认识到被调查者才是问卷调查的核心，要时刻从被调查者的角度出发考虑可能影响问卷回答的人的主观因素，使问卷的设计适应被调查者在心理上和思想上的要求和需要。比如，不要苛求被调查者清楚回忆较久远的事情，不要让回答者做一些除了简单思考、填答之外的事情，像查地图册、查车站里程表或进行较复杂的数字计算以及数据统计工作，等等。这些要求往往使被调查者产生厌烦情绪，不利于调查过程的顺利进行。而另外一些敏感性、尖锐性及个人隐私性问题，常给填答者造成心理上的顾虑，利用更合理的形式达到收集真实资料的目的。

对于可能使被调查者不感兴趣、感到乏味的问题,也要通过合理的设计尽可能地调动填答者的积极性。

3. 问卷设计要适应调查的目的

调查目的是任何一项调查活动的根本,也是决定问卷选择什么样的内容和采取什么样的形式的关键因素。一份优良的问卷应该能够达到所希望的调查目的,因此在问卷设计时必须就不同的调查目的而遵守不同的设计要求。倘若调查者实施问卷调查收集资料的目的是为了了解和描述对象的一般状况和特征,那么选择设计问题的标准就应该是能够最大限度地询问到调查对象各方面的客观事实。倘若调查者的调查目的是为了解释或说明某类社会现象存在的原因,探索各种现象之间的关系及发展规律,抑或验证某种理论,那么整个问卷必须围绕研究课题、研究假设和变量编制,提什么问题、不提什么问题,怎样陈述问题都应不悖于研究宗旨。

4. 问卷设计要适应调查的内容

问卷调查内容的差别也是影响问卷设计的重要因素。被调查者常对不同的调查内容有不同的敏感度、熟悉度和重视程度。被调查者对调查内容比较熟悉、比较感兴趣时,问卷可以设计得相对详细深入一些,问题数量可以多一些,让其自由回答的题目也可适当增加。对于被调查者不太熟悉的内容,问题的数量不要过多,内容要浅显,也不要设计过多的开放式问题,以免被调查者因知之甚少而无所填答。对于比较敏感性的内容,措辞要小心谨慎,例如对离婚者进行调查,就一定要注意言语的使用。对于被调查者不感兴趣或枯燥乏味的内容,问卷设计时,问题一定要简洁明了。

5. 问卷设计要适应调查对象

被调查者的职业、年龄、性别、文化程度、生活方式以及社会背景等都关系到问卷内容和形式的设计。由于他们自身能力和条件的不同,往往对于问题的理解程度有所不同。要了解不同调查群体、不同层次以及不同价值观念的人对于调查内容的不同反应,就必须设计出适合不同调查对象的问卷。问卷设计围绕某一特定群体的特质越紧,问卷调查的效果就会越好。设计问卷时,调查者必须考虑到不同调查对象可能出现的困难和障碍,考虑到不同群体特征可能带来的对于问卷填答的客观限制,设计出形式多样的问卷,以保证调查的质量和高回收率。

6. 问卷设计要适应资料处理与分析的方法

调查得到的问卷资料最终必须进行处理和分析，而采取何种方法处理和分析资料，直接影响到问卷的内容及形式设计。问卷的设计必须以便于资料处理与分析为原则。对于运用手工方法进行处理的问卷资料，问卷的内容要求少一些、简单一点，对于采用电子计算机处理的资料，问卷的内容可以多一些、复杂一点。如果调查者采用定量分析的研究方法，问卷的形式类型应以封闭式问题为主，以便于编码答案；如果采用定性分析方法，问题设计可增加开放式问题的内容。

7. 问卷设计要适应问卷调查的实施方式

问卷的分发、填答以及回收的方式不同，对问卷设计的要求也不同。通过邮寄分发回收的问卷，在设计时要使封面信能够明确合理地阐明调查的原因，并能够消除被调查者不必要的疑问。而通过当场分发、填答和收回的问卷，由于调查人员在场可以对问卷填答给予统一说明和指导，则封面信不需过分繁杂。

总之，问卷作为社会调查的一种工具，在设计时必须考虑到整个调查过程中的相关因素，适合被调查者情况，符合调查目的，适应调查要求。

二、问卷设计的要求

为适应以上设计原则，问卷设计对问题形式、答案设计及编码过程有如下的具体要求，这是问卷设计工作中最具体、最直接，也是最重要的内容。

1. 问题的提问方式、语言表达形式的要求

（1）问题应当具体明确，而不应使用抽象概念、提问笼统的问题

例如，“您认为父母应该怎样帮助孩子树立正确的人生观呢？”“你对国家的政策有什么看法？”等问题，在没有特定的参考框架、操作背景的前提下，被调查者无法回答，调查者也无法进行科学分析。

（2）应当避免提出具有双重或多重含义的复合性问题

一个问题中同时询问两个或两个以上的事情，往往使填答者无从回答。例如，“您的父母是工人吗？”“您是否认为让父母或保姆照看孩子是不正确的？”。一个问题的提问要做到单一化，才能有利于被调查者回答。

(3)问题语言要通俗易懂

问题语言要通俗易懂,句式要简短,不要使用被调查者可能认为陌生的概念。例如:

您认为您的家庭类型属于(　　)。

A. 单身家庭　　B. 核心家庭　　C. 主干家庭

D. 隔代家庭　　E. 联合家庭　　F. 其他

对于大多数被调查者来讲,"核心家庭""主干家庭""联合家庭"的定义并不清楚,这些让被调查者糊涂的专业术语应当避免使用。同时,问题的陈述一定要力求简洁。越是繁琐的长问题越容易产生含糊不清的句意,也越容易引起被调查者的反感。

(4)提问要尽量保持客观的态度

提问要避免诱导性和倾向性用词,尽量保持客观的态度,尽量采取中立的立场,避免提问的方式让回答者感觉希望他能作出某种回答。例如,"你曾经看过《地道战》这部振奋人心的影片吗?""党中央提出的二孩政策你拥护吗?""绝大多数人认为应该坚持锻炼,你认为应该吗?"这些问题对权威或社会主流看法的引用极易使回答者产生趋同、趋从的心理而隐藏自己的想法。设计问题时应该尽量把要了解的对象放到同类现象中,由被调查者自己辨认和评价。

(5)采用一定的方法降低问题的敏感性和威胁性程度

可以采用转移法、假定法以及使问题适度模糊的方法,不致使回答者做出虚假答案或拒绝回答。把想要了解回答者观点的问题转移到他人的身上,以消除回答者的顾虑。例如,"有些人认为婚前同居是正常行为,而有些人认为这是应遭到禁止的,你认为呢?"这比直接问回答者是否赞成婚前同居要委婉得多。还可以运用假设的方式提出问题,例如,"假如政府不再实行计划生育政策,你希望有几个孩子呢?"另外,可以尽量减少答案要求的精确性,让回答者的答案在一定的选择范围内做出而非要求其写明具体的数字。例如:

您每月工资收入处在下列哪个范围中?

A. 2 000 元及以下　　B. 2 001 ~ 4 000 元

C. 4 001 ~ 6 000 元　　D. 6 001 ~ 8 000 元

E. 8 001 ~ 10 000 元　　F. 10 001 及以上

这样的设计比让回答者具体写出月工资收入的数额更容易被回答者接受。

(6)不要使用否定句式

人们的思维习惯往往适应于肯定形式的提问,而不适应于否定形式的提问。否定形式的句子往往不易让人一目了然。有时回答者在阅读问题时常漏掉“不”字,那么得出的结论就恰恰与事实相反。如“你是不是不赞成取消重点中学?”如果回答“不”,到底是指“不赞成”,还是“不是不赞成”也就是“赞成”呢?这种否定形式的句子很容易被回答者答错。

2. 问题排列组合方式的要求

问题的排列组合方式即问卷的结构,不但影响到回答者能否顺利回答问题,影响到问题回答的结果,也影响到问卷的资料处理和分析。在问题顺序排列过程中,一般有以下要求:

(1)保持问卷的整体性

保持问卷的整体性,将同类或性质相似的问题安排在一起。尽量不让不同性质或类别的问题交叉排列,以免忽东忽西的提问使回答者思路中断。

(2)先易后难,由浅入深

问卷开头设计简单问题,可以使回答者心情轻松,否则会使其感到烦躁、厌倦。一般将询问客观具体事实和行为方面的问题放在前面,而将询问观念、态度、看法和情感等主观因素的问题放在后面;将回答者熟悉的问题和事物放在前面,而将其了解较少、生疏的问题和事物放在后面。这样有利于增强回答者的填答信心。

(3)先兴趣后敏感

问卷开头应设置能够吸引回答者注意力,使其产生兴趣并激发其好奇心的问题。针对政治方针、社会规范、人际关系评价以及个人隐私而提出的问题应被列为敏感问题放在问卷的后部。这些问题常引起人们的顾虑,人们害怕招致有损自身利益的麻烦,放在后面不致使回答者因心理上的压力而开始就放弃问卷。

(4)保持时间的连续性

按照历史和时间的顺序排列问题,可以使历史与逻辑很好地统一起来。由远及近,遵循过去、现在、未来的顺序,或者由近及远,逐渐追溯过去的事情,都是可行的,但不要打破时间的连续性,打乱回答者的回忆思路。

(5)先封闭后开放

要求回答者对已列出的答案作出选择的问题,对于回答者来说相对容易,因此封闭式问题应放在前面。而要求回答者自由回答的问题则需要较多的思考和书写,花费较长的时间,放在开头或中间容易影响回答者的情绪和信心。

(6)隔离开检验性问题

检验性问题是调查者为了验证回答的可信度而分别设置的几组问题。例如:

①你上过大学吗?

A. 是　　　　B. 否

②你的文化程度是________?

A. 小学　　　B. 初中　　　C. 高中　　　D. 中专

E. 大学(本科或专科)　　　F. 大学以上

这两个问题可以互相检验其真实性,如果放在一起,极易被回答者识破。在排列问题时,应尽量将其分隔开。

(7)过滤性问题在前,相倚问题在后

有时问卷中提出的某些问题并不适于所有填答者回答,因此必须在这类问题前设计一个问题,使不适于填答这类问题的人跳过不回答。那么决定是否回答下面问题的问题被称为“过滤性问题”,而由前面问题的结果决定的是否被回答的问题称为“相倚问题”。例如:

①你搬到这里以后,你们村进行过村民委员会选举吗?

A. 进行了

B. 没有进行

C. 不知道(回答选项 B,C 者请跳答第 3 题)

②你是否参加过村民委员会选举?

A. 是　　　B. 否

③你们村有没有移民的代表在村里担任职务?

A. 有　　　　B. 没有　　　　C. 不知道

问题①是过滤性问题,对于“不知道”和“没有进行”选项的选择者可以不必回答问题②。对于这类问题必须过滤性问题在前,而相倚问题在后,不可颠倒。

(8)合理安排具有延续效果的问题

延续效果是指安排在前面的问题可能影响后面问题的回答。例如:

①银行贷款制度的改革对你的生活有影响吗?

A. 有很大影响　　B. 有一些影响

C. 影响不大　　D. 没有影响

②你是否支持银行贷款制度的改革?

A. 支持　　B. 无所谓　　C. 反对

①和②排列的顺序及距离可能影响到②的回答状况。①对②的回答产生了延续效果。这时,最好将②排在①之前,或者将两个问题分散开来。

3. 答案设计的基本要求

问卷的答案设计(即封闭式问卷的答案设计)是问卷设计中非常重要的环节,要使答案设计得有效,必须遵循如下几项基本要求。

(1)遵循穷尽性与互斥性原则

穷尽性是指问题的答案项必须包括所有可能的情况,不能有遗漏。这就要求问卷设计者必须预测全面。对于任何填答者来说,总有一个答案是可选的,否则肯定会有回答者无所填答。例如:

你喜欢哪项体育运动?(请选一项)

A. 排球　　B. 足球　　C. 乒乓球　　D. 篮球

以上四种答案不能概括所有的运动种类,倘若有喜欢游泳的回答者,问题就出现了。这种情况下,一般在答案中另设一个"其他"选项以穷尽问卷中未尽的答案。互斥性是指答案互相之间不能交叉重叠,也不能相互包含,即对于填答者不存在两个或两个以上的答案可以同时选择。例如:

你认为一位经理最应该具有哪三种能力?(请依次序排列)

A. 业务能力　　B. 创新能力　　C. 指挥协调能力

D. 谋略能力　　E. 综合分析能力　　F. 交往能力

G. 表达能力　　H. 其他

在这一问题的答案中,经理的"业务能力"包括"指挥协调能力"和"谋略能力"等,各个选项并不在同一层次上,因此不能互相排斥,回答者很难做出选择。

(2)答案要与问题协调一致

在内容与形式上,都不要出现"答非所问"的情况,要针对问题涉及的内容和范围恰当地设计出答案。例如：

您是否有可能调换工作？

A. 不可能　　B. 比较困难　　C. 不是很难　　D. 很困难

问题是“是否有可能调换”，回答应为“有可能、没可能、有一定可能”，而不是问“是否调换有困难”，后面三个答案明显属于“所答非所问”。保持答案与问题的一致性是答案设计的一项基本要求。

(3)答案的分类标准要统一

例如：

将“你的班主任对你的要求”

A. 要求严格　　B. 要求不严格　　C. 要求不多　　D. 要求过多

这里答案的分类就涉及严格与否和要求多少两个标准，回答者很难做出唯一的回答。

(4)答案的设计应与实际相符

例如：

下列几种学习时间安排，你愿选择哪种？

A. 每天学习 8 小时

B. 学习 24 小时，休息 24 小时

C. 学习 12 小时，休息 24 小时，再学习 12 小时

现实生活中不可能存在“学习 24 小时”的情况，这种设计方法，使 B 选项失去了设置的意义。

(5)答案选项的含义要明确

有些表示程度的选项，如“很好”“较好”“从不”“有时”“偶尔”“一般”等，要尽量让其含义明确化。有些答案的量化处理不够，常让回答者无法把握。例如：

你是否经常游泳？

A. 经常　　B. 有时　　C. 极少　　D. 每天都游一会儿

衡量时并无客观标准，有人认为一周游三次是“经常”，而有人则认为是“有时”。这样得出的结果往往不能反映现实情况，改为下述形式则较好：

您平时游泳的情况如何？

A. 几乎完全不游　　B. 每周游一两次

C. 每周游三四次　　　　　　　　　　D. 基本上每天都游

4. 编码的原则和要求

所谓编码,指的是给问题和答案编上数码,并在资料处理和分析过程中,用这些数码代替问题和答案进行计算机统计。封闭式问卷往往采用预先编码的方式,设计时对给定的固定选项进行编码;开放式问卷由于很难把握可能出现的答案,常采取回收后再编码的方式。编码过程必须遵循一定的原则和要求:

(1)编码必须具有完全包容性

每个答案都应有自己的唯一编码。例如:

你每月收入(包括各种奖金、补贴)在下列哪个范围内(　　)

1.300~499元　　2. 500~699元　　3.700~899元　　4. 900元以上

这种编码方式就使300元以下月收入的回答者失去了编码,造成了信息的不完全收集。

(2)编码必须具有单一性

即一个编码只能替代一个答案,而不能代替不同的答案。例如:

请问您的婚姻状况(　　)

1. 未婚　　2. 已婚　　3. 离婚　　4. 丧偶

正确的编码可以把"已婚"和"离婚"情况区分开来,而错误的编码则把其混为一谈,这便丧失了"已婚"与"离婚"相差别的信息。

(3)编码必须具有直观性、简单性和逻辑性

有些问题答案前面的序号直接可以作为编码,既便于设计,也便于统计处理。有些回答含有数字,如年龄、人数等,可以把这些数字本身视为编码数。同时,编码要符合人们的思维逻辑和计算机处理程序的逻辑。

(4)编码必须考虑拒绝回答的情况

必须对无答案的情况给予特殊编码,否则处理数据时计算机将无法使程序正常进行。如编为"0""9""99"等。

三、问卷设计的基本步骤

问卷设计过程一般被归纳为六个基本步骤,即设计准备、摸底探索、设计问卷初稿、问

卷的适用与修改、问卷印制以及编制《调查员手册》。每一个步骤都是设计出优良问卷不应跨越的环节。

1. 设计准备工作

在开始设计问卷之前,调查者必须做一些准备性工作,这是问卷设计的前提。

(1)确定调查的目标

问卷设计的目的是为了实现调查工作希望达到的目标,任何设计工作都必须围绕这一目标进行,所以确定调查的目标是设计者首先要考虑的问题。只有以总目标为出发点,设计者才能在解决诸如问卷的目标、研究假设、变量、研究类型、样本特征、问卷类型及使用方式等一系列问题时做到心中有数。

(2)熟悉调查对象情况

无论是自填式问卷还是访问式问卷,最终都必须指向调查对象。在动手设计问卷之前,应该对调查对象的性别、年龄、职业、文化程度以及生活方式、价值观念、风俗等基本情况有所了解,以便确定采用何种问题及答案设计的内容与形式。

(3)确定信息覆盖范围

设计者在撰写问卷之前,必须围绕此项社会调查的特定问题确定需要哪方面的什么信息。信息范围确立的原则是"先宽后窄"。在设计初期,尽可能获得与调查主题相关的所有信息,到问卷设计的后期,再去掉多余的重复信息,留下相关贴切的信息。

(4)确定问卷调查形式

问卷调查形式是确定资料收集难易度、问卷设计要求、问题表达方式和进行答案设计的基础。它决定调查是采用自填方式,还是访问方式;是邮寄方式,还是个别发放方式,有利于明确设计目标,使设计的问卷更符合要求。

2. 摸底探索工作

摸底探索工作是设计问卷前必须做的一项工作。一般探索性工作由问卷设计者通过初步的非结构式访问和多种形式的观察来完成。问卷设计者可以围绕研究问题,亲自与各类调查对象进行自然融洽的交谈。在谈话中了解到他们的看法与相关情况,并通过对不同类型调查对象的不同情况的比较对最初的研究设想给予修正。设计者还可以通过与调查对象这种直接的接触,在头脑中形成关于问题的语言表述、提问方式以及答案种类等内容的大致轮廓,从而减少设计者主观想象与客观实际不符的情况发生的几率,在以后的设计中少走弯路。比如,有时问卷设计者并没有意识到问题主干对调查对象来讲过于抽象,答案内容过于含糊等现象的存在。在与调查对象的交谈中,被调查者可能提出质疑,这样便可以让设计者未察觉的抽象模糊的内容呈现出来,以利于设计者不断改进问卷的设计。特别就封闭式问卷而言,摸底探索工作对于其选项的设计大有裨益。摸底探索工作可以分为探索问题提法、探索答案类型等不同阶段,设计者可以就不同阶段实施不同的具体探测方法。

3. 问卷初稿的设计

进行完前面的设计准备和摸底探索工作,便可以进行问卷编写的具体实施阶段了。设计者要把对于问卷目标的理解,研究设计的设想以及对调查对象的认识一起表现在将要设计的问卷上。而要有序有效地完成这项任务,必须采用一定的方法。通常情况下,实际设计问卷有两种具体方法。

(1)卡片法

第一步,设计者将在对调查对象的非结构性访问中形成的关于问题与答案的基本印象与认识编制成一定的问题和答案,并逐一写在卡片上,切记一张卡片只能写一个问题和答案。

第二步,把卡片按照问题的主题内容分为若干类,然后将询问同一类事物和同一方面问题的卡片摆放在一起。

第三步,把同一类卡片按照一定的逻辑结构进行前后排序。

第四步,根据整个问卷的逻辑结构,把各类卡片排列出先后顺序,并连接成一个整体。

第五步,仔细检查问题排列的顺序,看其是否保持了连贯性,是否便于被调查者填写回答。对于不妥当之处给予逐一调整和补充。

最后,将调整好的问题依次写在纸上,并加上封面信、指导语及编码等内容,形成问卷的初稿。

(2)框图法

第一步,进行总体轮廓设计。按照研究假设和所需资料的内容与逻辑结构,在纸上画出问卷的各部分与顺序安排的框图。

第二步,按照便于被调查者阅读和填答的原则,对各部分之间的排列与连接进行检查调整,确定设计的整体构想。

第三步,分别具体地写出每一部分的问题和答案,并排列好各个问题的顺序。

第四步,对问卷的总体进行检验和补充,并整理成问卷的初稿。

卡片法与框图法在实施步骤上存在明显的不同,它们各有各的优点,也各有各的不足。卡片法是从具体的问题着手,一步一步迈向问卷的整体设计。设计具体的问题时,不必过分考虑整个问卷的逻辑结构和问题的前后顺序。各个问题设计完毕后,由于写在卡片上,顺序调整、修改和变动都比较方便。但由于设计具体问题和答案时缺少整体的宏观把握,常常造成有些问题的疏漏。框图法则是先由总体结构设计开始,然后再逐步缩小到具体问题的设计。这种方法便于安排问卷的逻辑结构和问题的顺序,但一旦确立逻辑关系后,再进行局部调整往往导致“牵一发而动全身”的情况发生。

鉴于两者各自的优缺点,设计者在问卷设计时可以采用将两者有机结合的方法。首先,初步设计出各大部分之间的逻辑结构和顺序关系;其次,针对每一个部分内部的问题和答案进行逐一卡片设计;再次,安排一个部分内部卡片的结构顺序并完成各部分间的首尾连接;最后,对构成整个问卷的卡片进行整体检查和调整,并将其写在纸上,加之封面信、编码、指导语等,形成初稿。

4. 问卷的试用与修改

问卷的初稿必须经过不断的修改才能臻于完善。而问卷如何修改则是根据问卷试用过程中暴露的问题而定的。在实施真正的问卷调查之前,需要将问卷初稿复印若干份,把其分给专家、研究人员审核或通过对一部分调查对象进行提前调查,发现问卷中潜在的缺点和错误以及考虑不周的地方,加以修正,以提高问卷设计的最终质量。

(1)问卷初稿的试用方法

①客观检查法

其具体的实施方法是:将设计好的问卷初稿印出若干份(20~100份之间),然后从正式调查的总体或与正式调查总体相似的总体中抽取一部分调查对象,将问卷初稿发给他们,要求其按正式调查的要求填答问卷,进行试用调查。试用调查的目的是通过一定范围内问卷的使用,检查出可能在大范围正式调查中出现的问题。例如,问卷中出现许多问题未被填答的情况,可能是因为问题过于复杂或者含义不清造成了填答者不愿或无法回答;答案填写错误,答非所问,可能是因为语言不够简明易懂,概念不够明确具体,从而造成填答者的误解;有时大部分填答者选择的答案出现相当程度的一致现象,或者同一填答者在所有问题中都选择同一号码的答案，这时设计者就要注意检查问题的提问方式是否具有倾向性，答案分类是否恰当合理，是否存在被调查者应付了事的现象。

②主观评价法

主观评价法的具体做法是：将问卷初稿复印5～20份，分别发送给与该研究领域相关的专家、学者、研究人员以及典型的调查者，请他们从各自不同的角度和背景，根据他们自身的经验和认识评价整个问卷的设计，并提出意见和改进的方案方法。此后，问卷设计者可以有选择地采纳这些意见和方法，弥补问卷设计的不足。

在实际条件允许的情况下，往往两种方法一并使用，常会收到良好的效果。

(2)设计者对问卷初稿的修改

设计者对问卷的修改不仅包括对在问卷试用过程中发现的问题的修改，而且包括对问卷整体结构、问题排列顺序的修改，必要时设计者还要删除一些妨碍调查顺利进行和对调查无用的问题。

5. 问卷印制

在设计问卷时还要设计问卷的编排形式、字体、打印格式等内容。这些内容直接影响到被调查者和调查人员的视觉感受，也间接影响填答者填答问卷的效果。

(1)排版问题

①合理设计字体形式

为了把篇幅限制在一定的范围内，又便于填答者清晰阅读，可以将问题和答案设置成不同的字体以便区分。字体的大小则视不同类型的问卷而定。自填式问卷字体最好设计成五号字，以免字体太大造成篇幅过长而加重填答者的心理负担。相反访问式问卷的字体则可以设计得稍大一些，以便于访问员询问与记录交叉进行。

②合理安排问题与答案的位置

由于问卷打印时页面大小的限制，往往出现一部分答案和问题在同一页，而另一些答案在下一页的情况。这种情况出现时，应及时调整，以免填答者误以为答案在前一页已穷尽，不得不作出选择。而选择后即便再看到后面的答案也不愿更改，这便会造成资料失真。还有，在答案的排列形式上，既要考虑到篇幅的大小又要考虑到能否便于阅读，让填答者对答案一目了然。即使不能每个答案都占一行，也不要一行超过四个答案。

③给同一问题拟定小标题

将问卷中的问题按一定的内容标准归类,并给每一类问题注上一个小标题。这样可以给填答者或访问员一个心理上的暗示,便于其思考内容的转换,也便于调查者对问卷的处理和分析。

(2)校对排版与印刷错误

校对者必须把握好设计过程的最后一关,注意排版过程的疏漏,看清有没有遗漏问题和答案选项,有没有出现符号打印的错误等。

(3)选纸和印刷

问卷要在调查者、被调查者和汇总人员手中传阅,难免多次翻揉,因此选择的用纸一定要有较好的柔韧性。同时,纸张要洁白,以令填答者赏心悦目,减少反感。印刷时着色要均匀,字迹要清晰。

6. 编制《调查员手册》

访问式问卷调查需要许多调查员的参与,如果不对问卷的内容、概念的含义以及调查的目的给予统一的规定和声明,很可能造成理解上的误差。因此,编制《调查员手册》是进行访问问卷设计的必要步骤。

许多指标具有多重含义,在具体的调查活动中,必须指明其具体含义的内容。例如,一本《调查员手册》中曾对“不识字或识字不多”做了明确的数量规定,指的是“不识字或识字不足1 500个,不能阅读通俗书报和写便条及简单书信。”调查员在《手册》的指导下,可以降低偏差和错误发生的可能。一般的《调查员手册》包括本次调查的意义目的、注意事项、抽样方案、编码表和指标解释等内容。

第三节　问卷调查实施

自填式问卷设计的意义只有在问卷发放到调查对象手里,并由其填答的过程中才能体现,访问式问卷也只有在调查人员运用它询问调查对象情况时才能成就自身使命,因此问卷调查的实施过程是联系调查者与被调查者的最终途径。不同的问卷调查内容和形式,不同的客观实施条件决定了问卷的发放、回收的不同方式。

一、问卷调查实施过程的途径选择

问卷调查收集资料的方法可以分为自填问卷法和结构访问法两种类型。两种不同的方法在发放、回收问卷时拥有各自的途径。

1. 自填问卷法实施的途径选择

(1)调查员个别发送

这种方法的具体操作过程是调查人员亲自将印好的问卷逐个发送到被调查者手中,当面请求他们按要求填写,同时约定好来取回的时间,并当场就被调查者提出的疑虑给予解答。在调查不涉及敏感问题时,问卷也可以由某种组织机构代为发放。这种方法既不同于完全与调查者不见面的邮寄法,也不同于必须与每个被调查者长时间交谈的访谈法。

个别发送法的优点有:具有一定的匿名作用,有比较高的回收率,比较节省时间、人力和精力,要求填答的时间限制比较宽松。其缺点表现在:常因地域的限制而拥有较窄范围的调查对象,问卷填答的质量不高。

(2)邮寄法

其具体操作过程是调查者将问卷装入信封之内,通过邮局发送给调查对象,待其回答完毕后再寄回。这种新颖的问卷调查实施方法在欧美国家比较普遍。邮寄法的优点是:比个别发送法和访问法更能节省人力和费用;简便易行;调查的范围较广;具有良好的保密性;方便被调查者自行安排回答时间,自主考虑问题。其缺点是:调查者不能有效控制填答环境;问卷回收率难以保证;受到邮政交通水平的限制;由于调查对象的地址和姓名在实际调查中很难掌握,则其实施受到限制。

(3)集体填答法

其具体做法是:把被调查者集中请到一起,由调查人员统一就调查的目的、要求及填答方法等问题作以阐示,并要求被调查者当场填答。如有问题,当场解答。填答完毕后,由调查员当场收回。

这种方法的优点是:节省时间、人力和费用;比邮寄法更能保证问卷填答的质量;回收率极高。其缺点是:只适用于调查对象范围较小且较密集的情况,当调查对象分布面较广时,很难将其集中在一起填答;集中在一起容易互相影响,使问卷的质量下降。

(4)报刊问卷法

其具体操作过程是:把问卷在报刊上刊登出来,随报刊的发行发送到读者手中,号召报刊读者填答,并要求其按规定的时间将问卷寄回报刊编辑部。

此方法的优点是:以报刊为载体,传递渠道稳定;以读者为调查对象,调查分布面广;匿名性很强;节省人力物力投入,比较经济;形式新颖,易激发被调查者的兴趣。其缺点是:仅限于调查读者,影响调查对象的代表性;对被调查者的控制较弱,常常出现弄虚作假现象;问卷的回收率很低。

2. 结构访问法实施的途径选择

访问问卷,也称调查表,是调查人员实施访问时使用的问卷。利用调查表对被调查者进行面对面访问属于访问法的一种,即结构式访问。面对面访问法的操作过程是:调查人员把访问问卷带到调查地点,根据《调查员手册》的要求,对被调查者就问卷问题进行访问,再把被调查者的回答如实填写到问卷中。这种方法的优点是:调查人员可以有效控制调查过程,当面消除被调查者的疑惑和误解,避免了他人代填或商讨填答情况的出现;回收率较高;调查结果较可靠。其缺点是:费用较高;逐个面谈需要花费较长时间和较大精力;调查对象的范围受到限制;调查人员主观偏见常使调查结果存有误差;不适于调查敏感性问题。

二、问卷调查实施过程中应注意的问题

为最大限度地保证问卷调查的信度与效度,在调查实施过程中必须努力提高问卷的回收率和问卷的填答质量。

1. 提高问卷回收率应注意的问题

影响问卷回收率的主要因素有:调查组织者的社会地位;调查对象的自身状况;调查课题本身的内容;调查过程的组织严密化程度;问卷调查实施方式等。在实施中应在这几方面加以注意,以保证问卷的高回收率。

(1)要争取社会权威组织的支持

权威组织拥有一定的威信和知名度,人们对于权威组织具有普遍的认同感。如果调查者能够与权威机构合作实施问卷调查,则一般能保证较高的回收率。事实证明,党政机关、专业性机构主办的调查,其问卷的回收率较高,而企事业单位、一般性组织主办的调查,问卷的回收率一般较低。

(2)慎重选择调查对象

调查对象的文化知识水平、理解和表达能力以及对待问卷调查的态度和问卷内容的熟悉程度,都直接影响到问卷的回收率。一般具有较高文化水平、较强理解表达能力的调查对象具有很高的填答积极性,而看不懂问卷或对问卷内容知之甚少的调查对象往往不愿填答。前者的问卷回收率较高,后者的回收率较低。

(3)加强调查人员的负责精神

调查人员的安排、整个调查流程的可控程度都会影响到整个调查操作过程的严密性,而问卷的回收工作,作为整个调查活动的一个环节,必然受到以上条件的制约。一个运转有序的调查组织往往能在有限的填答问卷中保持最大限度的回收率。同时调查人员的负责精神,对待被调查者的工作态度都直接影响到被调查者的配合程度,也必然影响到回收问卷的数量。

(4)不同的问卷调查方式要采取相应的保证回收率措施

不同的问卷调查方式具有的回收率水平存在一定的差异。通常情况下,个别发送问卷和访问问卷的回收率较高,而报刊问卷和邮寄问卷的回收率较低,一般不足60%。因此,在运用邮寄问卷和报刊问卷实施调查时应注意以下事项:

第一,问卷邮寄时,要将一封解释研究目的的信一并寄出,防止被调查者因不理解或不重视而拒绝填答和寄回。同时,要附上写明地址的回信信封,并贴好邮票,给被调查者提供尽可能的方便。

第二,给邮寄问卷编号,并适时就未收回的问卷填写催促信。给问卷编号,记录每一份问卷应当收回的日期,到期还未收回时,应写封恳求被调查者合作的催促信。如仍无音信,可能是问卷丢失,此时调查者应再寄一封催促信并附以一份问卷。实践证明,邮寄三次(即初次邮寄加两次催促)是保证回收率最高的做法。

第三,邮寄问卷最好只在邮政业务畅通的地区实施,否则很难保证回收率。

第四,实施报刊问卷调查时,可以采用奖励的办法保证回收率。如采取抽奖、赠送礼品或赠阅报刊等方式,调动广大读者填答和回复问卷的积极性。获得奖励的范围越大,则读者的配合程度就越高,问卷的回收率也随之升高。

2. 保证问卷填答质量应注意的问题

(1)问卷发放千万不可走捷径

有的调查人员为了方便或为了加快调查速度,把问卷发放给自己的同学、同事、朋友或亲戚,并由他们发放给自己的熟人。由于调查人员自身接触范围的限制,这种方法很难保证调查资料的全面性。而且,为了帮助调查人员迅速完成任务,被调查者的填答质量也必然受到影响。

(2)要求被调查者在调查表上填写性别

一般问卷调查不要求填写姓名,但性别对于分析问卷是很重要的,不同性别可能对同一问题的看法有所差异。性别填写也是影响问卷客观性的一个重要方面。

(3)设法对问卷资料加以实证

问卷收集资料具有广泛性的特点,同时也有很难深入探讨深奥问题的弊病。在运用问卷调查法时,往往先用其他调查方法进行初步的调查,以求得对调查对象的初步了解。这是实施问卷调查之前十分必要的工作内容。

(4)合理防止和处理无回答情况

问卷调查过程中,常会发现问卷中有被调查者不知怎么回答或不愿回答的问题。为了保证问卷的填答质量,调查人员应采取一定的办法减少该情况发生的可能性。

对于送发问卷中当场填写回收的问卷,调查人员应当场大致地检查填写的情况,看是否有空填、漏填和明显的错误存在。如果发现可以及时纠正。

对于访问问卷来讲,如果调查对象暂时无时间而不能回答,则可以改期再访。如果拒绝回答,应设法与其沟通或通过其他途径了解原因。

对于报刊问卷可以按回复时的信封邮戳弄清楚调查者所在地区,对于存在无回答情况较多的地区可以进行重点访问。

对于邮寄问卷,可以在回寄信封上编号,根据编号判断无回答的具体对象,并进行原因研究。

第四节　对问卷调查法的评价

问卷调查法并不适用于所有的社会研究课题。利用书面语言进行交谈是问卷调查的重要特征,这种特定的调查者与被调查者之间的间接交流形式,决定了问卷调查法的优点和不足,决定了它只适用于一定的调查目的、调查范围和调查对象。

一、问卷调查法的优点

1. 问卷调查法具有很好的匿名性

问卷调查一般不需要被调查者在问卷中署名，调研主体与被调查者不必直接见面，填写问卷的地点一般由被调查者自己选择，不必在其他人在场的情况下当场填答，具有一定的保护性。在调查过程中，常常会遇到涉及个人隐私、社会禁忌、伦理道德、政治态度等敏感问题，不宜当场回答。问卷调查法可以方便填答者无所顾忌地倾吐自己的真实情况和想法。

2. 问卷调查法可以节省人力、财力和时间

问卷调查法尤其是自填问卷法，较之于参与观察以及访谈等实地研究方法更有效率。它不需大量的调查人员进行逐人逐户的专访，而是用一份问卷代替派人专访，在较短的时间内可以调查很多人，大大地节省了调查双方的时间。对于调查方而言，无需利用大量经费培训调查人员。对于被调查者本身而言，避免了他们因配合调查而造成经济损失的可能。

3. 问卷调查法可以有效避免主观偏见因素的干扰

问卷调查使用统一设计好的问卷，问题的先后顺序、答案的类型都完全相同，既避免了调查人员对被调查者施加主观影响，也克服了因调查时间过长引起的调研滞后现象。而在直接调查的人际交往中，调查人员的工作方式或形象极可能使调查者产生偏见，调查人员也极易对不同的调查者抱以不同的态度。这些情况都会影响调查工作的顺利进行和调查结果的真实可靠。

4. 问卷调查法得到的调查结果有利于进行定量分析和研究

尤其是就限制型问卷而言，它的答案具有高度结构化和数据化的特点，容易进行编码处理，便于对答案进行定量处理和分析。在利用电子计算机进行统计分析的今天，问卷调查法不失为一种大规模、高效率的定量调查方法。

5. 问卷调查法的调查对象的范围更为广泛

问卷调查法不受地域空间的限制，调查对象的范围更为广泛。问卷调查可以采用邮寄问卷的方式进行，可以在不同的地区同时对众多调查对象进行调查。访谈法及观察法往往受到人力物力条件的限制，不能拥有广泛的被调查者群体。

二、问卷调查法的缺点

1. 问卷调查法在实施过程中面临着被调查者的许多主观因素障碍

问卷填答者在填答问卷时,往往在心理上对问卷的内容产生一些不良反应,表现如下:

(1)问卷内容过大,问卷的开放性问题过多,造成了填答者的畏难情绪。内容过大不仅浪费填答者的时间,也容易使其产生厌倦的情绪。开放性问题过多,使得填答者耗费大量脑力回忆思考和组织语言,这种情况下,被调查者经常采取应付态度,甚至彻底放弃填答。

(2)涉及敏感性、尖锐性或个人隐私性问题,虽然采取匿名填答的方式,有些填答者还是顾虑重重。例如,有关国家政策或某些敏感社会现象的问题,人们的填答往往随波逐流。对于可能牵扯到个人利益的问题,经常从自身出发,以不影响自身利益为标准。还有些填答者为迎合调查者,不真实表露自己的看法。

(3)由于问卷设计时,调查者对调查的目的、意义以及重要性说明不够,甚至即便有所说明,仍不能引发填答者的注意,不能激发填答者的责任感和认同感。这种情况下填答者往往漫不经心地填答问卷,造成许多缺乏真实性的废卷产生。

(4)由于问卷内容脱离被调查者的生活实际,问卷设计混乱死板,没有新颖的形式或问题使被调查者对问卷产生兴趣并主动填答问卷。而是将其放置一旁,甚至弃如废纸。

2. 被调查者自身能力、条件的限制常给问卷调查法的实施造成客观性障碍

自填式问卷要求填答者具有一定的文化知识水平,而在现实生活中,并非所有的被调查者都能达到所要求的文化程度。被调查者由于受到自身社会生活环境以及个人条件的影响,在填答中,常会产生阅读能力、理解能力、表达能力及记忆能力等障碍。

(1)阅读能力障碍

看懂问卷是填答问卷的前提,文化程度较低的调查对象一般很难读懂问题抽象、结构复杂、语言深奥的问卷,因而不能明白问卷的内容和要求,便无法与调查者合作。

(2)理解能力障碍

由于个人文化水平限制,调查对象不能透彻理解调查目的和调查意义,不能理解问题的真正含义。然而即便是具有一定知识水平的填答者,也常因与问卷设计者个人生活环境及社会背景存在差异,对问题的理解与设计者的初衷产生偏差。这些都会影响到调查对象与调查者合作的态度和效果。

(3)表达能力障碍

在开放型或半限制型问卷中,都存在着要求调查对象用自己的语言清晰表达自己的观点的情况。而有的被调查者不具有良好的语言表达能力,不能完全清楚地表达自己的思想,甚至有时将自己的本意表达错误或者根本表达不出来,这都给调查结果的统计分析以及调查的真实客观性造成了障碍,影响了调查的真实客观性。

(4)记忆能力障碍

许多问卷在设计时,常常要求回答者回忆一些内容,这些内容常被作为了解被调查者背景经历的资料。但并非每个人都能记住很久以前的事情,如记忆有偏差,问卷答案的准确度将大打折扣。

(5)计算能力障碍

问卷中常有些需要计算的问题要求填答者准确计算,而文化程度较低的填答者不会进行此类计算。即便是能够计算出答案的回答者,也常因计算过程复杂,需计算的问题过多,而不愿认真仔细地填答。

3. 问卷调查法经常面临效度问题的挑战

这里效度是指调查结果的准确性。从理论与实践上,问卷调查法常常受到效度低的责难。与实地研究的调查方法相比,问卷调查法依靠答卷者的自我报告获得资料,因此信度较高。然而这种特定的资料收集方法和操作方式,在一定程度上加重了问卷调查法的低效度状况。

(1)问卷调查法不同于一般的实地研究方法

它以问卷为媒介,调查者与被调查者之间是被问卷隔开的间接接触,调查者不能亲身感受被调查者的生活背景,这往往是造成问卷调查效度低的一个重要原因。

(2)问卷工具要求高度的形式和程序的标准化安排

这种对形式的过分注重,常常忽视了内容的真正意义。将问卷形式和内容有机地结合于问卷设计之中,使形式既能恰到好处地反映需要调查的问题,又能尽可能地测量到真实的社会现状,是调查者在使用问卷调查法过程中苦苦追求而又难以达到的目标。

由于问卷调查法自身存在的缺陷以及在实际操作过程中遇到的主观和客观障碍,问卷调查往往只有较低的回收率,并不能代替其他的实地调查方法。尤其对于那些新事物、新情况和新问题的研究,问卷调查法是很难单独完成的。它主要适用于了解、分析具体事实和个人行为及看法，而对于了解人的行为动机、思想感情等主观心理状态则不如观察、访谈等实地研究方法有效。

思 考 题

1. 什么是问卷法，在什么情况下适合采用问卷法？请举例说明。
2. 问卷法的基本结构是怎样的？请举例说明。
3. 问卷法的问答有哪些类型？分别适用于哪种类型的调查？
4. 怎样进行问卷调查，在问卷调查中要注意哪些问题？
5. 问卷法有哪些优缺点？

第八章　抽　样　法

【本章提要】

抽样是抽样调查的必要前提，通常是在社会调查研究的准备阶段要完成的一项重要工作。本章提出了抽样的基本概念和基本术语，阐释了抽样在社会调查研究中的作用。重点介绍了不同种类的概率抽样和非概率抽样方法。特别说明了每一种方法的适用范围和操作程序，并对它们作了简要评价，以便于调查研究者在具体调查中恰当地选取使用。同时，为了更好地应用抽样方法，还简要介绍了样本规模和抽样误差问题。

【学习要求】

1. 了解：抽样的基本概念和基本术语；样本规模和抽样误差。

2. 掌握：抽样的作用和特点；概率抽样和非概率抽样的类型及应用。

第一节　抽 样 概 述

当今社会最主要和最常用的调查类型是抽样调查，它的前提条件就是抽样。因此，抽样通常是在社会调查研究的准备阶段必须完成的一项重要工作。抽样是否科学，是否实用，直接关系着抽样调查的成败。所以，掌握正确的抽样方法是社会调查研究必备的重要技能。

一、抽样的基本概念

1. 抽样的概念

抽样指的是从组成某个社会事物总体的所有元素，也就是所有最基本单位中按照一定的方式选择或抽取一部分元素的过程和方法。或者说是从总体中按照一定方式选择或抽取样本的过程和方法。比如,从 3 000 名工人所构成的总体中,按照一定方式抽取 200 名工人构成的样本的过程;或者从 1 000 户家庭构成的总体中,按照一定的方式抽取一个由 100 户家庭构成的样本的过程,都叫作抽样。

2. 抽样存在的必要性

抽样存在的必要性源于总体中所有个体之间的异质性。如果某个总体中的每一个成员在所有方面都相同,即具有百分之百的同质性,那么抽样也就没有必要了。因为只要了解了一个个体的性质和特征,就等于了解了总体的性质和特征。但是现实中的任何总体都不具备这种情况。相反,它们都存在着程度不同的异质性,即它们所包含的个体之间总是千差万别的。抽样中的总体通常就是社会中由许许多多个人所组成的各种各样的社会群体,而现实社会中从来没有两个完全相同的人。因此,在各个总体普遍存在异质性的情况下,抽样就成为通过总体各个成员的异质性反映总体的性质和特征的必要手段。

3. 抽样存在的合理性

抽样存在的合理性源于总体中所有个体之间的同质性。辩证唯物主义个别与一般的理论和建立在概率论基础上的大数定律和中心极限定律证明:尽管总体所包含的每一个个体都不能完全地反映总体的性质和特征却都具有不同程度的总体的性质和特征的因素,所以一定数量个体的因素的集合,就可以等同或接近总体的性质和特征。正因为如此,抽样成为一种通过部分个体的集合反映总体的性质和特征的有效方法。

4. 抽样中的基本术语

在抽样中一些常用的基本术语。

(1)总体

它是构成事物的所有元素、也就是其基本单位的集合。在社会调查研究中,最常见的总体是一些社会群体,而个人便是构成这类总体的元素。比如,当我们对某品牌电视机的消费者进行调查研究时,这类消费者的集合就是我们调查研究的总体,而每一个消费者便是构成总体的元素。

(2)样本

它是从总体中按照一定方式抽取出的一部分元素的集合。一个样本是总体的一个子集,一个总体中可以抽取出若干个不同的样本。比如,从某省总数为 10 万人的消费者总体中,按照一定方式抽取出 3 000 名居民进行调查,这 3 000 名居民就构成该总体的一个样本。

在社会调查研究中,资料的收集工作往往是通过样本来完成的。样本的调查结果可以推论和说明总体。

(3)抽样元素

它指的是构成总体的每一个最基本单位,也称“抽样分子”或“个体”。社会调查研究中最常用的抽样元素是单个的人但也可以是家庭、学校、企业、商店等。例如相对于全国所有汽车企业这个总体来说,某汽车厂就是抽样元素。

(4)抽样单位

它是一次直接的抽样所使用的基本单位。抽样单位与抽样元素有时是同一的,有时又是不同的。比如,上面所举的例子中,单个的消费者既是构成10 万消费者这一总体的元素,又是我们从总体中一次直接抽取出 3 000 名消费者的样本时所用的抽样单位;但是,当我们从这一总体中一次直接抽取的不是个人,而是 30 个小组(每组 100 人),并以这 30 个小组作为我们的样本时,抽样单位(小组)与抽样元素(消费者)就不是一个概念了。

(5)抽样框

它又称作抽样范围,指的是一次直接抽样时总体中所有抽样单位的名单。比如,从一个工厂的全体工人中,直接抽取 1 000 名工人作为样本。那么,这个工厂全体工人的名单就是这次抽样的抽样框;如果是从这个工厂的所有车间中抽取部分车间的工人作为调查的样本,那么,此时的抽样框就不再是全厂工人的名单,而是全厂所有车间的名单了。因为此时的抽样单位已不再是单个工人,而是单个的车间了。

(6)参数值

它也称为总体值,是关于总体中某一变量的综合描述或者总体中所有元素的某种特征的综合数量表现。在统计中最常见的参数值是某一变量的平均值。比如,某市下岗工人的平均年龄,就是关于某市全部下岗工人这一总体在年龄这一变量上的综合描述。需要说明的是,总体只能是对总体中的每一个元素都进行调查或测量才能得到。

(7)统计值

它也称为样本值,是关于样本中某一变量的综合描述。或者说是样本中所有元素的某种特征的综合数量表现。样本值是从样本的所有元素中计算出来的,它是相应的总体值的估计量。比如,从某市下岗工人中抽取 1 000 人作为样本,所算出的他们的平均年龄,既是关于某市下岗工人样本在年龄这一变量上的综合描述,也是对全部下岗工人的平均年龄的估计量。抽样的目的之一,就是要通过这些样本值去估计和推断各种总体值。由于从一个相同的总体中可以根据不同的抽样设计得到若干个不同的样本,所以从每一个样本中所得到的估计量,都只是总体的许多个可能的估计量中的一个。抽样设计的目的就是尽可能使所抽取的样本的估计量接近总体的参数值。

(8)抽样误差

它是用样本估计值去估计总体中数值时所出现的误差。这种误差是因为抽样本身的特点而引起的。由于无论采取什么样的抽样方式,所抽取的样本有多大,都无法涵盖总体,所以抽样误差是不可避免的。但是,抽样误差的大小是可以在样本设计中事先估算并设法控制的。

除此以外,抽样中还存在另一种误差,即在记录、填答、汇总等工作中因误抄、误算等人为过失和违反抽样原则而造成的误差。它们和这里所说的抽样误差不是一个概念。

二、抽样的作用

抽样调查是人们"由部分认识整体"的重要途径,而抽样则是其中的一个关键环节和实现"由部分认识总体"这一目标的手段之一。实际上,抽样早就在人们的日常活动中发挥着作用。早就被人们自觉或不自觉地运用着。比如农民在买种子时,往往先从一大袋种子中随手抓一把看看,便知道这批种子的质量好不好;医生只要从病人身上抽取很少的一点血液,便可以了解病人全部血液的各方面状况。但是抽样进入社会调查研究领域,却是近代数理统计理论迅速发展的结果。第二次世界大战之后,它随着计算机技术的突飞猛进而得到大力推广,普遍应用于社会的各个方面。

在社会调查研究中。抽样主要解决的是调查对象的选取问题,即如何从总体中选出一部分对象作为总体代表的问题。一项社会调查研究若能采用普查的方式,对总体的全部元素都进行了解,那当然最好,但实际上绝大多数调查研究常常会因为条件限制,而不得不在庞大的总体与有限的时间、人力、资金这二者之间寻求平衡。以现代统计学和概率论为基础的现代抽样理论。以及不断发展、不断完善的各种抽样方法,正好适应了社会调查研究的发展和应用的需要,成为架在研究者十分有限的人力、财力和时间与庞杂广阔、纷繁多变的社会之间的一座桥梁。有了它的帮助,研究者可以方便地通过较小的部分认识很大的整体。正是因为如此,抽样才与问卷方法、计算机技术、统计分析方法相结合,形成了社会调查研究的抽样调查类型,在现代社会中大放异彩。关于抽样的作用,有两个相关的问题需要特别明确。

1. 抽样和抽样调查不能混为一谈

抽样只是抽样调查的前提和一部分。只解决抽样调查过程中的选取调查对象这一个问题,抽样调查的其他所有问题都是用另外的方法来解决的。

2. 抽样只是抽取样本的方法而不是调查方法或者说资料收集方法

再进一步确切地说,即使是抽样调查,也不能定义为一种调查方法和资料收集方法。抽样调查和普查、个案调查一样,只能说是调查的类型或者方式。它们所使用的具体调查方法或者说资料收集方法就是各种类型的调查研究所通用的问卷法、访谈法、观察法、实验法、文献法等。目前我国许多调查报告经常有“采用抽样调查的方法,对……进行调查”之类的语言。一些教科书甚至直接将抽样调查定义为收集资料的方法,这些表述严格说来都是不准确的。

三、抽样的类型及步骤

1. 抽样的类型

根据抽取对象的具体方式,人们把抽样分为许多不同的类型。总的来说,各种抽样都可以归为概率抽样与非概率抽样两大类,这是两种有着本质区别的抽样类型。概率抽样是依据概率论的基本原理,按照随机原则进行的抽样,因而它能够避免抽样过程中的人为误差,保证样本的代表性。而非概率抽样则主要是依据研究者的主观意愿来判断或本着方便等因素来抽取对象。它不考虑抽样中的等概率原则,因而往往产生较大的误差,难以保证样本的代表性。概率抽样与非概率抽样又各自包括了许多具体类型。其主要类型如图8－1所示。

关于这些抽样类型的原理及内容,我们将在本章稍后部分具体介绍。

2. 抽样的步骤

虽然不同的抽样方法具有不同的操作要求,但它们通常都要经历以下步骤。

(1)界定总体

界定总体就是在具体抽样前,明确认清抽取样本的总体的范围与界限。这首先是由抽样的目的所决定的。因为抽样虽然只属于总体中的一部分个体,但其目的却是为了描述和

- 抽样方法
  - 概率抽样
    - 简单随机抽样
    - 系统抽样
    - 分类抽样
    - 整群抽样
    - 多阶段抽样
    - 偶遇抽样
  - 非概率抽样
    - 判断抽样
    - 定额抽样
    - 滚雪球抽样

图 8－1　抽样主要类型

认识总体的状况与特征。是为了发现总体中存在的规律,因此必须事先明确总体的范围与界限。其次,界定总体也是保证抽样效果的前提条件。要有效地进行抽样必须事先了解和掌握总体的结构及主要内容,并依据研究的目的明确总体的范围,抽样的样本必须取自明确界定后的总体。否则即使采用严格的抽样方法,也可能抽取出对总体缺乏代表性的样本来。例如,我们要对某市企业职工劳动合同执行状况作抽样调查,首先就要明确总体是该市所有企业的所有职工,包括长期工、合同工和临时工。如果只把总体界定为部分企业或某类职工,则从中抽取的样本是无法反映某市企业职工劳动合同执行状况的总体状况与特征的。

(2)决定抽样方法

各种不同的抽样方法都有其自身的特点和适用范围。因此,我们在具体实施抽样之前,应依据调查研究的目的、界定的总体范围、要求确定样本的规模和要求量化的精确程度来决定具体采用哪种抽样方法。应注意凡是要求从数量上推断总体的抽样调查,都必须采用随机抽样。

(3)设计抽样方案

设计抽样方案即在上述工作完成的基础上,根据调查研究的目的、调查总体、抽样方法、样本规模、抽样误差等有关问题制定各项目标和操作的具体方案,为抽样工作的顺利进行提供基础,进行抽样设计时所应当遵循的四条原则:一是目的性原则,二是可测性原则,三是可行性原则,四是经济性原则。

目的性原则是指在进行抽样方案设计时,要以课题研究的总体方案和研究的目标为依据。以研究的问题为出发点,从有利于研究资料的获取,以及最符合研究的目的等因素来考虑抽样方案和抽样方法的设计。可测性原则指的是抽样设计能够从样本自身计算出有效的估计值或者抽样变动的近似值。可行性原则指的是抽样设计要符合主客观条件,切实可行。经济性原则主要指的是抽样方案的设计要考虑尽可能发挥研究的可得资源的效力,这种资源主要包括研究的经费、时间、人力等。

(4)制定抽样框

制定抽样框就是依据已经明确界定的总体范围,收集总体中全部抽样单位的名单,并统一编号。例如,如果我们要在某单位进行一项在职女职工家务负担的抽样调查。那么,第一步是要先对总体进行界定,明确总体范围是该单位在职的女性职工,而将所有男职工和离退休女职工以及其他一些不符合上述界定的人排除在总体之外。然后,要收集和编制一份该单位所有在职女职工的完整的,既无重复、又无遗漏的人员名单,即抽样框,以备下一步抽取样本之用。

当抽样是分阶段、分层次进行时,各阶段和层次实际上就构成了总体之下的子总体,应当再分别建立抽样框。比如,为了解某省农民的生活状况,需要从全省 100 个县中抽取 20 个县,再从每个抽中的县中抽取 5 个乡,最后从每个抽中的乡中抽取 30 户农户进行调查。那么,就要分别收集并编制全省所有县的名单、每个抽中的县里所有乡的名单,以及每个抽中的乡里所有农户的名单,形成三个不同层次的抽样框。

(5)实际抽取样本

实际抽取样本就是在上述几个步骤的基础上,严格按照所选定的抽样方法,从抽样中抽取一个个的抽样单位构成样本。抽样工作一般在实地调查之前就已完成,但当研究的总体规模较大,或抽样是采取多阶段方式进行时,就得一边抽取样本一边开始实地调查了。比如,我们要在某市一个企业中抽取 200 名职工进行工作满意度调查,而这个企业的职工总数不是很大。并且很容易得到全部职工的花名册,就可以把事先从这份花名册中(即抽样控中)抽取出 200 名职工的名单作为样本,待一切准备工作就绪,正式开始调查时,再按图索骥,对这 200 名职工进行调查。但如果是从该市所有企业中抽取 1 000 名职工进行工作满意度调查。那么由于职工数量实在太大,名单难以一下子全部得到,我们就得采取多阶段抽样的方法。而且要到了实地(即该市)后边抽样边调查。

(6)样本评估

样本评估就是对样本的质量和代表性进行检验,其目的是防止因样本的偏差过大而导致的失误。评估样本的基本方法是:将样本的重要特征及其分布情况与总体的同类指标进行对比。若二者之间的差别很小,则样本的质量较高,代表性较大;否则样本的质量和代表性就较低。例如,如果我们从一个有4 000名职工的企业中抽取200名职工作为样本,并且统计出样本中男职工占76%,女职工占24%;本地职工占67%,外地职工占33%。同时我们从企业有关部门那里得到下列统计资料:男职工占职工总数的78%,女职工占22%;本地职工占64%,外地职工占36%。两相对比,不难发现二者之间的差距很小。它说明样本的质量和代表性较高,能够较好地反映和体现总体的情况,这样的样本就可以放心地用于抽样调查了。

第二节　概率抽样

概率抽样又称随机抽样、等概率抽样或客观抽样,是指总体中每一个成员都有同等的进入样本的可能性,即每一个成员的被抽概率相等,而且任何个体之间彼此被抽取的机会是独立的。概率抽样以概率理论为依据,通过随机化的机械操作程序取得样本,所以能避免抽样过程中的人为因素的影响,保证样本的客观性。虽然随机样本一般不会与总体完全一致,但它所依据的是大数定律,而且能计算和控制抽样误差,因此可以正确地说明样本的统计值在多大程度上适合于总体,根据样本调查的结果可以从数量上推断总体,也可在一定程度上说明总体的性质、特征。正是因为如此现实生活中绝大多数抽样调查都采用概率抽样方法来抽取样本。概率抽样依照具体抽样方法的不同可分为简单随机抽样、系统抽样、分类抽样、整群抽样及多阶段抽样五个类型。

一、简单随机抽样

1. 简单随机抽样的概念及方法

(1)简单随机抽样的概念

简单随机抽样又称纯随机抽样,是指在特定总体的所有单位中直接抽取 n 个组成样本。它是一种等概率抽样和元素抽样方法,最直观地体现了抽样的基本原理。简单随机抽样是最基本的概率抽样,其他概率抽样都以它为基础,可以说是由它派生而来的。简单随机抽样对总体中所有个体完全按照随机原则抽取样本,即抽样时是不对所有个体进行任何分组排列的。抽取样本的数量是事先设定的，是从总体中逐个进行抽取的，从而使总体中任何个体都同样有被抽取的平等机会，为此，必须保证抽样框的合理性和充分性，既不能让某些个体重复进入抽样框而增加被抽机会，也不能让某些个体遗漏而失去被抽机会，否则就破坏了随机原则。

简单随机抽样分为重复抽样和不重复抽样两类。在重复抽样中，已经被选中的个体仍放回总体中，因此在同一样本中，某一个体就有可能不止一次地出现。在不重复抽样中，被选为样本的个体不再放回总体，因此在同一个样本中，每一个个体只能出现一次。当总体足够大时，不重复抽样与重复抽样相差很小，所以在大规模社会调查中，通常不使用重复抽样。

(2)简单随机抽样的方法

常用的简单随机抽样方法有直接抽样法、抽签法和随机数表法。

直接抽样法是指不对总体的各单位作任何处理。直接从中随机抽取样本的方法。例如工厂的检验员从生产线上随手抽取若干产品进行检验。调查者在居民小区随意到几户家庭进行调查等。

抽签法也叫抓阄法，是事先编制抽样框，将总体的所有单位都编号，分别写在一张张纸条上。放入一个容器中搅拌均匀，从中任意一个个抽取，直到抽够所需数量为止。这种方法简便易行，应用较多。但当总体规模的样本数量较大，工作员繁重时，则不适宜采用。

随机数表法是用随机数表来抽样的方法，适用于总体规模较大的抽样。随机数表是一种由数字 0 ~ 9 组成的特殊的数码表格。所有数码不是顺序而是随机排列的。它一般用计算机生成，生成原则是保证表中每个位置上的数码都有出现的同等可能。目前社会上流行着从 1 000 个数码到 15 000 个数码的各种随机数表。用随机数表抽样的具体做法是：第一，根据总体的所有单位的名单编制抽样框。第二，将抽样框中的所有单位按顺序编号。第三，根据总体规模选用随机数表。例如 1 000 个单位以下用 3 位数表。10 000 个单位以下用 4 位数表，或者在大的随机数表中选定与之相应的数码范围。第四，从选定的随机数表或随机数表数码范围中，按照任意确定的原则(位置任意、方向任意)，逐个抽取与所定的样本数等量的数码。第五，根据抽出的随机数表数码，从抽样框中抽取数码与之相同的单位最终形成样本。

2. 简单随机抽样的评价

简单随机抽样没有人为因素的干扰，简单易行但是它也有很大局限性。

第一,这种抽样方法,在总体同质性较高时,用起来比较准确有效,但在总体异质性较高时,则效果不一定好。这是因为当构成总体的个体差异较大时,用简单随机抽样方法抽出的样本由于在总体中的分布不一定均匀,所以很可能误差较大,不能很好地说明总体的性质和特征。

第二,当总体所含个体数目太多时,采用这种抽样方式不仅费时、费力、费钱,而且很难操作。例如要采用简单随机抽样方法,从北京市全体驾驶员中抽取 1 000 人作样本,就需收集全市 300 多万驾驶员的名单,制成抽样框。仅此一项便工作量巨大,其他工作则更难进行。因此一般认为,简单随机抽样仅适用于总体所包括的单位较少、又比较集中的情况,例如检验超市中某商品质量时的抽样,检查某大学教师的教学水平时的抽样等。不过,从发展的角度看,简单随机抽样的这个缺陷是很可能得到消除的。随着当今社会计算机技术的飞速发展,特别是网络技术的日新月异,所有的信息都可以不再受时间、空间的限制,在互联网上融会贯通,过去烦琐艰巨的概率排列组合与计算工作,也可以通过计算机在瞬间完成,所以我们有理由相信,简单随机抽样将越来越不受总体规模的制约。

二、系统抽样

1. 系统抽样的概念与方法

系统抽样也称等距抽样或机械抽样,是按一定的间隔距离抽取样本的方法。其做法是先编制抽样框,将总体的所有单位都按一定标志排列编号;再用总体的单位数除以样本的单位数,求得抽样间距;然后,在第一个抽样间距内随机抽出第一个样本单位,作为抽样的起点;接着,按照抽样间距依次抽取样本单位,直到抽足样本的单位数为止。例如,某企业有 3 000 名工人,我们要从中抽取 100 人作为样本。具体做法就是:先收集 3 000 名工人的名单顺序编号为 1 ~ 3 000,制成抽样框;再用总体的单位数 3 000 除以样本的单位数 100,得出抽样间距 30;然后,在第一个抽样间距 1 ~ 30 内随机抽出第一个样本单位,假定是 10;接着,按照抽样间距依次抽取样本单位,即 40,70,100,…直到抽足 200 个样本单位为止。若抽到最后第 3 000 号不足所需样本时可再回头累积抽取。

采用系统抽样必须注意一个问题:总体单位的排列不能呈有规律分布的状态,否则会使系统抽样产生很大误差,降低样本的代表性。例如,以部队的战士为抽样样本,战士的名单一般是以班为单位排列的,10 人一班,第一名是班长,最后一名是副班长,若抽样间距也是10,则样本或均由班长(正、副)组成,或均由战士组成,就没有了代表性。因此,在使用系统抽样时一定要认真考察总体的排列情形和抽样距离之间的关系,如原有的排列次序影响抽样的话就应当打乱原排列次序或改用其他抽样方法。

2. 系统抽样的评价

同简单随机抽样相比,系统抽样有明显的优点。

第一,当总体规模较大时,系统抽样比简单随机抽样中的随机数表法易于实施,工作量较少。它不需要反复使用随机数字表抽取个体,而只需按照间隔等距抽取即可。

第二,系统抽样的样本不是任意抽取,而是按照间隔等距抽取,所以在总体中的分布更均匀。抽样误差一般也要小于简单随机抽样,也就是说精确度更高、代表性更强。

系统抽样的局限性与简单随机抽样一样,也是仅适用于同质性较高的总体。当总体内不同类别个体的数量相差过于悬殊时,采用此法所抽出的样本代表性可能较差。例如以部队全体指战员为抽样总体,而部队内战士多、干部少,如果用系统抽样按照简单等距抽取样本则可能很少抽中或完全抽不中干部。

三、分类抽样

1. 分类抽样的概念和方法

(1)分类抽样的概念

为了解决异质性程度较高的总体的抽样问题,人们使用了分类抽样的方法。所谓分类抽样也叫类型抽样或分层抽样,就是先将总体的所有单位依照一种或几种特征分为若干个。于总体,每一个子总体即为一类,然后从每一类中按简单随机抽样或系统随机抽样的办法抽取一个子样本,称为分类样本,它们的集合即为总体样本。

(2)分类抽样的方法

按照确定分层样本数量的不同方式,分类抽样分为比例分类抽样和非比例分类抽样两种。比例分类抽样是指分类样本在总体样本中所占比例与该类所有单位在总体中所占比例相同,非比例分类抽样则比例不同。例如,我们要调查某企业员工的生活待遇问题。决定从全部2 000员工中抽取200人作为样本,由于企业员工中既有管理人员,又有技术人员,还有工人,而且三者数量和状况差异太大,因此就需要采用分类抽样的方法。首先,将所有管理人员、技术人员和工人划分为三个子总体(类),假定管理人员共100人,技术人员共200人,工人共1 700人。然后,若按比例分类抽样方法,则应分别抽取10人、20人、170人。如果我们还需要重点了解管理人员和技术人员的情况,而又认为10人、20人太少,不足以说明问题时,则可以采用非比例分类抽样方法,假定在每类抽取30人。从而使管理人员和技术人员被抽概率大大提高,特征更加明显。

分类抽样建立在两个假定之上:第一,只要类型划分较细,那么同一个类型中的每一个个体都是同质的,所以样本可以准确地反映总体的质。第二,只要类型划分合理,且分配给各类的名额符合总体中各类人员的分布,那么样本就可以准确地反映总体的量。这两个假定在理论上是成立的,但在实际过程中只有分类标准科学并符合客观实际才能实现。由于分类往往都是人们的主观行为,所以必须对总体单位的所有特征及其包含的所有因素有充分的了解才能保证分类的准确性和样本的精确度,这对那些自然形成的、特征鲜明的个体类型来说问题不大,例如不同国家、不同省市、个人的年龄、性别、教育、职业等。但对于复杂的个体类型来说,则有一定难度。因此进行分类抽样的调查者要尽可能地考虑到那些有可能影响变量的各种因素,根据其不同特征来对总体分类,并弄清它们在总体中所占的比例,然后依据这种划分以及各类成员的比例去选择样本单位使样本中的成员在上述各种因素、各种特征方面的构成和在样本中的比例尽量接近总体。一般来说,人们对复杂事物都是按照多种标准作多种分类或综合分类。例如,研究城镇居民消费结构的变化。既可按行业分类,又可按行业和职业交叉分类,还可按行业、职业与性别、年龄等标准综合分类等。在符合客观实际的前提下,分类数目应尽可能多,分类越细越多,则样本的代表性越好。无论怎样分类,其结果都要努力做到同类单位之间同质性最大,不同类单位之间异质性最大,而且不能重复归类、互相交叉或有所遗漏。各类单位数量之和必须与总体单位数相等。

2. 分类抽样的评价

(1)分类抽样的优点

①分类抽样能够克服简单随机抽样的缺点,适用于总体内个体数目较多、结构较复杂,内部差异较大的情况。由于它通过分类把同质性较大的单位集合为一个类型,把异质性较大的单位区分为不同类型,就减少了抽样误差,尤其是按比例分类抽样方法抽出的样本,实际上就等于总体的缩影,从而可以大大加强样本的代表性。

②精确度较高

由于分类抽样可以将一个内部差异很大的总体分解成一些内部比较相似的子总体,综合每一子总体内抽出的小样本就能较好地代表总体，所以在样本数相同的情况下。分类抽样比简单随机抽样的精确度高。从另一角度说，在同样的精确度要求下，分类抽样的样本规模较小。从而可以节约抽样成本。

③便于对不同层面的问题进行探索

分类抽样不仅可以了解总体情形。而且可以将每一类看作一个总体，进行专项研究。此外，对总体的各类单位还可以采用不同的抽样方法，例如，对在职职工采用系统抽样方法，对离退休职工采用简单随机抽样方法等。这就能够更准确、深刻地反映调查对象的本质特征。

④便于分工提高工作效率

因为可以把每一类看作一个相对独立的总体，所以可以由不同的人分别进行抽样工作，大大加快工作进度。

(2)分类抽样的缺点

如何分类往往由人们主观判定，因此要求调查者具备较高的素质与能力。并且必须事先对总体各单位的情况有较多的了解，而它们在实际工作中有时难以完全实现，这就会影响分层的科学性和精确性。

四、整群抽样

1.整群抽样的概念和方法

整群抽样又称聚类抽样或集体抽样，是将总体按照某种标准划分为一些群体，每一个群体为一个抽样单位，再用随机的方法从这些群体中抽取若干群并将所抽出群体中的所有个体集合为总体的样本。例如，某大型企业有 5 个分厂、30 个车间、12 000 名工人，如果采取整群抽样方法调查该企业工人收入状况。其具体做法就是：首先，将工人按照车间分为 30 个群体，并把每一个车间看作一个抽样单位；然后，用随机的方法从 30 个车间中抽取若干个(如 6 个)作为样本；最后，将这 6 个车间的全部工人集合为总体样本。

整群抽样分为等规模整群抽样和不等规模整群抽样，前者总体内所有群体的规模都大致相同。后者总体内各群体规模则不等，在社会调查研究中以后一种情况居多。这种差异如果较大就会对抽样成本预算与精确度测算以及实地调查工作造成不利影响，同时还容易产生抽样偏差。为了解决这一问题，人们往往采用概率与元素的规模大小成比例的抽样方法。简称 PPS 抽样(Probability Proportionate to Size Sampling),就是根据每个群体所包含的最终抽样单位(如家庭)的规模来决定各自抽取样本的比例大小,规模大则抽取样本比例相对小。规模小则抽取样本比例相对大,从而保证每个群体中的最终抽样单位都具有抽中的同等机会。例如在上述某企业工人收入状况调查中,发现抽取的 30 个群体(车间)中,样本规模(工人数)分别从 100 到 600 不等,其差异会影响调查质量,因此用 PPS 抽样方法,提高 100 人车间的抽样比例,并按不同比例减少其他人多的车间的抽样数,形成最终总体样本。

2. 整群抽样的适用性

整群抽样与分类抽样都是将总体分为一些子群。但分类抽样中所有子群均要抽取一个样本,总体样本是各分类样本的集合,即总体样本在各类中均有分布。整群抽样则不然,它是抽取若干子群,并将这些子群的全部个体集合为总体样本。因此,总体样本只分布在部分子群之中。在分类抽样中,类与类差异明显,类内个体则基本同质。所以由各分类样本集合而成的总体样本能较好地代表总体。整群抽样由于仅抽取某几个子群作为总体的代表,一旦子群之间差异较大,同时每个子群内个体基本同类,那么抽出的几个子群就显然无法代表总体。例如要调查某县农民的平均收入,将农户按照自然村分为 60 个子群。由于该县自然村既有在县城附近的,又有在平原的,还有在山区的,三者之间的农民收入相差很大,因此,如果用整群抽样方法抽取 10 个子群,而抽到的仅仅是其中一种或两种自然村类型,那么显然这个样本是无法代表全县农民的收入水平的。所以,整群抽样对于个体单位之间界限不清的总体,能够充分发挥其作用,却并不适用于总体单位界限分明的情况。对于后者,一般还是以采用分类抽样的方法为宜。

另外,整群抽样对于所含子群总数较少的总体也不大适用,因为若总体所含子群总数较少,则所抽取的样本群数也必然较少,这样会导致样本过于集中,有可能降低样本的代表性。所以当面对这种情况时,也应当考虑采用分类抽样或其他抽样方法。

3. 整群抽样的评价

整群抽样的优点在于:它可以通过转化抽样单位扩大抽样的应用性,降低成本,提高效率。例如,在一个几百万乃至上千万人口的大城市里进行抽样调查,如果以个人为抽样单位,则需要建立一个几百万乃至上千万人口的巨大抽样框,这在实际中很难操作。即使能做到,从时间、人力和费用方面考虑也极不经济。此时,使用整群抽样就是一个很好的选择。我们可以把城市居民委员会作为抽样单位,即将抽样单位由个人转换成群体,这样,编制抽样框就合省时、省力和节约费用。正因为如此,在许多社会调查研究中,人们即使有总体的抽样框。但为了节约和提高效率,也采用整群抽样。

整群抽样的最大缺点是样本分布不均匀,样本的代表性较差,因此与其他抽样方法相比,在样本数相同时,其抽样误差较大。另外对整群样本的资料分析,如统计推断、假设检验等,也比前面几种抽样方法复杂。

五、多阶段抽样

1. 多阶段抽样的概念和方法

多阶段抽样又称多级抽样或分段抽样,就是将从总体中抽取样本的过程分成多个阶段进行抽样的方法。它是在总体内个体单位数量特别大,而彼此间的差异不太大时,先将总体各单位按一定标志分成若干群体,作为抽样的第一阶段单位并依照随机原则,从中抽出若干群体作为第一阶段样本;然后将第一阶段样本又分成若干小群体作为抽样的第二阶段单位,从中抽出若干群体作为第二阶段样本,依此类推,可以有第三阶段、第四阶段……直到满足需要为止。最末阶段抽出的样本单位的集合,就是最终形成的总体样本。它可以说是整群抽样的进一步延伸。一般在抽取前阶段样本时采用分类抽样或等距抽样,抽取后阶段样本时采用整群抽样或简单随机抽样。例如,我们要进行一次全国农村家庭平均收入水平的调查,可先将县作为抽样单位进行第一阶段抽样,选出一部分县。然后再以乡为抽样单位,从所选出的县中抽取一部分乡,这是第二阶段抽样,此前均采用分类抽样方法。然后再以村为抽样单位,从所选出的乡中随意抽取一部分村,作第三阶段抽样,最后以家庭为抽样单位作第四阶段抽样,从已选出的村中随意抽取家庭样本,集合成为总体样本。

在进行多阶段抽样时应该注意处理好两个关系:一是群体规模与抽样概率的关系。在多阶段抽样过程中,每一阶段都要划分若干群体作为抽样单位(如上例中的县、乡、村)。而每一群体包含的最终抽样单位(如上例中的家庭)数量往往相差甚远。所以群体规模越小(即小县、小乡、小村),其最终抽样单位(家庭)被抽中的概率就越高,群体规模越大(即大县、大乡、大村)。其最终抽样单位(家庭)被抽中的概率就越低,这就违背了概率抽样的基本原则。对于这个问题,人们通常也像在整群抽样中一样,采用抽样方法来保证每个群体(县)中的最终抽样单位(家庭)都具有同等被抽中的机会。二是群体规模与抽样成本、效率和抽样误差的关系。在多阶段抽样过程中,如果从提高样本代表性、减少抽样误差的角度考虑,抽取样本的群体(如县、乡、村等)应该尽可能多一些。但是,如果从提高效率、降低成本的角度考虑,抽取样本的群体则应该尽可能少一些。因此,应该从实际需要和现实可能出发,在这些问题之间寻求一个平衡点,努力做到多头兼顾。

2. 多阶段抽样的评价

多阶段抽样与分类抽样从形式上看颇为相似。都是把总体划分为几个部分再抽样。但是实际上二者的性质有根本区别。分类抽样是按同质性把总体划分为若干类型,再从中选取样本单位,分类的意义在于使样本更准确地反映总体的本质特征。多阶段抽样则是把全部抽样过程分为若干阶段。分阶段抽取样本,其意义在于缩小总体范围,提高抽样效率,降低抽样成本。

在进行大规模社会调查时,如果抽样单位只有一级,例如在全国范围内进行以单个工人为抽样单位的抽样调查,则编制抽样框将极为困难,而且样本的分布极其分散,所需调查费用与人力物力巨大。多阶段抽样采用从高级抽样单位到低级抽样单位逐段抽样的方法,能够较好地解决这些问题,例如它可以先从各省、市、自治区抽取一部分企业,作为第一阶段样本。再从中抽取一部分车间,作为第二阶段样本。最后从中抽取一部分工人,集合为总体样本。这样,原本艰巨复杂的抽样工作就变得简单易行。因此,多阶段抽样的最大优点就是可以达到以最小的人财物消耗和最短的时间获得最佳调查效果的目的,特别适用于调查范围大、单位多、情况复杂的调查对象。此外,多阶段抽样由于在各阶段抽样时可根据具体情况灵活选用不同的抽样方法,所以能够综合各种抽样方法的优点,有利于提高样本质量。

多阶段抽样的不足之处是抽样误差较大。由于每次抽样都必然产生误差,所以抽样阶段越多抽样误差就越大。因此,必须避免不必要的分段。

第三节　非概率抽样

非概率抽样又称为不等概率抽样、非随机抽样或主观抽样,就是调查者根据自己的方便或主观判断抽取样本的方法。它不是严格按随机抽样原则来抽取样本,所以失去了大数定律的存在基础,因而也就无法确定抽样误差,无法正确地说明样本的统计值在多大程度上适合于总体。虽然根据样本调查的结果也可在一定程度上说明总体的性质,但不能从数量上推断总体。非随机抽样的具体方法很多,其中常用的有偶遇抽样、判断抽样、定额抽样及滚雪球抽样等。

一、偶遇抽样

偶遇抽样又叫自然抽样、方便抽样或便利抽样，是调查者将在一定时间、一定环境里所能遇到或接触到的人作为样本的方法。具体说就是调查者根据自己的方便，任意抽取偶然遇到的人或者选择那些离自己最近的、最容易找到的人作为样本。例如：在车站码头向等车的人作调查，在街头拦住过往行人作调查，在商店门口、展览大厅、电影院等公众场所向进出往来的顾客、观众作调查，在本单位向同事作调查等。另外，在有些调查研究中，人们不一定愿意接受调查。这时调查者为方便起见，常常是将那些自愿被调查的人作为样本。

偶遇抽样的优点是方便省力。缺点是没有保证使总体中的每一个成员都具有同等的被抽中的机会，那些最先被碰到的、最容易见到的、最方便找的对象具有比其他对象大得多的被抽中概率，所以样本有很大的偶然性、代表性。一般不能依赖偶遇抽样得到的样本来推论总体，偶遇抽样常用于探索性研究中的试调查。

二、判断抽样

判断抽样又叫目标抽样或立意抽样，是调查者根据研究的目标和自己主观的分析，来选择和确定样本的方法。它又可分为印象判断抽样和经验判断抽样两种。印象判断抽样，就是纯粹凭借调查者的主观印象抽取样本；经验判断抽样，就是根据调查者以往的经验和对调查对象的了解来选择样本。

判断抽样省略了编制抽样框等前期程序，直接抽取样本。可以节约人力、财力、物力，大大提高工作效率。但是这并不等于说在社会调查研究中应当尽可能地、无条件地采用该方法。由于判断抽样是调查者依据主观判断抽取可以代表总体的样本，所以能否采用判断抽样，主要取决于调查者的主观条件和调查的总体规模。在总体规模较小、调查所涉及的范围较窄的情况下，如果调查者对总体的情况比较熟悉，分析判断能力较强，调查研究方法与技术十分熟练，经验比较丰富，判断抽样就能够达到既节约效果又好的目的。例如，陆青华(丹江口水库移民生活满意度的调查)以 1978 年前因丹江口水库工程而迁出的移民为调查对象，着重了解他们的生活状况以及对移民生活的满意程度，希望通过对移民们生活中这一敏感而又关键的问题的把握，为改善移民工作提供一些有价值的参考意见。这次调查以湖北的宜城市和荆门市的部分乡镇的移民为总体，采用判断抽样方法选取调查对象。由于该项调查的指导者王茂福教授对宣城一带较熟悉且得到荆门地区移民局的热情支持。所以采用判断抽样方法选取样本，并取得了较好的效果。但如果主客观条件不具备，判断抽样所抽出的样本就会产生极大的误差，没有代表性。所以，在调查的总体规模较大或调查者的主观条件不够时，一般不会采用判断抽样。有时即使调查的总体规模较大，却因调查者的时间和设备有限而无法进行概率抽样时，也用这种方法，但无法保证质量，根据其样本所调查的结果只能说明某些具体问题，却不能用来推论总体。

在社会调查研究中，调查者也会出于一些特殊的目的而选用判断抽样。比如，在问卷设计阶段，为检验问题设计得是否得当，常有意选择一些观点分歧较大的人作为调查对象；又如，研究者专找那些与总体平均水平有较大偏离者作为调查对象，以明确使他们发生偏离的原因，等等。这类判断抽样的作用在于发现问题、提出假设，而不在于对总体作出说明。

由于判断抽样完全依赖于调查者对总体的了解程度和判断能力，所以样本的客观性无法确定，样本在总体中的分布不一定均匀，有可能出现较大误差，代表性如何也难以判断。因此，用判断抽样的结果来推论总体特征时，一定要特别谨慎。

三、定额抽样

定额抽样又叫配额抽样，是先根据总体各个组成部分所包含的抽样单位的比例分配样本数额，然后由调查者在各个组成部分内根据配额的多少采用主观的抽样方法抽取样本。例如：假设某高校有 2 000 名学生，其中男生占比 60%，女生占 40%；文科学生和理科学生各占 50%；一年级学生占 40%，二年级、三年级、四年级学生分别占 30%、20% 和 10%。现要用定额抽样方法依上述三个变量抽取一个规模为 100 人的样本。依据总体的构成和样本规模，我们可得到如表 8－1 所示的定额表。

表 8－1　某班学生定额表

	男生 60 人								女生 40 人							
	文科 30 人				理科 30 人				文科 20 人				理科 20 人			
年级	一	二	三	四	一	二	三	四	一	二	三	四	一	二	三	四
人数	12	9	6	3	12	9	6	3	8	6	4	2	8	6	4	2

据表中定额数，我们就可以分别抽出样本单位并把它们集合为总体样本。

定额抽样与概率抽样中的分类抽样都是依据某些特征来进行抽样，二者的目的不同，抽样方法也不同。定额抽样注重的是样本与总体在结构比例上的表面一致性，目的在于抽出一个总体的“形似物”，各类间的异质性与同类中的同质性不一定高，样本中各类单位所占比例与它们在总体中所占的比例相同，其方法是通过主观的分析来确定和选择样本单位；而分类抽样注重的则是样本与总体在本质特征上的内部一致性，目的在于抽出一个总体的“神似物”，各类间的异质性与同类中的同质性较高，样本中各类单位所占比例与它们在总体中所占的比例不一定相同。其方法则是根据概率原则，通过随机的方式来确定和选择样本单位。

定额抽样方法的缺点很明显。由于它注重的是样本与总体在结构比例上的表面一致性，而且是从方便出发进行主观的抽样。所以往往照顾不到总体单位之间的差异性。对于那些单位众多、错综复杂、情况不断更新的调查总体而言，定额抽样的样本很可能出现较大的误差，因此，根据定额抽样样本调查的结果是不能推论较大总体的，即使在较小的调查研究中，要用定额抽样调查的结果推论总体，也应谨慎从事。它一般不是用于说明总体状况而是用于检验理论、说明关系、比较不同等。

四、滚雪球抽样

滚雪球抽样是一种形象比喻的说法。它是指先找少量的、甚至个别的调查对象进行访问，然后通过他们再去寻找新的调查对象，依此类推，就像滚雪球一样越来越大，直至达到调查目的为止。

滚雪球抽样适用于总体的个体信息不充分或难以获得不能使用其他抽样方法抽取样本的调查研究。对于诸如球迷、歌迷、戏迷、收藏家、同性恋者、乞丐、吸毒者等特殊群体的调查尤为适用。例如，对吸毒者的调查由于总体单位的私密性和排外性极强。根本无法使用前述各种抽样方法抽取样本，因而只能利用吸毒者之间的关系，采取滚雪球方式抽选样本进行调查。如果总体不大，有时用不了几次就会接近饱和状况，即后来的调查对象再介绍的都是已经调查过的人，从而能够得到很好的调查效果。

滚雪球抽样用于某一特殊群体的调查往往可以收到奇效。但是，当总体规模较大时，有许多个体就无法找到；有时调查对象会出于某种考虑故意漏掉一些重要个体，这都可能导致抽样样本产生误差，无法正确反映总体状况。

第四节 样本规模

样本规模又称为样本容量、样本大小,指的是样本中所含个体单位的数量多少。样本规模不仅影响其代表性,而且还直接影响调查的时间、费用、人力、物力等。样本规模越大意味着各种消耗就越大,同时可能受到的限制和障碍也越多。因此,从抽样的可行性和简便性考虑,样本规模越小越好;但样本规模过小,就会降低对总体的代表性,加大抽样误差。人们不可能鱼与熊掌兼得,而只能在二者之间寻求最佳平衡点。因此,如何确定样本规模成为社会调查研究中的一个难题和一项重要工作。

统计学中通常以 30 为界,将样本分为大样本(30 个单位以上)和小样本(30 个单位及其以下)。这是因为当样本规模大于 30 时,其平均值的分布将接近于正态分布,许多统计学的公式就可以运用。也可以用样本的资料对总体进行推论。但是,30 个单位的样本对于社会调查研究来说却常常不够。根据许多专家的看法,社会调查研究中的样本规模至少不能少于 100 个单位。因为在社会研究中,研究者不仅仅需要以样本整体为单位来计算平均数、标准差、相关系数等统计量,还需要将样本中的单位按照不同的指标划分为不同的类别,进而分析不同类别之间的差别。分析不同变量之间的关系。所以,要保证所划分出的每个子类别中都有一定数量的单位就必须使整个样本的规模维持一定的量。

具体每一个社会调查研究究竟应当选择多大规模的样本,主要取决于以下几点。

一、总体规模

根据抽样原理,样本规模与总体规模越接近样本值,其与总体值就越一致,抽样误差就越小,样本的代表性也越强。因此在一定的精确度要求下,总体规模越大,所需要的样本规模也越大。但是,当总体规模大到一定程度以后,样本规模的加大就不是那么必要了。据专家测算,规模在 10 000 个单位以上的总体之间,样本规模的必需量所差无几。因此对于 10 000 个单位以下的总体来说样本规模应尽可能大;而对于那些超大型的总体,则可以按照一两万个单位的总体规模来确定样本规模,以避免不必要的浪费。

在抽样中,样本规模越小,样本值越偏离于总体值,抽样误差就越大,样本反映总体各类参数的精确度也越差,因此抽样中的一项重要任务就是通过对样本规模的控制而减少样本值与总体值的偏离，提高样本的代表性和精确度。从理论上说，样本的精确度越高越好，但相应的样本规模也要越来越大，而样本的精确度并不是随意增加一点样本单位就可以提高的。据测算，样本的允许误差减少1/2，样本规模就增加到原来的4倍；要减少2/3，样本规模就要扩大为原来的4倍，这对于比较小的总体来说，尚可操作。因为样本规模的一点增加，便会带来精确性方面很明显的增加。比如，当样本规模从100增加到156时（仅仅增加了56个单位），抽样误差就由10%下降到8%。但对于比较大的样本来说却难以实施。比如，允许抽样误差在2%时，样本规模为2 500个单位；要使抽样误差从2%下降到1%，则需要再增加7 500个单位。这就意味着调查者的时间和人力物力的消耗也要增加好几倍。而对于大多数社会调查研究来说，实际上并不要求如此高的精确度。因此，调查者应当根据必要性和可能性，适当地确定样本精确度。决不能因一味追求精确度的提高而拼命扩大样本规模，否则将导致巨大的浪费。

二、总体异质性程度

总体的异质性程度对样本规模的影响也十分明显。要达到同样的精确度，在同质性较高的总体中抽样时样本规模可以小一些；在异质性较高的总体中，样本规模则应该大一些。这是因为同质性程度越高，表明总体在各种变量上的分布越集中，波动性越小，同样规模的样本对总体的反映就越准确；而异质性程度越高，则表明总体在各种变量上的分布越分散，波动性越大，同样规模的样本对总体的反映就会越差。比如，当总体中的个体在消费上的差别比较小，或者说分布比较集中时，所抽取的样本中人均消费值的随机波动就很小，而抽样误差也就会很小。因此为了提高样本反映总体的精确度，人们通常用分类抽样的方法将总体划分为不同的类别或层次，让这些不同类别或层次在样本中都有代表，并使得抽样误差中基本不存在类与类之间的误差成分，而只存在类内各单位之间的误差成分，其效果相当于缩小了总体的异质性程度和单位分布的不均匀状态。

确定样本规模的大小要注意调查者所拥有的经费、人力、物力和时间因素。尽管从样本的代表性、抽样的准确性考虑，样本规模应尽可能大，但一般调查的经费、人力、物力和时间总是有限的。样本规模的大小必须与之相匹配，否则，或抽样无力完成，或根据抽样结果所作的调查研究无力进行。

思 考 题

1. 什么是抽样,抽样有哪些基本术语?

2. 如何理解抽样的作用?

3. 抽样应当怎样进行?

4. 对于不同的总体和样本情况,如何选择不同的概率抽样开展调查研究工作?

5. 分析几种非概率抽样的特点和应用情况。

6. 在社会调查中,如何确定样本规模?

实际应用篇

第九章　社会调查的工具设计

【本章提要】

本章对调查工具的设计进行了介绍,包括对调查指标设计的基本步骤、调查问卷的设计、测量量表的设计以及计算机在社会调查中的应用等。特别是随着信息技术的迅速发展,采用计算机来进行社会调查可以大大提高社会调查的效率和效果。

【学习要求】

1. 了解:调查指标的基本概念;量表的基本概念;计算机在社会调查中的作用。

2. 掌握:调查指标设计的基本步骤;测量量表的设计;计算机在统计分析中运用的一般步骤。

第一节　调查指标的设计

调查指标的设计是社会调查的重要环节。当明确了研究课题、研究假设及调查对象之后,一个基本的工作步骤就是确定调查内容与调查指标,而调查内容也是由一系列调查指标构成的,所以调查指标的设计是一个事关社会调查整个过程的问题。调查指标的设计不仅要求调查者具备较丰富的社会经验,而且要求设计工作遵循一些基本的原则与步骤,按照规范的程序来进行。

一、调查指标的基本概念

调查指标是社会调查过程中用来反映社会现象的类别、数量、规模、速度、程度、状态、水平、属性或其他特征的项目。例如,在一项针对青少年发展现状的调查中,性别、年龄、学历、身高、体重、疾病发生率、入学率、就业率、犯罪率等项目就是用来表示青少年发展状况的调查指标。

要理解调查指标的概念,还需注意调查指标与社会指标的联系与区别。社会指标也是反映社会现象的类型、数量、质量、状态及其他特征的项目,它与调查指标有着密切的联系。这种联系关键在于社会指标只有具体化为调查指标才能进入调查实际操作过程,而调查指标的设计也必须以一定的社会指标为依据。社会指标与调查指标的区别主要表现为,社会指标相对于调查指标而言,一般会抽象一些、笼统一些,社会指标更侧重和体现调查的目的与思想、反映某一项更具代表性的特征或问题。调查指标相对具体一些、简洁一些,调查指标更侧重于调查的实际操作,用简单实用的测量方式获取调查对象的可靠信息,用以反映调查对象的实际状况。举例来说,在一项有关社会结构的调查中,调查者选择"城市人口占总人口的比重""非农就业人口占就业人口的比重"等社会指标来反映社会结构的特征,"城市人口比重""非农就业人口比重"这两个社会发展项目在社会现实中并非一目了然,那么可以将其具体化,"城市人口比重"指标就用"城市人口总数""一个国家或地区人口总数"两个调查指标来实施测量,"非农就业人口比重"指标就用"非农业就业人口数""一个国家或地区就业人口总数"两个调查指标来反映。在这项调查中"城市人口总数""一个国家或地区人口总数"这样的调查指标在社会现实中当然更易获取数据资料,被调查者也更易理解和回答,而这些调查指标也离不开"城市人口比重"社会指标的范围,离不开社会结构这个主题。

二、调查指标设计的基本步骤

调查指标的设计有一个由抽象到具体、由大到小不断深入与分解的过程。在这个设计过程中,一般要经历三个基本步骤:第一,认真理解和把握与研究课题相关的理论及研究假设;第二,提出一套社会指标体系;第三,将选定的每一项社会指标细分为若干调查指标,也就是说，调查指标的设计首先要从一定的理论或研究假设出发，虽然理论的选取与假设的提出工作是在社会调查的总体策划中完成，但这一工作是整个调查活动的前提与基础，调查指标的设计还是要以其为指导，缺乏或忽视理论的指导，就可能导致调查活动偏离调查的目的与宗旨；第四，是在理论与假设的基础上提出一套符合社会客观实际的社会指标体系，这个社会指标体系实际是由一系列社会指标组成，当然这些指标是围绕调查课题这个中心的。第五，是将每一个社会指标细化为具体的便于测量的调查指标，一个社会指标对应若干调查指标，而整个调查指标的设计实际上是提出并确定一个多层次的调查指标体系。简言之，调查指标的设计过程是由理论与假设到社会指标体系，再到调查指标体系的逐步分解过程。这个过程可用图 9－1 来表示。

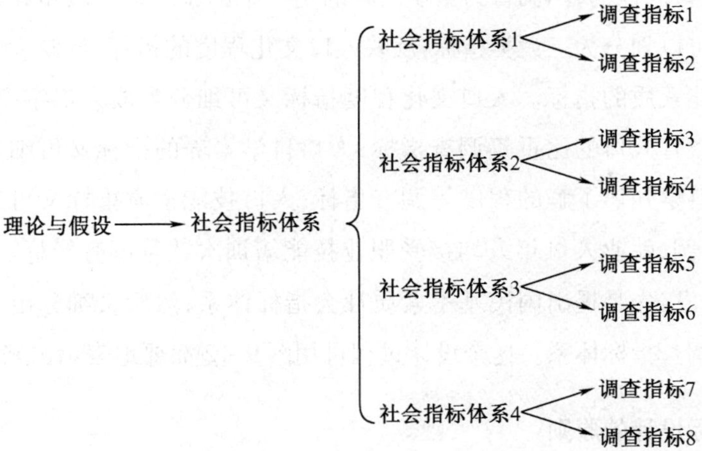

图 9－1　调查指标体系分解图

以国民素质研究为例，国民素质反映的是一个国家或地区人口发展的基本状况，是该国家或地区竞争力、凝聚力的重要体现。关于国民素质的研究很多，争议也不少。争议的关键在于国民素质的内部构成问题上，有的学者认为国民素质就是人口素质，包括人口身体素质与科学文化素质；有的学者认为国民素质主要包括人口身体素质、科学文化素质、道德素质等；有的学者认为国民素质不仅包括身体素质、科学文化素质，还包括人格素质、道德素质、角色素质等。尽管各有各的主张，但有一点是共同的，即认为国民素质包含身体素质与科学文化素质。

事实上,思想道德素质、人格素质等在研究中也难以量化处理。这样,可以选取国民身体素质与国民智力素质作为国民基本素质来进行研究。国民身体素质反映的是一个国家或地区人口的健康状况及身体发育水平,它又可划分为三大类社会指标:反映生长发育状况的指标、反映死亡水平的指标、反映先天性健康状况的指标等。而这三大类指标涉及范围仍很广泛,这样仍需要细分并挑选出一些具有代表性的指标作为调查指标。反映生长发育状况的指标可选取青少年的身高、体重及成人重症人口比重作为调查指标;

反映死亡水平的指标等。选取平均预期寿命、婴儿死亡率作为调查指标;反映先天性健康状况的指标从正向难以划分,那么可以从反向挑选先天性残疾人口比重、遗传性疾病人口比重、先天性低智人口比重等指标(社会发展指标研究中一般将这类指标称为逆指标)来作为调查指标。同样的,国民智力素质反映的是一个国家或地区人口科学文化及技能的基本状况,它又可以划分为三大类指标:反映人口文化程度的指标、反映人口科学素养的指标、反映人口技能素质的指标。人口文化程度指标又可细分为成人识字率、适龄儿童入学率、接受过高等教育人口的比重等调查指标;人口科学素养的指标又可细分为总人口中科技人员比例、对科学知识了解的程度等调查指标;人口技能素质指标又可细分为熟练技工占工人总数的比例、就业人口年人均接受职业技能培训次数等调查指标。这样,从国民素质的基本理论出发,先是提出国民基本素质社会指标体系,然后又细分出一个涉及范围广泛的、多层次的调查指标体系。这个设计过程可用图 9 - 2 简要地表示出来。

三、调查指标设计的原则

调查指标的设计不仅要按照科学的理论及规范化的程序来进行,而且在设计过程中要遵循一些基本的原则。

1. 科学性原则

所谓科学性原则,是指调查指标的设计必须遵循科学的理论、科学的程序,必须符合社会实际情况以及社会发展规律,而不能脱离正确理论的指导,不能主观任意罗列指标,不能违背客观规律行事。例如,20 世纪 20 年代,毛泽东同志曾经对湖南的农民运动进行深入细致的调查,并在此基础上撰写出《湖南农民运动考察报告》等著名的调查报告,他在报告中认为“农民运动好得很”。而同样是面对轰轰烈烈的农民运动,封建的政客及文人则害怕与惊慌,把农民运动痛斥为“痞子运动”。为什么同一件事结论差别如此悬殊呢? 并非政客、文人们文化程度低,或是不能了解到农民运动的基本情况,而是他们未能看到历史发展的规律,未能把握农民问题的实质。他们遵循的是所谓正统的官民地位之说,维护的是极少数人的利益,反映的只是少数人的意见,结论固然是错误的。毛泽东遵循的是马克思主义的科学理论,按照科学性的原则来办事,当然能够得出正确的结论。举一个例子,如果要设计社会发展指标体系,那么离开社会发展理论,而传统的发展理论只是强调经济的发展,现代的发展理论强调社会的全面发展与进步,其中不仅包括经济的发展,而且包括人文、环境等方面的发展;如果还是按照传统的发展理论来设计调查指标,那么只会选取诸如国民生产总值、财政收入、经济增长速度之类的调查指标,这样才会与社会发展大起势不相符,也反映不了社会发展的真实情况。

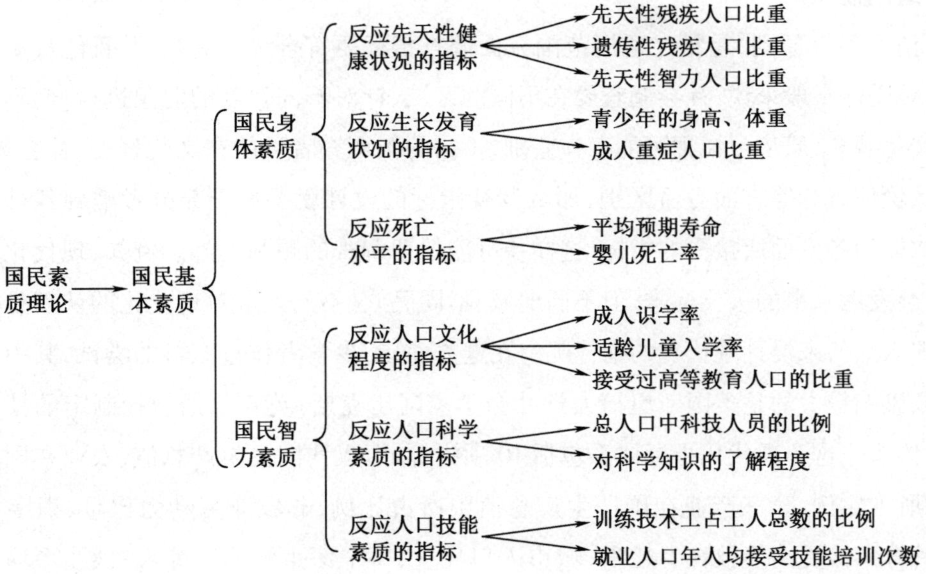

图 9-2　多层次调查指标体系图

2. 完整性原则

所谓完整性原则,是指调查指标的设计要全面地反映调查对象的整体特征,不能遗漏某些重要的方面或特征。例如,在社会发展指标的设计中,对于指标的选取就要特别注意其完备性,因为社会发展本身就涉及社会的方方面面。一般地说,社会发展状况可以从人的素质、社会结构、经济效益、居民生活质量、社会稳定与社会秩序等方面来考察,如果社会调查指标设计中忽视了哪一方面,都不能全面地反映社会发展状况。再例如,对学生质量的评定是学生管理的一项基础性工作,而学生质量的测评关键在于制定一套科学的综合指标体系。在我国全日制学校中,比较通行的综合测评体系一般都会包括学生德育、智育、体育发展水平三大方面,缺少哪一方面都不行,都会发生偏差,甚至会发生误导作用。当然,德、智、体三方面还可细分出许多项目,德育方面可以选择学生政治态度、思想觉悟、表现、品德修养、社会公德意识及法纪观念等相关指标,智育方向可以选取专业课程加权算术平均分数、智力竞赛及学术活动的相关指标,体育方面可以选取身体基本素质、体育理论考核成绩、课外体育锻炼状况、体育竞赛成绩等相关指标。这样,学生质量综合测评指标体系才会具备完整性,以此为基础开展测评工作,才可能使测评结果全面、公平、合理、可信。

3. 通用性原则

所谓通用性原则,是指在适用范围方面调查指标要符合统一规范,并且能被调查对象理解与接受。一般来说、社会调查要在不同的区域、针对不同程度的对象进行,而不同的区域内,文化观念、风俗习惯很可能存在差别,不同的被调查者可能在文化程度、社会地位、经济收入、价值观念等方面有所区别,那么调查指标的设计就要事先充分考虑到各种影响因素,选取能为各方面所接受的指标,这样才可能保证调查的顺利实施。例如,现代化是衡量一个社会发展水平的重要标志,但不同地域、不同民族、不同人群对现代化的认识是存在差异的,那么如何来设计现代化的指标呢?在这方面,不少学者作过有益的尝试,其中成绩最为显著、影响最大的是美国斯坦福大学社会学家阿历克斯·英克尔斯教授制定的社会现代化指标体系。这个现代化指标体系包括10项指标,即人均国民生产总值、农业在国民生产总值中所占比例、第三产业在国民生产总值中所占比例、非农业劳动力比重、识字人口比重、适龄青年接受高等教育者比重、城市人口比重、每个医生平均服务人口数、平均预期寿命、人口自然增长率。显然,这10项指标避免了在现代化问题上意识形态与价值观念之争,全面地、形象地概括了现代化的诸多方面,成为众多国家与地区通用的评价现代化水平的指标体系。另外,在设计调查指标中,要特别注意数量单位及测量标准的统一。例如,在"年龄"这个指标测量中,就存在历法与习俗方面的问题。在我国历法方面有农历与公历之别。按公历计算某人满了20岁,但按农历计算可能未满20岁。有的地方习俗中,女性多按"实岁"计算,男性多按"虚岁"计算。某男性虚岁为60岁,是指他实际年龄为59岁,将进入60岁,而某女性实岁为60岁,是指她已满了60岁,尚未满61岁,这些看似细小的地方有时会影响调查效果。在“人均月工资收入多少元”这个调查项目中，一个外资企业的职员与一个国有企业的职员都可能填写“1 000”这个数字，但很可能外企雇员头脑中的“元”是美元，国企职员头脑中的“元”是人民币，两者相差很大。设计指标时如果不考虑这些问题，或者未事先作必要的说明，势必影响社会调查的真实性与可靠程度。

4. 简明性原则

所谓简明性原则，是指在调查指标设计过程中，在保证能说明或反映问题的基础上，调查指标选取的个数尽量少而精，指标的表述尽量简单明了。有些人在设计调查指标时，在指标体系中罗列了许许多多的项目，以为这样就能保证调查效果的提高。事实上，指标越多越好的看法是一种误解，调查指标过多不仅可能带来调查实施以及数据处理时工作量的大量增加，增加了人力、物力、财力的消耗，而且可能多个指标之间出现重复或交叉，这样使得某方面的信息占据较多份额，从而掩盖了一些真实的信息或使某些特征得不到足够的重视。例如，中国人事科学院朱庆芳研究员等人在制定计会发展指标体系时，预选的指标有67项之多，后来通过专家咨询与科学分析，从中挑选出40项有代表性的指标构成社会发展指标体系。这样，调查指标项目少了，工作量减少了，代表性、典型性反而增强了。另外，调查指标的表述方面要尽量简明扼要、便于调查对象理解与回答。有些人把调查项目设计得很繁杂、很“专业”，认为这样才能体现调查者或设计者的水平，实际上，调查工具的设计主要是针对调查对象，要以调查对象的态度为取舍，如果文字太长、语义难以理解，难以被调查对象认同与理解，设计者自我感觉良好，这种调查指标体系仍是缺乏实用价值的，事实上是在人力、物力、财力等方面的浪费。

5. 可行性原则

所谓可行性原则，是指设计的调查指标在调查实践中是可以实施测量的，是能够反映被调查对象基本情况的。社会调查活动实践性强，它要受到人力、物力、财力以及环境等诸多因素的制约。所以，在调查指标的设计中，不仅要考虑指标体系的科学性与完整性，而且要考虑到调查指标测量中条件是否具备。如果缺乏测量的条件，那么不论调查指标设计如何完美，也是做无用功。例如，有人要调查农民家庭养殖情况，如果说要调查一个农民养了多少头猪、多少只羊，那比较方便回答，但要调查养了多少条鱼，那就很难办到。有的机关去调查一些单位的卫生情况，询问一些诸如“有多少个卫生死角”“有多少只老鼠”之类的问题，真是让人啼笑皆非。另外，调查指标的设计要充分考虑到调查对象的心理反应。在匿名情况下,大多数人乐意参与调查者合作,提供真实情况,但如果调查项目涉及调查对象的利益或隐私问题,被调查者很可能产生防御心理。例如,有些调查问卷中设计这样一些问题:"你们单位是否设有小金库""你是否偷过税""你是否有婚外恋"等,对于这些问题被调查者是很难提供真实情况的。所以,调查指标的设计者要尽量回避一些敏感的隐私问题,如果调查活动必须涉及这类问题,那么就要十分谨慎地选取,并且通过委婉的、间接的方式去测量、了解,以保证整个调查的有效性。

四、调查指标的操作定义

1. 操作定义的意义

在调查指标的设计过程中,当调查指标确定之后,不难发现其中一些指标仍然不够明确,其实这是正常情况,因为调查指标要转化为人们易于理解的问题,还需经过一个操作化的过程,也就是说要给出调查指标的操作定义。

为什么在调查指标的设计过程中要进行操作化呢?因为,调查对象是社会事物,而事物的存在有两个层次:一个是理论的或概念的层次,一个是经验的层次。在第一个层次里,它是由概念来构成的;在第二个层次里,它是由经验现象来构成的。理论的或概念的东西具有抽象性,是不能被人们直接观察到的,而调查活动又必须针对具体的对象了解实在的信息,这似乎是一个矛盾,但幸好理论或概念层次中的每一个概念都可以在经验层次找到对应物,对应物能够体现或反映"概念"的特征。这样,只要寻找一个沟通理论、概念层次与经验层次的桥梁,指标的测量就可以实施了。这个将概念层次与经验层次沟通起来的过程就是概念的操作化。

2. 界定概念的两种方式

社会指标实际上是由一个或几个概念构成的,而概念的定义主要有两种方式:一是抽象定义,二是操作定义。对社会调查是指寻找这个指标对应概念的操作定义。那么对调查指标操作的定义首先得从概念的这两种定义方式谈起。所谓概念的抽象定义,是指用文字来概括地说明一个概念的内涵与外延。概念是用来代表一个事物或一类事物的,概念的内涵是概念所代表事物的共同特征,概念的外延是指概念所代表事物的全部。在日常生活中,不仅许多概念外延的边界是模糊的,而且某些概念的内涵中特征组成方面也并非完全确定的。这种情形并不会影响人们的正常交流,因为这种交流一般是在一个较小的或较熟悉的生活文化圈内，人们只要大致了解概念外延的边界可能范围以及内涵中的某些特征，交往双方还是可以理解并运用这些概念的。但在社会调查研究这类活动中，必须对概念的内涵及外延作出规范，即要较完整地把握概念内涵方面的基本特征，较精确地界定概念外延的边界，以便把不同的概念区分开来，避免概念混淆或模糊不清。那么，如何来得出概念的抽象定义呢？首先是将概念分解，即罗列众多这个概念所代表的事物或事例，并从不同角度或不同方面对这些事物或事例分类，以便了解概念所指代事物外延的大概边界、内部基本构成与类型；其次是对概念所指代事物进行归纳，即从各种类型中抽出它们的共同属性与特征、从而确定概念的内涵，得出概念的抽象定义。例如，“文化”是一个涉及面很广的概念，如何来得出其抽象定义呢？首先不妨罗列许许多多有关文化的东西，如书桌、钢笔、电脑、小说、戏曲、婚姻仪式、法律等，从中人们不难发现，书桌、钢笔、电脑与小说、戏曲、婚姻仪式等是有区别的，前者在存在方式方面是实在的物质形态，而后者在存在方式方面与人们的精神联系在一起，所以可把前者归入物质文化类型，后者归入精神文化类型。而在精神文化内部，小说、戏曲与法律也是有区别的，进一步细分的话，小说、戏曲归入观念文化范围，婚姻仪式、法律归入制度文化范围。这样，就把“文化”这个概念逐步分解、剖析，更进一步分析，无论是物质文化，还是观念文化、制度文化，它们都有这样一些共同点：一是人类创造出来的，二是可以学习的，三是可以传递的。那么在认识到这些“文化”的基本特点之后，不难得出文化的抽象定义：文化是人类创造出来的，是可以通过学习获得的，并能为人类传承的一切物质产品与非物质产品的总和。这里，需要注意的是并非所有的概念都可以通过这种方式获取定义，有时一个概念所代表的事物太少或者它本身离日常生活距离太远，那么就要采用约定其外延与内涵的方式来给出其定义。例如，“光年”这个概念就是科学工作者对其约定的：光行走一年所经历的距离。这也是一种概念抽象定义的界定方式。

所谓概念的操作定义，是指在抽象定义的基础上运用一些可感知、可量度的事物对概念的具体界定或说明。例如，国民生产总值是一个国民经济统计中经常要用到的概念，其抽象定义是一个国家所有常驻单位在一定时期内收入初次分配的最终成果。除了一些专业人士，绝大多数人对其抽象定义还是难以理解的，这时引入国民生产总值的操作定义就使其容易理解了，其操作定义是：

国民生产总值 = 国内生产总值 - 本国生产要素在国外创造的收入 +
国外生产要素在本国创造的收入

在国民生产总值这个概念的操作定义中,价值、收入这些东西都是可以测量的,只要进行数量的加减便可得出结果。但有的时候,有些事物不便或不能度量,这就需要采取其他方式。例如,“三次产业”也是社会经济分析中常用的一个概念,从抽象定义角度来看,三次产业是根据社会生产活动历史发展的顺序产业结构的划分,其中产品直接取自自然界的部门称为第一产业,对初级产品进行再加工的部门称为第二产业,为生产和消费提供各种服务的部门称为第三产业。如果要给出“三次产业”的操作定义,显然不能用数量方式,而只能用类型划分的方式。例如,在我国三次产业的界定就是:第一产业是指矿业和农业(包括种植业、林业、牧业和渔业);第二产业指工业和建筑业;第三产业是除第一、二产业以外的其他各业(包括交通运输业、邮电通讯业、商业、金融保险业、科教文化事业、卫生体育事业、公共服务业、社会福利事业等)。这种划分使得三次产业在实际工作中便于人们理解与运用。

概念的抽象定义与操作定义只是界定概念的两种方式,并非两者孰轻孰重的问题,有些人扬此抑彼的做法是不正确的。事实上,概念的抽象定义是界定其操作定义的基本依据,脱离抽象定义,也就谈不上操作定义。当然,操作定义运用经验的方法,把概念变成人们日常生活中可直接感知或方便量度的东西,有较强的实际操作价值,特别是在社会调查活动中,操作定义可以发挥重要的作用。这种作用主要表现于:第一,它有利于提高社会调查的可行性。操作定义将理论层面的概念与经验的现象联系起来、沟通起来,由抽象变为具体,由难以理解与把握变为易于理解与量度,从而大大提高研究的可能性与可行性。第二,它有利于提高社会调查的可比性。界定概念的操作定义后,对事物属性的判断就有了一个统一的标准,这样就可以对不同的事物进行鉴别或对不同地区在同一个指标方面发展水平进行比较,实际上提高了研究项目的可比性。例如,如果制定了有关现代化的可操作的标准,我们就可以对不同国家或地区的现代化发展水平进行比较。第三,它有利于对调查结果进行重复检验。调查结果的真实性、可信性程度到底有多高,需要采取科学的手段来检验。根据操作定义所确定的度量标准,研究人员就可以重复相关活动来检验初次调查的结果,以确保社会调查研究的有效性。

3. 对调查指标下操作定义的三种方法

在介绍概念的抽象定义与操作定义之后,就较容易理解对调查指标如何下操作定义了。一般地说,对调查指标下操作定义有以下三种基本方法。

1. 用客观存在的具体事物来进行操作定义

例如，社会发展类型存在“贫困型”“温饱型”“小康型”“富裕型”之类的区分，如何来给出各自的操作定义呢？国际上普遍实行的是人均国民生产总值这一衡量标准。一般地，人均 GNP（国民生产总值）为 200 美元以下者为贫困型，200～600 美元者为温饱型，600～2 000美元者为小康型，2 000～6 000 美元者为富裕型，6 000 美元以上者为最富裕型。当然，这一划分标准随着时间的推移与经济发展而会不断提升，但不管数值如何改变，这种操作定义方式仍是为大多数国家与地区所采用的。

2. 用看得见、摸得着的社会现象来进行操作定义

例如，“学习态度”是一个抽象的概念、它存在于人们的意识之中，既看不到，也摸不着。但这种态度会影响学生的学习行为，一些学习行为也可体现出学习态度，那么可以选用“学生到课率”“迟到早退情况”“作业完成情况”“参与课堂讨论情况”等具体的学习现象来界定学习态度，给出其操作定义。虽然这些项目并非完全能够反映学习态度的整体状况，但至少它能够反映其主要特点并使学习态度有形化、具体化。

3. 用量表或综合评估的方式来进行操作定义

有时候，一些调查指标靠单一的事物或现象还难以进行操作定义，这时就可借助于测量量表或采取综合评价的方式。例如，“智力水平”这个指标就难以把握，但如果采用智力量表，那么“智力水平”这个指标就容易测定了。又例如，人事考核是人事管理的一个重点与难点，人们一般应从德、能、勤、绩四个方面来进行考核，而每一个方面又涉及广泛，也不易操作，那么就针对每一个方面又细分出许多重要的问题与项目，再根据各人在这些题与项目上的基本情况给出适当的分数，再进行加权计算，得出综合评估分数，这样也就使考核工作能够操作起来了。

第二节　社会问卷的设计

问卷是问卷调查的主要工具。问卷设计的质量如何，将直接影响到问卷的回复率和回答质量，甚至关系到整个调查的成败。因此，科学地设计问卷，是提高问卷调查的关键环节。

一、问卷的一般结构

1. 封面信

封面信是在问卷的卷面上给调查对象的短信。它的作用在于向调查对象介绍和说明调查者身份、调查目的、调查意义、调查内容、调查要求及通信地址等,同时还要说明问卷调查的匿名性和保密原则。封面信的语气要谦虚、诚恳、平易近人,文字要简洁、准确、有可读性。封面信的篇幅宜小不宜大,短短两三百字最好。虽然它的篇幅小,但在问卷调查过程中却有着特殊的作用。调查者能否让被调查者接受调查,能否使他们认真如实地填写问卷,在很大程度上取决于封面信的质量。

下面是一份问卷的封面信。

亲爱的战友:

您好,辛苦了!

我们编制这份问卷,是想了解一下21世纪初我军官兵的生活体验、需要和某些想法,并对大家的反映进行认真的科学研究,以便使战友们的意见更好地为领导机构所知晓。显然,这件事也关系到您的利益,诚恳希望您能给予大力支持,将自己的想法坦率地告诉我们。

这份问卷不填姓名,也不写单位,填好后当场封入文件袋,我们对回答的情况保守秘密,最后结果统一处理,对您不会有什么影响。选择什么答案完全由您决定,无所谓对错。填答案也很简单,主要是划划√、填填数字而已。相信您在填写时会感到同老朋友谈心的愉快。

致以战友的崇高敬意!

《军事社会学》科研组全体同志

2009年1月

2. 指导语

指导语是用来指导被调查者填写问卷的说明,它的作用与仪器的使用说明书相似。指导语中需要说明的事项一般有:

(1)对选择答案时所用符号的规定；

(2)对计算机用的代码表格的解释；

(3)对访问、自填或邮寄等其他有关方面的特殊说明；

(4)填表说明一般仅列出简单几条，也可放在封面信之后，并标上"填表说明"的标题。

另外，有的指导语分别放在某些较复杂的问题后，用括号括起来，其作用主要是指导被调查者按有关要求填写该问题。比如：可选择多个答案，请按重要顺序排列等。总之，问卷中每一个有可能使回答者不清楚的地方，都要给予一定的指导和说明。

3. 调查内容

调查内容是问卷的主体和主要组成部分，它包括调查的问题和回答的方式，以及回答的指导语和说明等内容。关于这一部分的问题，本节后面还要作专门的论述。

4. 编码

编码是赋予每一个问题及答案一个数字，作为它的代码。编码工作可在问卷设计时就做好，也可等调查完成后再进行。一般放在问卷每一项的最右边，用一竖线将它与问题及答案部分分开。例如：

(1)您的年龄：　　周岁　　1

(2)您的性别：　　①男□　②女□　2

编码必须遵守下列原则：第一，每个编码只代表一种特定的回答，不可重复代表不同的回答；第二，每种回答都应有自己的编码，对无回答应给予特殊的编码，一般用"9"来代表无回答。这样，才能使编码不出现空格。编码是问卷中的一部分，它的作用如下：

(1)对没有数量化的现象起数量化的作用

如人的态度、价值观念、工作积极性等，这些现象在进行数量化处理以前，其量的属性是模糊的，只有把它们的水平程度测量出来，才能进行统计分析。以测量官兵关系为例，可以采用"5"代表很融洽，"4"代表比较融洽，"3"代表一般，"2"代表不很融洽，"1"代表很不融洽。这样，用自然数把官兵关系的程度表示出来，以便于统计。

(2)对已经数量化的现象起归纳分等的作用

如学员的学习成绩，本来可以用分数精确地测量出来，但为了研究方便，往往把成绩分成优、良、中、及格、不及格五等，并分别用5,4,3,2,1来代表。这种编码就起到了简化资料的作用。

(3)区分类别

这种编码只是用数字代表不同种类的现象,是为了统计上的方便,没有测量的意义。如用“1”代表男,用“2”代表女,并不是女比男的统计值大1倍。没有测量意义的编码,其作用是把文字资料转换成数字资料,以便于统计。

二、问题的设计

这里所说的问题是指对问卷中要求调查对象回答的各个项目,是构成问卷的主体内容。因此,在设计问卷时,对问题的类型、结构、备选答案等几个方面,都要认真考虑。

1. 问题的类型

(1)从回答问题的方式划分

①开放型问题

开放型问题是指对问题的答案未加限定,可以由回答者自由给出答案的问题。开放型问题的特点是灵活性大,适应性强。具体来说,首先,它既可以在不清楚某一问题有哪些可能答案的情况下加以使用,也可以在调查者希望了解调查对象为什么只选择这种答案而不选择那种答案时加以运用。其次,它适用于询问那些潜在回答类型太多,以至不能将它们都列入问卷的事物或现象。再次,它可以使调查对象获得更多创造和自我表现的机会,并能使其感到是由他们自己作出的选择,而不是别人强加于他们的或被迫的选择。此外,对于那些不能简化为几个小问题的复杂问题,以及需要进行探索性研究的问题,用开放型问题更可取。

开放型问题也有明显的不足,突出表现在:容易出现一些与课题不相关或无价值的信息;得到的数据是非标准化的,难以编码,因而会给统计分析带来极大困难;语言文字表达能力不强的调查对象,对此类问题可能不予回答;篇幅较大致使问卷冗长,容易引起一些调查对象的厌倦心理。

②封闭型问题

封闭型问题是指回答者只需在已给出的备选答案中作出选择问题。例如:

“您的性别:A. 男;B. 女。”

“您对集资建房的看法是:A. 非常必要;B. 必要;C. 无所谓;D. 不必要;E. 毫无必要。”

封闭型问题的主要优点有:第一,答案标准,便于编码、计算机处理和统计分析,第二,回答者对问题的意义比较清楚，不了解问题意义的，也可以从所给定的答案类型中知道怎样回答，便于提高效率；第三，由于只需在给定的答案中作出选择，非常省事，因而回答率高；第四，答案范围小，回答者不需过多思考，比较省时。

主要的缺点是：第一，容易使不知道如何回答或根本没有看法的人猜着回答，甚至随便乱答；第二，所提供答案对有些回答者不适合或不完全适合，而他们又无法用另外的回答来表明自己的意见，这就使回答者的意见表达受到了限制；第三，由于回答者只能在有限的答案中进行选择，因而不同回答者的差异会因强制性的选择而被人为地抹杀，致使答案也被人为地平均化和集中化。

③半封闭半开放型问题

这类问题就是在封闭型问题后加上“其他”，或在开放型问题基础上加上封闭型问题。这种问题既有一定的标准答案，又有一定的自由回答余地，综合了开放型问题和封闭型问题的优点，同时又避免两者的缺点。例如：

您目前最迫切的需要是什么？（请在适合的空档内打“√”）

①学习科学文化知识；

②加入党组织；

③调换工作单位；

④学习专业技术；

⑥转志愿兵；

⑦考军校；

⑧其他（请说明）。

您认为集资建房好不好？（请在适当的□内打“√”）

①好□　②难说□　③不好□

(2)从问题的功能角度划分

①接触性问题

接触性问题即问卷中最先提出的问题。这种问题要求回答十分简单，并能引起被调查者回答问题的兴趣。例如，设计有关奖励问题的调查问卷，在调查内容中可先提出“您在基层工作多年，对如何搞好奖励工作一定有自己的看法和意见吧？”这个问题虽然没有多大实际意义,但它直截了当,亲切自然。设计这一类问题要十分注意调查对象的职业、年龄、性别、心理等条件。这类问题有时也可不写在问卷上,而由调查者灵活掌握。

②调节性问题

调节性问题,即能消除被调查者紧张心理状态的问题。例如,在问过被调查者态度方面问题后,接着问他是否爱好象棋等。这种问题的作用在于使被调查者不至于因连续碰到难以回答的问题而感到紧张和厌烦。

③过滤性问题

过滤性问题,即用来测定和划分被调查者是否屑于回答某一问题的对象的问题,一般放在某一问题之前。例如,设计"士兵基本情况调查"问卷,其中就可采用这种过滤性问题。例如:

您是中共党员吗?①是(　　);②否(　　)

如若是,你入党几年了?

如果没有这种过滤性问题,而直接问战士的党龄,可能会得到一些信口开河的答案。

④控制性问题

控制性问题,即用来检验被调查者回答问题时的诚实态度,以保证调查资料准确可靠的问题。例如,调查连队战士满意度时,可在问卷的一个地方问:"您对连队各方面工作满意吗?"假如发现个别战士对连队各方面工作都表示很满意,但最后又说很愿意调走,这显然是不合情理的,至少说明这些战士回答问题时不够严肃认真。

(3)从问题的性质角度划分

①事实问题

事实问题,即反映调查对象所具有的各种自然或社会属性的问题。包括调查对象的姓名、性别、年龄、民族、职业,以及个人经历、文化程度、家庭住址、婚姻状况、社会关系、政治派别、宗教信仰等,这些都是关于调查对象的基本情况,几乎所有的调查研究都是要设法了解这方面的资料。通过这些资料,可以分析调查对象之间在某些事实方面的差异程度,或者将它们作为解释个人行为的辅助资料。

②行为问题

行为问题,即反映调查对象在日常生活和活动方面表现出来的倾向和特征的问题。例如:"您每天写日记吗?""您每天看电视新闻吗?""您每天自习课都去阅览室吗?"等。通过不同性别、年龄、职务、文化程度等人的行为的比较研究，从中发现官兵日常生活、学习、训练中一些带规律性的东西。

③态度问题

态度问题，即反映调查对象对某一事物或现象的看法、见解以及社会心理状态的问题，包括人的态度、信仰、观念、想法等。例如："您对连队业余文化生活是否满意？""您参军的最大愿望是什么？"这类问题旨在了解调查对象对某一事物和行为的想法和看法，并通过采用逐题分析的方法，发现和掌握人们对某一事物或现象的态度特点及其变化趋向。事实、行为、态度构成问卷所有问题的基本内容。问卷调查就是试图通过对这三方面资料的分析比较，来研究社会现象的内在联系和规律的。

2. 问题的格式

问题的格式是指问卷中各个问题的排列方式。开放型问题一般是在问题的后面留一块空白的地方，供被调查者书写答案。需要注意的是，问题后所留空间大小要适度。空白太大，不仅造成浪费，而且容易将问卷拉长，这样调查者很可能会因问卷太长而失去耐心，从而影响问卷的回收率和有效率；但所留空白太小，又会使被调查者无法写出自己的全部意见，从而影响调查结果的准确性。封闭型问题的答案比较复杂，不是三言两语就能说清楚的。封闭型问题的一般格式，具体包括填空式、两项式、多项式、顺序式、等级式、短阵式、组距式七种。

(1)填空式

填空式，即在问题的后面划一短线，由回答者填写。例如：

您的年龄：一周岁。

(2)两项式

两项式，即只有是或否两个可供选择的答案，被调查者只能根据自己的情况填其中的一个。例如：

您的性别？（请在适当的(　　)里打√）

①男(　　)；②女(　　)。

您是否喜欢打篮球？（请在适当的(　　)里打√）

①是(　　)；②否(　　)。

这种回答方式，适用于相互排斥的二选一式的定类问题。

(3)多项选择式

多项选择式,即给出的答案至少在两个以上,由被调查者自由选择回答。例如:

您的业余时间主要用于(可选多项,并在对应的□划√)

①继续工作□;

②看书学习□;

③看电影电视□;

④参加体育活动□;

⑤下棋、打扑克□;

⑥聊天□;

⑦其他□。

这种回答方式,适用于有几种互不排斥答案的定类问题。几种答案中,可规定选择一项,也可规定选择几项。

(4)顺序式

顺序式,即给出多种答案,由被调查者填写答案的先后顺序。例如:

您认为当前不正之风的突出表现是什么?

(请按严重程度把下列问题的编号填写在后面的□,严重的填在左边第一格,然后依次向右填写)

①大吃大喝;

②挪用公款;

③乱买小汽车;

④乱盖私房;

⑤乱发文凭;

⑥乱发奖金、实物;

⑦讲假话,报喜不报忧;

⑧提倡走后门;

⑨用公款旅游;

⑩官僚主义。

这种回答方式，适用于要表示一定先后次序或轻重缓急的定序问题。

(5)等级式

等级式，即列出不同等级的答案，由此被调查者自由选答。例如：

您对你们连队的思想教育工作是否感到满意？（请按您的感受在下列适当的“□”打√）

①很满意□　②比较满意□　③一般□

④不满意□　⑤很不满意□　⑥不知道□

等级式常用的排列方法还有：非常喜欢，比较喜欢，无所谓，不喜欢，很不喜欢；完全同意，同意，中立，不同意，很不同意，无可奉告；很好，可以，无所谓，不好，很差，等等。这些不同的等级，一般都用文字直接表达，但也可以用数字在社会测量表上表示，如图9-3所示。

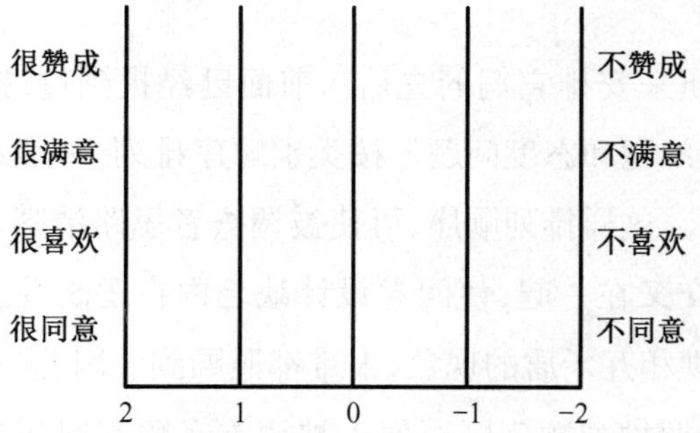

图9-3　社会测量表

其中，“2”表示很赞成，“1”表示比较赞成，“0”表示中立、无所谓。“-1”表示不赞成，“-2”表示很不赞成，以此类推。这种回答方式，适用于要表示意见、态度、感情的等级或强烈程度的定序问题；适用于不统计具体数据，只了解每一层次中所占的比例的定序问题。

总之，封闭型问题的格式多种多样，上面所介绍的只是一些常用的格式。实际调查中，不论采用哪种格式，对回答方式的说明都应力求简明、清晰，使被调查者一看就懂。如果是访问问卷，对回答方式的说明则可更简略一些，只要调查者能看懂就行了。

3. 问题的顺序

问题的顺序是指问卷中各个问题排列上的次序。问题顺序的设计是否合理，直接影响问卷质量及回复率。问题的顺序安排可以从三个方面进行考虑。

(1)按时间顺序安排

按时间顺序安排即在设计问卷时，将各个问题按照一定的时间序列依次排列，不要杂乱。一般来说,把时间较近的问题放在前面,较远的放在后面。因为较近的问题容易记忆,较远的问题需要被调查者回忆,当然也可以采用由远及近的方法,总之,在时间顺序上,问题的排列要有连续性,切忌远近交叉,前后跳跃,这样容易打乱被调查者的思路。

(2)按内容顺序安排

一般是根据问卷内容的不同特点,有先后地排列问题。或是先易后难、由简入深,简单易答的问题放在问卷的前面,复杂的难答的问题放在后面;或是先事实、行为问题,后态度、看法、观念问题;或是熟悉的问题在前,生疏的问题在后;或是封闭型以及半封闭半开放型问题在前,开放型问题在后。按顺序排列问题有利于稳定被调查者的情绪,引导他们步步深入地回答。

(3)按类别顺序安排

就是根据问题的性质来安排它们的先后。前面已经提到过,按照其性质,问卷中的问题可分为事实问题、行为问题和态度问题。按类别顺序排列,一般都是事实问题在前,行为问题居中,态度问题置后。这样排列顺序,可使被调查者思路清晰。在实际操作中,切忌把不同性质或类别的问题交叉在一起,使问卷设计缺乏内在逻辑性。实际上,以上三种顺序在具体安排上常常会出现相互矛盾的现象,很难都照顾到。因此,在设计问卷时,应求其佳而不应求其全。总之,问题排列顺序既要便于被调查者顺利回答问题,又要便于调查后的资料整理和分析。

4. 问题的表述

问题的表述是指问题的语言表达形式,这是问卷设计中的一个难点。问卷调查是间接的书面调查,被调查者只能根据书面问卷来理解和回答问题,因此,如何用文字表述好所要调查的问题,就成了一个至关重要的事情,也是一项极其困难的工作。一般来说,表述问题的基本要求如下。

(1)文字力求简短、通俗、准确、具体

简短是指用尽量少的字句说明要问的问题,句子过长不易理解,容易产生误解。通俗是指文字的表述要用被调查者能够接受的语言,不要使用过于专业化的术语。准确是指在问卷中应避免使用含义模糊的概念,像“很多”“较少”“经常”等词。例如,“您经常去阅览室吗?”句中“经常”的概念是一个模糊概念,容易使回答者费解为难。具体是指所提问题不要概念化,避免使用抽象、笼统的问话,如“您认为战士应树立什么样的人生观?”“人生观”

过于抽象,回答者不易给出具体的回答。

(2)避免使用诱导性或倾向性用语

所谓诱导性或倾向性是指提问本身带有明显的倾向和诱导的性质。例如,“医生认为抽烟对人体有害,您的看法如何?”这种问题带有诱导性。又如“党中央放开二孩政策,您拥护吗?”这种提问方式也包含了明显的倾向,回答者难以作出否定回答,往往会在趋同心理的支配下给出肯定的回答,但很可能又不是他自己的真实想法。因此,在设计问题时应注意尽量使用中性语言,保持中立的提问方式,避免使回答者感到调查者对该问题是想得到某种特定的回答,或是在鼓励、期待他作出某种回答。

(3)避免带有双重含义

双重含义是指在一个问题中,同时询问了两种事情,或者说,一句话中同时问了两个问题。例如,“您的父母多大年纪了”就是双重含义问题,因为这里实际上同时询问了“您的父亲多大年纪了”和“您的母亲多大年纪了”两件事情。一题两问,就使得被调查者无法进行回答。

(4)避免给调查者造成心理压力

提问的方式要使被调查者易于接受,避免给被调查者造成心理压力。特别是对那些敏感性强、威胁性大的问题,更应在文字表述上努力减轻敏感程度和威胁程度,使得调查者敢于坦率作出自己的真实回答。如当问及与个人利害关系密切,或涉及个人私生活程度较深的问题时,人们往往具有一种本能的自我防卫心理,一般不愿意直接回答,因而只能采取间接询问的表达方式。

总之,问题的表述是制定问卷的一个重点和难点。问卷的质量、问卷调查的效果,不仅取决于问题的选择和排列,而且在很大程度上取决于问题的表述。因此,在制定问卷时,应该对每一个问题的表述要认真琢磨、反复推敲。

第三节　测量量表的设计

在社会调查活动中,经常要了解人们的态度、情感、意志、观念、意见、行为倾向等方面的内容,这样人们希望有一种比较固定的、比较精确的测量工具;社会科学研究工作者在长期的调查研究中,发明或发展了一系列精确化测量,人们主观态度的调查手段和方法,量表就是其中重要的一种。由于前人已制作大量的表可供后来者参考选用,而且制作新的量表需要丰富的设计经验及较高的设计要求,对于初学者来说难度较大,所以在本节里我们只对测量量表的设计作简单的介绍,以帮助初学者了解量表的基本概念与基本操作知识。

一、量表的基本概念

关于量表的基本概念,我们主要介绍量表的含义以及类型。量表是由一组问题所构成的用于测量人们主观态度的调查工具。量表不仅可以用来测量人们的意见、观点、观念、信仰,而且可以用来分析人们的行为及行为倾向。所以说,量表的作用很大,应用范围很广。

根据量表的内容、功能、设计方式和形式的不同,可以将量表分为不同的类型。从内容方面来看,可以将量表分为态度量表、智力量表、人格量表、情感量表、信念量表、能力量表等。每一类型量表又包含多种量表,例如,情感量表又包括自尊量表、自卑感量表、幸福感量表、生活量表、社交量表、孤独感量表、文化分离感量表等。在这些量表中,有一部分量表已经模式化、标准化,如智力量表、自尊量表、生活态度量表等,使用者可较方便地选择使用这些量表。还有一些量表正在测试或设计中,更多的情形是对某些社会现象缺乏现成的量表,这正是社会研究者要努力的目标。从功能方面来看,量表可以分为调查量表与测验量表。调查量表使用的目的在于了解总体的状况。测验量表则要精确地观测被测验者的基本特征。两者不仅精确程度要求不同,而且设计方面也有所区别。举例来说,如果在问卷调查中使用“职业选择”量表则只是了解调查对象对于各种职业的评价、喜爱程度等。而如果使用“职业倾向性量表”来测量某个人的职业倾向,则要求观测出这个人的各方面知识、能力状况,以及他适合于从事何种职业。显然,两者是存在区别的,从设计方式和形式上来区分,量表可以分为总加量表、累积量表、梯形量表等。总加量表大多采用美国社会心理学家李克特的量表制作方式,故又称为李克特量表。累积量表是社会心理学家古德曼提出的,故又称古德曼量表。有关这些量表的具体内容,对初学者而言只需一般性了解、有兴趣者可查阅有关心理测验或社会学方法方面的著作。

二、测量量表的设计

由于总加量表使用较多,这里主要以总加量表为例来介绍量表设计的基本步骤与方法。

总加量表是由一系列相关问题构成的。最初的量表只设计“同意”与“不同意”两种备选答案。1932 年,李克特对量表设计方式进行了改进,将回答方式设计为“非常同意”“同意”“不一定”“不同意”“非常不同意”五种答案,各种回答分别记为 1 ~ 5 分。被测者按要求从中选择一种答案,得到一个分数,而被测者对每道题的回答分数加起来就得到一个总分,调查者依据得分情况来分析被测者的态度或行为倾向。总加量表的设计一般包括以下几个步骤。

1. 根据调查课题收集相关问题

每一种量表都会针对某一主题而设计,而主题的确定是研究课题的需要。假设我们要进行有关大学生竞争心理的调查,需要制作一份竞争态度量表,我们须先收集有关大学生竞争心理与行为方面的问题 30 ~ 50 个,这些问题可以通过非结构式访谈获得。然后,从中初步选出一组问题,数量宜在 10 ~ 30 个之间,个别的调查可以更多一些,有的多达六七十个问题。限于篇幅、我们只选取其中 12 个,由这些问题构成一个量表的初稿(详见表 9 - 1)。您是否同意下列说法,请在合适的回答栏中打“√”。

表 9 - 1 竞争态度量表

1. 我遇事能自己做主	5	4	3	2	1
2. 我敢于表现自己	5	4	3	2	1
3. 我对社会活动很少关心 *	1	2	3	4	5
4. 我办事对结果大都不关心 *	1	2	3	4	5
5. 我争强好胜	5	4	3	2	1
6. 我对竞争有恐惧感 *	1	2	3	4	5
7. 我积极参加比赛活动	5	4	3	2	1
8. 我安于现状	1	2	3	4	5
9. 我不愿意出头露面	1	2	3	4	5
10. 我不愿意把行动的目的告诉别人 *	1	2	3	4	5
11. 我注重荣誉	5	4	3	2	1
12. 我办事缺乏信心 *	1	2	3	4	5

2. 确定问题的类别和计分标准

所谓问题的类别,在这里主要指问题的性质是正向还是反向。例如,在竞争问题上,正向的表明竞争意识强,反向的表明竞争意识弱,正向、反向有时用“+”“-”分别表示,有时在题后加“*”注明,表9-1中的第3题、第4题、第6题、第8题、第9题、第10题、第12题均为反向问题,可在量表说明中记载,但量表中不要明显标示,以免干扰填答者选择。计分标准的确定要依据问题的正反方向及回答类别来制定。有的回答类别是两个等级,有的是三个等级,有的是五个等级,还有的为七个等级。在表9-1的竞争态度量表中是五个等级,可分别用1~5来记分,也可用0~4分或其他标准来记分。在表9-1的竞争态度量表中,正向的问题从强到弱分别计“5”分到“1”分,而反向的问题正好相反,详见表9-1。

3. 试调查

问题与计分标准初步确定后,一个初步的量表便构成了。当然,这还不是正式量表。但设计者可以把初步量表打印几十份,从调查对象中找几十人进行试调查。试调查一方面可以发现初步量表中存在什么问题,另一方面可以检查每道题的分辨能力。这是设计过程中重要的实践性环节,不能省略。

4. 设计完成正式量表

试调查结束后,马上对调查情况进行统计分析,统计分析项目主要为分辨力。根据分辨力数值,删除那些分辨力不高的问题,而保留分辨力程度较高的问题。如果一次性试调查结果不理想,那么还要修改并再次试测,直到最后定稿,即设计完成正式量表。

分辨力是量表中某一问题区分被调查者不同态度的程度或等级的能力。李克特量表的分辨力计算公式为

某题的分辨力 = 试调查中总得分最高的25%的被测者在该题得分的平均值 -
试调查中总得分最低的25%的被测者在该题得分的平均值。

计算分辨力数值时,首先是将每份测量量表的总分算出,然后抽出最高25%的量表与最低25%的量表,分别计算它们在各题上得分的平均值,再把两个平均值相减得出各题的分辨力。

第四节　计算机在统计分析中的运用

一、计算机在社会调查中的地位与作用

1. 计算机在社会调查中的地位

在社会调查研究中，定性分析与定量分析相结合的必要性和重要性越来越受到了人们的重视。电子计算机的产生及其在社会科学研究中的应用为定量分析开辟了广阔的前景。在当今的一些发达国家，社会调查研究已广泛借助于电子计算机这一科学技术手段。在我国，随着电子计算机的逐渐普及，计算机技术在社会调查研究中的运用也开始受到了越来越广泛的重视。

电子计算机技术在社会科学研究和社会调查研究中得到日益广泛的运用这一事实说明，计算机在社会调查研究中已经或者正在逐渐占据十分重要的地位，它已经或者正在成为社会调查研究的不可缺少的精确而有效的工具。

2. 电子计算机在社会调查中的作用

(1)它能使复杂的定量分析得以实现

在手工操作的条件下，只能进行一些量简单的数据处理。较复杂的数据处理，如相关分析、回归分析等，手工方式就无能为力。而现代的社会调查，定量分析越来越趋向复杂化，规模也越来越大，这只有在运用电子计算机技术的条件下才能实现。

(2)它能极大地提高统计分析的效率

电子计算机处理数据的效率是手工方式所无法比拟的。据我们对使用电子计算机和人工计算这两种方法对数量相同的同一种问卷所做的数据处理的效率的比较，即使是最简单的资料的频数分布的计算，使用电脑也会比手工操作至少快三倍以上。越是复杂数据处理，则计算机处理的效率越是明显。

(3)它能极大地提高统计分析的精确度

由于计算机处理数据都有经过精心设计的严格的程序，所以使用计算机处理数据能达到极高的精度。只要在使用过程中严格按照规定的程序执行，一般都能得到准确无误的统计结果。这在人工方式的条件下是难以做到的。

当然电子计算机在社会调查中的上述作用也是相对的。它作为数据处理的工具是十分有效的,但它并不能对事物本身的性质作出判断。例如,它能对某一资料的频数迅速而有效地加以累计,但是它不能解决该资料中按不同依据去进行分组,进而在这一基础上进行分别累计的问题;它能准确无误地显示出某地区某年的离婚人数,但是对这一数字本身的意义它却无从说明。因此,电子计算机在社会调查中的作用主要的还是在数据处理和定量分析方面,它并不能代替定性分析和人的思维加工。在调查研究过程中,只有将定性分析和思维加工与计算机的运用有机地结合起来,才能真正提高调查研究的效率和质量。

二、计算机的运用对调查研究过程的影响

电子计算机在调查研究中的运用会对社会调查的过程产生很大的影响。这种影响不仅体现在运用电子计算机进行统计分析,而且体现在社会调查的整个过程中。电子计算机在社会调查中的运用对社会调查过程的各个环节提出了一些新的要求。

1. 必须制定完整的指标和指标体系

电子计算机作为一种数据处理的工具,它不可能处理那些抽象的概念。所以在社会调查的设计阶段,必须将那些反映事物和现象的抽象概念转化为可进行测量的经验性指标和指标体系。只有根据这些指标收集到的数据资料,计算机才有能力加以处理。因此,在使用计算机的条件下,调查指标的设计就成了必不可少的关键工作。

2. 一般应采用问卷调查法

在具体收集材料的过程中,一般应使用问卷或类似问卷的调查表,而且问卷与调查表的设计应采取闭合式问题和先编码的形式。例如,应将“性别”,设计成“性别:1. 男　2. 女”。使用问卷和设计成先编码的形式可以将调查资料标准化与数字化,从而适宜于计算机处理。

3. 与以问卷收集资料的形式相适应

调查方式主要是抽样调查。因为只有抽样调查,才能取得足够数量的数据资料,才能使对数据资料的处理具有统计学上的意义,从而才能使计算机的运用成为必要并且显示出它的优越性。在典型调查、个案调查中,由于一般不进行大量观察,故所取得的数据资料较少,不适于计算机的操作。当然,在普查中,计算机的使用是必不可少的,但较大规模的普查在社会调查中一般很少使用。

计算机的使用对社会调查过程的影响是多方面的。除了上面这些以外,在资料的整理

过程中,使用计算机可以将数据资料直接输入计算机,从而可以省却烦琐的手工汇总工作;在使用计算机对数据资料进行统计分析的过程中,一些统计软件不仅能将统计结果快速地运算出来,而且能以统计表与统计图的形式显示出来,这就有利于调查资料的分析和调查成果的形成。所以计算机的使用对社会调查过程带来的影响是很大的。同时,也正因为计算机的使用,社会调查从设计到资料的收集和整理的整个过程,其规范性的要求也就更为严格。社会调查人员只有经过电子计算机统计软件使用方法的专门学习和训练,才能胜任这项工作。

三、计算机在统计分析中运用的一般步骤

电子计算机在社会调查过程中的实际运用,主要体现在对资料的统计分析方面。由于计算机所使用的统计软件不一样,故具体的操作程序也不尽相同。现以当前正在逐渐被广泛采用的 SPSS 统计软件包的使用为例,简要介绍计算机在资料的统计分析中运用的一般步骤。

在正式使用计算机对资料进行统计分析前,必须学会统计软件或软件包的使用方法。使用计算机对数据资料进行统计分析一般需要有专门的统计软件或软件包(如 SPSS 系列,社会科学统计软件包)。简单的统计软件也可以自己进行设计。伴随着计算机科学的发展和计算机软件市场的开发,现在一般都能获得现成的统计软件或软件包,而不再需要调查者本人设计专门的统计程序了。这样调查者就不必掌握专门的计算机程序设计技术从而大大有利于计算机技术的推广和应用。但是即使是现成的统计软件或软件包,调查者仍然必须学会如何使用。现在市场上供应的统计软件包一般都附有详尽的说明书,使用者只要具备使用计算机的基本技能,便能按照说明书进行操作,并不十分困难。这里还需指出,软件包一般不能在所有型号的计算机上都通用,某种软件包只适用于某些型号的计算机,而在另外一些型号的计算机上就可能不适用,这一点提请使用者注意。

1. 将调查中所收集到的原始资料输入计算机

用计算机进行数据处理的第一步,是在计算机进入了统计程序的资料输入准备状态以后,将调查中所收集到的原始资料输入计算机。输入的内容只能是各种资料的数字代码。如,在某份问卷的性别一栏中选择了“①男,②女”,于是就在计算机中输入代号“①”即可。输入的形式,可以是各个数字都连在一起,中间不留空格,也可以在每一个资料的数字代码

之间都留一空格。但是必须将备份问卷的同一个指标的代码置于同一个纵行内,上下必须对齐。对回答"不知道"或者对答案没有选择以及其他无效的答案,均可用 9,99 或 999 这类代码代替。如某份问卷在月收入一项没有回答,而这一项的代码都是一位数,故可用 9 代替,某份问卷在要求填写实际年龄的一项没有回答,由于年龄可以是两位数,故应该用 99 来代替这一回答。为了计算机录入的方便,一般先要将原始资料录入登录表,然后再将登录表上的资料录入计算机这样既方便又不容易出错。根据上述要求,将所有的资料都输入计算机,存入计算机的存储器内,等待调用。

2. 将所输入的原始资料格式化

即将各种原始资料的代号存储在数据文件中的准确位置输入计算机,目的是便于计算机在执行统计指令时能够在特定的位置找到特定的资料的代号,从而使数据的处理能够准确无误地进行。原始资料的格式化一般由两部分内容组成:一是变量名称,一般用简略的文字符号表示;二是该变量在数据文件中的位置,一般用数字表示。

3. 解释变量

在对原始资料进行格式化的过程中,变量只是用简单的文字符号表示,为防止错误地理解或者看不懂简略的文字符号所代表的变量意思,需对这些文字符号所代表的变量加以明确的说明,即将对所有主要变量的解释输入计算机。

4. 将整理后的数字代码输入计算机

指出遗漏的或无效的资料的数字代码,并输入计算机。这样可使计算机在处理资料时,能够识别出那些遗漏的或无效的资料,从而保证数据处理的正确性。

5. 执行各种统计指令

在正确无误地完成了以上各步以后,就可以让计算机执行各种统计指令了。在执行其他统计指令之前,一般先要获得资料的频数分布,在此基础上再让计算机执行相关分析、回归分析等指令,从而获得大量准确的统计分析资料。

上面以目前正在逐渐普及的社会科学统计软件包的使用为例,大体上勾画出了使用计算机进行资料统计分析的一般步骤,以让读者对计算机在资料的统计分析中的运用有一个大体的了解。由于社会科学统计软件包已开发出不少版本,而且各种版本还在不断发展与变化,故读者只能根据自己所使用的软件包有针对性地进行学习。这里不再对统计软件包的具体使用方法作详细的介绍。目前,电子计算机技术在我国社会调查中的应用正在逐步推广,我们相信,随着计等机在我国的逐渐普及,计算机技术在调查资料的统计分析中一定会得到广泛的应用,从而使社会调查研究的效率和质量都得到极大的提高。

思　考　题

1. 市场上鲜鱼每千克价格在早上6点钟为20元,8点钟为14元,10点钟为10元,现有两种购买方法:

(1)分别在6点、8点、10点各买0.5千克鱼;

(2)分别在6点、8点、10点各买10元钱的鱼。问这两种购买方法每千克平均价格各为多少?

2. 设有100人身高分组资料如下表,试求:(1)平均身高;(2)标准差。

身高分组/cm	人数/人
154 ~ 158	4
158 ~ 162	6
162 ~ 166	10
166 ~ 170	16
170 ~ 174	23
174 ~ 178	18
178 ~ 182	13
182 ~ 186	7
186 ~ 190	3

3. 从某市居民家度中随机抽取400个家庭,调查得到这400个家庭的平均人口为3.8人,标准差为1人,试估计这一年该市家庭的平均人口数。

4. 从某乡随机抽取100个家庭,调查得其中至少有一个学龄儿童辍学在家,试估计该乡有学龄儿童辍学在家的家庭占多大比例?

第十章　调查资料的整理加工

【本章提要】

资料整理的阶段，是社会调查研究深化、提高的阶段，是由感性认识向理性认识飞跃的阶段，社会调查结果的可靠与否、质量优劣，很大程度上都取决于这个阶段。本章在说明资料整理的概念、意义和原则的基础上，重点介绍了文字资料整理和数据资料整理的程序与方法。

【学习要求】

1. 了解：资料整理的意义；资料净化的方法；计算机在整理资料中的应用。
2. 掌握：资料整理的概念；文字资料整理和数据资料整理的程序与方法。

一项社会调查研究成功与否，在相当大的程度上取决于调查资料的质量，而调查资料的整理加工是确保资料准确、完整、可靠的重要工作，是对社会调查工作的全面检查与深化，也是资料分析阶段的中间环节。但由于调查的对象性质与形态的不同，具体资料的整理方法也会各不相同。本章根据资料整理加工的一般程序主要介绍调查资料的审核、整理和汇总的方法与技术。

第一节　调查资料的审核

对调查资料的审核是资料整理加工的重要工作。在资料收集工作完成以后，就要对资料进行分析，而在着手分析之前，首先需要认真地对资料进行审核，以确保调查资料的完整性和难确性。所谓调查资料的审核，就是指对原始资料进行仔细探究的详尽考察，以看其是否真实可靠和符合要求。其目的主要是消除原始资料中的虚假、差错、短缺、冗余等现象，以保证资料真实、准确、有效、完整、合格，从而为进一步整型分析打下基础。

一、调查资料审核的主要内容

调查资料审核的作用相当于产品检验。就像只有经过检验合格的产品才能进入市场一样,只有通过审核过关的原始资料才能进入整理分析程序,否则,原始资料中原有的错误,整理加工后就难以被发现和修正,从而导致错误的结论,也失去了调查研究的科学性。

1. 对调查资料真实性的审核

对调查资料本身真实性的审核也称信度审核,是指通过对资料进行逻辑检验以判明调查所得的资料是否符合实际情况,资料中有无相互矛盾的地方。对资料本身的真实性审核,一般采用以下几种方法。

(1)根据已有的经验和常识进行判断

一旦发现与经验、常识相违,就要再次根据事实进行核实。例如,某份调查问卷中的年龄一栏内填写的是25岁,而婚龄栏内填写的是15年,这显然是不符合常识的。

(2)根据资料的内在逻辑进行核查

如果发现资料前后矛盾的地方或违背事物发展的逻辑,就要找出问题所在,剔除不符合事实的材料。例如,某一问卷在出生年月日栏填写1969年生,而填答问卷时间是2000年,年龄栏又填写35岁,前后数据显然是不符合逻辑的。为此,需要查明是属于调查人员的误填,还是被调查者的错报现象,并予以及时校正。

(3)利用资料间的比较进行审核

如果资料是用多种方法获得的(例如对某个问题,既有访谈资料,又有文献资料及观察资料),就可以将这些资料进行比较,看有无出入,以判断真伪。

(4)根据资料的来源进行判断

一般来说,当事人反映的情况比传说的情况更可靠些,引用率高的文献比引用率低的文献更可靠些等。

2. 对调查资料准确性的审核

对调查资料内容准确性的审核也称效度审核。对调查资料准确性的审核涉及两个方面:一方面是要审核收集到的资料符合原设计要求及对于分析和研究的问题有效用的程度。对于那些离题太远,效用不大或不符合要求的资料要予以剔除。另一方面是要审核调查资料对于事实的描述是否准确,特别是有关的事件、人物、时间、地点、数字等要准确无误,切忌事实资料含糊不清,模棱两可,数据资料笼统模糊。这种审核一般可采用三种方法。

(1)核对法

此法是依据可靠的权威性的相关资料或以往的实践经验与调查资料的内容进行对照、比较,以发现或纠正调查资料小的某些差错或失真。如果发现调查资料个体违反可靠资料或实践经验的东西,那么就应重新进行社会调查或核实。

(2)复查法

此法是对调查资料所反映的情况再以小范围验证的方式进行直接的实际调查、以检查资料的真实性与准确性。这种方法一般只用于审核关键性的调查资料。

(3)分析法

此法是根据调查资料所反映的情况与问题进行内在的逻辑分析,审核其是否合乎情理,是否夸大其词,是否自相矛盾,是否含糊笼统,以发现资料中的疑点和破绽。如果发现调查资料的内容前后矛盾,或者违背事物发展的客观规律,那么就应剔除那些不符合事实的资料,必要时还要进行补充调查。

3. 对调查资料合格性的审核

对调查资料合格性的审核,主要是审查调查资料是否符合原社会调查设计的要求。如果对调查指标理解错误,计算公式不正确,计量单位不统一,或者回答不完整、不符合要求,甚至答非所问等,这些都应列入不合格的调查资料。对不真实或不合格的调查资料,一般应进行补充调查,使之成为真实的、合格的调查资料。在无法进行补充调查时,就应坚决剔除,弃之不用,以免影响整个调查资料的真实性和科学性。

4. 对调查资料适用性的审核

调查资料是否适用会直接影响到调查资料整理的真实性、准确性和合格性。因此,对调查资料进行真实性、准确性和合格性审核与鉴别以后,还应审核调查资料的适用性状况,也就是要考察调查资料是否适合分析与解释,其中包括资料的分类是否合适,资料的深度与广度如何,资料是否紧凑和完整,资料整理采用的方法与程序是否得当,等等。

二、调查资料审核的类型与程序

调查资料的审核,一部分是在收集资料的过程中进行的,即边收集边审核,这是实地审核；另一部分是在收集资料完成后集中进行的审核，这是系统审核。调查资料的收集方法不同，采取的审核方式也可能不同，如对于采用访谈和观察法来收集资料时，采取实地审核方法十分重要，这是因为一方面可以防止遗忘，而且在发现错误、遗漏和矛盾时能就地补充和改正，以及时弥补在准确性和适用性上出现的问题，新发现的问题和线索也能就地及时收集有关资料；另一方面是因为在收集资料的过程中，访问者通过资料提供者的考察，观察者通过对产生资料的实地社会背景的考察，以及通过互相讨论，或派专门人员抽查等方式，对影响资料的各种因素进行分析和控制，对资料的信度和效度进行评估。一般来说，"实地源"的资料要比"文献源"的资料更可靠。因此，对原始资料的审核，在可能的情况下，最好还是能在调查过程中进行，即采用实地审核，这样便于及时发现和修正错误。调查资料的审核工作，特别是实地调查的审核一般都要经历三个阶段。

1. 由调查员进行审核

每一个调查对象回答完所有问卷上的问题，访问即将结束时，或去调查对象处收取自填的问卷时，调查员要对问卷或访问记录进行初次检查，看有无明显的漏记项目，记录不全项目和登记回答的错误情况等。

2. 由现场专职的检查员进行检查

检查员当着调查员的面，将他们拿回来的问卷进行核查，内容包括有无登记遗漏、登记不完全处、登记上的错误、模糊不清的字迹、回答的登记方法是否统一、是否所有应调查者都进行了调查等。

3. 由课题组负责人进行抽查

调查课题组负责人通常需要对收集来的调查资料进行一定的抽查，抽查的对象通常是一些关键性的资料。通过课题负责人抽查合格，调查资料的整理加工才能进入下一道工序。

总之，通过审核发现的各种问题，或表格不齐，或答案不全，或数据不真实，或计算错误等，都应及时查明原因，采取相应措施予以补充或更正。对一切无法补充或更正的资料，应将整个调查表作为无效表格剔除不计，以免影响整个调查的准确性。当然，对原始资料的审核只是将资料进行了初步的检查和筛选，资料仍然是原始的状态，仍然是无法使用的。因此，在对调查资料进行审核以后，就需要按照一定的标准将所有资料划分到不同的类别和组别之中去，即分门别类，这项工作实际上就是调查资料的整理。

第二节　调查资料的整理

在整个社会调查过程中,资料的整理实际上起着由调查阶段转入研究阶段中过渡的重要作用,是资料收集和资料分析的中间环节。而要对调查所取得的资料进行科学的、合理的整理,首先就必须弄清楚资料整理的含义及其重要意义,了解它的一般原则和程序。

一、调查资料整理的重要意义

调查资料的整理,就是根据调查研究的目的,运用科学的方法,对调查来的大量原始资料进行检查、核实、分类、汇总及编辑的全过程。其目的是使资料更加系统化、条理化,以便进一步深入分析。广义地讲,调查资料的整理实际上指在资料分析之前所做的调查准备工作,它既包括对定性资料的分类简化,也包括对定量资料的汇总和分组。实地调查收集而来的资料往往数量多、种类庞杂,不可能马上就着手作资料分析,因此需要有一个将资料分类、简化、归档的过程。这样做的目的就好比图书馆编制书目索引,人们依此可按照不同的分类标准方便地找到自己所需要的书目。

资料整理是从调查阶段过渡到研究阶段、由感性认识上升到理性认识的重要环节,也是提高社会调查研究的信度和效度的重要步骤。资料整理的好坏直接关系到资料分析和研究结论的可信度与准确性,其重要意义主要体现在以下三个方面。

1. 资料整理是提高调查资料质量和使用价值的重要手段

由于从各种具体单位调查得来的原始资料是相对分散和零乱的,而且还可能存在一些虚假、短缺、冗余等现象。而所有这些现象,都会在一定程度上大大降低调查资料的质量和使用价值。要解决这些问题,除了在调查阶段组织调查人员就地自检、互检和派专门人员进行抽查外,还必须在研究阶段的开始进行一次全面检查和整理,以区分资料的真假和精粗,消除资料中的假、错、缺、冗等现象,以保证资料的真实性、准确性和完整性。从这种意义上来说,整理资料实际上就是对调查工作一次全面、彻底的检查,必要时还要组织力量进行补充调查,以保证调查的真实、准确,促使调查工作更全面、更深入地发展。

2. 资料整理是分析和研究资料的重要基础

科学地、合理地整理资料对于社会调查研究具有十分重要的意义。社会调查研究阶段的重要任务在于获得正确的结论，而正确的结论来源于科学的统计分析和思维加工，科学的统计分析和思维加工又依赖于社会调查资料的真实、准确、完整和统一。为此，就必须把各种错误，特别是数据上的错误消灭在统计分析和思维加工之前。实践证明，若在统计分析和思维加工过程中才发现调查资料的错误，再去改正调查资料的错误，那就要花几倍甚至十几倍的时间和精力去返工。因此，在开展研究工作之前，一定要认真鉴别、整理调查资料，坚决修正或淘汰一切不合格的资料，这是保证研究工作顺利进行的重要基础。

3. 资料整理是保存资料、进行补充调查或类比调查的客观要求

社会调查的原始资料，不仅是当时调查的客观成果，而且对以后同类社会现象的调查具有重要参考价值。资料整理以后，无论结果怎样，都可以作为补充调查或类比调查的参考资料，来进一步达到促进社会调查的深入和发展的目的。因此，每次社会调查都应认真整理调查的原始资料，以便于今后的长期保存和深入研究。实践证明，一份真实、完整的原始调查资料，往往具有长久的研究价值，并且随着时间的推移，其价值将会越来越大，尤其对于同类型的调查研究更是如此。

二、调查资料整理的一般原则

对调查资料进行整理的主要任务就是按照某一标准将调查资料划分为不同的类或组，使调查资料的各种特征体现出来，以便于人们鉴别、判断和分析。因此，在调查资料整理过程中，必须坚持和遵循以下原则。

1. 真实性原则

整理出的社会调查资料反映的必须是确实存在的事实，而不是虚假或主观杜撰的情况。如果整理出的资料不真实，那么将比没有调查资料还要危险。因为资料不真实，造成后面的分析研究也是虚假的分析研究，结果使其分析研究是一种负效劳动，最后还会得出错误的结论，给其他工作带来严重危害，所以资料整理一定要坚持真实性这一最根本的原则要求。

2. 准确性原则

事实要准确，特别是数据更要准确。如果事实和数据准确无误，将使后面的分析研究结论科学正确；反之，如果事实和数据含糊不清，模棱两可，那么，据此作出的研究结论就会很成问题。因此，资料整理也要坚持准确性原则。

3. 完整性原则

为实现社会调查研究所需要的资料，在社会调查研究阶段要尽可能地收集完整。然而，资料是否完整，在整理时就应把好关，倘若不完整，缺什么，就要提出作什么方向的补充调查。只有保证资料完整的情况下，才能概括出正确的结论。倘若资料残缺不全，只能反映调查对象的部分情况，以此为依据作结论，就难免犯以偏概全的错误。因此，在资料整理中须坚持完整性原则。

4. 统一性原则

坚持统一性原则主要是对定量调查的资料而言，即既要求对各个调研指标有统一的解释，又要求对调查指标的各项数值及其计算方法、计算单位有统一的规定。如果调查指标的解释不统一，计算公式不统一，那么不仅不能进行数据处理，而且会使调查资料失去统计价值，也就无法进行比较研究。因此，资料整理时，要坚持统一性原则。

5. 简明性原则

简明性原则是指整理调查资料，要尽可能简单、明确，并使它系统化、条理化，以集中的方式反映调查总体的情况。如果经过调查后的调查资料依然支离分散、杂乱无章，从中看不到反映全貌情况的资料，其资料就不能为下一步研究分析所用。因此，整理调查资料，一定要坚持简明性原则，使资料达到为下一步研究分析所用的水准。

总之，整理资料应坚持以上五条原则要求，力求整理后的资料达到真实、准确、完整、统一和简明。只有在这样的调查资料基础上，才能给出科学的研究结论。

三、调查资料整理的一般程序

社会调查所收集的资料一般可以分为数据资料和文字资料。数据资料一般是通过结构化的调查问卷及访问表格得来的，它涉及大量调查对象，对此可进行统计分组和汇总。文字资料则多为无结构的观察、访谈材料和文献材料，一般是少数典型或个案的材料。这两类资料的整理虽然方法不一、但整理的议程大致相同。数据资料整理的一般程序如下。

1. 审查资料是否切合需要

应先审查所收集的资料是否切合调查研究目的的需要，是否具有明确的调查目的和正确的调查方法与手段。

2. 对原始资料进行认真、细致的检查

一是从逻辑来检查资料的正确性和完整性；二是从内容上检查资料是否有遗漏、笔误或表述错误，若发现问题，应及时采取必要的补救措施。

3. 对原始资料进行分类分组

选择合适的分组标志，对原始资料科学地进行分类分组。这一步的作用至关重要，分类分组不合理、不科学，将不能正确地反映被研究现象的本质特征。标志一般可以分为数量标志和属性标志，凡用数量界限将总体各部分区别开来的标志称为数量标志，如按年龄大小分为若干组：凡按属性类别不同将总体各部分区别开来的标志称为属性标志，如按照性别的不同分为男、女两类。选择分组标志的原则一是从研究目的出发，二是从反映现象本质的需要出发，三是根据研究对象的特征而定，四是应尽量满足努尽性和互斥性的要求。

4. 对资料进行统计汇总

对各不同分类分组的资料进行统计汇总，以便以集中方式反映调查总体。汇总的方法主要有手工汇总和计算机汇总。

5. 文字资料整理

文字资料的整理工作也是调查资料整理的一项重要内容。社会调查中的文字资料，既包括文献调查、汇报调查、访问调查、座谈调查等文字记录的资料，也包括问卷调查中开放性问题的文字资料。通过观察、访问和文献搜集得来的文字资料整理的一般程序为：

(1) 对资料的真实性、可靠性进行检查、核对，如观察记录是否带有个人偏见，被访者是否如实反映情况，文献来源是否可靠，等等。

(2) 从原始材料的摘取与研究目的有关的主要内容，对资料进行简化。这两步也称为“去伪存真，去粗取精”。

(3) 按照主题、人物或时间对资料进行分类整理，建立资料档案。其作用是便于查找，二是便于作进一步的定性分析，如类型比较分析或时间序列分析，还可以将文字资料的内容转化为数据形式，进行量化的内容分析。

四、文字资料的分类整理

文字资料的分类整理，就是根据文字资料的性质、内容或特征，将相异的资料区别开来，将相同或相近的资料合成一类的过程。经过真实性、可靠性、合格性、适用性等方面审核与鉴别后的资料,仍是杂乱无章的,必须经过进一步的加工整理,使之条理化和系统化,以增强资料的可用性。文字资料的分类具有两重意义:一是对于全部资料而言是“分”,即将相异的资料区别开来;二是对于备份资料而言是“合”,即将相同或相近的资料合成一类。因此,分类就是将资料分门别类,使繁杂的资料条理化、系统化、为找出规律性的联系提供依据。这不仅有利于资料的存取,而且其本身也是对研究对象的一种认识方式。

1. 分类标准的确定

分类是否正确,首先取决于分类的标准是否科学,如调查企业生产经营的好坏,就不应只以产值的增长速度为依据,而应以企业的经济效益、社会效益和生态效益为标准。分类的标准可分为,品质标准和数量标准两大类。所谓品质标准,就是反映事物同性差异的标准。例如,人的性别、民族、职业、文化程度。企业的所有制,组织的性质等均属于品质标准。所谓数量标准,就是反映事物的数量差异的标准。例如,年龄的大小、企业规模的大小等均反映了数量上的差异。分类标准还可以分为现象标准和本质标准。现象标准是反映事物的外部特征与外在联系的标准,如地域、时间等。本质标准则是反映事物的本质特征或内部联系的标准,如阶级、阶层的划分,按现象标准所进行的分类能够帮助建立资料的档案系统,便于资料的存取和查找。按本质标准所进行分类则不仅是资料的存取、检索系统,也是调查者对客观事物和规律认识的总结系统,因此,它常常代表调查者一定的理论观点和价值取向。

分类标准的确定是一项较为复杂的工作,其本身就是一个研究的过程,因此,必须以科学理论为指导,以客观事实为依据来进行科学、合理的分类,同时,还必须遵循以下原则。

(1)有效性原则

所谓有效性有两个基本含义:第一,分类方式对于研究目的的有效性;第二,分类能有效地反映出现实社会现象。为此,分类首先必须服从于研究目的;例如,要研究公众的经济状况,可选择收入作为分类标准。如果不是按研究的需要设立分类标准,研究问题就无法得到恰当的解释。其次,分类必须能反映现象的本质特征。社会现象的诸多特征中有本质和非本质特征,事物的特征是由本质特征决定的,因此,分类要能有效地反映社会现象的真实情形,必须能够抓住其本质特征。

(2)互斥性原则

互斥性是指分类标准应当互斥,以便同一份资料只能归于一类,不能既属于此类,又属于彼类,从而避免出现重复分类的现象。例如,把企业分为公有企业、集体企业、私营企业、外资企业就违背了分类的互斥性原则。

(3)完备性原则

完备性是指分类标准的确定应当能使每一份资料都有归属,分类结果要使所有资料全部包容进去,无一遗漏。例如,在对公众进行年龄组分类时,就应该把每一个年龄组都考虑进去,而不应出现遗漏。

(4)层次性原则

层次性是指所分各个类别必须处于同一分类层次。例如,把自然界分为无机物、生物、动物、植物、微生物,就混淆了层次界限,犯了"超级类的错误"。

2. 文字资料分类的方法

文字资料的分类有四种方法,即前分类和后分类。前分类,就是在设计社会调查提纲、表格和调查问卷时,就按照事物或现象的类别设计指标,然后再按分类指标收集资料、整理资料,这样,分类工作在调查前就安排好了。例如,有结构观察的卡片、标准化访问的记录、问卷中的封闭式问答等大都采取前分类的方法。后分类,是指在调查资料搜集拢来之后,再根据资料的性质、内容或特征,将它们分别集合成类。例如,文献调查的资料、无结构观察和非标准化访问的记录、问卷调查中的开放型回答等,一般都无法事先给出明确的分类,只能在搜集资料之后再去做分类工作。

无论是前分类还是后分类,都必须遵循有效性、互斥性、完备性和层次性四项原则。同时还应指出,文字资料的分类,不是一个简单的纯技术性问题,它往往对社会调查结论产生巨大的甚至决定性的影响。列宁曾经说过:"由于分类的方法不同,同一个材料竟会提供截然相反的结论。"由此,要进行科学的分类,就必须正确地选择分类标准和方法。

五、数据资料的分组整理

数据资料的分组整理,就是按照一定标志,把调查所得的数据资料划分为不同的组成部分。分组的目的在于了解各组事物或现象的数量特征,考察总体中各组事物或现象的构成情况以及依存关系等。对数据资料进行分组的一般步骤是:选择分组标志,确定分组界限,编制变量数列。

1. 选择分组标志

数据资料分组的关键在于选择分组标志。所谓分组标志,就是分组的标准或依据。分组的标志是多种多样的,调查的目的不同,调查对象具体情况不同,选择的分组标志就应有所不同,一般来说,分组标志主要有四种,即质量标志、数量标志、空间标志和时间标志。按质量标志分组,就是按事物的性质或类别分组。例如,人口可按性别分为男人和女人,可按民族分为汉族和少数民族;产品可按质量分为优质产品和劣质产品、合格产品和不合格产品;企业可按行业规模、经营情况、所有制性质等标志分成多种多样的类型。按质量标志分组、可以把不同性质或类别的事物区分开来,有利于认识不同质的事物的数量特征,有利于把不同质的事物进行数量对比研究。

按数量标志分组,就是按事物的发展规模、水平、速度、比例等数量特征分组。例如,城市可按常住非农业人口的数量分为特大城市、大城市、中等城市和小城市等;农民可按人均纯收入的多少,分为贫困户、温饱户、小康户、富裕户几个组。按数量标志分组,可以把不同发展规模、水平、速度、比例的事物区别开来,有利于从数量来准确地认识客观事物,有利于将不同数量特征事物之间的相互关系进行分析和研究。

按空间标志分组,就是将事物的地理位置、区域范围等空间特性分组。例如,中国的经济发展状况,可按东部、中部、西部三大经济地带分组;文化教育的普及程度,可按省、地、县、乡等行政区划的范围分组等。按空间标志分组,可以把不同地域的事物区别开来,有利于了解事物在空间上的分布状况,有利于对不同的地理位置、区域范围内的事物进行对比研究。

按时间标志分组,就是按事物的持续特性和顺序分组。例如,企业的经济效益可按年、月、季、年度分组,组织发展计划可按 1 年、5 年、10 年分组,分为短期计划、中期计划和长期计划等。按时间标志分组,可把不同时点或时期上的事物区别开来,有利于认识事物在不同时点或时期的发展状况,有利于揭示事物不断运动、变化、发展的规律。质量标志、数量标志、空间标志和时间标志。虽是数据资料分组的基本标志,但实际上,许多复杂的事物往往能采用两个或两个以上的标志分组,这就要求我们在实际调查中、慎重地选择分组标志、并力图遵循以下几个方法原则:一是根据研究的具体目的来选择分组标志;二是选择能反映被研究现象本质的标志;三是根据具体研究的任务来确定分组标志数量;四是用来分组的标志应明确,不能模糊,应尽量做到前后一致。

2. 确定分组界限

(1)分组界限

分组界限,是指划分组与组之间的间隔。确定分组界限,包括组数、组距、组限、组中值的确定和计算等内容。组数的确定,应从实际出发。当数量标志的变动范围很小,而且标志值项数不多时,可直接将每个标志值列为一组。这时,组数等于数量标志值的项数。当数量标志的变动范围很大而且标志值项数又很多时,就可将邻近的几个标志值合为一组,作为分组的依据,以减少组的数量。例如,在对顾客年龄结构的某次调查中,就可将邻近的5个年龄合为一组,这样可大大减少组数。一般来说,对标志值项数较多的数据资料进行分组,以分成5~7组较为适宜,并且组数应尽可能是奇数,避免偶数。

(2)组距

组距,就是各组中最大数值与最小数值之间的差距。组距数列中,各组组距相等的,叫等组距数列;各组组距不相等的,叫不等组距数列。编制组距数列时,究竟采用等组距数列还是不等组距数列,应从实际情况出发;例如,编制等组距数列,应在对总体资料进行分析的基础上,先确定组数,再用全部变量的最大数值与最小数值之间的差距即全距除以组数,就可得出组距的大小。但是,在实际整理资料的过程中,根据研究任务的实际需要,也可采用不等组距数列。

(3)组限

组限,就是组距的两端数值。一般将每组的起点数值(最小数值)称为下限,终点数值(最大数值)称为上限。组限的表现形式有两种,一种是封闭式,一种是开口式。封闭式组限是指在变量数列中,最小组的下限值和最大组的上限值都是完全确定的。划分组限时需要注意的一个问题是,若某一标志值正好与组限范围的上限值一致时,应遵循统计学中的"上限不在内"原则,将其划归于下限的那一组。

(4)组中值

组中值,是指各组标志值的代表值。组中值由各组的上限与下限之间的中点数值来确定。其计算公式为

$$组中值=(上限+下限)/2$$

开口式组距数列

$$缺下限的组中值=开口组上限-相邻组的组距/2$$

$$缺上限的组中值=开口组下限+相邻组的组距/2$$

3. 编制变量数列

为了清晰地显示统计分组的结果,往往需要编制变量数列,将各组的次数、比例、比率

等汇总数位表现出来。数量标志在各组中表现的具体数值,统计上称为变量。所以,数量标志分配数列又简称为变量数列。选择分组标志、确定分组界限之后,就可以编制变量数列,即在统计分组的基础上汇总、归类、整理并依次编排而成数列。

第三节 调查资料的汇总

调查资料的汇总就是在资料分类、分组的基础上,根据分类、分组的标志和数目,按照一定的逻辑结构把所调查的资料进行归纳并分别列入各组类中去。调查资料汇总的目的是要使收集的原始资料转化为综合性的经过整理归纳的资料,以便对调查资料作进一步的分析。

一、调查资料汇总的一般方法

1. 文字资料的汇总

文字资料的分类标准确定后,就要将资料归类,并按一定的逻辑结构进行编排,即汇总。所谓文字资料的汇总,就是按照社会调查的目的和要求,对分类的资料进行逻辑编排,使之成为能反映社会调查对象总体客观情况的系统、完整、集中、简明的材料。在对分类资料进行汇总时,首先,应根据研究的目的、要求和客观情况,确定合理的逻辑结构,使汇总和编辑后的资料既能反映客观情况,又能说明研究问题;其次,要对分类资料进行初步加工,如给各种资料加上标题,重要的部分标上各种符号,对各种资料按照一定的逻辑结构编上序号,等等。

资料的汇总可以按人物,也可以按事件发生的时间顺序或事件发生的背景及原因进行。例如,要分析影响企业经营状况不良的原因,就可按原因的种类进行汇总与编辑,如资金短缺、管理不善、市场不景气、领导班子不团结、企业缺乏凝聚力等。文字资料汇总的基本要求是:第一,要完整和系统。所有可用的资料都要汇总编排到一起,大类小类要井井有条,层次分明,能系统完整地反映社会调查对象总体的全貌。第二,要简明和集中。要用尽可能简短、明了的文字,集中地说明社会调查对象总体的客观情况,并注明资料的来源和出处。如有必要,还可对资料的价值和作用等作些简短述评,以供进一步的研究参考。

2. 数据资料的汇总

数据资料的汇总就是根据研究的目的,把分组后的各种数据(标志值)汇集到有关的表格中,并进行计算和加总,以集中、系统地反映社会调查对象总体的数量情况。数据资料汇总的目的一是初步了解数据的分布情况,二是为编制变量数列表作准准备,三是为深入的统计分析做准备,四是便于保存调查资料。

数据资料的汇总可分为手工汇总、机械汇总和电子计算机汇总。这里,我们先着重介绍手工汇总的几种主要方法。

(1)画记法

画记法也称点线法,就是在汇总表的相应组内,用画点或画线作为记号的汇总方法。具体步骤是:首先,制作汇总表;然后,根据各标志值出现的次数标点、画线;最后,对点和线加总计算,将结果填入统计表。画记法手续简便,但点、线太多时则易出错漏。常用的点线记号有正、卌等。

(2)折叠法

即按相同的项目或指标栏次,把社会调查表或初级统计报表一张一张地加以折叠,排列在一条线上,然后对齐加总,得出汇总数字。具体步骤是:先折叠,然后对齐叠放,再计算加总,并把汇总的数字填入统计表。这种方法比较简单易行,但表的份数太多、折叠太厚时则不便计算,而且出了差错也无从查找,需从头返工。

(3)分表法

即按汇总要求,将社会调查表分类,然后分别计算。一般来说,要对多少个项目进行汇总,就要分多少次表。这种方法适用于汇总项目较少的表格,而且只能计算单位数。

(4)过录法

即先将社会调查资料过录到预先设计的过录表或汇总表上,然后计算加总,得出各组及总体的单位数和标志值合计数的方法。这种方法计算简便,能防止遗漏和重复,不易出错。但过录工作量较大,一般在调查单位不多的情况下使用。

(5)卡片法

就是利用特制的摘录卡片进行分组汇总的方法。具体步骤是:首先根据社会调查表的内容和分组的需要设计卡片,然后将有关内容摘录到卡片上相应的空格内,再分组统计,最后将计算的结果填入相应统计表内。用卡片法汇总大规模社会调查资料时,比画记法准确,比折叠法和过录法简便,但如果调查资料不多,分组种类简单,则不必使用这种方法。

总的说来,在这五种汇总方法中,前三种方法较简便,但容易出错,后两种方法准确程度较高,但费时较多。具体进行汇总时,应根据对汇总的质量要求和主客观条件,选择适当的方法。

二、计算机汇总的一般步骤

应用电子计算机处理数据资料,是在前面对数据资料做完审核、鉴别等整理工作的基础上进行的。其工作过程一般是按照如下几个步骤进行。

1. 编码登录

编码是把资料中所有的文字信息数字化,转换成计算机能够识别的符号形式。在问卷调查中,问题和答案都很多。比如,我们可能调查人们的性别,答案有男人和女人两种,为了简化资料,我们可以使用数字来代替这两个答案,如用"1"代表男人,用"2"代表女人。因此,编码就是给一个问题的各种答案指定一个号码,而这个号码通常是一个阿拉伯数字。编码的原则是要明确区分每一种答案类别,任何一个可能的答案都必须有一个号码来代表。编码一般可以分为先编码和后编码两种。

(1)先编码

先编码就是指在设计问卷的时候就已经为答案指定了数码的编码方式,它一般印在问卷上。先编码主要限于回答类别事先已知的问题,这些问题主要是封闭性问题。例如:

您最早接触"WTO"一词大约是在哪一年?

①1990 年以前;

②1990—1995 年;

③1995—2000 年;

④2000 年以后。

这里,每一个答案前的数字就是其编码。如果有人回答是"2000 年以后",则在以后计算机登录时输入的编码就是"4"。

(2)后编码

后编码就是指对问卷的编码过程是在问卷回收之后进行的,而不是与问卷设计同时进行,其多用于开放式问题的编码。比如调查人的职业分布时,我们可以问:"您现在的职业是什么?"我们可以根据答案的种类,待问卷回收以后,再分别给每一种职业指定一个编码。后编码与先编码相比,比较费人力、时间。所以,仅当问卷上不可避免地要提出开放式问题时，一般才使用此法。此外，有些开放性问题还很难进行编码处理。

2. 录入数据

录入数据就是将已编码的数字代码输入电子计算机或其他机械内储存，它是通过计算机的终端键盘来完成的。把所有问卷汇集起来，形成一个按一定结构的数据集合，即建立有一定逻辑结构的数据文件，这就是录入数据的任务。按照一定的逻辑结构形式、调查资料与数据文件形成一种对应关系，如图 10－1 所示。

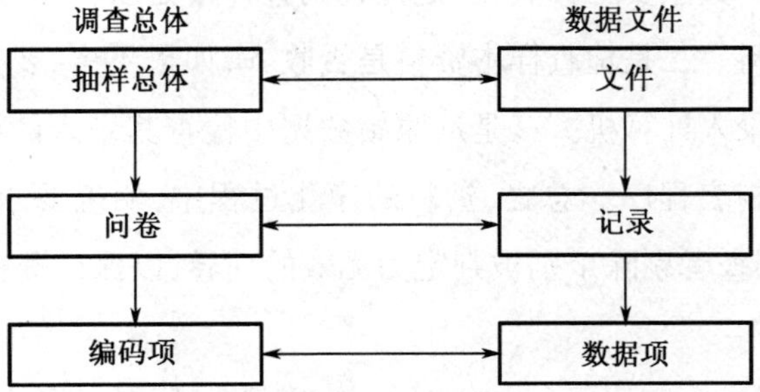

图 10－1　录入数据关系图

由此可见，全部问卷调查资料即抽样总体，其数据形成一个文件，每份问卷就是一个记录，每一个编码就是一个数据项。当然，在采用计算机键盘录入时，可能产生的错误之一就是录入串位。一般一项社会调查的问卷有上百个编码项，这一长串数字数列在录入时都容易发生数据移动位置，即录入串位现象。比如，有一项编码应占三位，如应编为“001”，在录入数据时输入“010”，这时此项后面的数据都会发生移位。因此，录入数据一定要耐心仔细，避免发生人为差错而影响整个调查资料的准确性。

3. 编辑检查

数据录入以后，还要对数据进行编辑检查，即在录入原始数据（指录入后形成的数据文件）的基础上，按顺序存取方式编辑数据顺序文件、索引文件等，以及按一定的技术对全部原始数据进行有效性、一致性、完整性的检查，又称资料的净化。就检查数据的有效性和一致性而言，资料净化的方法有两种：一是检查是否存在特定编码之外的其他数据。例如，被调查者的性别编码为“1”或“2”，如果出现了数字 1 和 2 之外的其他数字，就可以判断存在着错误。二是运用变量之间的逻辑关系检查错误。例如，问卷中的第 1 题是询问年龄，其编码是16岁以下为1;16~25岁为2;25~40岁为3;40~60岁为4;65岁以上为5。而第3题是询问婚姻状况:已婚为1,未婚为2。假如第1题的编码为1,而第3题的编码也为1,那么可以断定他们中有一个答案编码错了。再如,某人的年龄为25岁,工龄为25年,这也显然不符合逻辑。

当然,上述两种资料净化的方法都是非完全性检查,它与完全检查、校对不是一回事,它只能查出一部分错误,而且在很多情况下无法修改。因此,还需要对原始资料在整体结构上进行完整性检查。其主要工作有,一是检查调查样本是否齐全,如发现样本不齐,要及时查找所缺的样本资料。二是检查样本资料是否收齐,如果不齐,要查找遗漏何处,并尽量保证问卷调查表全部录入计算机。三是从原始数据中检查其录入的数据是否完整,完整地输入数据文件可提供制表程序。总之,资料的净化过程中,明确要求调查者修正一部分数据,甚至也可能要求调查者剔除个别被判定为无效的问卷,以保证资料的可靠性。

4. 编制程序

编制程序,即编制一个实用可行的统计计算程序,以便对已录入并经检查完整、有效、一致的数据进行加工处理。编制程序是一项专门的技术工作,要求编制者会使用计算机语言。因此,这对于大多数非计算机专业的人员来说,具有不少困难。好在目前这些工作已由软件工作者为我们做好了,我们只要学会使用软件包就可以了。当您的计算机接到指令后,就会按要求做出各种统计结果来。

目前,市场上较适用于对社会调查数据资料进行统计分析的软件包主要有“社会科学统计软件包(SPSS)”“统计分析系统(SAS)”“统计包(SP)”等。尤其是SPSS系统,目前是世界上最为流行的社会调查数据资料统计分析软件,它具有次数分布、交互分类(列联分析)、相关分析、回归分析、方差分析以及多元分析等多种功能。SPSS可以在计算机的windows下直接使用,其所需的计算机必要配置只要求CPU为Pentium133 MHz以上,内存为32 MB以上就可以运行了。目前市场上的SPSS软件多为英文版,可能会给初学者带来不便,但只要用心学,便会很快掌握它的使用方法,这将大大简化我们的数据处理过程。

5. 统计计算

统计计算,就是按统计计算程序进行统计和计算,并将统计、计算的结果及各种图表输出,以供调查人员使用。统计计算的内容,主要有单向描述统计的集中趋势(如众值、中位值、平均值)和离散趋势(如异众比率、四分位差、标准差),也有相关统计(如定类、定序、定距的 TU—Y、GAMMA、R 等单相关系数统计）和多变项的相关统计计算，以及统计推论与假设检验的统计计算等。这些统计计算一般都可以从专业的统计分析软件（如 SPSS）中获得，从而大大节约了时间和人力。由于用电子计算机对数据资料进行汇总，需要用到数学和计算机等多方面的知识，因而我们还有必要加强学习。

三、调查资料的统计图表制作

调查资料经过汇总以后，一般都要通过统计图表的形式显示出来，为此，就要制作统计表和统计图。统计表是用表格来显示各种统计指标及指标含义，它能以简洁的方式来表达丰富的数据和内容。统计图是用点、线、面、体等几何图形来表示统计数字，它具有直观、形象和生动的特点。

1. 统计表的制作

调查统计表的结构大致分成两个部分：首先，从内容上看，它是由主词与宾词两部分组成，主词是调查统计表格上所要说明的总体或总体的各个组成部分，是排列在表格左方位上的内容。宾词是调查统计表上用来说明或解释主词的各种指标，是排列在表格右方位上的内容。一张设计良好的统计表应是一完整通顺的句子。其次，从形式上看，调查统计表有序号、总标题、横行标目、纵行标目、说明和来源等项，具体结构见表 10－1。

序号→　**表 10－1　文明社区生态环境指标考核体系**　←总标目

横行标目

指标名称	标准/%	分值
绿化覆盖率	≥35	3
垃圾袋、分类，以及定时定点倾倒率	≥95	1.5
“三废”及噪声达标率	100	2
蚊蝇密度达标率	100	2
社区公共地保洁率	≥98	2.5

纵行标目

主词　宾词

资料来源：《我国城市文明社区指标考核体系初探》《城市发展研究》2002 年 2 月

根据统计表主词、宾词的组成情况，统计表可分为简单统计表、分组统计表和复合统计

表三种类型。简单统计表是指主词未作任何分组的统计表。由于其便于比较、分析总体各单位情况,因此,一般适用于实际统计工作。分组统计表是指主词按一个标志分组的统计表,其一般适合于深入分析现象的内部结构和各现象之间的相互依存关系。复合统计表是指主词按两个以上标志分组的统计表,又称为交互统计表或条件次数统计表,其一般适合比较和指示社会事实之间的重要联系和差别,在统计分析中具有重要作用。

在制作统计表过程中,需要注意以下事项:

(1)表的标题应简明扼要地一语道出主题内容。

(2)表的内容也要简明扼要地一语道出主题内容。

(3)表中标目要安排合理,横标目用向右说明谓语标志,纵标目用向下说明主词标志。有共同性质或特征的纵标目或横标目要放在一起,并冠以一个标目。

(4)数字上下要对齐,四位数以上的分位点要标出,数字空缺时要用“-”表示,有效位数要一致。

(5)表头与表身之间一定要用线条隔开,表的横向数列可以不用线分开,而纵栏之间一般要用细线隔开为好。

(6)根据需要,在表的下面写上注,对表中的内容、资料来源等作出说明。

2. 统计图的制作

常见的统计图有条形图、直方图、饼状图和折线图四种。条形图,就是用长方的条形的长短来表示统计数字。它又可分为单式条形图和复式条形图,其中单式、复式是指并列的若干组长条形是一个为一组,还是两个或两个以上的长条为一组。绘制这种图形的关键在于尺度选择要适当,而且要求始终一致,如图 10-2 所示。

直方图是以矩形的面积表示分组距资料的次数分配的图形,因而直方图要根据组距数列来绘制。在绘制直方图时,要求利用直角坐标,坐标的横轴表示组距数值,纵轴表示各组的次数,如图 10-3 所示。

饼状图是用一个饼形代表总体,每一部分表示现象中的一类,其大小代表它在总体中所占的百分比频率。饼状图的制作方法是将变量每一取值的频率乘以 360°,所得的数值就是此取值饼形的圆心角度数,如图 10-4 所示。

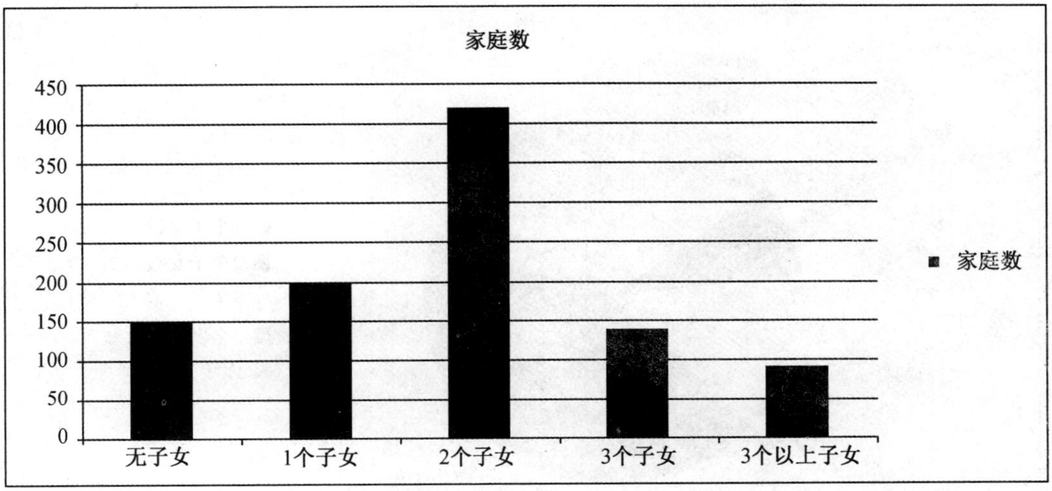

图 10－2　1 000 户家庭子女数分布条形图

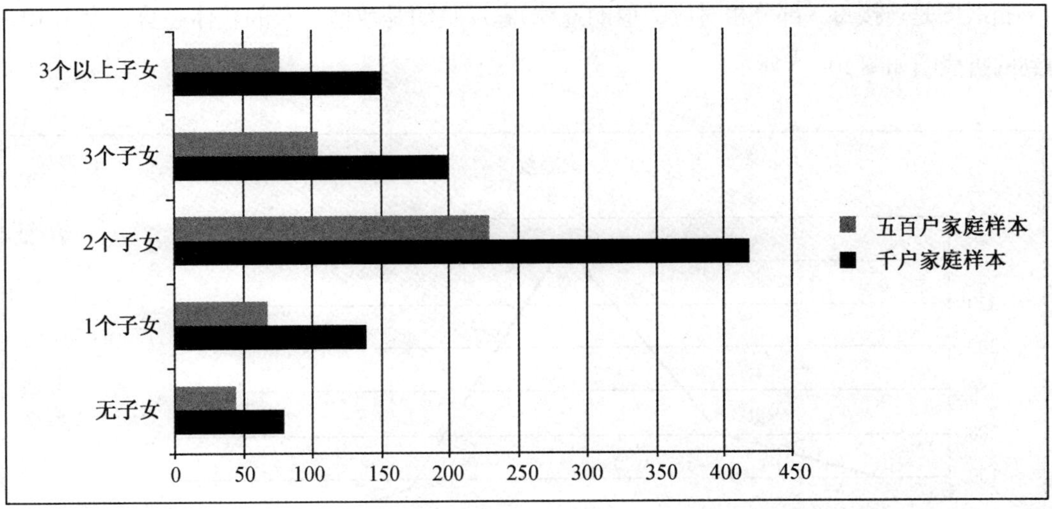

图 10－3　1 000 户家庭与 500 户家庭子女数分布直方图

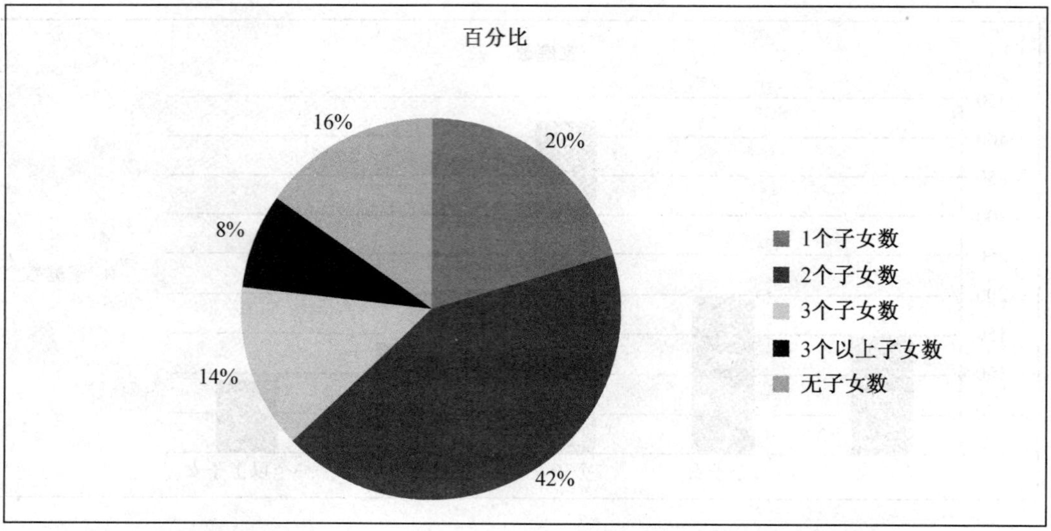

图 10－4　1 000 户家庭子女数比例分布图

折线图是连接每一部分相对应的值的连线,它反映的是数值分布的整体趋势。由图 10－4 得到的折线图如图 10－5 所示。

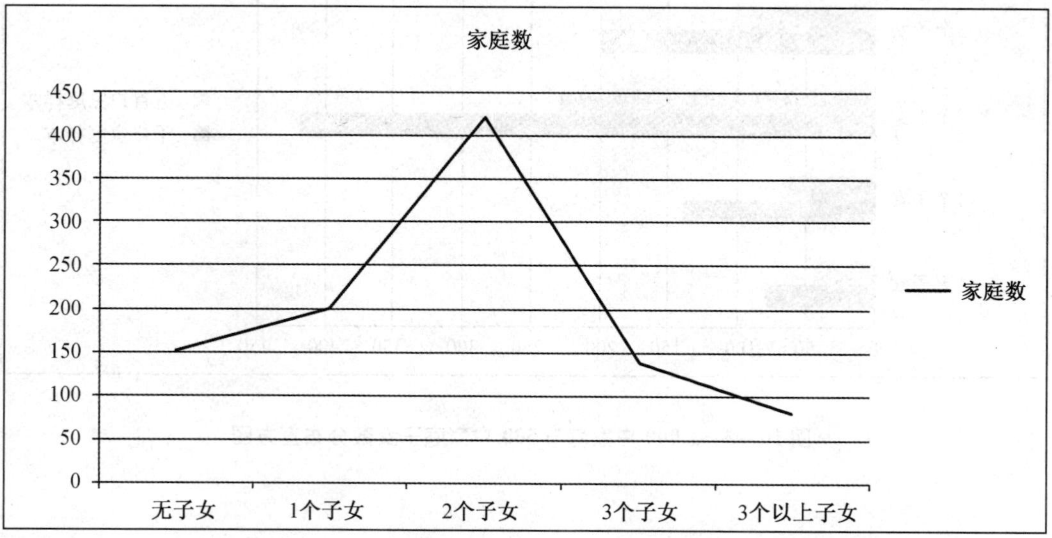

图 10－5　1 000 户家庭子女数折线走势图

在绘制统计图过程中,需要注意以下事项:

(1)绘制统计图,要根据绘图的目的和资料本身的特性选取适合的图形。

(2)图示的内容,要简明扼要,突出重点。图示的标题、数字单位以及文字说明等,都应简明清晰、一目了然。

(3)图形的设计,要科学、准确。必须依据准确的资料进行加工和计算,做到图示准确,数据分明,表现真实。

(4)绘制的图形,要美观、大方、生动、鲜明,具有较大的吸引力和说服力。

从上面可以看出,统计表是以简洁精确的方式表达丰富的数据和内容,而统计图则更加直观、形象、生动,便于阅览,两者各具千秋。在社会调查的实际过程中,调查人员应根据社会调查的具体目的和客观需要选择制作合适的统计表或统计图。

思　考　题

1. 什么是资料整理?资料整理有何作用和意义?
2. 简述资料整理的原则。
3. 如何整理文字资料?
4. 如何整理数字资料?
5. 怎样进行数字资料的汇总?

第十一章　调查资料的定量分析

【本章提要】

本章提出了社会调查定量分析的相关内容，阐释了定量分析的特点、作用、原则等。重点介绍了一些比较常用的基本分析方法，特别说明了每一种方法的适用范围和操作程序，并对它们作了简要评价，以便于调查研究者更好地对调查的数据进行科学的分析。

【学习要求】

1. 了解：定量分析的概念及特点；常见的基本方法。
2. 掌握：定量分析的作用；基本的定量分析方法。

在社会调查中，调查资料经过整理加工后，便可以进入分析研究环节。所谓调查资料分析，是指社会调查人员运用各种分析方法，对社会调查所搜集的、未经初步处理的各种数据资料，进行由此及彼、由表及里的比较、计算和测量，使之能够精确地描述现实社会状态，解释社会现象原因，预测社会发展趋势的社会研究过程。

第一节　定量分析的一般问题

任何事物都有质和量两方面的规定性，社会现象也是如此。在现代社会调查过程中，对社会调查资料的分析，不仅需要定性分析，而且需要定量分析。从某种意义上来说，对社会调查资料的定量分析显得更为基础，更加重要。它不仅是社会研究的有效手段，而且是社会调查研究过程必不可少的关键环节。

一、定量分析的特点

调查资料定量分析也称为数理分析、统计分析、数量分析或量化分析。它是指对社会调查资料中的数据资料进行量化分析，从而得出具有数量特征的研究结论的分析方法。调查资料定量分析是建立在统计科学基础之上的一种分析方法。与调查资料定性分析比较，它具有自身的一些特点。

1. 数量性

调查资料定量分析的重要特点就是对社会现象的数量方面进行研究。它的分析对象是在社会调查过程中所搜集的大量的数据资料。定量分析的过程和结果都是通过数字、符号、公式和图表等数学语言来表达的。定量分析的目的实际上也是反映社会现象的存在状态和发展变化的数量特征和数量关系。

2. 客观性

调查资料定量分析是一种对社会调查中所搜集的数据资料进行客观处理的过程，它只能如实地反映纷繁复杂的数据资料信息，而不能按调查研究者的喜好随意增加或臆想某种原始信息，也不能按调查研究者的厌恶随意剔除或减少某种原始信息。调查资料定量分析的这种客观性可以使社会调查工作减少随意性，避免许多错误。

3. 科学性

调查资料定量分析是建立在统计科学的基础之上，而统计科学则是建立在数学科学的基础之上。调查资料定量分析采用的具体分析方法和具体分析程序都有科学的依据。定量分析的运算结果、推论都有相当的精确性和可信度，无论在描述性研究、解释性研究还是预测性研究中，调查资料定量分析都有助于保证其研究过程和研究结论的科学性。

4. 严密性

调查资料定量分析是建立在统计科学或者说数学科学基础之上的，严密性是它的一个显著特征。著名科学家钱学森指出："科学是严肃的、严格的、严密的，是不允许马虎的。"调查资料定量分析作为一种统计分析，作为一种数量分析，由于其科学性的规范，面对错综复杂、千变万化的社会现象，它总是运用严格的数理逻辑方法，进行严谨缜密的逻辑思考和数学运算，从而具体体现其严密性特点。

5. 简化性

调查资料定量分析还有一个特点，即简化性特点。社会调查往往要涉及大量的变量，并包括众多的个案，而且这些变量之间的关系又往往是错综复杂的，这就使每项调查所获得的数据资料十分庞杂，令人无法轻易地把握社会现象的特征和规律。建立在统计科学基础上的定量分析能帮助人们提高控制数字的能力,它能对庞杂的数据资料进行提炼压缩,能以精简的数字综合大量的社会事实,从而对社会现象的特征和规律作出极为简洁的描述。

二、定量分析的发展

定量分析的提法最早出现于化学领域,但其应用却不局限于化学领域。近代以来,由于统计学的发展,定量分析已成为一种对事物的存在和发展的规模、程度、范围、事物的数量构成和事物之间的数量关系等方面进行分析的普适性科学方法,就是在社会科学研究中,尤其是在对社会现象的研究中,定量分析也受到广泛的重视,得到广泛的应用。

17 世纪下半叶,欧洲的一些思想家和政治家就意识到,要想有效地进行社会管理和社会改良,就必须客观地了解社会经济状况,其中较著名的人物是英国的威廉·配第(1623—1687)和法国的柯尔柏(1619—1683)。威廉. 配第在《政治算术》(1690 年)一书中曾经指出,对任何社会现象都应当用数字和尺度来说明并加以比较。他曾经运用统计分组法、图表法和一系列统计指标定量地分析英国的社会经济状况。马克思称他为“政治经济学之父,在某种程度上,也可以说是统计学的创造人”。柯尔柏是一位政治家,他曾担任法国的财政大臣,也可以说他是当时法国政府国内外政策的实际决策人。在当政期间,柯尔柏曾倡导和主持一系列大规模的社会调查。其中 1664 年的法国社会概况调查、1665 年的制造业调查以及一些不定期的人口状况调查等,都是一些统计调查。这些调查中,对调查资料的定量分析已得到正式的运用,为以后行政统计调查的制度化奠定了基础。

在整个 18 世纪到 19 世纪初,随着统计学的发展和国家行政管理的完善,欧洲各国的行政统计调查盛行于世,并逐步得到制度化。1801 年法国建立了国家统计局,进行了各种普查工作,随之,英国也建立了国家的行政统计机构。尤其是人口统计学的建立,使人口普查得到了十分的重视。1801 年英国和法国都开始了全国性的人口普查,英国还作出了对全国人口每 10 年进行一次普查的规定。其后,欧洲许多国家纷纷仿效。欧洲的行政统计调查和普查工作为定量调查和调查资料的定量分析提供了广阔的实践和发展空间。19 世纪中叶,数理统计的奠基人法籍比利时学者凯特勒(1796—1874)把概率论引入统计学的研究,开始了社会调查资料定量分析的新发展。在社会调查研究方法方面,他和英国学者布思(1840—1916)可说是有着主要贡献的两个人。他们被称为“经验社会学之父”。凯特勒可谓是著名的社会统计学家,他通过对犯罪、自杀、婚姻等社会现象的统计和研究,发现社会生活具有一定的统计规律性。他将数理统计引入社会现象的研究,第一次提出了“平均人”的概念和变量分析的思想。他认为,人的智力、道德、心理、行为倾向是可以精确测量的,通过这种测量,就可以确定出所有人(或一个民族)的“平均值”。由此他提出了“道德科学”的概念,即经验社会科学。布思曾经是一名造船企业家,后来投身于社会调查研究。他从1886年开始,苦心奋斗18年,对英国伦敦的市民生活和社会概况进行了深入的实地调查,写成了17卷本的《伦敦居民的生活和劳动》。在调查研究中,布思综合适用了各种调查方法,如参与观察、访问调查、问卷调查等,并运用统计分组法、图表法、综合指数法等对社会调查资料进行了系统的分析,对当时的社会状况进行了精确的描述。凯特勒和布思的工作对后人影响很大,有力地推进了社会调查资料定量分析的发展。到19世纪末,经验社会调查研究开始与理论研究和政策研究密切结合。法国社会学家迪尔凯姆的《自杀论》标志着社会调查研究进入实证法阶段。他不仅创立了社会调查研究的“研究假设—经验检验—理论结论”的实证程序,而且还为如何利用统计分析构建社会理论提供了范例。到20世纪,在迪尔凯姆社会调查研究方法论的影响下,社会调查资料的定量分析进入了一个新的发展阶段。1928年,英国的费希尔创立了抽样理论,为社会调查资料的定量分析提供了更广阔的应用领域,提出了更高的实践要求。1935年,在美国创办的“盖洛普民意调查所”,更使定量调查和调查资料的定量分析成为常用方法。1948年,美国社会学家斯托福等人在《士兵研究》一书中创立了统计调查模式,调查资料的定量分析成为其模式中的重要组成部分。在大致相当的时间里,以拉扎斯菲尔德为首的哥伦比亚学派,更使社会调查资料的多变量分析方法走向成熟。

很值得一提的是,20世纪40年代以来,社会调查资料的定量分析更是取得突飞猛进的发展,而自20世纪40年代到六七十年代,可说是社会调查数量化的发展时期。抽样调查的广泛应用,问卷法和访谈法的精密化,态度测量方法的精密化,社会计量法的出现,多变量统计分析和统计检验的普及,实验法和心理测验方法的引入,内容分析法的提出,结构式观察法的发展,计算机及其他现代技术的广泛应用,研究程序的标准化等,这些社会调查研究方法的进展,都为调查资料定量分析的应用和发展提供了更为完善、更为有利的条件,从此,社会调查资料的定量分析已成为一种调查资料分析的常规方法,为世界范围的社会调查研究人员和社会学家所采纳。

三、定量分析的作用

定量分析是随着科学研究水平的提高和实际工作的需要而发展起来的。在自然科学研究领域,定量分析是首选的分析方法;在社会科学研究领域,定量分析也有着越来越重要的地位;在社会调查研究中,定量分析更是发挥着极为关键的作用。

1. 定量分析有助于提高社会研究水平

人们对社会的认识,是随着科学方法的不断进步而扩展的。在古代,人们认识和描述社会现象,只能用比喻的方法来作出一个定性的结论,而且往往带有个人猜想成分。由于各方面的限制,他们既不可能对社会现象作出确切的描述,更不可能对社会现象之间的相互关系和影响作出量化的分析。因此,他们的理论往往只能停留在个人感受的水平上,很难用检验的方法去验证。随着生产力的发展和科学技术的进步,科学研究领域出现了大量新的科学方法,定量分析方法就是其中最为重要的分析方法之一。定量分析方法的出现,不仅增强人们对社会现象研究的定量化意识,而且增强了人们对数量关系的控制能力,它使人们的认识由浅入深,由粗到精,由片面走向全面,由微观走向宏观,极大地开阔了人们社会观察的范围,增强了人们社会认识的能力,提高了人们社会研究的水平。

2. 定量分析有助于精确描述社会现象

定量分析有助于精确描述社会现象,这主要是因为:第一,定量分析以其量化分析方式通过使用科学的测度指标和分析方法,能对调查资料进行数量化的处理,进而具体揭示社会现象的数量特征和数量关系,实现对社会现象的精确描述;第二,定量分析以数学为主要研究手段,通过清晰、准确的数学语言,能把社会现象陈述得更清楚、更简洁、更精确;第三,定量分析可以借助于电子计算机来处理数据,而电子计算机处理数据都有精心设计的严格程序和可加控制的计算精度,所以更能使定量分析实现对社会现象的精确描述。

3. 定量分析有助于获得新的社会信息

定量分析是建立在统计科学基础之上的一种社会调查资料分析方法。定量分析的核心是统计分析。在定量分析中,通过对某些社会调查资料的统计,不仅可以以使零散的社会信息资料系统化,而且还可以从中获得某些新的社会信息。这主要体现在三个方面:第一,通过统计可以获得某些新的数值化的社会信息。统计不仅能将数值化的调查资料进一步升华,而且能将某些非数值化的调查资料转化为数值化的社会信息,从而使非数值化的调查资料反映出更加深刻的道理。第二,通过统计,可以获得某些新的宏观性的社会信息。借助于统计学方法,人们可以对有关调查样本情况的微观信息进行综合加工,从而获得层次更高的具有重要指导作用的宏观性社会信息。第三,通过统计,可以获得某些有关社会现象的未来性信息。统计可以使人们建立有关社会现象存在与发展的数学模型,借助于这些模型,人们能够推知社会现象的未来变化,获得有关社会现象的未来性信息。

4. 定量分析有助于有效实施社会预测

社会预测是指人们在掌握社会信息和社会规律的基础上,通过运用一定的方法和手段,预先推知和判断社会未来和未知状态结果的社会研究过程。人们对社会进行调查,首先要了解社会的状态;接着要回答为什么会出现这种状态,找出其中的规律;然后再根据过去和现在的实际资料,运用科学理论和科学方法,探索社会的发展趋势,并作出估计和判断,这就是社会预测的思路。社会预测有两类方法:一是人们根据事实、经验和判断能力,运用定性分析方法(逻辑思维方法)进行的预测,称为定性预测;二是人们根据数据、统计资料,运用定量分析方法(统计分析方法)进行的预测,称为定量预测。定量分析不仅是对客观现象数量关系描述的工具,而且是进行科学抽象的思维方法,它使人们能够具体地发现仅凭直觉感悟所不能发现的社会发展变化规律,从而有效实施社会预测。

四、定量分析的原则

定量分析在社会调查资料的分析中有着十分重要的作用,但定量分析在整个社会调查过程中毕竟只是一个环节,在社会调查资料分析中也毕竟只是一种方法,因而其作用的发挥将受到许多因素的影响和制约。在社会调查资料分析中,要使定量分析的作用得以充分发挥,必须遵循一定的原则。

1. 与定性分析相结合的原则

社会调查资料分析的方法有两类,即定量分析方法和定性分析方法。定量分析主要是对社会现象的规模、范围、水平、程度等进行数量化的处理和揭示,以把握社会现象存在状态与发展变化的数量特征和数量关系;定性分析主要是对社会现象的存在状态与发展变化进行主观判断和推理,以把握社会现象的性质及其发展变化的取向。对于这两类分析方法,有两个值得我们注意的问题:一是它们各有其重,各有其用,不能独自解决全部问题,不能相互取代;二是它们相互联系,相互补充,其中定性分析要以定量分析为基础,定量分析要以定性分析为指导。因此,在社会调查资料定量分析中,我们极有必要将定量分析与定性分析有机地结合起来,使定量分析不至于成为没有实质内容的数字游戏。

2. 与调查目的相结合的原则

社会调查的目的是要正确认识社会现象,具体包括正确描述社会现象、合理解释社会问题、有效预测社会趋势等,为社会管理和社会工作提供可靠的依据。社会调查的具体目的是多种多样的,不同情况下会有不同的目的。社会调查的目的决定着社会调查过程的具体运作,当然也决定着社会调查资料分析方法的具体运用。因此,在社会调查资料的分析中,进行定量分析一定要考虑社会调查的目的,要将定量分析方法的运用和整个定量分析过程与一定的调查目的结合起来考虑,以使定量分析具体接受社会调查目的的指导,并使定量分析有助于实现社会调查的目的。

3. 与调查过程相结合的原则

社会调查过程是由许多阶段和许多环节有机构成的一个完整的科学认识过程,社会调查资料定量分析只是整个社会调查过程的一个环节,它必然要受到整个社会调查过程的制约。在筹划准备阶段,确立调查任务实际上就要涉及是定量研究还是定性研究的问题,开展调查设计,包括调查课题设计、调查指标设计、调查方案设计、调查样本设计、调查问卷设计、调查过程设计等,更是直接关系到调查资料定量分析的问题。在资料搜集阶段,需要定量分析的调查资料必然要考虑其完备性和量化性,并全面地核实资料。在整理分析阶段,需要定量分析的调查资料必须进行资料编码和数据汇总等。正因为如此,调查资料定量分析必须与整个社会调查过程结合起来考虑,尤其要与调查资料定量分析前的几个阶段和环节结合起来考虑,方能充分发挥作用,取得好的效果。

4. 与实际情况相结合的原则

社会调查资料定量分析必须与实际情况相结合。这主要有三层含义:一是在社会调查资料定量分析之初,必须保证调查资料真正客观准确地反映社会现象的实际情况。这就要求我们在社会调查资料的搜集和整理过程中具有严肃认真的态度和求真务实的作风,而不能捏造数据,夸张掺水。二是在社会调查资料定量分析之中,必须考虑调查资料的特点来选用定量分析的方法,更确切地说,就是要考虑社会现象的特点来选用定量分析的方法,绝不能脱离实际,故弄玄虚。三是在社会调查资料定量分析之后,必须将分析结果拿到社会现实中与实际情况进行比较,作出评估,以确保调查资料定量分析的结果与客观存在的社会现象的存在形式与运动状态的一致性。总之,在社会调查资料定量分析中,坚持与实际情况相结合的原则,就是要求我们对社会现象的定量研究真正做到实事求是。

第二节 基本分析方法

这里所说的基本分析方法是相对于一些比较复杂,对统计学知识要求较高的方法而言的,它是进行复杂分析的基础知识。由于不同层次的运算要求不同层次的数学统计学知识,对于比较复杂的统计分析方法,我们便不再详述其运算过程,学习者如有兴趣了解上述方法的详细内容,可参照《社会统计学》(布莱洛克著,付正元等译,中国社会科学出版社)的具体章节。

一、描述性单变量统计

1. 描述统计与推断统计

在现代社会研究中,使用的各种统计分析方法和技术,一般可分为两大类:一类为描述性统计,一类为相关与推断性统计,本节的描述性单变量统计即为前一类统计分析方法。

描述性单变量统计,只能对被调查的对象作现象的描述,这种统计解决的只是被调查对象实际情况"怎么样"的问题,而不能解决"为什么"及"将会如何"的问题。另外,这里的单变量并非指每次只统计一个变量,而是指在分析过程中,不分析变量之间的关系。至于多变量及相关分析将放在下一节介绍。推断性统计是指用从资料分析得来的统计数据与结果去推断或估计被研究的总体的有关情况,并作出结论。值得注意的是,推断性统计只适用于概率抽样调查。

2. 定类尺度——比例、百分比

(1) 比例

比例调查必须假定定类变量之间相互排斥并且具有穷尽性。我们用如下公式来计算比例:

$$比例 = \frac{N_i}{N}$$

式中 N——样本个体总数;

N_i——样本中第 i 类的个体数;

i——按某种尺度所界定的类别数。

其中 $\sum N_i = \mathrm{N}$, $\sum \frac{N_i}{N} = 1$,我们用表 11-1 的资料来说明比例的用法。

表 11-1　某次调查中有关婚姻状况的统计量

分类 2	分类 1		
	男	女	合计
已婚	83	71	154
未婚	82	59	141
合计	165	130	295

本次调查中男性占的比例为$\frac{165}{295} = 0.560$,未婚中女性所占比例$\frac{59}{141} = 0.418$;未婚中男性比例为$\frac{82}{141} = 0.582$。可见,未婚中男女比例之和为 1; $\sum \frac{N_i}{N} = \frac{N_1}{N} + \frac{N_2}{N} = \frac{82}{141} + \frac{59}{141} = 1$,学习者可以计算其他比例来验证公式。

(2)百分比

若在比例的基础上乘以 100,便可获得百分比的总和为 100,请学习者利用表 11-1 的数据计算百分比并与表 11-2 数据对比。(注意:计算百分比一般为纵向计算。)

表 11-2　有关婚姻状况的样本与百分比

类别	男		女		合计	
	人数/人	百分比/%	人数/人	百分比/%	人数/人	百分比/%
已婚	83	50.3	71	54.6	154	52.2
未婚	82	4907	59	45.4	141	47.8
合计	165	100.0	130	100.0	295	100.0

3.定距尺度

(1)频数分布及图示

频数即次数,所谓分布是指某项调查得来的总数据在不同类别、等级中各有多少数目,又各占多大百分比。假定一次调查中获得了某社区居民的年收入数目如表11-3所示。

表11-3 某社区居民年收入数目表 单位:元

34 280	34 340	32 850	37 780	33 450	40 760	31 080
25 890	33 420	19 870	44 260	31 270	18 900	27 650
38 900	45 070	44 320	41 080	54 250	33 270	45 720
55 340	42 550	48 790	46 790	58 870	68 890	62 380
58 060	38 800	45 230	68 800	77 240	9 850	46 780
24 500	45 800	44 320	57 800	67 800	52 500	36 500
42 500	32 350	68 500	75 600	42 500	28 700	35 700
28 500	43 700	45 300	38 500	38 400	25 200	45 400
35 400	36 800	19 500	43 500	34 850	65 400	78 500
74 500	75 800					

要计算频数分布,首先得确定组距以来分组,确定组距应遵循一个原则:由小组距到大组距。合适的组距最好按常识来确定,并不一定由公式来计算。(计算数距公式为:组距≈$\frac{\text{最大值}-\text{最小值}}{\text{组数}}$)实践表明一般以5~8个分组为宜。确定组距后,则按组距分组,数出样本资料中落入各个分组中的数目个数f(f:频数),这样频数分布基本形成。我们以5 000为组距把上述数据分组并求频数可得表11-4(仅供参考,组距可以选其他数据。)

表11-4 以10 000为组距的频数分布

分组/元	频数f	分组/元	频数f
0~9 999	1	40 000~49 999	19
10 000~19 999	3	50 000~59 999	6
20 000~29 999	6	60 000~69 999	6
30 000~39 999	19	70 000~79 999	5

观察频数分布表可见,其频数 f 的分布是波状的,因此在确定频数分布时,应尽量避免出现锯齿状的分布状态。频数表虽能表明各分组的情况,但不够直观,因此,在统计中,常用的是直方图(矩形图)。直方图的横轴表示组距,纵轴为频数,有必要时也可计算其所占百分比。

(2)集中趋势测量

所谓集中趋势,是指统计分析总体中各单位统计值的一种趋向中心位置的特性。在统计分析中,表示集中趋势的数学位有平均数、中位数、众数三种。

①平均数

平均数只能用以表示定距变量的集中趋势。计算平均数的公式为

$$\overline{X} = \frac{1}{N}\sum_{i=1}^{n} X_i = \frac{1}{N}(X_1 + X_2 + X_3 + \cdots + X_n)$$

式中 $\overline{X}$——平均值;

N——样本总数;

X_1——第 1 个样本的统计值;

i——表示样本数。

关于平均值运算的实例在这里就不再举例,望学习者自己计算验证。

②中位数

中位数既可以表示定距变量的集中趋势,又可用以表示定序变量的集中趋势。特别是在用定距尺度测量资料时发现有特高与特低的极端值时,最好用中位数而不用平均数来表示集中趋势。

关于中位数确定,参照如下公式:当数组 N 为奇数时,中位数 $= \frac{N+1}{2}$;当 N 为偶数时,中位数 $= \frac{\frac{N}{2} + \left(\frac{N}{2} + 1\right)}{2}$,这里需注意:公式表示的是指中位数为第 $\frac{N+1}{2}$ 个数或者是 $\frac{\frac{N}{2} + \left(\frac{N}{2} + 1\right)}{2}$ 个数而不是指中位数等于 $\frac{N+1}{2}$ 或 $\frac{\frac{N}{2} + \left(\frac{N}{2} + 1\right)}{2}$。例如,有一组数:18,20,23,25,27 观察可知该数组有 5 个数,则其中位数为第 $\frac{5+1}{2} = 3$ 个数,即为“23”,所以中位

数 =23。又如另一组数:33,30,36,40 其中 $N=4$,则中位数为第 $=\frac{2+(2+1)}{2}=\frac{5}{2}$ 个数,这时是指中位数为第 2 个数与第 3 个数的平均值,即平均值 $=\frac{30+36}{2}=33$。有关分组资料的中位数计算较复杂,这里不作介绍,有愿意学习者可参看《社会统计学》(布莱洛克著,付正元译,中国社会科学出版社)的相关章节。

③众数

众数多被用来表示定类变量的集中趋势,但也可以用于定序、定距等变量。在统计学中,众数用 M_0 来表示,具体指在频数分布中数量最多、频数最大的数。如下面数组:71,71,83,68,71,83,这一数组中的众数即为 $M_0=71$。

(3)离散测量

离散测量正好与集中趋势测量相反,它表示统计分析总体中各个体的值偏离中心值的各种不同程度。对总体离散趋势程度的测量,具有两方面的意义:一方面可以发现总体内部差别的大小,离散程度很高的总体内部差别必然很大;反之亦然。另一方面,可以弄清代表总体的值到底有多大的代表性,离散程度低的总体,其中的位的代表性强,越具普遍意义;反之亦然。

离散测量的统计方法和形式共有四种,它们是全距、异众比、四分位差、标准差。这里只对全距及标准差作一介绍,其余二者便由学习者自学。

①全距

全距,是指统计分析的总体中,最高的个体数值与最低的个体数值之差,计算全距有两种情况。

对于未分组资料,其公式为

$$R(\text{全距})=\text{Max}-\text{Min}$$

对于分组资料,其公式为

$$R(\text{全距})=\text{最高组上限}-\text{最低组下限}$$

由于全距计算比较简单,这里就不再举例分析。

②标准差

标准差是社会研究方法中常用的统计方法。所谓标准差,是指平均值离差平方的算术平均值的开方。公式为

$$S = \sqrt{\frac{\sum_{i=1}^{N}(X_i - \overline{X})^2}{N}}$$

式中 S——标准差;

X——平均值;

N——样本总数。

如果将公式两边平方,则得到方差的公式。即方差 $= S^2 = \frac{\sum_{i=1}^{N}(X_i - \overline{X})^2}{N}$ 在统计分析中,方差是一个更加适用的公式。

一般地讲,标准差的值越大,总体的离散程度就愈严重;标准差的值越小,其离散程度就越低。

二、多变量统计及相关分析

以前介绍的统计分析方法,它们所处理的变量,一般是单独的,互不联系的变量。但事实上各变量客观上是存在一定联系的。社会研究者必须研究变量间的关系,这样才能揭示出社会中各现象的互相联系。在统计分析中,变量相关关系有两种基本的形式。

1. 正相关

正相关也称正相关关系,是指当一个变量的值增加时,另一变量的值也随之会增加,当一个变量的值减少时,另一变量的值也随之减少。

2. 负相关

负相关也称负相关关系,是指当一个变量的值增加时,另一变量的值却反而减少,或者当一个变量的值减少时,另一个变量的值反而增加。关于两种相关关系的例子,这里便不再举例,望学习者自己举例分析。

变量的相关统计,即是指对变量之间的相互关系类型及强度进行统计分析。它总要涉及两个及两个以上的变量,故又称作双变量或多变量统计。

在社会研究中,相关统计的计算有特定的技术。下面只介绍涉及两个变量的相关关系算法,至于多个变量的相关统计比较复杂,需要较高的数学知识和统计学知识,学习者如有兴趣,可参考《社会统计学》(布莱洛克著,付正元等译,中国社会科学出版社)。

三、主成分分析与因子分析

1. 主成分分析

在实际统计研究中，为了能充分反映各个体的差异，我们希望对每一个体的测量尽可能从多个角度进行。这样，对每个个体的分析就涉及多元分析。分析因素的增多，也势必增加分析问题的复杂性。因而在多元统计中，能否减少分析的因素成为实际研究者关心的问题之一。假设在某项问题上，有 n 个个体，对每一个体测量了 p 个变量，这 p 个实际观测变量反映了 n 个个体间的差异。我们得要解决的难题就是从这 p 个实际观测变量中提取出 m 个不相关的综合指标（$M<P$），使这 m 个综合指标仍能保持原有的 p 个实测变量所提供的个体间的差异。

我们再设 $y_1, y_2, \cdots, y_m$ 是 m 个综合指标，$x_1, x_2, \cdots, x_p$ 是 p 个实测变量，（$m<p$），这样，我们称 $y_1, y_2, \cdots, y_m$ 是 $x_1, x_2, \cdots, x_p$ 的主成分。其关系可用矩阵表示为：$Y=A_x$。Y 是主成分，A 是主成分变换矩阵，X 是原始变量向量，主成分分析法就是求出分析法就是求出系数矩阵 A。

2. 因子分析

因子分析可以看成是主成分分析的一种推广。其目的也是找出少数几个综合指标——因子，去描述原来具有相关性的多个变量。但是，各个因子之间是不相关的，并且因子包含的信息损失较少。如果没 $x_1, x_2, \cdots, x_p$ 是原始变量，$y_1, y_2, \cdots, y_m$ 是主成分，那么各因子与原始变量的关系可表示成矩阵为：$X=BY+E$。其中，X 为原始变量向量，B 为公因子负荷系数矩阵，Y 为公因子向量，E 为残差向量。公因子 $y_1, y_2, \cdots, y_m$ 之间彼此不相关，称为正交模型，因子分析的任务就是求出 B 和 E。

由于因子分析需要更加复杂的数理统计知识，这里就不再介绍具体的数学运算过程。总之，该方法也是一种重要的研究分析方法。

思　考　题

1. 资料的手工汇总整理有哪些方法，各自如何操作？并分析各自的优缺点。

2. 在资料编码时，应遵循哪些规则？

3. 常用测量尺度有哪几种,各有什么特点?举例说明。

4. 某次实验中,采用A,B,C,D四种教学方法对20名同学进行分组教学。期末考试所得成绩总分如表11-5所示。(考察两门课,满分是200分。)

表11-5　20名同学的期末考试成绩

	教学方法			
	A	B	C	D
分数	133	154	185	156
	125	149	185	146
	143	162	182	184
	128	143	188	156
	135	153	188	146

(1)请计算A,B两种教学方法下各自得分的平均值。

(2)请计算C,D两种教学方法下各自得分的频数分布,并给出直方图。

(3)请用单因素方差分析方法求四种数学方法与成绩有无关系?

第十二章　调查资料的定性分析

【本章提要】

本章对调查资料的定性分析的相关内容进行学习。与定量分析的范式一样,本章的内容主要包括定性分析的含义、意义、原则,并介绍了比较分析与类型分析、因果分析与矛盾分析、结构分析与功能分析,从而使读者对社会调查有一个更为全面的认识。

【学习要求】

1. 了解:定性分析的含义;定性分析的原则。

2. 掌握:比较分析与类型分析;因果分析与矛盾分析;结构分析与功能分析。

任何一种科学方法的确定,都是以对客观事物的科学反映为根据的。客观事物的存在状况和发展规律,决定了人们必须采取相应的科学方法来了解认识客观事物及其规律。科学的方法使我们的思想有了头绪,同时它又与对象自身的本性相符合。对社会调查资料的事实进行加工,在思维中整理分析这些事实也必须以反映这些事实的本性及其规律为基础。出于客观事物总是量的规定性和质的规定性的统一,因此,我们对事物调查资料的分析方法也必须是定量分析与定性分析的统一。

第一节　定性分析的一般问题

整理与分析社会调查研究资料的方法多种多样,定性分析作为一种重要的方法,必然具有特定的内涵,具有明显的特点,并有其重要的作用。运用这种方法还必须遵循一般的原则。为此,我们有必要对这些定性分析的一般问题首先加以了解和探讨。

一、定性分析的含义

什么是定性分析？我们如何给它“定性”？对调查资料的定性分析，主要是指由分析调研对象的质的规定性出发，对社会调查资料中所反映的社会现象的存在状态及发展变化趋势，进行理性判断和科学阐述，从而得出理论化的结论的方法。定性分析是由原始资料和整理过的资料得到一般结论的桥梁，因此定性分析的深层机制是以思考和思辨为主。具体而言，定性分析方法是概念、命题、推理、比较、分类、归纳、演绎、分析、综合各种思维的概念与方法在调查资料分析中的应用，侧重于“从具体到抽象”的方法，即对杂乱而模糊的社会现象或相应的调查资料，作出抽象而有条理的结论，从而确定事物的不同性质，比较事物的异同特点，划分事物的各种类别，找出事物的因果联系，发现事物的内在矛盾，确定事物的结构和功能，概括事物的发展规律。

定性方法有如下一些主要特点。

1. 抽象性

抽象就是思维把对象的本质属性或特征与非本质属性或特征区分开来，从而舍弃对象中的非本质的属性、特征和方面，抽取出本质的属性、特征和方面等规定性。这个过程就是思维中的抽象过程。而定性分析是对事物的内在本质和一般规律的把握，这就必然失去了感性具体的特点。一方面，定性分析是运用抽象思维对感性调查材料内容进行的“去粗取精，去伪存真，由此及被，由表及里”的加工处理；另一方面，定性分析的过程本身就是一系列的抽象过程，它舍弃了个别的、偶然的、表面的东西，而抓住了事物的本质属性或特征。

2. 概括性

概括就是把抽象出来的事物属性，推广到具有这些相同属性的一切事物上，从而把握同类事物的共同性和一般性。在抽象阶段，只是形成关于个别现象的本质属性特征的看法，还没有形成普遍性的东西。因此，定性分析也不能停留在抽象的层次上，必须通过概括而形成抽象的成果。这是定性分析的目的和要求所决定的。定性分析的目的在于得出一般的、普遍的理论认识和结论，这必须建立在概括的基础上；定性分析要求不仅抽象出某一事物的本质，而且还要找出事物之间的各种联系，从而形成对事物的整体和系统的认识，因而定性分析本身表现出概括性的特点。

3. 探究性

对调查材料的定性分析不仅要确定一种社会现象性质是什么,更重要的还要追本溯源地探究这种社会现象为什么产生,怎样产生的,对产生的原因和过程作扩展和深入探讨,即不仅要知其然,而且要解决知其所以然的问题。例如,运用定性分析方法对反映城乡差别问题的调查材料进行研究,首先要确定什么是城乡差别,城市与农村之间到底有哪些差别;其次,则要进一步明确为什么城乡存在着差别,引起城乡差别的因素有哪些,在诸多因素中,哪个因素具有决定作用,如此等等。因此,定性分析是主体凭借抽象思维对调查对象进行的"蔓延式"和"切入式"的认识。

4. 能动性

定性分析是主体认识能动性充分发挥的过程。定性分析的能动性,首先表现在对调查材料能动性的分析和综合。定性分析实际上就是主体凭借其已有的思维结构,对于获得的调查材料的分析过程、综合过程。主体的思维结构,凝结着主体的观念、知识、经验、范畴、认识能力、思维方式等因素。这些因素必然影响到主体对调查材料的选择、构建、加工到形成关于对象的本质、规律性的认识的全过程。也就是说,定性分析的过程不是照相式或录音式的被动过程,而是主体能动地分析和综合的过程。定性分析的能动性还表现为对调查材料的思维过程中发现问题、解决问题的主动性。

5. 灵活性

定性分析具有简便灵活的优点,能在较短时间内获得结果。由于定性思考的内容在质的方面丰富多样,思考结论的检验准则模糊多变,因而定性分析方法极为灵活并呈现出多样化,许多创造性思考方法的主要成分都属于定性思考方法。

二、定性分析的作用

定性分析的作用是多层次、多方面的,不仅对调查资料能起到分析、解释、提炼、凝聚的作用,而且对调查材料分析的结果有论证、反思、提升的作用,还能有效地解答实际习题。定性分析能够使社会调查研究在理论上和实践上有所发现,有所突破,能够使调查资料的价值由隐性变为显性,从而提高调查资料的有效利用率。

1. 定性分析是定量分析的基础和前提

社会调查资料的定性分析是社会调查资料定量分析的基础和前提。一般来说,社会科学研究的过程是先揭示它所研究的那个现象的质方面的性质,然后再通过数量关系将它表达出来。从分析的过程看,常出现定性—定量—定性—定量的反复循环。从根本上说,每个小循环都是先定性后定量。这一分析过程反映了人类认识事物的基本顺序和规律。

定性分析还能阐明社会调查资料定量分析的结果,并对社会调查资料分析的科学性提供支持。对调查材料缺乏定性的分析,调查材料就成了数字的堆积和直述,反映社会现象的各种数量特征也缺乏相应的内在联系。

2. 定性分析是由具体的、经验的材料上升到抽象的、普遍的理性认识的途径

人们在社会调查过程中,在开始接触事物时,主要是从事物的外观去观察事物的,又是借助于感觉去认识事物的,然而感觉却很容易出现主观性,凭感觉也很难分辨一种事物是真是假、符合科学还是不符合科学。这样所获得的感性材料,实际上是关于对象的外部联系和外部特性的整体表象。要把这些"真假相混,表里如一"的经验材料上升到理性的、科学的认识,就必须借助于定性分析方法。可以说,调查研究的实际价值直接取决于对取得的事实材料所作的理论概括的深度。真理并不等于事实本身,真理是知识性理论体系,这需要通过定性分析的途径才能获得。

3. 定性分析是揭示社会现象的多重本质和内在联系的重要方法

社会现象的存在往往具有多方面的质。同一种质可以表现为许多属性。如人的质可以有自然属性、社会属性、心理属性,等等。其中,社会属性是人的根本属性,它是人与人以外的动物区别开来的本质属性。

由于社会现象质的规定的多重性以及属性表现的多样性,使得作为社会现象调查结果的资料也呈现出多重性、多样性。只不过调查资料还是模糊不清的,不仅事物质的规定性与量的规定性相互交织,而且事物不同质的规定以及不同属性也相互交错,这就需要我们通过定性分析方法将社会现象的各种质以及质的多样表现揭示出来、加以澄清,得出结论,以认识社会现象的本来面目。

三、定性分析的原则

社会调查资料定性分析是一个涉及很多内容的问题,它包括如何运用科学理论来指导定性分析的问题,也包括定性分析本身独有的特殊规律和方法的问题,还包括各种定性分析的思维形式如概念、判断、推理等的形成、发展和相互关系问题,以及各种定性分析方法

的辩证统一问题，等等。在这里，我们只是阐明定性分析一般应遵循哪些基本原则和满足哪些基本要求。

1. 客观性原则

所谓客观性原则，就是强调社会学者在运用定性方法分析社会调查材料所反映的社会现象时，应当摆脱个人成见的束缚，力求原原本本地认识事物，进行完全客观的分析。由于定性分析主要是一种理性分析，所以容易脱离事物的感性原貌，造成分析的主观性，甚至歪曲社会现象的本来面貌。如前所述，定性分析的思维过程是能动的，但不能无限制地胡思乱想，不能超出感性直观的界限去直接把握对象的本质、必然、规律等。按照客观性原则的要求，社会学者在调查材料面前，头脑应该是块“白板”或“空桶”，即不应带有任何偏见或倾向，也不能把主观猜测与客观事实混淆。要忠实于材料，因为调查得来的材料，是客观实际的反映，不管我们主观意向如何，研究都不能脱离这些材料。当然有时在研究过程中，通过逻辑思维也会发现调查材料的不全、不足，甚至不实等情况，这就需要重新开展调查，重新搜集资料。但是调查材料是定性分析研究的出发点，这是不能违背的一条客观性原则。最后还要注意的是，通过定性分析而得出的理论性结论，它是否符合客观实际，它是否真实地反映了对象的内部联系和特性，还必须通过客观的实践检验。

2. 创造性原则

分析是在已有理论的指导下进行的，人们总是依据一定的理论去分析对象。但是分析并不是已有理论的演绎，而是对研究对象重作具体深入的探讨，并得出新的认识和理论。例如，马克思在分析资本主义社会的实质问题时，他是以古典的资产阶级经济理论特别是劳动价值理论为基础的。马克思继承了以往劳动价值论的某些科学因素，同时抛弃了那种笼统的劳动概念，把劳动区分为具体劳动和抽象劳动，从而建立了自己的完全科学的劳动价值理论。生产商品的劳动二重性的发现，是马克思的重大贡献。正是基于这一发现，马克思才创立了以剩余价值理论为核心的科学政治经济学，从而才能揭示出资本主义社会的本质。由此可见，从古典劳动价值论是不可能演绎出科学的劳动价值论的。马克思科学的劳动价值理论是一种全新的、富有创造性的社会科学理论。

3. 深刻性原则

即在定性研究中要深入深入再深入。如果调查过程科学有序的话，那么所搜集来的调查材料理应反映客观事实。然而，在事实中，有反映现象的事实，也有反映本质的事实；在事物的本质结构中,有初级本质,还有深层本质,甚至有多级本质。因此,对调查材料的定性分析,要善于透过现象看到本质,对于复杂的事物和现象,则要认真、透彻地进行研究,不仅要发现事物或现象的一级本质,而且要由外到内、由浅入深地揭示事物或现象的更深刻的,隐藏在深层结构中的本质,否则,定性分析仍然是肤浅的、表面的,仍然没有达到定性分析的真正目的。如对商品的分析,必须从现象开始揭示其深刻本质,主要应掌握:商品首先必须是一个有用物(现象),但商品与产品不同,它是用来交换的,因而是使用价值和价值的矛盾统一体(初级本质),且商品之间交换不是物与物之间的关系,在商品交换的背后,在物的外壳掩盖下是人与人的关系(深层本质)。

4. 与定量分析相结合的原则

定性分析方法与定量分析方法各有其优点,也各有其局限性。定性分析深刻但不精确,灵活却失于笼统,能动性强而又易于陷入主观性,其研究结果往往因人而异,使得定性分析的结果具有非唯一性和或然性。要弥补定性方法的不足和局限注,必须与定量方法结合起来,才能达到对事物的完整科学的认识。

第二节　比较分析与类型分析

面对丰富的、零碎的感性社会调查材料,大脑须进行加工。经过对调查材料的初步整理,加工便进入分析调查材料的阶段。在这一阶段,从定性分析的环节看,首先运用的就是比较分析与类型分析。在比较中分类,在分类中比较。实际上比较和分类这两种方法是交织在一起,密不可分的。

一、比较分析

事物之间同异关系是事物存在的基本状态。比较法就成为我们分析社会调查材料,进而认识事物的一种最为基本的定性分析方法。

1. 比较分析概述

比较分析是将两个或两类社会现象相对比,从而确定它们之间的差异点和共同点的一种逻辑分析方法。任何社会现象总是既有共同性,又有差异性的,但是这些相异点只有通过比较才能发现。社会现象尽管千差万别、千姿百态,但都处在相互联系之中,并通过相互联系表现出自己的多种属性。这些属性中,既有同其他事物相同的属性,也有同其他事物相异的属性,人们只有把握这些相同点和相异点,才能陈述事实并进而给予理论解释。

比较分析是初步整理经验调查材料不可缺少的逻辑方法。所谓初步整理经验材料,就是通过比较各种各样对象的相同点与相异点,并由此给予分类。相同点多而相异点少的对象,归属于同类;相同点少而相异点多的对象,归属于不同的类。这样,人们对被研究对象的认识就不再是孤立的、零碎的,而是全面的、系统的。通过对杂乱的经验材料进行分门别类,才能找到事物中比较稳定的联系,为发现事物的规律奠定基础。

比较分析是理性思维的开始,抽象和概括是在比较的基础上展开的。没有经过比较分析的调查材料,还是浑浊不清的;比较导致区别,只有通过比较,认识事物的特殊性和差异性以后,人们才能进行正确的理性思维。比较、抽象、概括的过程,就是认识由浑浊—区分—清晰—普遍性—本质的过程,这是人的一般认识过程。

在其他一些定性分析方法中交织着比较方法。通过比较,人们把杂乱的感性材料分门别类,才能进行类型分析。考察事物的因果关系也离不开比较分析。例如,证明一种现象是否是另一种现象的原因,就要比较它们在不同结合中的变化迹象,从这些变量中观察它们是否相互依赖,从而确定一定事物的因果联系。比较是多种多样的,有矛盾比较、结构比较、功能比较,等等。可见,在定性研究中比较分析方法的运用十分广泛。

比较分析的运用具有重要的实践意义,它成为研究社会现象的重要方法,迪尔凯姆因此提出了"比较社会学是社会学本身"的著名论断。我们可以借助于比较法鉴别是非,取长补短。通过开展中西方文化、经济、政治、思维、生活等的比较,可以扬长避短,取长补短,继承和发扬中华民族发展中的合理因素,同时直接从各民族走过的不同道路中吸取营养。比较分析还对预测社会发展和社会问题起着重要作用。在社会发展中存在着一种重要的现象,社会现象之间的差距可以导致分裂,分裂则可以引起社会变迁。如代际隔膜造成老年人与青年的分裂,这将会引起家庭结构的改变;城乡差别、工农差别及制度分裂都会成为事物变革之源。若我们通过比较分析了解了社会现象之间的差距,则可以事先采取措施,缩小和控制这种差距,促使社会良性运行。

2. 比较分析的基本内容和基本方法

(1) 比较分析的基本内容

社会现象的共同性和差异性是比较分析的客观基础,比较社会现象之间的共同点和差异点是比较分析的基本内容。

①共同点的比较分析

共同点的比较分析就是通过比较分析,确立社会现象的相间点。这种比较使我们认识表面相异的对象之间有其共同性,即异中有同,其比较的模式如图 12－1 所示。

对象	被比较的特性
A	a , b , c , …
B	a , b , c , …

图 12－1　共同体比较模式图

所以,A 与 B 两对象具有相同的特性 a,b,c,…,科学的比较研究,就是要从表面上差异极大的事物之间看出它们本质上的共同点。邓小平“一国两制”理论的提出,是运用比较分析的杰出典范。香港、澳门和大陆,虽然实行的是两种不同的制度,但是两者之间有一种本质上的共同点,即都是中华民族,这是什么也改变不了的事实。正是从这点出发,本着求同存异的原则,邓小平同志确立了“一国两制”的重大战略决策,使香港和澳门顺利地回到了祖国的怀抱。

②差异点的比较分析

差异点的比较分析就是通过比较分析,确定社会现象间的不同点。这种比较使我们认识到,表面上相似的对象之间有其差异点,即同中有异,其比较模式如图 12－2 所示。

对象	被比较的特性
A	a , b , c , …
B	a , b , c , …

图 12－2　差异点的比较模式图

所以,A 对象以 a,b,c,…与 B 对象相异。科学的比较研究,就是要从表面上极为相似的事物之间看出它们本质上的差异点。例如,20 世纪 80 年代以后,城市和农村的住宅建设都有了迅速的发展,尽管城市与农村住宅建设有许多共同点,但两者仍具有一个本质的差异,即两者的建房资金来源不同:城市主要来源于国家投资,而农村主要来源于个人资金。

(2)比较分析的基本方法

比较分析可以在异类社会现象之间进行,也可以在同类社会现象之间进行,还可以在同一社会现象的不同时空状态之间进行。在社会调查资料的定性分析中,比较分析大致有以下两种基本方法。

①横向比较分析

横向比较分析就是根据同一标准对同一时间的有关社会现象进行异同比较分析。它可以是同类事物之间的比较,如某一区域的经济发展水平与另一区域的经济发展水平的比较;也可以是异类事物之间的比较,如城市社区与农村社区的比较;还可以是同一事物不同方面或不同部分的比较,如对同一阶层内部不同群体的行为模式的比较,下岗职工与在岗职工的比较等。横向比较分析是在既定时空范围内的比较,能够使我们区分或辨认各种不同社会现象的特点及其发展变化状况,有助于防止我们片面地看待事物。

②纵向比较分析

纵向比较分析就是对同一社会现象在不同时期的具体特点进行异同比较分析。它可以是同一社会现象不同时期之间的比较,如对我国城市居民改革前与改革后生活状况的比较;也可以是同一社会现象不同发展阶段之间的比较,如对人的社会化在儿童阶段、青年阶段、中年阶段、老年阶段所具有的不同特点进行比较。纵向的比较是在历史形态上的比较,它是揭示社会现象在不同时期、不同阶段上的特点及其发展变化趋势的思维方法,有助于防止我们静止地看待事物。

3. 比较分析的几个原则

(1)注意比较对象的可比性

只有具有可比性的社会现象之间才能进行异同比较分析,可比性是正确进行异同比较分析的首要条件。例如,企业的生产效益无法与机关的工作效率相比较,政治经济学的“价值”概念无法与社会学的“价值”概念相比较。

(2)要注意比较标准的恰当性

不同事物的比较,要有恰当的比较标准,否则就无法进行比较。例如,要区分社会主义现代化和资本主义现代化,如果把是否采取先进的科学技术来作为二者比较的标准就是不恰当的。因为从形式上看,不论是社会主义现代化,还是资本主义现代化,都是采用先进的科学技术来发展经济,正确的做法是应该选择社会制度作为比较的标准。因为从实质上看,社会主义同资本主义是两个性质根本不同的社会制度,由于这种本质上的差异,决定了两者在实现现代化的目标、基础、道路方面也是根本不同的。确定比较标准合理性的关键,是要根据事物之间本质上的同一性和差异性来确定,换句话说,确定比较标准要有利于我们找出事物之间本质上的同一性或本质上的差异性。

(3)要注意比较内容的全面性

比较分析法是矛盾同一性与对立性的直观运用。矛盾是普遍存在的,因而客观的社会现象,不论是高级的还是低级的,不论是简单的还是复杂的,都有相同点和相异点,都是矛盾的对立统一。要全面地比较事物的特点,就要既考虑到事物间的共同点,也考虑到事物间的差异点,二者不可偏废。

(4)要注意比较方法的互补性

对社会现象作异同比较分析,主要运用的是纵向比较分析方法和横向比较分析方法。这两类方法各有其不同的功能和不同的研究问题。横向比较分析是在横向的截面上将社会现象剖析为相互并存的各个部分,从静态的角度把握它的异同点。纵向比较分析则是在纵向的过程中将社会现象剖析为前后相继的阶段和环节,从运动变化中把握它的异同点。可见,横向比较分析与纵向比较分析两种方法都有自己的特殊功能,因而都有助于达到对社会现象的某些方面的深入认识。同时,也正因为它们各自功能的特殊性,决定了采用单一的横向比较分析法或纵向比较分析法,都只能得到对社会现象的某些片面认识。只有把它们结合起来,才能准确地把握社会现象发展的动态和规律,并产生互补效应,从而形成新的比较分析功能。

二、类型分析

所谓类型,无非是个体综合的概括。出于个体总是属于一定的类型,并被类型的总特点所同化,因而要认识个体,必须在类型的框架内才能进行。对社会现象的事物的比较分析,主要是找出事物间的共同点和差异点,对还没有形成社会现象的规模性的认识。人们对社会现象的分析,不可能一一考察各个特殊现象,而往往是通过一定的类型来把握。

1.类型分析概述

类型分析法是根据对象的共同点和差异点将对象区分为非同类的逻辑分析方法。类型分析是科学研究的基础工作,只有通过类型分析才能使千差万别的现象条理化、有序化、明晰化。从类型分析的过程看,可以划分为两个基本环节,即分类和归类。分类是把研究对象划分为若干具有共性的小类,以分别揭示各小类的特殊性质;归类则是在思维中把若干小类按其共性或相关性将其结合成为一个大的类型,以便从更广的视角考察对象的思维环节。例如,对我国民族的研究,首先按照一定的标准分类,划分为56个民族,然后归类,则56个民族组成了中华民族这个整体。应注意的是,这里的"小类"或"大类"的划分只是相对的、因而"分类"和"归类"也只具有相对的意义。为了叙述方便,我们统称为"分类"。

对事物的分类可以运用归纳方法,也可以运用抽象方法。运用归纳法,首先研究的是大量的个别现象,对它们进行比较和辨别,发现它们共同的地方而加以概括,然后根据一定的标准进行分类。例如,在考察了形形色色的社会制度后,从社会学的角度看,一个社会中具体的社会制度可以划分为家庭制度、经济制度、政治制度、法律制度和教育制度等。运用抽象方法,则是从具体社会现象的各种属性和关系中抽出某一本质特征,然后建立类型。例如,迪尔凯姆把确定和分析社会类型作为社会学的重要任务,由此建立起了他的社会形态学。迪尔凯姆在确定社会类型时,运用的就是抽象法。他认为:"分类必须小心谨慎地选择那些特别重要的特征作为标准。"在迪尔凯姆看来,经济状况、技术状况等现象很不稳定,相当复杂,很难作为社会类型分类标准的基础。从任何社会都是各种团体集聚而成的这一普遍现象出发,由此可把社会各部分之间及与整体的凝聚程度作为划分社会类型的最基本的标准。

但是,把事物划分为类别并不是类型分析的最终目的,对事物进行类型分析的最终目的是为了更深入地认识事物。从一定意义上说,定性分析就是分析事物属于什么类型的矛盾,从而区分出事物的性质。例如,对社会冲突的分析,就要看社会冲突属于什么类型的矛盾,从而确定社会冲突的性质及其对社会的作用。

类型分析法可以确定一种移动的模式,帮助我们扩大研究的范围。例如,文化人类学家往往运用"类型"的概念来描述区域文化。本尼迪克特在《文化模式》一书中研究了"夸扣特尔人"和"祖尼人",她认为两者代表着相反的两种文化形貌,借用尼采的术语,这两种相反的思想观念和行为模式可称为"日神型"和"酒神型"。"日神型"的基本特征是守秩序,重仪式,崇尚谦和、中庸之道;"酒神型"与"日神型"相反,如在情绪上粗暴、猛烈,在行为取向上崇尚个人主义及攻击性。这是由抽象到具体,由一般到个别的类型分析风格。

类型分析法的另一作用是由点到面,由个别到一般,逐步地建立类型,由此上升到整体的一般性认识。比如要研究一个企业的职工的生产积极性,就可以先调查一些典型的工人,对他们作深入的解剖分析或个案分析,然后概括出各种类型,这样就能逐步地认识这一企业职工在生产积极性方面的全貌。

2. 类型分析的基本特点

(1)分类的多维性

被分类事物可以按照不同属性作出不同形式的分类。分类的这种多维性是由客观事物本身具有的多种属性的特点决定的。一般地说,应该按照本质属性对事物作出分类。但由于同一事物在不同侧面、联系和效果上往往有不同属性占主导地位,它们都可以成为通常所说的本质属性,故绝对的单一的分类是不存在的,分类多维性具有普遍性。多维分类是依据不同属性对事物作出的多种不同分类形式。多维分类可以使人们有可能通过对为数不多的基本类别的分析研究,达到对大量具体类别的认识。同时,了解分类的多维性,掌握有关的多维分类形式,还可以引导人们从不同侧面、属性和联系中去全面地看待事物,分析问题,打开思路,形成有价值的设想。

(2)分类的相对性

由分类所得出的各个子类并非严格区别、彼此排斥、相互隔绝,而具有彼此联结、互相沟通和相互渗透的性质。分类的这种相对性是由现实世界的内在统一性和事物之间普遍的相互关联性所决定的。对事物的分类,应分两步走:第一步要割断事物之间的联系,形成固定的类型,这里运用的是抽象思维的方法;第二步就是把割断的联系连接起来,使固定的类型"流动起来",在事物之间的相互联系、相互作用和相互转化中把握事物,这只有借助于辩证思维的方法才能做到。认识到分类具有相对性的特点,对在类型定性分析中以灵活的、转化变通的观点看待事物、思考问题、展开联想能够起到积极的作用。

3. 类型分析的几个原则

分类方法大体上有自然的分类法、人为的分类法和理想的分类法。自然的分类法完全是从客观现实中得出的分类,在这种情况下,事物和关系可以是天生就分好类的,而对我们来说,问题在于发现这些分类。而对于人为的分类法,人们可以根据不同的需要,依据研究的目的,将对象事物进行分类。理想的分类法即理想类型法,是由社会学家马克斯·韦伯提出来的。它是指从具体独特的社会现象中抽取一些主要性质,舍弃其他性质而建立某些典型或标本的分析研究方法。这些典型或标本称为"理想类型",如"资本主义企业""现代官僚制度”“工业化国家”“新教伦理”“资本主义精神”,等等。有了“理想类型”,就可以将具体事物与它比较,并用理想类型来作为衡量的尺度。例如,韦伯提出的“资本主义企业”作为一种合乎理性的经济主体,必然有如下一些特点:明确分工、讲求效率、长于盈利、缺乏人情味等。有了这样一种理想类型,就可以将各种企业与典型的“资本主义企业”进行比较,从而概括出其他企业的类型和特点。

为了保证分类的正确性和合理性,必须遵循一些基本的分类原则。

(1)有科学根据的分类应以本质特征为出发点。马克思和恩格斯建立社会经济形态的正确分类以及对在这些社会经济形态下生活的人们的分类,具有划时代的历史意义。马克思、恩格斯揭示社会经济形态分类的根据是生产方式,而人的分类根据则是他们在生产过程中的地位。这里要强调的是,事物的本质特征与非本质特征之间不能划一条截然的界线,非本质的特征在一定条件下可能成为本质的特征,因而不能把事物的分类看成固定的、僵化的、一成不变的。

(2)必须将几种包含层次进行逐级分类,不得越级划分。分类可以由粗到细,层层划分,但一定要循序渐进,层层展开。例如,把企业划分为中国企业和外国企业,进一步的分类是:把中国企业划分为国有企业、集体企业、私营企业等,又可进一步把国有企业分为生产企业和非生产企业,等等。

(3)分类后各子类项必须不相容,否则会出现子类项交叉的错误,如把企业划分为中国企业、外国企业和生产企业,就会出现逻辑混乱,因为无论是中国企业,还是外国企业,都有生产企业。

(4)分类必须相应相称,分类所得的各子项之和必须与被分类的母项正好相等,否则会出现分类过窄或过宽的逻辑错误。例如,从中国企业性质的角度划分,中国企业无非是国有企业、集体企业、私营企业这三种性质的企业的集合,这三种企业就从性质的规定上构成中国企业的类型全体。

(5)在同一次分类过程中,应按同一标准进行,否则就会出现分类重叠或分类过宽的逻辑错误。例如,把企业划分为中国企业与外国企业,这是根据区域划分的;把中国企业划分力国有企业、集体企业、私营企业,是根据企业性质划分的;把国有企业划分为生产企业和非生产企业,则是根据企业的经营特点划分的。假若在划分中,把企业划分为中国企业、外国企业和国有企业,这就把两个分类根据混在一起,同时使用,因而出现了逻辑错误。

第三节　因果分析与矛盾分析

世界是普遍联系的。事物之间的联系多种多样,从不同的角度,可以把相互联系分为直接联系和间接联系、主要联系和次要联系、内部联系和外部联系、空间联系和时间联系、本质联系和非本质联系,等等。在对事物多种多样联系都不应忽视的前提下,要特别注意对本质联系的认识。这是因为本质联系是事物内在的必然联系,是事物发展过程中稳定的、反复起作用的因素,是事物发展规律性的表现。社会调查资料定性分析的主要目的就是要透过对社会现象的分析,揭示其本质和规律。为此,在对社会调查资料的定性研究中就需要运用因果分析和矛盾分析。

一、因果分析

对调查资料进行科学分析也就是要从理性的角度说明和解释社会现象,科学解释的重要类型是因果解释。迪尔凯姆指出:“社会学的解释主要是建立社会现象的因果关系。对于一种现象,要研究它的原因何在;对于一种原因,则要考察它的有效结果。”因果分析在社会学研究中具有极为重要的意义。

1. 因果分析概述

因果关系是客观联系之间的一种普遍的、必然的联系。原因指的是引起另一事物或现象的事物或现象,它是造成某种结果的条件。结果指的是作为原因的事物或现象所造成的事物或现象,它是在一定条件(原因)下事物发展所达到的状态和表现的形态。任何事物的产生,都是由其他事物引起的;任何事物的消失,都转化为其他事物。任何原因都必然导致一定的结果,一定的结果必然有一定的原因作前导。根据客观事物相互联系的因果关系原理来对事物之间的因果关系进行分析,或者由原因推导结果,或者由结果探究原因,就是我们所说的因果关系分析。

通过因果分析,揭示了事物因果联系的链条,也就抓住了事物的本质联系。通常,主要采取两种办法:一种办法是考察产生结果的所有原因,并找出其中最重要的原因,即找出对结果的产生起决定性作用的原因,这样才能揭示出因果联系,掌握事物的本质;另一种办法是,分析原因所能造成的一切结果,包括消极的、积极的、直接的、间接的等,从中揭示它们之间的因果联系,去把握事物的本质。

在社会调查资料分析中,因果关系分析对社会现象的研究作用主要有解释作用和预测作用。例如,在社会学对社会问题的研究中,就要运用因果分析方法来解释和预测社会问题。社会问题产生的主要原因有:自然灾害和环境污染带来的社会问题,经济或人口带来的社会问题,等等。这主要是对社会问题的存在状况给出理性的解释,探究其原因。另一方面,通过对社会问题原因的把握,可以预测社会问题的发展趋势。1972 年,罗马俱乐部公开发表了一份研究报告:《增长的极限》。该报告对当时流行的世界模型进行了分析,并预测如果世界人口、工业化、污染和资源方面的趋势继续下去,这个行星上增长的极限将在今后 100 年到来。这个报告就对社会问题的发展趋势作了预测,从社会问题的原因推断出将会产生什么样的后果。通过因果分析方法,可以把未来移置到现在,把现在移置到过去,通过分析过去和现在展望未来,为社会正常的、良性的发展提供预测,为评价和制定对策打下基础。

2. 因果分析的一般方法

因果分析的具体方法很多,通常采用的因果分析法有求同法、求异法、求同求异法、共变法、剩余法五种。这五种方法自中世纪后期以来就有所研究,1843 年英国哲学家穆勒对其进行系统总结和概括,故亦称穆勒五法。

(1)求同法

求同法亦称契合法,是异中求同,即当我们研究的某一社会现象在两个或两个以上的场合出现,在这些场合中只有一个条件是相同的,那么,这个相同的条件就可能是该社会现象产生的原因。求同法的结构式见表 12-1。

表 12-1　求同法的结构式

场合	先行情况	被研究现象
1	A,B,C	→a
2	A,D,E	→a
3	A,F,G	→a

由此可得,A 可能是 a 的原因。例如,在奴隶社会、封建社会和资本主义社会里,都存在

着对抗的社会阶级和人对人的剥削。这种社会现象的根本原因是什么呢？上面列举的这些社会形态，整体说来，彼此极不相同。然而，它们也有一种共同属性，就是生产资料私有制统治。由此我们可以归纳出结论，生产资料私有制就是对抗阶级和人对人的剥削存在的原因。

求同法的特点是通过排除不同的因素而寻找共同的因素来确定原因。这种推理的结论是或然性的，因为在不同场合里存在的相同条件可能不止一个。在增大比较场合的数目时，有助于增加结论可靠的程度。

(2)求异法

求异法也称差异法或唯一契合法，是同中求异，即在其他条件保持不变的情况下，某一条件出现时，被研究的社会现象也出现，该条件不出现的，被研究的社会现象也不出现，那么，这不同的条件就可能是被研究的社会现象产生的原因。求异法的结构式见表12－2。

表12－2 求异法的结构式

场合	先行情况	被研究现象
1	A，B，C	→a
2	－，B，C	→－

由此可得，A可能是a的原因。例如，甲、乙两个组织，在行为规范上相同，组织目标、外部环境等因素都相同，但是两者内部的团结力、凝聚力程度都相距甚远。通过调查发现，甲组织的领导民主作风好，并注重与组织成员双向沟通，而乙组织领导独断专行，与组织成员格格不入。由此可知，领导作风是影响甲、乙两社会组织内部团结力、凝聚力的原因。

运用求异法进行因果分析较求同法有较大的可靠性、进行了两个情况的比较，但要注意其中“唯一不同情况”是否准确。

(3)求同求异法

求同求异法即既求同又求异，是求同法和求异法的综合运用，是一种复合性因果关系分析方法，求同求异法的结构见表12－3。

表 12-3 求同求异法的结构式

场合		先行情况	被研究现象
正面场合	1	A,B,C	→a
	2	A,D,E	→a
	3	A,F,G	→a
反面场合	1	X,H,I	→-
	2	X,J,K	→-
	3	X,L,M	→-

由此得出 A 可能是 a 的原因,例如,对一些组织的凝聚力状况进行调查,我们发现,其中有些组织的凝聚力非常强,它们的具体情况虽然各不相同,但有一个共同点,即领导实行的是民主管理;反之,另一些组织的凝聚力不强,深入分析,也有一个共同点,即领导实行的是专制管理,这是是否形成凝聚力的主要原因。

运用求同求异法进行分析时,要注意其顺序。应该首先是求同,其次是求异。

(4)共变法

共变法是在其他先行条件不变的情况下,只要某一条件发生变化,被研究的社会现象也随之发生一定的变化,由此可推断出该条件可能是被研究的社会现象产生变化的原因。共变法的结构式见表 12-4。

表 12-4 共变法的结构式

场合	先行情况	被研究现象
1	A_1,B,C	→a_1
2	A_2,B,C	→a_2
3	A_3,B,C	→a_3

由此可得,A 可能是 a 的原因。例如,分析社会发展的根本原因时,人们发现,生产变化和发展到怎样的程度,社会就变化和发展到怎样的程度,而人口密度变化的程度,尤其是地理环境变化的程度,同社会变化程度不是相适应的。因此,我们总结结论,无论是地理环境

还是人口密度都不能成为社会发展的根本原因,这个根本原因应看成生产的发展。

共变法的特点是在变化中研究原因,它在研究复杂的社会现象方面有明显的优越性。采用这种方法,不必把所有不同的现象一一排除出去,也不必搜集所有的相同或相异的事实或现象,然后再进行比较;它只需把两种性质虽然不同,但是在某一时期中有共变的现象找出来,就可以作为这两种现象之间存在因果关系的证据。但是这里要强调的是运用共变法所得出的结论同样也具有或然性,这是因为两种共变的现象不一定存在因果关系。例如,自杀倾向是与教育倾向共变的,教育愈发达的社会自杀之风愈盛,这是一种事实,然而教育与自杀这两者之间并没有必然的联系。实际上,这两种现象变化的原因要从第三者去找。因此,我们在运用共变法时要特别注意共变的社会现象之间是否确实存在必然因果关系,以及这种共变关系的有效定义区域。

(5)剩余法

剩余法亦称残余法,即已知某一复合社会现象是另一复合社会现象的原因,又已知前一复合社会现象中的一部分是后一复合社会现象一部分的原因,那么前一复合社会现象的剩余部分,就可能是后一复合社会现象剩余部分的原因。剩余法的结构见表 12-5。

表 12-5　剩余法的结构式

场合	先行情况	被研究现象
1	A,B,C	→a,b,c
2	B	→b
3	C	→c

由此可得,A 可能是 a 的原因。例如,一个国家的人口增长作为一种复合现象,一般由下列因素构成:出生人数、死亡人数、移民国外人数、迁入国内人数。影响一个国家人口增长的因素有:生育政策、医疗卫生条件、出国政策、移民政策。如果已知生育政策是影响出生人数的原因,医疗卫生条件是影响死亡人数的原因,出国政策是影响移民国外人数的原因,那么,就可以推论出移民政策是影响迁入国内人数的原因。

剩余法的特点是执果索因,它可以用来研究复合社会现象间的因果关系,但也存在许多局限,主要表现在:第一,运用剩余法来推论社会现象的原因,必须以前面几种因果关系分析法推出的结论为基础,受前面有关因果关系分析法所得结论或然性的影响,剩余法所推出的结论也具有或然性。第二,运用剩余法研究社会现象的原因,首先必须知道有关复合社会现象间一部分因果关系,所以剩余法不能成为研究社会现象的起始方法。第三,运用剩余法探究社会现象的原因,在对复杂的社会现象进行研究时,要将一种千头万绪的现象用剩余法消除,使它只留下一种可以看得见的结果,并且从众多的原因中削剩一个原因,进而说明正是这种原因产生了这种结果,这不仅是困难的,而且结论也容易牵强附会。因此,剩余法很难适用于复杂的社会现象的研究。

3. 因果分析法的完善和提高

穆勒五法有其合理性,也有其局限性。穆勒五法在因果分析中存在不少的困难:首先,不管哪种方法,归纳出来的只是可能的因果联系,不具备必然的性质,得出的因果结论不是绝对可靠的。其次,除共变法外,其他几种因果分析法必须在事例上考虑到所有因素时才有意义。然而很难保证在应用这些方法时,所有同一时期和同一性质的现象都能够毫无遗漏地包括在内进行因果分析,而遗漏掉的事实恐怕要比人们已经知道的加以注意的事实更多,甚至更为重要。穆勒并没有去区别在多种因果关系中,哪些是主要的,哪些是次要的,哪是本质的,哪些是非本质的。显然这样的因果分析仍停留在经验判断的层次上,难以揭示现象的本质。

为了摆脱穆勒五法所遇到的困难,在运用这些方法时,要注意借助于其他一些方法来补充、完善,其中主要有抽象和概括方法、综合方法和辩证方法。思维的抽象是从客观事物或经验材料中抽取内在的、本质的、必然的东西,关注对象本质的属性和特征;思维的综合是在分析的基础上把关于事物各方面的本质有机地联系起来,形成对所研究对象的整体认识。无论是抽象还是综合,都应该是辩证的。辩证思维实际上就是从各种角度、各个对立的方面进行思维的抽象和综合。辩证分析要求我们在许多同时起作用的原因中,必须分清内部原因和外部原因、主要原因和次要原因、主观原因与客观原因、直接原因和间接原因,要求我们在多种因果关系中,要抓住起本质作用的因果关系,并注意到原因和结果之间、主要原因和次要原因之间、本质的因果关系和非本质的因果关系之间在一定条件下可以相互转化。

二、矛盾分析

唯物辩证法是马克思主义的一般方法。任何领域的研究,都不能离开唯物辩证方法,尤其在社会领域更是如此。列宁指出:“马克思和恩格斯称之为辩证方法(它与形而上学方法相反)的,不是别的,正是社会学中的科学方法……”毫无疑问,唯物辩证方法也是我们研究分析社会调查资料,从而深刻认识社会现象的基本方法。唯物辩证法的核心就是矛盾分析方法。

1. 矛盾分析概述

矛盾是唯物辩证法的一个基本范畴,它是指事物内部或事物之间双方既统一又对立的关系。矛盾无处不在、无时不在,并推动事物的发展。矛盾千差万别,千变万化,必须具体分析,区别对待。毛泽东同志指出:“所谓分析,就是分析事物的矛盾。不熟悉生活,对于所论的矛盾不真正了解,就不可能有中肯的分析”。社会调查就是我们了解社会存在着的矛盾状况的有效途径,我们的矛盾分析必须建立在社会调查的基础上。因此,我们这里所讲的矛盾分析,就是在唯物辩证法关于矛盾的科学原理指导下,以社会调查资料为依据,具体地分析社会现象矛盾的方法。

在定性分析方法中,矛盾分析方法是高级类型的方法,其他的方法实际上是矛盾分析方法的展开和具体化。比较分析和类型分析,是分析事物属于什么类型的矛盾,区分事物的矛盾性质,比较事物的对立(差异点)统一(相同点)的关系。因果方法所分析的原因和结果本身就是一种对立统一的关系。对系统进行结构、功能等方面的分析,旨在全面地把握系统的各个要素、方面、层次的对立统一关系,这种系统分析方法是矛盾分析方法在具体领域里的补充和丰富。

在社会调查研究中运用矛盾分析的方法应遵循以下一些原则。

(1)具体问题具体分析的原则

矛盾分析是马克思主义的灵魂,因为矛盾分析法的基本要求就是具体问题具体分析。分析既要分析共同的矛盾,找到共同的本质;又要分析特殊的矛盾,找到特殊的本质。任何社会现象,其内部都包含着特殊的矛盾,构成一事物区别于他事物的特殊本质,如家庭矛盾就不同于民族矛盾,民族矛盾就不同于阶级矛盾。要认识不同社会现象的特殊本质,就在于具体地分析具体的情况。

(2)坚持用全面的观点看问题的原则

在调查全面收集资料的基础上,我们要进行全面的研究,既要了解社会对象矛盾正的方面,又要看到其反的方面,既要看到其肯定的方面,又要看到其否定的方面,既要看到其主要的方面,也要看到其次要的方面。例如,我们在分析我国的社会问题时,既要认识到,从社会主义社会矛盾的整体结构上看对抗已经消失,同时还要看到,在社会现实中,在局部方面还存在着带有对抗性的社会问题。只有这样,才能对我国现存的社会矛盾和社会问题有一个全面的认识。

(3)坚持用联系的观点看问题的原则

任何社会现象都不是孤立的,而是处在普遍联系当中。矛盾分析法强调的联系是事物间对立统一的联系。因此,我们在对社会调查材料及其所反映的社会现象进行分析时,就要抓住对立统一关系这种事物的本质联系来研究。比如,研究个人的社会化问题,就要从个人与社会的矛盾联系的角度进行分析;研究环境保护问题,就要从自然与社会的矛盾联系的角度进行分析。

(4)坚持用发展的观点看问题的原则

矛盾分析法不仅要分析矛盾的现状,而且要分析矛盾的发展过程。矛盾分析法强调的发展是事物在对立统一中的发展,因此,我们要在矛盾运动中把握调查研究对象的发展。例如,从人与人的矛盾关系发展过程考察社会的互动、角色的冲突,考察社会阶层的演变情况,考察社会初级群体的演变和衰落的趋势;从农村与城市的矛盾关系(差别点和共同点)方面了解农村与城市相融合的机制和趋势,等等。

2. 矛盾分析的基本内容

我们分析社会现象的矛盾运动,是为了认识社会现象发展的内在动力,把握社会现象的特殊矛盾,促成社会现象发展过程中的质的飞跃。为此,矛盾分析要注意以下一些问题。

(1)对调研对象内部矛盾的分析

善于发现和抓住社会调研对象的内部矛盾,以找到决定和影响其发展变化的根本原因,这是十分重要的一环。比如,影响社会变迁的矛盾因素是很多的。在研究生产因素、地理因素对社会变迁的作用时,我们要看到,社会生产力和生产关系的矛盾运动,是社会变迁的内在原因,是社会变迁的最终决定力量。而地理因素作为社会发展的外部原因,是影响社会变迁的重要因素,但不是社会变迁的决定力量。

(2)对调研对象的矛盾特殊性的分析

要按照社会调研对象运动发展的层次深入分析调研对象矛盾的特殊性。毛泽东同志在矛盾特殊性分析方法中具体地发挥了矛盾分析法。他指出,对于矛盾的特殊性问题,应当多方面进行研究。第一,各个物质运动形式中的矛盾均带有特殊性;第二,各个运动形式在各个发展过程中的矛盾带有特殊性;第三,各个发展过程的矛盾的各方面带有特殊性;第四,各个过程在其各个发展阶段上的矛盾带有特殊性;第五,各个发展阶段上的矛盾的各方面带有特殊性。毛泽东对矛盾特殊性五种情形的分析,一方面贯穿着发展的观点,从分析物质运动形式,进而分析不同的发展过程,再深入到每个过程的不同阶段,另一方面从联系上对矛盾进行全面观察,不仅从矛盾的总体上看,而且还具体分析各个不同的矛盾、矛盾的不同方面,以及它们之间的关系。这样步步推进、层层深入的科学阐述,最根本之点,就是教导我们要对具体矛盾作具体分析,切忌主观性、片面性和表面性。

(3)对调研对象矛盾双方转化的分析

矛盾的转化,包含有两个方面的含义:第一,矛盾地位的转化,即主要的矛盾转化为次要的矛盾、次要的矛盾转化为主要的矛盾,或矛盾的主要方面转化为矛盾的次要方面、矛盾的次要方面转化为矛盾的主要方面。事物的性质主要是由取得支配地位的矛盾的主要方向所决定的,因此,出于这些矛盾地位的转化,事物的性质也发生了飞跃,即质变。第二,矛盾性质的转化,即"事物内部矛盾着的两方面,因为一定的条件而各向着和自己相反的方面转化了么",例如,社会形态发展过程中的资本主义向社会主义的转化,穷和富、强和弱、无权和有权等的相互转化。我们在运用矛盾分析方法来考察社会现象的矛盾运动时,首先要分析矛盾的各个方面在总体上的特殊性,确定矛盾转化的具体条件,然后分析矛盾双方力量的可能变化,把握矛盾转化的方向和质态飞跃的时机。

3. 矛盾分析的基本步骤

社会调查就是发现、分析和解决社会活动过程中的矛盾的过程,这也就是矛盾分析过程的两个基本步骤。

(1)发现矛盾,也就是提出问题

这一阶段的任务是从模糊杂乱的一大堆事物的现象中找到问题,即矛盾所在。我们通过调查收集了问题,然后对材料作出比较和类型分析,借以发现矛盾的两个基本方面。通过比较,在同一组材料中发现相异的东西,并加以归类,使之构成"这一方"与"那一方"的对立,这是同中求异。同时,在对立两方面的相互比较中,又发现统一的东西,使对立的"这一方"和"那一方"又相互联结起来,这是异中求同。通过比较和归类,对矛盾双方有了一个大体轮廓的认识,对矛盾的性质有了一个笼统的了解,这是发现问题,即提出矛盾的阶段。

(2)分析矛盾

具体任务是暴露矛盾双方的内在联系,包括以下三个方面:

一是分析矛盾双方的特点,分别地分析它们的性质。例如,把生产方式分解为生产力和生产关系之后,再进一步分析双方不同的特点。分析表明,生产力反映的是人与自然的关系,生产关系反映的是生产过程中人与人的关系。这些不同的特点,规定了矛盾双方各自的特殊性。

二是揭示矛盾双方的内在联系状况。如对生产力和生产关系二者之间的辩证关系进行分析表明:一方面,生产力决定生产关系;另一方面,生产关系对生产力又有反作用。

三是预测矛盾的未来发展,概括其发展的规律。如通过对“决定”和“反作用”所构成的生产力和生产关系的矛盾运动的研究,可以概括出社会发展的一条基本规律——生产关系一定要适合生产力的性质和水平。

(3)解决矛盾

解决矛盾是在前两步分析基础上的一种综合,它的任务是指明矛盾的性质和给出解决矛盾的方法。在关于矛盾的总体性质的认识中,已经包含着对解决矛盾的方法的认识。根据这种认识,提出解决矛盾的措施和方案,这种方案就是解决矛盾的正确方法。

从定性分析的角度看,提出矛盾、分析矛盾、解决矛盾,也就是认识矛盾的思维程序。在对社会矛盾和社会问题进行研究分析中,它具有广泛的适用性。例如,邓小平同志对中国国情的分析,也基本上采取了这样三个步骤:

第一步是“问题的提出”,即提出矛盾。1979 年 3 月邓小平在《坚持四项基本原则》的讲话中说:“我们的生产力发展水平很低,远远不能满足人民和国家的需要,这就是我们目前时期的主要矛盾,解决这个主要矛盾就是我们的中心任务。”这一主要矛盾的提出,由此确定了我国正处在社会主义初级阶段,也否定了以阶级斗争为纲的提法。围绕着这一主要矛盾,邓小平同志作了很多具体分析,即分析矛盾。一是从本国生产力的现状分析入手认识主要矛盾。1980 年 1 月他在《目前的形势和任务》的讲话中说:“我们要经常记住,我们国家大,人口多,底子薄,只有长期奋斗才能赶上发达国家的水平。”其指出了中国现阶段的生产力还很落后。

二是从总结以往的经验教训入手分析矛盾。邓小平在讲话中还谈道,近二十年来,经过几次波折,始终没有把我们的工作重点转移到社会主义建设这方面来,所以,社会生产力发展不快、不稳、不协调,人民的生活没有得到多大的改善。在这里,邓小平说明了人民物质文化需要和落后的社会生产之间的矛盾之所以成为现阶段主要矛盾的历史原因。

三是从社会主义的优越性分析入手认识主要矛盾。1984 年 6 月邓小平说:“社会主义阶段的最根本任务就是发展生产力。社会主义的优越性就是体现在它的生产力要比资本主义发展得更高一些、更快一些。”在此段分析中,邓小平强调了发展生产力、满足人民的物质文化生活是社会主义的根本特征。在对我国现阶段主要矛盾的全面、深刻分析的基础上,邓小平提出了把全党工作的重心转移到大力发展生产力、实现四个现代化上来的战略决策,即提出了解决矛盾的正确方案。

第四节　结构分析和功能分析

结构和功能,是系统科学的基本范畴。系统的结构分析、功能分析,是系统分析的基本角度和核心内容。系统科学是关于系统结构、功能的理论在思维中的运用,即构成结构分析方法、功能分析方法。我们这里所说的结构分析和功能分析,主要指的是以系统理论为指导,以社会调查资料为依据,对社会现象所构成系统的结构和功能所作的定性分析。系统的结构和功能是相互联系、相互作用的,因而结构分析和功能分析这两种方法也是不能截然分开的,我们可以依据这两种方法分析系统不同的角度和侧面,分别地加以叙述。

一、结构分析

社会是一个复杂的综合性系统,对社会现象的分析可以从多角度入手。一般,大多从两个基本角度来进行分析:一个是从静态的角度,从社会的组成因素来分析社会的结构;另一个是从动态的角度,从人和社会活动方面来分析社会的功能。社会学的创始人孔德就把社会静力学与社会动力学加以区别,将前者定为研究社会结构的形成和平衡,后者定为研究社会的变化过程。可见,结构分析是研究社会现象的重要方法。

1. 结构分析概述

(1)结构分析的作用

结构从一般意义上,指的是系统内各要素在空间和时间上相互联系和相互作用的方式。简言之,结构是系统内部要素稳定的联系方式。系统的结构,是系统保持整体性及其特定功能的内在根据。任何事物都存在一定的结构。社会作为一个系统，本身就是由各个社会单元组成的结构整体。而任何社会单位，大至国家、民族，小至班级、家庭，都毫无例外地以特定的结构形式而存在，皆具结构性。结构分析就是应用系统科学关于结构的概念与原理，以剖析调查对象系统的结构要素、关系与层次为内容，以寻求调研对象结构发展规律为目的的思维方法。运用结构分析方法对社会系统进行分析具有如下作用：

①对社会系统进行结构分析，有助于了解社会系统的有机构成，说明所研究的社会现象在社会系统中所处的地位和作用，揭示社会发展的动力和规律。如要了解生产力这种主要的社会现象，就必须把它放在整个社会结构的体系中来考察，从它和生产关系、上层建筑之间的关系中来考察。

②对社会系统进行结构分析，有助于理清社会系统中各种社会现象间的相互关系和相互作用的机制，从而对社会现象作出科学的解释。结构分析侧重于从"关系"中来把握社会现象，可突破"就事论事"的局限性，以达到对社会现象全面、深刻的认识，从而指导社会实践活动。比如，在社会制度的改革中，要改革一项具体制度，往往只就该制度本身进行研究和改革不行，还必须从制度体系上，即从此制度与其他相关联的制度关系上加以综合考察，方能收到改革的预期效果。原因就在于，它牵涉相应的一系列的有关具体制度的改革。

③对社会系统进行结构分析，有助于从部分与整体的关系上把握社会现象的性质和特点，从而把握这种社会现象与它所在的社会整体的关系。例如，个人与组织的关系，就是部分与整体的关系。不同的组织管理结构塑造着不同的人格。作为科层制管理结构，其具有一套专业化的功能、固定的规程和权威分等的组织管理结构。处于这种组织中的个人就成为"有组织的、谨慎的、训练有素的个人"。科层组织结构对个人影响的事实说明，从一定社会结构的"整体质"来分析某种社会现象，是了解社会现象的关键。

(2)结构分析的基本特点

①以结构优化为价值取向，系统的结构决定系统的功能

结构分析的目的与灵魂，在于通过分析系统的内部联系及其机理，使系统的组成要素及其相互关联在分布上达到最优结合，以产生整体组合效应，从而实现最佳功能。关于社会的产业结构、地区结构、职业结构等的研究目的皆在探究其内在机理与运动变化规律，求得理想的系统功能，以推动社会的变革与进步。

②以整体研究为视角取向

整体性原则是系统分析方法的核心。这一原则认为,任何系统都是由部分组成的,但整体不等于部分机械相加,整体大于部分之和。整体性原则要求我们无论考察什么社会现象,都要立足于整体,还要求我们不管研究什么社会现象,都必须放置到社会整体中,放置到一定的社会环境和历史背景中.放置到社会各种关系的相互作用中来考察,这样才能理解一种社会现象为什么出现或为什么会发生变化。

(3)以把握深层结构为研究方向

结构是多层次的,结构从空间上可区分为表层结构和深层结构。要透过复杂的社会现象获得本质的认识,就要把握内在的深层结构。在研究资产阶级经济系统时,马克思提出如下要求:揭示这一系统的"隐蔽结构""内在有机联系""资产阶级社会的内部生理学",社会现象的深层结构往往是隐蔽的、模糊的,需要我们通过结构分析方法去透视和把握。社会的发展规律就蕴藏在社会现象的深层结构之中,认识、把握了深层结构,就认识、把握了客观规律。

2.结构分析的基本内容

结构分析的基本内容,就是结合社会调查的材料,按照社会结构的特点及相关因素对社会现象进行分析所涉及的内容,主要包括下列六个方面。

(1)对结构成分(要素、组元)的分析

结构成分性质与数量,是影响系统结构整体质的重要因素。系统是由多种成分构成的,因此,分析系统的构成成分就是重要的第一步。这里要指出的是,我们在肯定系统的整体效应时,但却不能把系统的整体性质归结于某种要素,必须看到系统的要素也对系统质产生影响,特别是起主导作用的要素,主要地决定系统的性质。管理学中有个"木桶理论",该理论认为木桶能装多少水是由最短的那块木板决定的。由此道理可知,系统的整体受最显著成分的制约。人们通常认为个别的局部依存于整体,而木桶原理却告诉人们:在某种情况下,整体也依存于个别的局部。这是我们对结构成分进行分析的重要意义所在。

(2)对结构成分之间相关性的分析

结构是结构成分或要素间全部关系的总和,是"相关关系的集合"。系统结构的性质与状态,在更大程度上取决于结构成分间的关联,因此,相关性分析是结构分析最基本的内容。

从社会学的意义上看，相关分析是对构成社会系统的社会现象的相互作用、相互制约与协调关系的分析。比如说，区位结构的一个最基本的特点是，各部分之间彼此相互依赖、相互依存。拿城市中的工厂区、住宅区、商业区和郊区来说，工厂区离不开住宅区，住宅区离不开商业区，商业区离不开郊区。各个社会学位在空间位置的分布，是由该单位与其他单位的关系决定的。

(3)对结构层次的分析

如果说，对结构成分以及相关性的分析，主要是从横向结构的角度来考察对象的，那么，对结构层次的分析，则主要是从纵向结构的角度来考察对象的。结构层次分析的要点在于分层是否合理和层次定位是否恰当。我们以客观的社会系统为例，马克思、恩格斯运用唯物史观，对客观社会结构进行了正确的分层。他们把社会结构分为三个基本层次，示意如下：

生产力—生产关系(经济基础)—上层建筑

由上述社会结构层次的划分，我们可看出，社会结构的组成成分(生产力、生产关系、上层建筑)及其作用应定位于相应的层次而无错位。我们称这种社会结构为纵向的社会结构，是因为构成它的各层次依次存在着决定与被决定、产生与被产生的关系：生产力决定、产生生产关系(经济基础)，经济基础决定上层建筑。正是基于这种正确的分层分析，马克思、恩格斯揭示出社会发展的基本规律。

(4)对结构形成机制的分析

结构中各种成分(因素)的结合和排列，不是随意的杂乱的，而是一种有机联系的结果。这就要求对结构形成的机制进行分析。比如，分析家庭的形成，就要考察家庭结构的形成情况。如果解剖家庭结构，我们可以得到丈夫、妻子、孩子等角色。我们知道，每一个社会对一定角色赋予的行动意义是稳定的。一定的社会规范(如道德规范、文化规范等)决定了丈夫、妻子和孩子的角色期望和身份地位，也决定了家庭作为一种制度结构的结合方式。

(5)对结构"分化"的分析

分化是社会现象作为结构存在的一个重要特征。社会发展的一个重要标志就体现在社会体系结构的分化。如我国区域结构的分化就形成了苏南模式、温州模式、珠江模式等。对结构分化的分析主要包括：对一种社会现象结构分化的原因、结果以及分化程度的分析，结构分化前与分化后的比较分析，结构分化与功能分化之间的关系分析，结构分化的发展趋势分析,等等。

(6)对结构“变迁”的分析

这是从动态的角度对结构进行的分析。结构所反映的是系统内在的联系,因而具有稳定趋向,然而这种稳定是相对的,开放系统的结构始终是个变量,因而“结构”是一个流动的概念。对结构变迁的分析主要包括:对不同的社会现象结构之间的“持续性”研究,对不同社会现象结构之间的“转换性”研究,对同一社会现象不同发展阶段的结构变化特征的研究,对社会现象结构要素的新陈代谢的研究,对社会现象结构变迁的原因分析,等等。

二、功能分析

任何系统都处于内部联系与外部联系之中。系统内部要素之间的联系,使系统具有结构性;系统的外部联系,使外部环境成为系统的作用对象,从而使系统具有功能性。每一个社会系统都必须与外部环境发生这样或那样的联系,外部联系的客观性和普遍性表明,功能方式是社会系统存在的客观的普遍的形式。把社会及其社会现象作为系统来研究,必须运用功能分析方法。

1. 功能分析概述

功能从一般意义上,指的是系统与外部环境相互联系、相互作用的能力,它是系统活力与存在价值的体现,是系统整体质的外在表现。

由于系统是相对的,因此,一种社会现象的功能作用,在一定系统范围可看作是某一系统与外部环境的功能作用,但如果从更高的层次系统范围来看,则可视为系统内部的不同社会现象的相互作用。因而功能概念的运用也是相对的。但为了分析问题起见,我们将功能一般视为某一社会现象系统对外部环境的功效和能力。

系统的功能体现系统的活力与存在价值。这在社会系统领域是非常直观的。就社会组织来说,社会组织是指执行一定的社会职能,完成特定的社会目标,形成一个独立单位的社会共同体。具有一定的社会职能,是一个组织存在的依据和意义所在。一个组织的社会功能的强弱、大小,不仅是该组织存在价值的量度,也是衡量该组织活力的尺度。

那么,什么是功能分析呢?功能分析就是应用系统科学关于功能的概念与原理,以调研对象的系统性能或系统功效为内容,以优化调研对象的功能为目的的思维方法。

功能分析的基本特点如下。

(1)以系统开放性为条件来研究社会各种系统的功能

系统的开放性表现为系统与环境的相互联系和相互作用。我们把系统之外的各种条件之总和称之为环境。功能就体现了一个系统与外部环境之间的物质、能量和信息的输入与输出的变换关系。我们通常把环境对系统的作用称之为“输入”,而系统在特定环境之中对“输入”进行工作,就产生了“输出”,这种把特定的“输入”转化为特定的“输出”的过程,就称之为系统的“功能”。比如说企业,其投入和产出的过程也是与环境相互作用的过程。从整体上看,企业的外部环境包括微观和宏观两个方面。微观环境指直接影响企业的群体或个人(如顾客、资源供应者、竞争者等),宏观环境则指企业的社会、政治、经济、文化环境和自然环境。企业就是在适应和改造这些环境的过程中求生存、求发展的,这个过程就是企业作为系统发挥功能的过程。

社会各个系统都有特定的功能。但是,在与外部环境发生作用前,这种功能还只是一种潜在的功能,环境因素是系统的潜在功能转化为现实功能的外部条件。显然,系统的功能是系统开放性的结果,只有开放的、非孤立的系统才有功能性。因此,功能分析的基本角度是立足于社会系统的开放性的。社会系统的开放性特点要求我们在分析调查资料时,必须从一定调研对象系统与其外部环境的联系中来把握该系统所具有的功能,否则,系统的“输入”就成了无源之水,系统的“输出”就成了“无的放矢”。

(2)以系统的结构性为基础来研究社会各种系统的功能

系统的结构决定系统的功能。结构对功能的作用,表现为结构在输入与输出关系中起中介作用。这种中介作用首先表现为结构具有吸收消化功能。例如,同处在市场经济条件下的企业,有的企业生产经营结构得到了合理调整,因而扩大了对相关的人才、技术、信息、原材料等市场的需求,对“输入”表现出较强的吸收消化功能。而有的企业没有形成自我优化的机制,生产经营结构老化,因而对各种市场资源没有形成有效需求,对资源“输入”缺乏吸收消化功能。

结构在输入与输出关系中的中介作用还表现为一种转换功能。输入与输出的关系性质表现为:输入是输出的必要条件,即没有输入就没有输出,或只有投入大才有可能产出大。但投入大不一定就产出大,由输入转化为理想的输出(即功能)是一个过程,其间要受到多种因素的影响,其中最主要的取决于系统内部结构因素的性状。物质、能量具有守恒性,但效能、功能是不守恒的,受不守恒律的支配,在内部结构作用的转换过程中,可能产生新的功能,或原有功能被放大或减弱或消失。在外在环境条件既定的情况下,系统功能的性质、大小就取决于系统的内在结构。如同行业的若干企业,在面临同样的社会经济环境条件下,有的兴旺发达,有的朝不保夕,有的陷入绝境而倒闭,究其原因,则在于内部结构的性状有别。有时环境条件方面虽然存在不利因素,但因系统结构要素的优化或结构关系的适时调整,其功能反而增大。可见,环境、结构这两个因素对功能的作用是不同的,环境是系统发挥功能的外部条件,是外因,而结构则是系统发挥功能的内部条件,是内因,外因必须通过内因起作用。我们在进行调研对象系统的功能分析时,也应基于这种机理来确定分析的思路,以全面把握研究对象。

2. 功能分析的基本内容

功能分析的基本内容,就是结合社会调查的材料,按照社会系统功能的特点及相关因素对社会现象进行分析所涉及的内容主要包括以下几个方面。

(1)对系统适应环境功能的分析

社会系统性能的优与劣,是以适应环境的能力来量度的。这种能力体现在以下三个方面。

①系统的价值性

任何社会系统,其生存与发展的能力,主要表现在它满足环境需要的程度。仅当一个系统的输出为社会所需要时,才具有客观的价值性和实现这种价值的可能性。如制度是由许多行为规范结合起来的系统。我们一方面可以看到,制度是为满足或适应社会某种基本需要服务的。婚姻制度是为满足两性关系的需要和人种的延续,是为调节和稳定家庭和社会关系服务的;法律制度是调节社会成员关系,借以维持和稳定社会秩序,是为统治阶级根本利益服务的;沟通制度是满足社会交往需要的。另一方面还可看到,制度是有力量的,它往往具有行政的、法律的或道义的力量,对社会成员的行为有束缚和约束作用。因此,我们分析一种社会制度体系是否优劣、合理,是否具有存在的价值,主要看它是否具有适应社会需要的功能。

②系统的可塑性

系统的可塑性意味着它的灵活性、柔韧性以及根据外部条件的重大变化自我调整的能力。社会系统充满了人及人的活动方式,因此它具有能动的自调节性,即能进行自组织调节。一个社会系统是否具有自我调节的能力,是它是否具备可塑性,适应环境变化的功能的重要表现。

③系统的能动性

系统的价值性指的是社会系统满足环境需要的功能性，系统的可塑性指的是社会系统随着环境变化应变的功能性。社会系统的这两种功能初看起来有一个共同的特点，就是社会系统在适应环境的过程中是被动的，其功能的发挥是以环境为转移的。实际上，社会系统对环境的"适应"是能动的过程，它突出表现在人的适应环境与改造环境的统一和人的改造环境与选择环境的统一上。比如，人原来只生活在自然环境当中，而现在则生活在人造环境（物质环境和文化环境）当中。正是这种改造才"扩大"了"适应"，变消极适应为积极适应。人类改造环境意味着创造，但这种创造与自然界的自我更新不同，它带有价值判断，因而本质上是一种自觉的选译。社会系统的能动性是我们分析其适应环境功能的重点所在。

（2）对功能类型的分析

系统功能本身是一个功能系统。就社会系统来看，在功能结构中，包含如下一些基本类型。

第一，从功能的重要程度来划分，可分为基本功能与非基本功能，或原生功能与次生功能。比如，企业的原生功能就是企业生存于社会的基本功能，包括生产和创新功能。次生功能则是企业运转并活动于社会的连带功能，如促进社会的交换、分配、消费等功能。一般地，原生功能对次生功能起决定作用，前者的充分发挥是后者发挥的基础条件。

第二，从功能发挥的空间范围来划分，可分为局部功能与整体功能。这种功能存在三种可能的情况，局部功能优，整体功能也优；局部功能有的并不优，而整体功能却优；局部功能虽优，但整体功能不优。上述第二、三种情况，表示局部功能与整体功能之间存在矛盾，处理这种矛盾的一个基本原则，是放弃或牺牲局部功能目标而保证整体功能目标的优化，而不是为了局部功能目标而损害整体功能目标。局部功能受整体功能的制约，损害整体功能的结果必然殃及自身。

第三，从功能发挥的时间角度来划分，可分为短期功能和长期功能。在短期功能与长期功能的关系上，如果所做的功是既对短期也对长远有利，或对目前暂时不利而对长远有利的，就应坚持，如果是虽对一时有利而对长远不利，就应否定。社会调查资料表明，现实生活中存在着种种急功近利的短期行为，如为了眼前利益而乱建开发区、占用土地、破坏生态、污染环境、超前消费、超前享受等社会现象,都严重损害了系统的整体功能和长远目标。

第四,从功能的影响结果是否被人们意识到的角度来划分,可分为显在功能和潜在功能。这对功能概念是美国社会学家默顿提出来的。在对各种社会现象功能的研究中,除了其显在功能分析以外,还要特别注意它的潜在功能分析。马克思、恩格斯曾敏锐地揭示出许多隐藏在社会意识形态假象背后的、鲜为人知的社会现象的潜在功能。例如,马克思指出,资本主义追求最大利润,结果推动了生产力的发展,这为推翻资本主义社会提供了物质基础——这是资产阶级始料不及的。又如马克思深刻地揭示了宗教的本质和作用,指出宗教实质上是自然压迫和社会压迫的产物。因此,宗教的作用并非像有的教徒所声称的那样是拯救教徒(显在功能),其实质作用(潜在功能)是统治阶级实行社会控制的手段。社会学家必须留心那些容易被忽略的潜在功能,而不要被表面的显在功能所迷惑,不能仅仅根据人们的意识和动机来判断某一现象的功能性状。

第五,从功能的作用来看,可分为正功能和反功能,正功能即积极作用,反功能即消极作用。一般说来,一种社会现象既有正功能,也有反功能,因而我们对功能作用进行分析时,首先必须确定正、反两种功能,哪一种性质的功能占主导地位,从而确定该社会现象存在的价值。如职工下岗显然对当事人是不利的,这也在一定程度上给社会造成了不安定的影响。但职工下岗是我国产业结构调整所必然出现的现象,从改革的大局看,从长远的发展看,职工下岗是利大于弊的。因此,我们必须肯定职工下岗对社会发展的正功能意义,并帮助下岗职工重新再就业,消除其某些方面的不良影响。其次,在研究分析正功能和反功能时,还要弄清楚,功能作用的系统性质是什么,是对谁而言的。默顿曾引用过社会习俗的例子,说明一种习俗对于某个群体是有正功能的(也就是说,它有助于加强群体的整合和凝聚),而对于另外一个群体则是反功能的(会导致群体的瓦解)。因此,分析的群体界限必须明确规定。最后,我们要注意的是,正功能和反功能的确定虽然在一定意义上具有相对性,但我们判定某一社会现象功能的性质如何,必须要有正确的判定标准,否则就根本无法确定一种社会现象的功能到底是积极的还是消极的。没有标准就无从分析。

(3)对功能的协调和失调的分析

功能是一个过程,它是通过系统的整体运动表现出来的。我们必须从社会系统的运行过程中来分析社会现象的功能。社会运行表现为社会的多种要素和多层次的子系统的交互作用以及它们的多方面功能的发挥。所谓功能协调,是指社会系统的活动在作用上相互配合和相互促进。反之,如果配合不上,甚至相互抵消,则是功能的失调。

社会系统的结构包括横向与纵向两个方面,因此功能上的协调有两种情况:一种是横向的协调,这是指系统各部分组成的功能在水平方向上的配合一致。例如:一个企业要搞好生产、销售、采购、人事、财务等横向分工组合的协调活动。另一种是纵向的协调,这是指系统各组成部分的功能在垂直方向上的配合一致,是一些组成部分的功能对另一些组成部分功能的从属以及全部组成部分的功能毫无例外地对整体系统功能的从属。因此纵向功能也可称作隶属功能。例如,我们可以把社会制度体系分为经济制度、政治制度、法律制度、教育制度、家庭制度等,它们各有特定的社会功能,但它们之间的功能是密切联系的,存在着隶属功能的关系。其中经济制度对社会的影响有决定的意义,它不仅决定着社会的面貌和发展方向,而且还决定着其他社会制度的功能的发挥。功能上的失调同样可以从横向和纵向两个角度加以分析。

思 考 题

1. 定性分析的一般问题有哪些?
2. 定性分析的作用是什么?
3. 比较分析与类型分析有何特点?
4. 因果分析与矛盾分析的区别?
5. 结构分析与功能分析的基本内容?

第十三章　调查报告的写作方法

【本章提要】

本章对调查报告的写作方法进行学习。本章介绍了调查报告的特点与类型、调查报告的内容与结构、调查报告基本写作要求。重点介绍了调查报告的内容及结构是怎样的，并对它们作了简要评价，以便调查研究者能够科学合理地进行调查报告的撰写。

【学习要求】

1. 了解：调查报告的特点；调查报告的写作要求。
2. 掌握：调查报告的内容与结构；调查报告的正确撰写与应用。

如果说社会调查像“十月怀胎”，那么撰写调查报告就像“一朝分娩”。我们把所有通过社会调查得来的各种信息以文字的形式与人进行交流沟通，就是撰写调查报告。调查报告是反映调查研究情况和成果的一种报告性文件，它系统介绍了社会调查研究的目的、方法、过程和结论，是社会调查研究成果的集中体现，因而社会调查研究报告的写作，是整个社会调查研究工作中十分重要的一部分。只有了解和掌握社会调查报告的特点、常见类型，熟悉其基本的写作格式及内容要求，才能更好地将调查研究的成果运用于实践，指导工作，影响决策。

第一节　调查报告的特点与类型

调查报告是以既定的公众作为对象，以文字、图表等形式将调查研究分析活动的过程、调查方法以及调查结果撰写而成的文书。具体地讲，调查报告是一调查二报告。撰写调查报告首先要进行调查，然后运用定量分析和定性分析相结合的方法，对现实生活中或历史上具有重大意义的事物，以及工作中亟待解决的问题，进行周密、系统地了解和分析，揭示事物的本质及其发展规律,从而得出结论,最后用书面形式将认识和解决这些问题的具有理论意义和实际意义的结果反映出来。

一、调查报告的特点

调查报告的用途非常广泛,也是人们频繁使用的一种应用文体。同其他文体相比,调查报告无论在内容、体裁还是表述等方面都有以下几个鲜明的特点。

1. 报告内容真实

社会调查活动是人们通过直接地、系统地搜集有关社会现象的经验材料,并对这些材料进行分析与综合,进而科学地阐明社会生活状况及社会运行规律的科学认识活动。内容真实是调查报告生命力之所在,也是调查报告的本质特征。一篇好的调查报告引用的事例和数据,都是经过实地调查、反复核实的,包括背景的交代、事件经过的叙述、人物的介绍等都必须真实、准确、可靠。在事实真实的基础上,要求尊重客观规律,反映客观实际,遵循科学原则,采用科学方法,准确地把握原因和结果。只有经过系统的经验观察才能获得客观的事实资料,只有经过正确的逻辑推理才能取得正确的调查结论。正由于它用事实说话而非凭空想象,调查报告在科学地把握历史与现状、预测发展、指导决策、监测环境、协调工作、收集信息等方面,都发挥着其独特的作用。

2. 信息来源客观

任何现象都是客观存在的,是不以个人意志为转移的。在调查一个问题或一件事情的情况过程中,可能会出现错综复杂、相互矛盾的说法及材料等信息。这就要求调查者深入实地调查,不带个人的主观偏见和成见,更不歪曲或虚构事实,从来源客观的信息,消除那些任意取舍、引申,或做不切实际的渲染,或带有臆测、想象、华丽描绘的主观因素的干扰,以获取可信的第一手资料,这也是确保调查报告价值的重要因素之一。

诚然,信息的客观性是以调查的真实性为基础的,没有调查的真实性,也就没有信息的客观性,客观性和真实性是紧密联系的。当然,任何一种认识活动,任何一个认识过程,认识主体一定要在其中起作用,其思想、情感、立场、态度一定要反映到认识活动中去,体现在认识活动的过程和结果之中。在撰写调查报告时,必然也是这样。这就要求调查者应将主观因素融化在客观事实之中,注意识别虚假现象。同时,撰写者的把握与判断始终应以事实为依据。

3. 观点鲜明新颖

调查报告虽然靠事实说话,但又不是简单而单纯地陈述事实,或只是像镜子一样“照”事实。调查报告必须真实、客观,这是世人的共识,与此同时,其观点还必须鲜明新颖。首先,其新颖是由社会调查的目的决定的。人们在进行社会实践活动过程中,新生事物不断涌现,在新的形势下,新情况、新问题层出不穷。面临新的环境,在撰写调查报告时,必须要注意引用新颖而真实客观的事实材料,提出一些科学且新颖鲜明的观点,从而得出新的结论。其次,其新颖也是由社会调查的内容决定的。社会调查作为一种特定范围和特定用途的活动,具有比较确定的内容,也有比较具体的功能作用,换言之,其针对性非常强。为回答或说明和总结社会生活中广大群众最关心的问题而撰写的调查报告,如果引用的都是众所周知的事实材料,提出的都是落后陈腐的观点,得出人人皆知的结论,这样的调查报告肯定是没有价值的,也毫无意义。因此,要求调查者在撰写调查报告时,能够提供具有普遍意义的新鲜经验,提出鲜明科学的观点来解决实际问题。

4. 提出问题明确

调查报告总是针对社会生活的某个问题或某个事物或某个现象而写的。它通过面对的现象、问题的探讨,根据实际需要,确立具体的、实在的调查任务来开展工作,以实现其自身的价值,取得良好的工作效益。因而,一份好的调查报告无论从选择调查课题、建立研究假设、确立分析单位,还是选取调查样本,进行具体的搜集资料、加工整理资料和分析研究资料等往往都是围绕一个明确的问题展开的。提出的问题越明确,针对性就越强,参考价值也就越大;反之,问题含糊不清,线索杂乱无章,无中心或多中心,内容分散,无主无次,平列粗糙,是绝不能由此而引出好的社会效益和经济效益的,这就是调查报告写作中的大忌。

5. 表达方式直观

调查报告在表达方式上,以叙述说明为主,议论为辅,叙述说明与议论有机结合,说服力强,容易赢得公众的信赖。其中,叙述要求精当贴切,正确深刻,有理有据;说明要求客观真实,清晰明了,通俗易懂,正如唐代柳宗元说过的,“文章在于高壮广厚,词正而理备”。由于调查报告坚持的是让事实说话,在写法上它不像议论文那样要求多方论证,进行复杂的逻辑推理,而是如实地报告了解的实际情况,辅以图表、统计分析等实地数据,准确地表明研究情况后所得出的结论,因而其事理性强,表达方式甚为直观。

6. 适用广泛及时

调查报告的应用范围非常广泛，正因为其范围涉及各种活动领域的方方面面，从而决定了调查报告的价值。又因为调查报告要回答的问题一般都是需要解决的现实问题，因此，其工作必须注重时间效益，即用最短的时间、最快的速度，及时搜集各种信息，抓紧进行分析研究，以把握时效。这里的时效，是指在一定的时间限度内能起的作用，它是调查报告是否具有价值的首要因素。国外曾经有这样的说法：今天的消息是金子，昨天的消息是银子，前天的消息是垃圾，说的就是时效的问题，调查报告也是如此。应该说，社会信息本身就具有时效性，而调查报告回答的都是需要及时解决的现实问题，更应讲求时效。如果调查报告延误了时日，错过时机，则会大大贬值，也就不能及时回答迫切需要解决的问题，成为"事后诸葛亮"，自然无效应，哪会有价值呢？这也要求社会调查工作者应主动、迅速、及时地开展社会调查工作，及时撰写调查报告，并不失时机地为决策机构提供依据，以便使其顺利地转化为有效行为。把社会活动全面地叙述描绘出来，将时代完整地记录下来，今人据之以为向导，后人据之以为信史，这就是社会调查工作者应当努力追求并力争达到的境界。

二、调查报告的类型

由于调查报告是对社会实际生活中的有关问题进行调查研究之后，经过科学的整理和分析而写成的书面报告，因而由于调查研究目的、对象、范围等方面的不同，以及研究课题的性质、研究规模、研究特点的不同，也就使得调查报告的类型多种多样。在社会学的经验研究中，常用的调查报告可以按以下三方面划分。

1. 按调查报告的内容范围划分

根据调查报告的内容、范围大小可分为综合性调查报告、专题性调查报告两种形式。

（1）综合性调查报告

所谓综合性调查报告，是指调查课题重大，涉及面广，影响大，短期内难于把握的重大事情及其发展规律，并最终用明确的文字对所要研究的问题进行表述的书面报告。如1999年由中国科学院主持完成的《21世纪中国的发展前景》调查报告，就属综合性调查报告。它是目前为止最有影响、调查数据最详尽、资料最齐全的大型调查报告之一。综合性调查报告由于涉及的问题广泛，反映的情况翔实，一般要求搜集的资料信息全面、系统，因而其篇幅较之其他的调查报告也更长。同时由于综合性调查报告是在广泛全面的调查和分析后写出的,因此它也具有一定的权威性,能为相关决策部门提供有价值的信息及有益的工作指导。

(2)专题性调查报告

所谓专题性调查报告,常常是对某一情况、事件或问题进行深入调查、分析研究总结而成的书面报告。与综合性调查报告相比,专题性调查报告涉及的范围相对较小,内容较专一,问题比较集中,因此,篇幅也较短小。由于专题性调查报告具有较强的针对性和实效性,涉及面较小,因而调查资料较少,分析省时,调查报告的撰写及后期工作较及时,能迅速向相关决策部门提供信息,反映问题。它往往比综合性调查报告更深入、更全面、更细致。如费孝通先生主持的江苏小城镇研究小组发表的《小城镇大问题》等系列调查报告就属专题性调查报告。由王来华、白宏光、贾德彰发表在《社会学研究》1999 年第 3 期的《老年生活保障与对社区的依赖——天津市南开区老年生活保障调查问卷分析》一文,也属这类调查报告。

应当指出,上述两类调查报告的分类只是相对的。综合性调查报告较为全面,范围涉及较广,而专题性调查报告更为专业化。事实上,内容较全、范围较广的研究,也可以分别按专题写出调查报告,并形成系列报告。这种系列报告,常常被认为是综合性调查报告的特殊形式,像上文《21 世纪中国的发展前景》调查报告中,就分别是以能源、资源、工业、农业等系列形式展现,从某种意义上来讲,两者其实没有绝对分明的界限。

2. 按调查报告的读者对象划分

根据调查报告的读者对象,可分为应用性普通调查报告和学术性研究调查报告两种形式。

(1)应用性普通调查报告

所谓应用性普通调查报告,是指从认识和了解的社会现实状况出发,提出解决某个社会问题的具体方案或对策,或对某些社会问题调查进行研究分析而成的书面报告。这类调查报告主要以政府决策部门领导和有关具体工作部门人员为读者对象,为上述人员提供了了解社会情况、分析社会问题、制定社会政策、开展社会工作的依据,以备政府各级部门人员查询或参考,充分发挥社会信息的效用。可以说应用性普通调查报告是相关部门决策的依据和工作的基础。如《北京老年人社会支持网调查兼与英国利物浦老年社会支持网对比》①一文即属这类调查报告。

(2)学术性研究调查报告

所谓学术性研究调查报告,是指运用大量的经验研究资料和借助于科学的统计与分析的手段,提出各种学术见解的书面报告。这类报告侧重于对社会现象的理论探讨,即分析各种社会现象间的相互关系和因果关系,对社会现象的真实情况进行具体叙述描绘,在回答"是什么""怎么办",以及进行社会预测"将怎样""应怎样"的深层次的理论应用研究中,通过对实地调查资料的整理、分析、归纳和总结,达到检验理论和构造理论的目的。应当指出的是,学术性研究调查报告同一般的学术性论文或学术性著作还是有区别的。后者主要是通过大量的逻辑推理与论证来提出某些观点和形成某种理论,对经验事实的过程分析不进行更多的关注和陈述;而学术性调查报告则主要运用大量的经验研究资料、实地调查统计资料和借助于科学的统计与分析手段,提出各种学术见解,它较注重调查的方法、过程和工具。如《关于"研究生形象"的调查研究》②一文,就属这类调查报告。这类调查报告一般以各学科专业研究人员为读者对象。

3. 按调查报告的主要目的划分

根据调查报告的主要目的,可分为总结经验类调查报告、揭露问题类调查报告、说明情况类调查报告和推介新物类调查报告四种形式。

(1)总结经验类调查报告

这类调查报告常常将人类社会生活很好地总结与展示出来,侧重于经验的归纳概括,为具体的实际工作和决策服务,有较强的经验性和指导性。这类调查报告通过分析某组织的典型事例,总结其取得的成绩,以及从其具体的做法中指出这些经验的普遍意义。如《责任重于泰山对玩忽职守罪的调查》③《P&G 智取亚洲市场》④等文,都属于这类调查报告。

(2)揭露问题类调查报告

这也是一类针对性很强的调查报告。它主要是通过对社会上、组织内的不良风气的倾

---

① [英]珂莱尔·婉格尔,刘精明,《社会学研究》,1999 年第 2 期,第 56-66 页。

② 林伟连,刘玮,《社会心理科学》,1999 年第 51 期。

③ 王芳,卢泰宏,《销售与市场》,1999 年第 1 期,第 20 页。

④ 江山等,《半月谈》,1999 年第 7 期,第 24-29 页。

向进行揭露，帮助人们认清形势，分辨是非，达到吸取教训、教育人们、改进工作的目的。这类调查报告常能如实地反映问题的真相，指出损失的大小及危害的程度，并能分析问题发生或产生的原因，提出解决的意见、建议和办法。如《还农村一方净土关于当前农村恶势力的调查》①一文，就属于这类调查报告。

(3)说明情况类调查报告

这类调查报告主要是提供社会某方面的基本情况及其变化发展的过程和值得注意的倾向，针对社会上普遍关心的热点问题、难点问题和疑点问题进行有层次的客观陈述，其目的是说明真相或澄清事实，引起有关部门和社会舆论的重视。这类调查报告涉及的范围、内容可大可小，大到国情国力分析说明，小到一人一事的调查，但无论题材大小都必须做到摆事实讲道理，有理有据。如《心酸打工路——珠江三角洲外来工生存处境扫描》《冰箱市场一线报告》即属于这类调查报告。

(4)推介新物类调查报告

由于社会的发展进步，新生事物也不断涌现。这类调查报告为了达到支持新生事物、发展新生事物这一目的，通过经验调查、理性分析、科学规划来满足人们对新生事物以及新知识的需求。这类调查报告常侧重于揭示其成长规律，阐述其作用和意义，指明其发展趋势和方向，是社会调查报告中使用频率颇高的一种书面报告，它有较强的说理性和倡导性。如《三九集团兼并之路》《市场饭香——山东省商业厅整建制转体调查》就属这类调查报告。

第二节　社会调查的内容与结构

调查报告是在分析调查资料的基础上撰写而成的社会调查活动成果的书面报告，它是对社会实践调查活动成果进行总结的最主要的形式。调查报告是社会调查研究成果的集中体现，其撰写的好坏将直接影响到整个社会调查研究工作的成果质量和社会作用，这就要求撰写者不但要有一定的文字表达能力，还应具有相当的知识修养、科学分析能力和准确判断的能力，富于预见的超前眼光，这样才能胜任此类文稿的写作。只有熟悉了调查报告写作的内容与结构，才能在准确判断的基础上提出调查研究工作的目标和实施方案，而

① 周清印等，《半月谈》，1999年第8期，第40页。

且只有将运筹策划的思想轨迹见诸文字，即写成有社会效益和经济价值的调查报告，才能为有关决策机构的决策提供依据和参考。

一、调查报告内容与结构概述

任何社会经验调查报告的写作都是对社会的全方位透视的努力。赖特·米尔斯这位了不起的社会学家曾说："思考人们实际上所需要的是什么以及思考人们感到自己所需要的是什么这是一种特有的心智素质，这种素质可帮助人们运用所了解到的情况，帮助人们发展理性，以便使人们清醒地总结世界上正在进行的事，总结在他们之中有可能发生什么……"①可见，调查报告中更强调从宏观上来反映社会，研究与思考一个社会的整体结构。虽然事实在调查报告中的显赫地位是不容动摇的，但调查报告更重要的是要把一些事物的相互联系告诉有关读者，使他们知道过去曾经发生过什么事，将来可能发生什么事，否则调查报告便成了对各种事实的简单复述。调查报告的写作既然是一种选择与判断的艺术，那么，调查报告写作的内容也就由其开展的社会调查活动的内容所决定。

调查报告尽管根据其目的、用途、对象、内容、范围等不同角度来划分，具有不同的标准和不同的类型，但作为较规范的调查报告，它大体包括以下四个方面的内容：第一，介绍社会调查活动的目的或意图；第二，叙述和说明社会调查活动的具体情况，侧重于社会调查活动的过程（包括调查方法、范围、对象等）；第三，提出有关政策性建议和分析、解决存在问题的方式方法；第四，最后作出综合归纳，全面总结，以供有关决策机构参考。

调查报告的写作结构是指调查报告这一文体的式样或模式。和其他所有文体一样，调查报告有它自身的结构形式，只有靠这些结构方法来组织、安排调查分析后的材料，才能形成调查报告的增值现象。了解其基本格式和结构是写好调查报告的重要前提。基本结构的构思也是一切写作的基础。

从一般情况来看，各种调查报告在结构上都可分成标题、导言、主体、结尾和附录几个部分，其中导言、主体、结尾三部分组成调查报告的正文。应该说明的是，任何文体都没有固定不变的格式，尤其是不同类型调查报告的写作，主要还应该依据其调查的目的、内容、结果以及调查报告的读者对象和主要用途来决定。

---

① ［美］赖特·米尔斯，《社会学与社会组织》，浙江人民出版社，1986年版，第6页。

二、调查报告内容与结构详析

当人们完成由现象的收集工作到经过理性思考及判断后,便会迅速进入“表现期”。从调查报告写作的内部结构要素看,我们将具体地一一介绍标题、导言、主体、结尾和附录这五个要素。

1. 标题

标题又称题目,是用以揭示、评价、反映调查报告内容的文字。对于调查报告来说,标题是引起读者注意的关键因素,也是整体报告中的眼睛。

调查报告的标题是由简洁、生动的文字来交代实在内容的。既形象又贴切的标题,能够吸引读者注意,诱读正文。另外,据统计,在人类获取信息的过程中,仅来自标题一项的信息即占去50%,因此,只需看标题,我们也知道主要信息。所以,调查报告的撰写者都十分重视标题的制作。一般来说,标题要求:第一,精炼,即用高度概括的语言准确地表明主题(核心内容);第二,精彩,即标题要有特色,引人深思,给人深刻的印象;第三,精新,即标题要使人感到其目一新,反复提炼,引人注意。生动、形象、精致的标题往往能打动读者,诱发读者注意,使他们的目光转向正文,没有它,其他环节极难进入。从目前大量调查报告的标题来看,常见的标题形式有以下几种。

(1)概述式

概述式标题即通过交代和说明相关的背景、意义、目的、原因、气氛、方法等直接陈述调查的对象或调查的问题。如《北京保险市场调查》《中国北方两座孔庙之实地考察》《北京老年人社会支持网调查兼与英国利物浦老年社会支持网对比》等标题,文字简练,朴实精确。此类标题,以简明的文字表明其内容,使得调查的主要内容一目了然。此类标题的优点是简明、确切,它不但揭示主要内容,传递关键信息,而且有利于读者在其无时间细读正文时,单看标题就能知其梗概。但这类标题比较呆板,又千篇一律,显得一般化,缺乏吸引力,因而,发表在各种非专业出版物上的调查报告,很少采用这类标题。它多用于综合性、研究性调查报告的标题。

(2)结论式

结论式标题即直接以某种结论式的语言或判断句作标题。如《责任重于泰山——对玩忽职守犯罪的调查》《离婚家庭是青少年犯罪的重要原因》《负担不能重,干部不能凶——农村稳定的调查分析》等，此类标题不但将全文的主题直接揭示给读者，包括调查所研究的主要内容和现象，而且又表明了作者的观点、态度及结论，具有极强的概括力和针对性，比较醒目、突出。其缺点是其理论性较强，有时仅从标题看，不够通俗易懂，有些不看副标题很难看出其揭示的主题。这种标题在专业刊物上用得较多，而在一般刊物上较少见，它多用于经验总结、决策调查、支持新生事物等类型的调查报告。

(3)提问式

提问式标题即通过提问的语言来促使读者注意，启迪人们思考，并提出疑问引发议论引出主题的标题，如《中国品牌为什么走不远?》《物欲横流的时代，我们追求什么?》《降息，风险何在?》《政治体制改革为何不能缓行?》等。此类标题的优点是吸引人们的注意力，促使读者注意，启发人们思考，能调动人们进一步阅读的欲望，对于揭示和分析某一社会现象原因的揭露性、说明性类型的调查报告来说，往往用此类形式的标题；一般报刊上发表的调查报告，也多采用这种形式的标题。

(4)双标题式

双标题式又称复合题、多行题，是指由主标题和副标题所组成的标题群。主标题是标题的核心部分，它说明主要事实或态度，一般位置较显著，字号也最大。主标题以提问式、判断式、警句式表达。副标题一般陈述调查对象和内容，多用陈述式表达，其主要功能在于解释和补充主题。它一是在主题不写事实只提一种论断或疑问时采用，二是主题已承担一部分叙事任务，但其余事实仍有较重要的价值时采用，如《国有企业管理的性别策略与女工的企业依赖对经济改革前后广州两家国有企业的女工研究》《社区何为? ——对北京人口聚居区的调查》《消费者都是上帝吗? 对长沙市 1 000 多名消费者的调查》等。这种形式的标题综合了上述几种标题形式的优点，主要用于专题型、应用型的调查报告，同时它在各种报刊、杂志中是采用得较多的一种形式。

自然，制作标题的要求有很多，其写法也可以灵活多样，但有一点应当注意，那就是标题要与报告的内容相符，不能为了引起读者的注意而使用超出报告内容的标题。因为，标题是告诉事实，不是发表议论。标题更不应该流于浮夸、庸俗、低级趣味。只有经过反复提炼，引动“视觉兴奋”，标题才会具有感染力，达到事半功倍之传播效果。

2. 导言

导言是调查报告的重要组成部分。揭示调查报告的要旨、吸引受众阅读全文的调查报告第一段或第一句话就是导言。导言又称导语或前言。导言能点出调查报告的主题和思路,好的导言简短而明快,细细道来。导言可以产生悬念,也可以蓄力而发,因此它起到提纲挈领的作用。通常,导言的写法有以下几种。

(1)介绍调查情况

即在前言中交代调查的时间、地点、方法范围和对象等,使读者了解调查工作的历史、现有条件和有关背景。如《冰箱市场一线报告》①就是采用这种方式开头的:"1999 年 6 月,我们在北京、洛阳、济南、沈阳 4 个城市对 1 480 名消费者进行了一项关于冰箱市场 A&U(ATTI TUDE & USAGE)的市场调查。经过近一个月的量化统计和分析,得出一些比较有价值的信息。"大型的综合型、应用型的调查报告常用这种写法。

(2)说明调查的目的和意义

即联系所调查的现象,在前言中说明调查的主要目的和意义。此类前言多围绕"为什么""怎么样"来进行调查分析研究,重在说明它有何现实意义和理论价值。有时也往往在前言中介绍调查的范围、内容和方法。如《老年生活保障与对社区的依赖——天津市南开区老年生活保障调查问卷分析》②一文是这样开头的:"此次调查的主要目的是了解当前天津市城市社区中老年社会保障问题的基本情况,特别是以天津市南开区为调查定点,了解城市社区 65 岁以上老人接受各类社会保障的现状和要求,个人、家庭和社区如何满足老年生活保障需求的途径和做法;分析和研究满足老年人生活保障需求和不断提高老年人生活质量的有关讨论和实际问题,总结在天津市的一个城市社区里开展老年生活保障工作的经验做法,为党和政府解决好老年人生活保障问题提供决策依据。"这种写法是目前最常用的一种写法,它有利于读者把握调查报告的主旨和基本精神。

(3)写明调查研究的结论

即在导言中直接将调查研究的结论写明,从结论入手,一针见血,醒目清楚,然后再在调查报告的主体部分中论证说明。如《北京保险市场调查》③一文的导言是这样开头的:"北京美兰德信息公司于今年 6 月在北京商业区,就有关北京市市区居民保险现状及系列问题进行了问卷拦截访问。调查结果显示,北京市市区居民投保呈进一步上升趋势。"这种

---

① 赵正,《销售与市场》,1999 年第 12 期,第 54 - 55 页。

② 王来华,白宏光,贾德彰,《社会学研究》,1999 年第 3 期,第 119 - 125 页。

③ 北京美兰德信息公司,《销售与市场》,1999 年第 11 期,第 66 - 67 页。

写法体现了导言的特点，即尽可能把重要的内容放在第一部分，细节放在以后再说。同时，它不是对全部事实加以概括，而是找出富于吸引力的一点着手。从导言的具体写法看，也证明了这是完全有效的，也是常采用的一种导言写法。

(4)提出调查研究的问题

即在前言的开头中首先提出问题，设下悬念，引人顿生疑窦，而后再在主体部分展开详细说明。这类前言常用于经验总结和问题揭露类型的调查报告。如《中国企业营销难题》大型调查报告综述之四《品牌成长之路》①的一文开头："从调查数据可以看出，大多数中国企业对品牌的运作基本上处在一个探索性阶段，问题的焦点在于如何创建一个新品牌并且怎样去维护好。众所周知，即将到来的21世纪，将是品牌营销的时代，大品牌是企业在市场竞争中最有力的武器，也是最宝贵的资产，那么一个企业怎样来创建自己的大品牌呢？又怎样去经营自己的品牌呢？以下的论述希望能起到一个抛砖引玉的作用。"这种方法可以吸引读者的注意，扣人心弦，也能使读者带着问题去阅读、去思考、去判断。

3. 主体

调查报告的主体是导言之后的文字的称谓。它同时也叫正文，是调查报告的展开部分。在调查报告的主体里，我们将得到更为系统而且相对透明的信息。对导语的最好修饰还是来自调查报告本身内在的有价值的要素。约翰·钱塞勒等认为："导语提出一个或几个观点，然后就要在报道中加以证实。"②不难看出，调查报告中的主体有注释导语，使其更清晰，补充导语，使其更完善，满足读者了解其翔实内容之欲望等功能。一句活，导语提出了最重要和最有吸引力的事实，调查报告的主体部分则进一步展开阐述和解释导语。那些典型事例、重要数据、资料剖析、揭示实质、得出结论等都将在主体部分中充分表现出来。

调查报告的主体部分所占的篇幅最大，内容也最多，因此在结构上必须精心设计安排。值得注意的是：第一，主体部分结构的安排必须根据调查报告的内容来确定。其行文应当流畅，起承转合必须自然，文章的展开必须合情合理，疏密有致，逻辑清楚。第二，主体部分写作必须有"选择"材料的工作要做，这种工作必须围绕主题来进行。要表现什么样的材料，要说明什么样的问题，是报告主体部分的关键。"不是任何正义都能符合要求的。如果

---

① 朱玉童，王美虎，《销售与市场》，1999年第11期，第68－70页。

② ［美］约翰·钱塞勒等，《记者生涯》，世界知识出版社，1985年版，第36页。

写得过于臃肿,读者便会对所有的话语都感到厌烦。有些话看上去给人的印象很深刻,但并无实际内容,这些语句很可能会掩盖了消息。如果报道的正文过于干瘪,读者就找不到导语中所提示的消息。写得好的导语等于向读者作出了许诺,而且许诺一定要兑现。”如果说主题是调查报告的灵魂,材料是调查报告的血肉的话,那么,结构就是调查报告的骨骼。

任何文章都是要借助一定的结构形式来组织安排材料,体现主旨的。文章是内容和形式的统一,一定的内容要用一定的形式表达出来、一定的形式服务于一定的内容,内容不同,形式也就不同。如果没有恰当的、完善的结构形式,即使内容再丰富,主题再深刻,也是无法充分体现的。调查报告也不例外。因此,根据组织材料表达主题的不同方式,调查报告的主体部分的结构可分为三种类型,即横式结构、纵式结构和纵横交错式结构。

(1)横式结构

这是将调查现象本身所包含的不同性质、不同特征或不同方面分成几个部分,并列排放,分别逐一描述、分析和比较的结构。这种结构又称并列式结构,它的各部分是相对独立的,但又有机地联系在一起。全面、完整,便于从多个方面、多个角度表达主题,观点明晰,说服力强是这种结构的优点。并列结构可以使与某一现象或问题有关的各个方面的内容都能集中在一起,通过对这些方面的分析和描述,能使读者对报告的主题有更深刻、更全面、更系统的领会和理解。虽说并列的具体情况还是较为复杂的,但不论哪种并列方式,都应注意两点:第一,并列的几个侧面,必须共同围绕主题展开,不能有离开主题的部分;第二,各部分虽然相对独立,但必须分清轻重、主次,不能平均使力,具体可通过文字数量或先后顺序来显示轻重主次。如《改革与发展过程中社会保障制度的建设问题》①一文就是采用并列式结构进行叙述说明的。该文的主体部分由以下五个部分组成:“一、养老保障旧体制的问题及改革方向;二、对 1995 年以来养老保障体制改革的评析;三、养老保障制度改革的基本思路和政策建议;四、医疗保障制度改革问题;五、失业保障制度改革问题。”

(2)纵式结构

这是根据事物发展的脉络和人们认识发展的逻辑次序来安排结构的,有时可根据调查现象本身具有的时间顺序、有时可根据某一现象或问题的来龙去脉,以利读者了解问题的起因、现状、发展和变化状况。纵式结构又称递进式,它要求由低层次到高层次的循序渐

---

① 葛延风,《社会学研究》,1998 年第 1 期,第 2 期,第 98 – 110 页,第 93 – 100 页。

进，叙述事实、阐明观点、得出结论，其逻辑顺序不可颠倒错位。体现在报告主体结构当中，即前部分的论述是后部分的基础，后部分的观点是前部分观点的逻辑发展，并自然流畅地把结论引出来，最后，各“选择”材料逐步向主题靠拢。这种结构的优点在于内容集中，有头有尾、一气呵成，提出问题、分析问题、最后解决问题，层层深入，逐步推进，清晰明了，具有很强的逻辑性，也有利于读者了解事物发展的全过程，说服力更强。加《家庭政治中的金钱与道义：北方农村分家模式的人类学分析》①一文，组织材料采取的就是这种纵式结构。该文通过分析在“农村家庭重新作为生产单位的同时，具有市场经济取向的农村经济改革也鼓励了个人财产观念的发展。积累家庭财产的新方式使得年轻一代具有更强的个人权利观念并要求提前分家；新的分家模式使得提前分家十分容易，同时又将新建立的核心家庭置于十分脆弱的位置；核心家庭的脆弱又导致了母家庭与子家庭之间以及各子家庭之间的相互依附与合作。这三项变化紧密相连，相互促进，将导致新家庭伦理观念的出现，并在更高层次上重塑人们的行为模式”。整个报告层次分明，逐步自然地进入新的境地。

(3)纵横交错式结构

这是横式结构与纵式结构结合使用的方式，由于在报告中同时并用，它又属于较为复杂的结构形式。这种结构有两种情况：第一种情况，以纵式结构为主，辅以横式结构，纵中有横；第二种情况，以横式结构为主，辅以纵式结构，横中有纵。大型的综合性调查报告主体部分常采用这种纵横交错式的结构形式，尤其在一些关系到事物发展过程的调查报告中，往往先按照事物发展的时间顺序分为几个阶段，在每个阶段中又分为几个方面来论述。这就是以纵式为主，横式为辅，纵中有横的结构形式。其优点兼述两者特点，能层次清晰地将复杂的事物发展叙述出来，分点分面地议论、分析、总结，从而增加了调查报告的深度和广度，其形象化、立体化会增添调查报告的魅力。

4. 结尾

结尾又称结语，是正文的总结。调查报告有导语引入内容，有主体予以详尽说明，如果没有结尾予以最后的回应与锁定，它将永远给人意犹未尽之感。没有结尾的文章，犹如只说上句而没有下句的说话行为。合理的结尾，能使文章文气十足，摇曳生辉，在最后的冲刺时，“总文理，统首尾，定与夺，合涯际，弥纶一篇，使杂不越者也”。结尾在调查报告中主要

① 阎云翔，《社会学研究》，1998年第6期，第74－84页。

是通过小结调查研究所得到的结果,并根据这些结果提出研究者、撰写者的建议,以供有关部门决策时参考,或是通过对调查结果的深入调查分析,说明某一现象或问题对社会的危害性,以引起有关部门的注意或重视。除某些调查报告导语、主体部分一气呵成,自然结束,没有明显的结语外,大多数调查报告都具有总结性结尾这一部分。

虽然调查报告的结尾各式各样,五花八门,但它同样有规律可循,有类型可依。常见的结尾方式主要有以下几种。

(1)归纳性结尾

即根据调查研究的实际情况,像"线头"一样归拢在一起,与导语遥相呼应,总结经验,形成调查的结论。

(2)高潮性结尾

即通过概括全文的主要观点,进一步深化主题,待其"水到渠成"之时,立即收笔,增强了调查报告的说服力。

(3)建议性结尾

即根据调查研究的实际情况,提出当前存在的问题,提出改进工作的具体建议,使其立体化、圆满化。

(4)论辩性结尾

即以调查研究的具体情况为线索进一步扩展延伸,由此及彼,生发议论,在原来较简单的主题之上加上思考的另一方向,使之逻辑性、思辨性更强。

结尾当然不止这些,无论采用何种结尾都必须在调查报告的结尾部分中紧扣主题,简明扼要、完整地打结收口;要有表现,不要陈述,短小精悍,井然有序,富冲击力,发人深省,切不可画蛇添足;更要抓住调查结果中最关键、最有价值的结论,给读者留下深刻印象。正如诲人所云:"结句当如撞钟,清音有余""篇全在尾句,如截犇马",这实际上点出了蕴含其中的结尾方向。

5. 附录

附录是调查报告的附加部分,它是将一些可以帮助读者进一步了解研究细节的资料编排在一起,作为正文的补充。它也包括一些在正文中不便出现,又必须附带说明的情况、问题,像收集数据资料所使用的调查表、问卷、心理测量表,计算某些指标或数据的数学公式介绍,某些统计和测量指标的计算方法介绍,某些调查工具、测量仪器以及计算机软件介绍，以及参考文献的反映，等等。由于这些资料所占篇幅较大，故在学术性专业刊物上发表时，常会略去附录部分。但其中的参考文献在所有的文章中都是不可略去的。另外学位论文要求完整地保留附录部分。

第三节 调查报告基本写作要求

调查报告是社会调查研究成果的集中体现，因而，一篇成功的调查报告的写作，都是在掌握了一些基本的写作方法后，通过分析、归纳等论证方法完成的，不懂得它，就不可能写出有说服力的调查报告。

一、一般调查报告的基本写作要求

1. 调查全面，深入准确

调查报告是在社会调查活动中获得的第一手资料基础上进行写作的，第一手资料如果不完整、不全面、不系统，或不真实、不准确、不可靠，必然会使研究遭到损害或失败；纷繁复杂的大千世界，一切"客观存在"的事实，按其自身的规律，客观地存在着、变化着、运动着。然而，这种事实，如果不经过人的反映，它依然是一种物质性的存在而已，正如列宁所指出的："这种客观实在是人通过感觉感知的，它不依赖于我们的感觉而存在，为我们的感觉所复写、摄影、反映。"因此，只有围绕调查的目的或意图进行全面调查研究，深入实质，准确揭示，才可能得出正确的结论，否则，调查报告就成了无源之水，无本之木了。

2. 明确中心，提炼主题

主题，是一篇调查报告的灵魂和统帅。体现调查报告价值的关键则是明确中心，提炼主题。在写作调查报告之前，应该做到心中有数，如"为什么调查""调查些什么""通过调查要解决什么""用什么形式来报告调查结果"等，这些问题明确了，要为调查报告准备什么样的材料也就清楚了。然后，根据一个一个的素材资料，研究其内在联系，找出贯穿其中的典型"共性"，发现具有对比性的材料并挖掘出这个对比的实质性的含义，从中反复提炼出一个有价值的主题，这就是调查报告的主题。

3. 精心鉴别，严选材料

调查报告中，事实是说话的基础。然而，它又是由具体材料构成的，尤其是那些大规模的社会调查中所获得的材料型是丰富而复杂的。因此,使用这些材料时就需要进行核实、鉴别、分析和判断。精心鉴别和严格挑选材料的总原则是:“去粗取精,去伪存真,由表及里,由此及彼。”如果材料不完整、不典型,就需要补充,不要草率地使用;如果材料陈旧,琐屑而无意义,不要勉强使用。剔除、补充、核实是为了要完整地使用典型材料、综合材料、对比材料和统计材料,它能更好更充分地正确说明观点,表现主题,使调查报告具有说服力。

4. 理顺思路,拟写提纲

写作提纲是调查报告构成的蓝图和基本逻辑框架。写作如果“照图施工”,一个部分一个部分地操作下去,就不会出现跑题现象。如果没有提纲,想到什么就写什么,很容易出现下笔千言,离题万里,层次不清,结构混乱,详略失当等毛病。

提纲有两种写作类型:一种是简略式,即简单地条文式把各层次的内容概括出来;一种是详列式,即用完整的语言具体明确地把各层次的内容概括起来。无论采用何种形式,都应围绕主题,有纲有目,层次清晰,高度概括,简洁醒目。调查报告如果是多人合作,提纲则可使各位撰写者了解自己所写部分在报告中的地位和要求,从而保证系统一致并互相衔接,避免重复和脱节。

5. 行文客观,周密分析

这是写好调查报告的关键。那些只罗列了某种现象与事实而缺乏分析与归纳、没有形成观点的调查报告,要么不知所云、要么平淡无奇;如果只有撰写者的观点与看法,未能用充足的材料予以阐述与印证,观点势必虚空,结论难以令人置信,那么调查报告就会缺乏说服力。因此,行文时要注意:第一,运用简洁的语言表达,并用实例来解释说明。第二,叙述调查事实时,力求客观,避免带有个人主观或感情色彩浓厚的语句。叙述时一般采用第三人称或非人称代词,如“作者发现……”“笔者认为……”“这些数据表明……”。第三,行文时应以一种向读者报告的口气撰写,而不应以征服者或力图说服读者的某种观点和看法的身份出现。因为读者更关心事实,更关心其结果和发现。调查报告不同于文学作品、议论文等文体,其以简洁、准确和通俗为原则,但在保证其准确性的前提下,恰当地运用格言、俗语、警句、佳言等,效果则会更好。撰写调查报告时,只有周密分析、客观行文,其主题与材料高度统一,材料才会充分显示其意义,主题才会有坚实的基础,结论才会有强大的说服力,整个调查报告才会显得血肉丰满,周密完善。

二、学术研究调查报告的特殊写作要求

科学研究的成果必须以文字图表形式表达出来。自然科学研究主要是通过观察、实验直接取得成果,而社会科学研究主要通过对已有知识的归纳分析,提出新的假设,然后进一步搜集大量的事实、数据、已被证实的理论以及有关的旁证材料,来检验所提出的假设,从而得出新的结论。之后还要了解社会效应及在理论界引起的反响,或者与其他人的成果进行比较,经过反复对比、分析,才能作出比较科学的评价。学术研究调查报告主要用于专业学术会议或专业学术刊物(包括作为学位论文的调查报告),其读者对象主要是各具体学科的专业人员,也就是说,学术研究调查报告在内容与结构上比一般调查报告要求更加严格,逻辑性也更强,并且,它有一定的固定格式。基于这些原因,我们将在此重点介绍学术研究调查报告的特殊写作要求。

1. 一篇学术研究调查报告包括的内容

(1)导言,即说明调查研究的是什么问题以及为什么进行这一研究;

(2)方法,即说明调查研究所采用的方法、程序、过程和工具;

(3)结果,即说明通过调查研究发现了什么或得出了什么结论;

(4)讨论,即说明发现的结果具有哪些意义,从这一结果出发,还能得到什么或还可继续做些什么或还将发现什么等;

(5)小结,即对上述四个方面的简要总结;

(6)参考文献,即调查研究报告中引用的或得到启发帮助的书籍或文章目录;

(7)附录,即调查研究过程中所用的问卷、量表及计算公式的推导,数据计算方法等。

由于学术研究调查报告的参考文献和目录的撰写要求与一般调查报告相同,因此,这里主要介绍有关导言、方法、结果、讨论、小结的特殊写作要求。

2. 关于引言

导言也称引言,它是调查研究报告的第一部分。在这一部分中,必须包括以下三个方面的内容。

(1)介绍所研究的问题

这部分主要介绍所研究问题的性质和背景,陈述所研究的问题是什么,为什么选择这个问题进行研究。在陈述和介绍中,应该采取沙漏式的写作手法,即从广阔的社会背景开

始着手,逐渐缩小到自己所研究的现象或问题上来。这样做,其一,读者从报告叙述中了解到此项研究为什么重要、为什么值得研究;其二,读者在思想上为思考、探讨、论辩所研究的问题做好准备。

(2)介绍有关研究成果及文献的评论

任何科学研究都是在前人的研究基础上进行的。如果不参考吸收前人的研究成果,就不可能有新的更大的成果,没有继承就无法进一步创新。正如牛顿的一句名言:"如果说我看得比别人远些,就是因为我站在巨人的肩上。"由于科学成果的继承和积累,人类科学事业才会不断向前发展。

因此,在陈述了所研究的问题及背景后,接下来就是要对这一问题研究领域中已有的研究及其结果进行综述和评论。尤其是研究者,应尽量全面地了解与自己所研究的问题有关的理论和方法,掌握最新的资料信息、动态和结果,同时还应考虑这样的具体问题:第一,在这一特定的领域,前人的研究做了些什么;第二,对于这一特定的现象,是否存在着有关的理论,又有哪些不同的理论;第三,这些研究采取了哪些研究方法,已得到了哪些有价值的结果;第四,已有研究存在着哪些缺陷,等等。经过这样清晰明了的分析,即可根据需要对这些研究进行小结和评论了。

面对浩如烟海的文献信息,如何在学术研究报告中对已有的研究进行综合的评论呢?进行文献信息选择应考虑下面几方面的因素。

第一,根据文献所研究的变量、所使用的样本类型和所依据的理论框架等与自己的研究相似程度来选择。

第二,根据研究发展的时间来选择。其他状况相差无几时,时间的远近则更能体现出其价值。

第三,根据文献的作者在该领域中的影响以及它的权威性来选择。通常,知名度越高,其学术声望越高,其学术价值的含金量也相对高些。

第四,报纸、广播等大众传播媒介中的文章尽量不要选用。虽然这些文章同样涉及所研究的问题,但它们并不具备科学研究论文的特征。这些文章的作者无论是在收集资料的方式,还是分析资料、表达结果的方式上,都更多地从新闻的角度出发,而不是从社会研究的角度出发。

第五,根据文献的价值和对自己的研究的价值大小来决定取舍。那些研究本身质量就低，又对自己的研究没有具体的帮助和意义的文献不能选用。

文献选择以后，文献评论的写作就须精心安排：第一，先仔细地阅读每一篇有关的文章，寻找那些与自己文章紧密相关的、恰当的、简明的部分。第二，在评论每一篇具体的文章时，都需要先对其总的情况作一个简单介绍。比如这一研究的总问题是什么、所采用的样本介于什么类型等，还可集中地介绍对自己的研究有用的、与研究相关联的关键内容，尤其针对其他研究中所使用的、与自己研究相同的概念或变量，要进行仔细检查、比较和评论。第三，仔细分析这些相关的内容，把它们同自己研究中的相应部分进行比较，作出解释和说明。弄清它们的含义、操作定义、测量指标及测量方法等内容，而不要以为别人研究中所用的概念或变量与自己研究中所用的概念或变量的名称相同，二者的内涵自然也就一样。

(3)对自己的研究进行介绍

在导言部分完成了上述内容外，通常还需简单地介绍一下自己的研究。这种介绍的主要目的是介绍自己研究的起点及基本框架，比如所研究的问题是什么，准备检验的假设是什么，主要的自变量和因变量是什么，等等。在此，不要去讨论研究内容的细节，应重点突出说明自己的研究与已有的研究所不同的地方，说明自己研究的特殊意义。

总而言之，通过导言部分的介绍，读者可以了解你所研究的问题是什么，这一问题的社会背景是什么，对于这一问题前人已作过哪些相应的研究，这些研究取得了哪些结果，还存在着哪些问题和欠缺，你的研究打算解决什么问题，希望达到什么目标……读者受上述内容的影响，则会很顺利地沿着你的思路继续阅读正文部分，甚至可能与你的观点不谋而合，这样你的学术研究调查报告的社会效益则可能传播更广，价值更大。

3.关于方法

方法就是各种用于保证人类社会实践活动朝着预定的方向发展，达到人类社会实践活动目的的途径、方式、手段、措施等的总称。在学术调查研究报告中，方法部分是最重要的部分之一，这也是学术研究报告区别于其他调查报告的一个突出标志。与其他调查报告读者只关心其结果相比，学术性研究报告读者不但关心研究结果，也同时关心你所采用的研究方法。只有明了你的研究所采用的方法和具体操作步骤，读者才能评价你的研究是否具有科学性、实用性、效用性。正因如此，方法的运用就显得格外重要。

大多数研究报告的方法都包括以下几个方面的内容。

(1)有关调查方式和研究设计的介绍

在此需要介绍你采取了哪些调查方式,为开展此项调查研究工作进行了哪些研究设计工作。如定量的问卷调查、定性的访问调查,抽样调查、典型调查或个案调查,调查的时间、地点,调查工作的组织,调查员的培训,调查工具准备等都要作简要的介绍。

(2)有关被调查对象的介绍

在社会调查中,我们总是从一定的人们那里获得有关社会状况的资料,这些人们即实施调查研究的对象。对这些调查研究的对象总体、所调查的样本进行详细的和较全面的介绍,是学术研究调查报告所必需的。

第一,要对总体进行说明,即给出所调查和研究对象的总体的定义。总体如不明确,便很难确定样本的性质,也无法评价调查结果的推论范围及适用性。

第二,要对调查的样本及抽样方法、抽样程序进行说明。只有非常清楚、详细地加以说明,人们才会有一个基本的估计。

(3)对研究的主要变量的说明

这包括说明研究的主要变量是什么,这些变量的操作定义是什么,这些变量又是通过哪些具体的指标来测量的。如果调查采用的是问卷的方法,还需要进一步对问卷中用来测量这些变量的特定问题进行说明。若某一个变量较为复杂,调查中采用的是多个指标的综合测量,在此还需对这些指标进行的综合评分的程序和方法加以说明,要让读者明白你的变量是通过哪几个指标来测量的,具体的计分方法和计算方法是什么。

(4)对资料收集过程的说明

我们知道,在一项社会调查工作中除了抽取样本外,另一项重要的工作就是实地收集资料了。对资料收集的过程要进行详细说明。如实地调查人员的素质、经历如何,怎样被选为调查员,经过访前的什么培训;调查只是登门访谈,还是发送自填式问卷,这些自填式问卷是如何发到被调查者手中的,如何回收,回收率是多少,有效回收率是多少等都应有所交代。

同时,在介绍资料收集的过程中,还要对所用的工具作些介绍。如采用问卷进行调查时,一般在研究报告中无法将问卷表附于报告后,所以有必要、也必须在报告中的方法部分对问卷的结构、内容、形式及制作过程作些介绍。像问卷包括多少个问题,主要是封闭式问题,还是开放式问题,是否进行过试调查,对多少对象及什么样的对象进行的试调查,试调查的结果如何等都应加以说明。

(5)对资料分析方法的说明

根据研究方式的不同、样本规模的不同、资料收集方法的不同等,每一项具体的调查所采用的分析方法也不会完全一样。有些以定性分析为主,有些则以定量分析为主;有些只进行了一般性的描述分析,有些则进行了较深入的相关分析、因果分析;有些完全采用手工的方式对资料进行处理,有些则是用计算机和分析软件进行处理。不管采用何种分析手段,都应在方法部分对研究者实际采用的分析法作些说明。

(6)对调查的质量及局限性进行评价

除作出分析、采用方法、选择方式等说明外,在这一部分还要对调查程序、方法、样本、资料等方面的质量进行评估。由于涉及面广,调查难度大,对每一项社会调查研究工作来讲,总有各种缺陷而非十全十美。因此,参与全过程的调查者应实事求是地指出这些问题,尤其应在报告中指出在调查中哪些方面存在误差,哪些方面留有缺陷,哪些方面受到限制,哪些方面有待探讨。这样的说明,可以避免其他的研究者或读者将研究的结论不适当地进行推广或运用,也可以启发其他的研究者在此研究的基础上,进行新的、更深入的研究以弥补它的不足。

方法部分所包含的内容甚多,撰写时应当遵循的总原则是:让读者知道你采用了哪些方法、程序和工具,实际调查中你是怎样具体去做的。

4. 关于结果

在专业刊物上发表的一些简单的研究报告,常常将"结果与讨论"这种形式作为一个部分,它在表达结果的同时,也对结果进行讨论,既叙述研究成果,又讨论结果的含义和应用,也对进一步研究提出建议等。

但是,对于内容较多、结果较复杂的调查研究来讲,则往往将结果与讨论两部分分开。一方面,报告要求先要表达出许多不同类型的分支结果,然后才能提出整个研究的结果,从而进一步得出其他的推论。另一方面,当讨论涉及多个不同的事物或一个事物多个不同的方面时,也应将结果与讨论部分分开。需要说明的是,即使将两者分开,也不可能只是某种纯粹的结果部分,一点讨论都没有。我们更不可能在结果部分中只把数据、表格交给读者,并且指望他们把这些数据、表格记在头脑中,直到后面的讨论部分。实际上,对较复杂的结果作这种划分,其实际上可以说是在报告的结果部分里,分别表达和讨论各个分支的结果。

而在报告的讨论部分中,则主要着重于研究的整体结果的表达和讨论。正由于各分支的结果已在报告的结果部分详细地表达和分析过了,所以在讨论部分中从整体来进行表达和讨论就有了基础。

对于怎样表达结果,总的原则是:先给出总体的、一般性的陈述,然后才是个别的和具体的细节陈述。具体操作如下。

(1)对所研究问题的概念性陈述

在导言部分开始,被打断的有关问题,在此再次连接并以"问题—结果"这一线索延续下去。

(2)对问题的操作性陈述

向读者提出在研究中实际完成的测量行为,即对问题的操作性陈述。其目的是使研究问题直接向研究结果靠近,为结果的提出打下基础。

(3)向读者公布调查的答案

这就是结果或结论。至于这结果是如何取得的,有哪些资料和证据支持这种结论,则是后面部分的内容了。

(4)向读者展示详细的、具体的证据和结果

报告的结果部分要具有系统性、条理性,要有理有据,明晰准确。对初学者来说,要尽量避免以下情况:第一,面对一大堆的数据资料"难舍难分";第二,片面地认为统计图表越多越好;第三,对图表数据的说明太肤浅,等等。这些问题,它会使你抓不住主题,分不清主次,达不到文字说明的效果,更降低了其说服力。

5. 关于讨论

对于学术研究性的调查报告来说,讨论部分的写作也是十分重要的。通常来讲,撰写调查报告的讨论部分应包括下面几项内容。

(1)明确叙述说明研究的假设是否得到证实,或明确地回答导言部分所提出的问题。这些问题是要在结果部分的基础上,挖掘出更新、更深的内涵。

(2)从调查研究的结果中,讨论能够得出一些什么样的推论,其中哪些与资料结合紧密,哪些在较抽象的层次上同理论更加相关,其结果在理论和实践方面,具备什么样的含义和意义;也可以把自己的研究结果同文献评论中列举的那些研究结果进行比较,看是否能得到验证;将来自己的结论进行推广时,必须具备的条件和受到的限制。

(3)重视调查样本的特点,因其特点对调查结果可能会产生不同的影响。如得到相反的结果或未料到的结果时,应如实地陈述及深入地讨论,切不可用歪曲的意图来解释它们。此外,还应讨论那些在研究中新出现的问题,或自己的研究仍未能回答的问题。

讨论部分的写作最重要的原则是不宜写得太长。有的专家认为,讨论部分的长短与研究结果的清晰程度之间往往存在着负相关,即讨论部分越长,读者对你的研究结果越不清晰。

6. 关于小结

较长的学术研究调查报告常包括一个简要的小结,即对前面四个部分的主要内容作一个提纲式的总结。提纲式的总结能总览全文,把握其各个问题之间的内在联系和发展脉络,它可以引用中前部分的主要论点、概念并加以连缀而成,也可以在通晓原文的基础上经过归纳整理另行写就。目前,摘要就是种简明扼要的小结。摘要字数一般在200字以内,篇幅十分有限,所以其中每个字、每句话都应"字字计较",因为它是决定读者是否继续阅读整个报告的关键。

总的来说,学术研究调查报告的撰写与一般调查报告的撰写相比,有着更多的具体要求,它在内容与结构上比一般调查报告更加严谨,逻辑性更强,因此,在写作上也相应地增加了难度。撰写者只有掌握了这些常规的方法,才有可能写出符合要求的、有价值的学术研究调查报告。

思 考 题

1. 调查报告的类型有哪些?
2. 调查报告的特点是什么?
3. 调查报告基本写作要求有哪些?
4. 调查报告内容包括哪几部分?

第十四章　成果的应用

【本章提要】

本章的内容主要包括社会调查研究成果的应用及社会调查研究成果评价两部分。重点介绍了成果的应用方向及调查研究成果评估的指标体系并对它们作了简要评价，以便于调查研究者能够科学客观地对调查成果进行评估及学习，并给读者提供一个具体案例进行剖析。

【学习要求】

1. 了解：研究报告应用于哪些场合；成果的主要形式。

2. 掌握：成果的应用方向；调查研究成果评估的内容；调查研究成果评估的指标体系。

第一节　社会研究成果的应用

所谓调查研究成果，指的是调查过程中收集和经过初步加工的原始资料，经过电脑处理的分类资料，以及在此基础上的分析资料的研究报告。简要地说，社会研究的成果，主要包括调查资料和调查报告两种基本形式。

社会调查的原始资料，包括原始记录、录音、录像、问卷和统计表。这些原始材料像自然科学的观察素材和经验数据一样，是分析和综合问题的宝贵素材，是取得正确认识和科学结论的事实基础，应当加以珍惜。

一、成果的主要形式

1. 原始记录

无论以哪种方式进行调查，都要做记录，即使是问卷调查，也会保留每份填写的问卷。

这些原始记录是第一手调查资料,应妥善保存。国际上著名的社会调查,其第一手资料已成为珍藏品。但在必要的情况下,将原始记录整理后予以发表,有时比其他形式更有说服力。比如美国著名学者托夫勒的《预测和前提》这本书,就是记者采访托夫勒的原始记录,颇受读者重视。原始记录的特点是,反映调查过程的真貌,调查分析者不做事后解释或“借题发挥”。

2. 综合统计数据

这是经过计算机处理的综合数据统计资料,是调查成果的另一种主要形式。综合数据统计资料从数量方面反映调查事实,应用范围广。国家统计局和各地方统计局每年定期发表统计资料,就属于这种性质。其中除依靠统计报表收集外,很多是从抽样调查中收集的。大型调查专集发表综合统计资料;小型的专题调查和概况调查,可以各种统计表的形式作为调查报告的附录予以发表。

3. 研究报告

研究报告是调查分析的最终成果,也是调查成果的一种重要的形式,它的特点、用途已在本书前面章节加以叙述,这里不再重述。

二、成果的应用方向

社会调查成果的应用,就是运用社会调查收集的原始素材、统计数据和研究报告,进一步进行科学研究或应用性研究,使之转化为具体业务和实际工作的决策因素,并在实际行动中产生社会效益、经济效益或环境效益,成为社会成事业发展的推动力量。社会研究成果的应用方向主要有应用于决策系统、应用于实际工作系统及应用于科学研究系统。

1. 应用于决策系统

党政企事业机关和单位的每一项决策都涉及广大群众,所以利用调查成果作为决策的依据意义重大。首先是决策的针对性。“没有调查就没有发言权”。调查成果向各级决策者传递各种信息,表明什么地方存在什么问题,问题的关键是什么,应该怎样解决。例如天津市每年为市民做10件实事,就是根据政府主持的民意调查作出的有针对性的决策,受到了群众欢迎。其次,可以增强决策的客观性;决策时光“翻本本”查成果再进行决策才有客观性。再次,可以增强决策的科学性。决策的形成,要形成民主集中制,要有科学的程序。社会调查是按科学的程序去做的,调查资料的分析也是按科学的要求进行的,所以根据调查成果形成的决策,才具有较强的科学性。

调查成果直接应用于政府决策,这是新时期的新课题,需要认真研究探索,在实际中总结提高。很多地方的人民政府在这方面取得了不少经验。近年来,几个省、市的人民政府主持了若干次大型社会调查,分别为政府处理城乡建设问题、犯罪问题的综合治理、社会保障以及城乡居民家庭生活问题告等提出了决策依据。实践证明,调查结果应用于政府决策,是推动政府工作现代化、科学化的正确方针。

2. 应用于指导实际工作

这里说的实际工作,指的是国家机关工作、企事业单位工作和社会群众团体工作,这些实际工作部门开展社会调查,应用调查成果,对于改变工作作风、提高工作效率、坚持正确的工作指导方针,很有必要。

国家机关是处理国家行政事务的部门,领导和管理全国人民的政治、经济和文化生活,责任重大。各级国家机关及时地调查了解人民群众的物质和文化需要,调查了解生产和生活的情况,把调查成果作为新的知识,用以调整工作计划、方针和方法,防止官僚主义,具有十分重要的意义。应用调查成果应当注意尊重各项调查成果的完整性,避免主观主义的为我所用;正视调查成果所提出的现实问题,敢于和善于解决问题。

企业事业单位,无论是从事生产和经营的经济部门,还是教育、科学、文化、卫生、体育等部门,除了需要定期总结内部的业务情况外,还需利用社会调查手段,广泛了解外部社会条件的变化和发展。如生产部门了解社会需求和购买力,教育部门了解学生来源和分配去向,文化部门了解文艺对社会的影响,等等。上述调查成果的应用,将对实际工作产生很大的推动作用。需要注意的问题是,长期以来,过死的经济和社会体制,限制了地方和基层单位的积极性,一切从本本出发,不注重调查了解民情民意,不注意客观情况的变化和发展,更谈不上应用调查成果了。经济、政治体制改革,为社会调查及其成果的应用开辟了广阔的途径,摆在面前的任务是,为了将企业搞活,把事业办好,必须广泛开展社会调查,重视应用调查成果,革除工作积弊,提高工作效率和经济、社会效益。

社会群众团体的范围很广,如共青团、妇联、工会、各种协会联合会(科协、作协、育联、学联),以及联系松散和专业性的研究会、联谊会、同学会、读书会等,都是社会群众团体。社会群众团体的共同任务是,组织群众开展各种活动,满足各界各方面人民的精神文化需要,活跃和管理我国的社会生活。为了完成这一任务,也需要广泛开展社会调查研究,应用调查成果,使社会群众团体工作形式多种多样,有更广泛的群众基础。例如共青团开展青年生活方式的调查,妇联开展婚姻家庭的调查,学联开展大学生价值观的调查,企业管理学会开展企业管理问题的调查,等等。应用这些调查成果,充实活动内容,根据变化了的社会情况,制定新的办法,多为人民办实事、办好事。

3. 应用于科学研究

调查成果应用于社会科学研究具有重大意义。第一,是防止教条主义和主观主义,坚持理论联系实际,树立正确学风的唯一途径。有些从事社会科学研究的同志喜欢事事从书本出发,言必称某人是怎么说的,而不大顾及实际情况是怎样的,纠正和防止这种不正确的学风,就要重视调查研究,注重调查成果是怎么说的而不是拘泥于别人是怎么说。第二,是社会科学发挥社会功能的重要保证。社会科学要想有效发挥自己的社会功能,诸如认识社会、管理城乡等就更要结合实际开展社会调查并充分运用社会调查成果。第三,是发展马列主义毛泽东思想,推动社会科学前进的主要源泉。“生活之树常青,理论总是灰色的”。理论要跟上时代的步伐,反映和指导迅速变化的社会生活,就必须用社会调查研究的成果丰富、补充和完善自己,使自己得到发展。

调查成果应用于科学研究需要注意的问题是:第一,科学研究的目的是探索事物发展的规律,需要长期反复的过程,不是一次或几次调查就能奏效的。因此,既要注意新的材料和新的观点,又要注意每一项具体的调查分析结果的局限性,不可根据一两次调查结果就盲目地下结论。第二,要善于从调查分析结果探索中具有深远意义的东西,显示科学预测的社会功能。

三、成果的评价方法

社会研究成果在理论研究和实际工作中的应用情况怎样,要取决于社会调查成果本身的质量如何。关于应用的情况与成果本身的质量,都涉及社会研究成果的评价问题。研究成果的评价方法,包括定性评价方法与定量评价方法。

1. 定性评价方法

社会调查研究成果的定性评价方法是从质的方面进行评价的方法。此方法是根据社会调查研究成果的内容,确定其政治价值、经济价值、社会价值、学术价值等。

从政治价值来说,主要是社会调查研究成果的内容是否坚持和维护“四项基本原则”

"一个中心、两个基本点的基本路线"等方面来作定性的评价。

从经济价值来说,主要是从社会调查研究成果是否为促进生产力的发展、提高社会物质生活水平,以及有利于经济体制改革和发展等方面来作定性的评价。

从社会价值来说,主要是从社会调查研究成果能否促进社会各项事业的发展、提高人民思想觉悟与道德水准、转化社会风气、带来社会进步等方面来作定性的评价。

从学术价值来说,主要是从社会调查研究成果为社会科学研究的发展是否提供有创见的观点、新颖的材料、巧妙的构思等方面来作定性评价。

2. 定量评价方法

定量评价社会调查研究成果的方法,如同"定量分析方法"一样,首先要从评价社会调查研究成果的质量引申出变项和指标,其次按定量指标量表测量,最后作出统计分析。

(1)引申变项、指标

据有关学者研究,评价社会调查研究成果,有如下十个变项:

①社会调查研究成果的理论水平;

②学术界对社会调查研究成果的评价与社会对其成果的利用、转载等级水平;

③社会调查研究成果所用方法和技术的水平;

④社会调查研究成果的语言表达及逻辑推理水平;

⑤社会调查研究成果的社会效益状况;

⑥社会调查研究成果的经济效益状况;

⑦社会调查研究成果形成过程中的调查规模难度、管理水平;

⑧社会调查研究成果形成过程中调查研究的周期率;

⑨社会调查研究成果形成过程中调查研究的人工利用率;

⑩社会调查研究成果形成过程中调查研究的经费利用率。

以上每个变项中,还可以引申出若干个指标,少者 1 个指标,多者 10 多个指标。

(2)量表测量

量表测量是在指标后设立不同量表的分数数值,进行度量统计出得分的状况。

例如,从上述"理论水平"这项中引申出"理论阐述水平"指标,在此指标后可设高(准确、精练)、中(一般化)、低(有遗漏和曲解)三级量表,分值是高 5 分、中 3 分、低 1 分。再例如,从上述"学术评价、社会利用、转载"变项,引申出"刊物转载"指标,在此指标后可按一级

(国家级刊物转载)、二级(省级刊物转载)、三级(市地级刊物转载)、四级(县级刊物转载)四级量表,分值是一级8分、二级6分、三级4分、四级2分。

第二节　社会调查研究成果评价

某项调查研究成果的社会价值如何,能否应用于实际,常常不是由调查研究者本人决定的,而是取决于社会的评价和态度,具体来说,取决于国家、军队和其他社会团体对这一成果的承认及评估结果。为什么在运用调查研究成果时先要进行评估呢,其原因如下。

一、对调查研究成果进行社会评估的必要性

对直接从事调查研究的人来说,他的目的是为了取得调查研究成果,而对国家和人民来说,取得调查研究成果并不是最终目的,其最终目的则是调查研究成果能不能和怎样应用于实际。一项调查研究成果能否推广和应用,只有经过有组织的交流和鉴定之后才能最终确定。所谓鉴定,就是指国家和人民根据科学的规范化的评价标准,对调查研究成果进行正式的测定和客观的评价。

首先,通过科学的鉴定和评估,那些优秀的研究成果就能得到领导、专家的充分肯定和大力推荐,然后基层单位才会自觉积极地将这些成果用来指导工作和解决实际问题。对特别优秀的、于社会实践和军队建设意义重大的研究成果,还能借助组织的力量加以宣传和推广,从而更好地发挥调查研究成果的社会效益。

其次,通过科学评估可以进一步提高调查研究成果的实用价值。通过有组织的评估,不仅可以进一步鉴别成果的真伪正误,而且能全面认识成果的实用价值和局限性,明确成果产生的历史条件和运用范围,以及在推广过程中应注意的事项,从而使调查研究成果更趋完善、更加适用。

最后,通过对调查研究成果进行客观、公正的评价,以及对优秀成果的推广和表彰,可以调动调查研究者的工作积极性,推动调查研究工作的开展,同时也有利于发现和培养调查研究人才。

二、调查研究成果评估的内容

调查研究成果的评估,是指通过设计一套客观的指标或标准,采用一定的方式、方法、

程序,对调查研究成果进行科学测量和客观评价。评估的主要内容如下。

1. 测定学术价值

主要是测量调查研究成果在调查材料、理论观点和调查方法上所具有的水平等级。如材料新颖翔实,理论观点有深度和创见,调查研究的方法科学、合理等。通过测量,对这些方面所具有的水平作出客观评价。

2. 测定社会效应

主要是测量调查研究成果的社会影响面和影响力如何,对人们认识问题、解决问题的指导性、启发性及咨询功能如何,所提建议、办法在实际工作中的可行性和运用面如何,等等。

3. 测定经济效益

主要是测量调查研究成果在社会(或有关实际部门)经济活动过程中所起的作用和在经济上的获利情况如何,等等。

由于各项调查研究的目的不同,成果的类型不同,因而评价的内容和侧重点也就不同。比如以应用为主要目的的调查研究成果,主要测定它的经济效益及社会效益;以理论探索为主要目的的调查研究成果,主要测定它的学术价值成果,测定它的学术价值。

三、调查研究成果评估的指标体系

做好调查研究成果的评估,必须遵循科学的评估原则和一整套测量指标体系。根据有关学者研究,测定、评价一项调查研究成果,有如下十项指标:

(1)成果的理论水平;

(2)学术界的评价及此项成果的利用水平;

(3)调查研究的理论方法、技术系统应用水平;

(4)语言表达及逻辑推理水平;

(5)此项成果的社会效益;

(6)此项成果的经济效益;

(7)调查研究的规模、难度与组织管理水平;

(8)调查研究的周期率(计划调查研究时间÷实际耗费时间×100%);

(9)调查研究的人工利用率(理论上要求投入人力÷实际使用人力×100%);

(10)调查研究的经费利用率(预算经费÷实际使用经费×100%)。

在上述每一项指标中,还可以有几个或多个分指标。上述1~4项是测量调查研究成果的学术价值的指标;5~6项是测量调查研究成果的社会价值的指标;7~10项是测量调查研究活动的管理水平的指标。对这三个方面进行综合评价,求出综合评价指标值,并依一定运算法则计算,就可得出最后的综合评价结果。

例如,以“理论水平”为测量指标,分为甲、乙、丙三个等级。甲级指标,要求达到对客观规律给出较新的解释,研究方法,引入新概念,创立新理论的“四新”水平。水平中又分为高(“四新”俱全)、中(有“二至三新”)、低(只有“一新”)三个层次。三个层次的给分标准高为10分,中为7分,低为4分。

乙级指标,规定在分析、阐述的基础上对已有理论知识进行补充,并使之深入化、系统化、科学化,提出新的资料、新的论证、新的观点,达到“三化”与“三新”水平。在乙级水平中也可分为高(有崭新的内容)、中(有较新的内容)、低(没有什么新内容)三个层次。三个层次的给分标准是高6分,中3分,低1分。

丙级指标,规定在已有理论范围内进行分析、阐述。丙级水平分为高(阐述准确精练)、中(一般化)、低(有遗漏或曲解)三个层次。三个层次的给分标准是高4分,中2分,低分。

按照上述测定,可能得到的最高假设分数为20分。

第三节　一个例子

为了说明上述评估程序的具体应用,我们以美国社会学家盖洛彼蒂恩(Garabedian P. G.)的一份关于“监狱中的社会角色和社会化过程”的研究报告为例(这份研究的详细内容见本章最后的例文,在对它进行评估的过程中,我们需要不断地参考它的内容)。正如题目所示,它是关于监狱成员社会化的研究,侧重点是监狱中的社会化如何随着时间而变化的。调查的场所是美国的一个监狱。从中抽取样本并通过问卷方式从监狱成员那里收集资料。盖洛彼蒂恩的研究结论是,存在一种独特的社会化模式,即在监狱中时间的推移与传统规范相一致的程度是“U”形曲线。不过,由于被调查者的“角色类型”不同,这一模式也有变化。他提供了一些理论解释来说明其研究结果。对这份研究报告的评估可分为以下几步。

1. 用 ABCDE 模型概括研究报告的内在逻辑

(1)理论

在研究报告的开始部分讨论了研究的主要理论来源,比较了克莱默(Clemmer D.)和维勒(Wheer S.)关于监狱中不同时期社会化模式的理论。"犯人社会系统"这一节中还介绍了关于角色类型的其他理论文献。

(2)理论命题

虽然没有明确的陈述,但从报告中可明显看出一个主要命题(1)和一个主要问题(2):

①监狱中不同时期的社会化模式是"适应性"的"U"形曲线。

②由犯人扮演不同的社会角色[①]时,社会化模式是如何变化的?报告中第三段列出的四个一般性问题也有助于我们了解阶段 B 的内容。对照他的实证工作来考察,可以再增加一个更深层次的问题。

③在一定制度下的社会过程是如何影响社会化模式的?

(3)操作化

①资料收集

通过对犯人和监狱职员进行问卷调查来收集资料,问卷可能是由本人自己填写的(尽管也可能是在调查员的监督下填写的)。

②样本

选择监狱,样本为 380 名犯人和 141 名职员。

③指标

监狱经历,根据问卷的两个项目分为早期、中期、晚期三类。

(4)现场调查

报告中没有过多地涉及现场调查的问题,但显然他在开始阶段为了取得监狱当局的合作和抽取样本而做了大量工作。然后在收集资料阶段他还要组织调查员,或者通过设计问卷发放和回收的方式,以保证和尽量提高问卷的回收率。

---

① 社会角色,根据问卷的十五个项目来测量,分为五类:正统型、正常型、政治型、违法型、抱怨型;与其他犯人和职员的接触,由一个了解社会过程的项目测量。

(5)调查结论

在“适应模式”一节中，对命题(1)加以研究，在“犯人社会系统”和“社会角色与社会化”这两节探讨了问题(2)，最后一节“社会角色与社会过程”中研究了问题(3)。

2. 对操作化的基本要素进行评价

我们首先考虑变量的定义。值得注意的是，对变量下定义是盖洛彼蒂恩解决概念——指标联结的方法，对此我们可以提出一系列问题。用变量1，即是否与监狱职员的规范相一致来判断犯人“社会化”的程度，这种方法是否合适？在测量变量2“监狱经历”时，他是否考虑到犯人的刑期不同？对于变量3，仅仅通过对一个题目的自我填写是否能准确地测量出一个犯人与其他犯人和职员的接触程度？这些问题不是对他的批评，而仅仅是在解析研究报告时需要回答的一些相关问题。

对于变量3“社会角色”的操作化是需要特别注意的。人们一般认为观察与访问是将每个犯人进行分类的较为适当的方法，但盖洛彼蒂恩的方法是完成问卷中的15个项目，每个项目都反映这种假定是否合理。因此，需要对这一变量的测量给以更多的说明。

盖洛彼蒂恩的抽样经历了两个阶段。首先是抽取一个监狱作为研究场所，然后从中随机抽出380个样本。这种抽取的样本是否具有代表性，这个问题我们在后面再讨论。更主要的一点是，“调查设计”的合理性问题。盖洛彼蒂恩的意图是研究监狱中不同时期的社会化过程。他认为这种研究最好运用纵向或追踪的研究设计，以便研究同一群体在不同时期的变化；但实际上，他采用了“交互分类”的设计。这种方法可以节省时间和经费，但它的局限性也是突出的，它的局限性在于以事物发展变迁经历同样历史过程的假设为前提。

3. 对内部经验效度进行评价

首先考察研究者对资料的分析和描述，这是评价内部经验效度的一个关键部分。

研究报告中的图14－1是依据345个样本，把犯人分为早期(109)、中期(199)、晚期(37)三类。可以想见，由380个样本降为345个样本是因为另外35份问卷回答不完整或未收回，这一比例相对说来不算大。正如盖洛彼蒂恩所说的，它对结果没有很大影响。图14－1表明了“U”型趋势，与命题(1)相一致。问题是晚期犯人太少，当再把他们分为五种社会角色时(如晚期的违法型犯人只有两人)，无法保证分析的可靠性。从表14－1最后一列可以得到这些数字。由于这些数字较小，所以表14－1、表14－2和图14－2的许多百分比是非常不可靠的，因而盖洛彼蒂恩对这些百分比之差异的讨论是不适当的。要使分析可靠的话,那么这些百分比所依据的个例就必须远远超过 2 个、7 个或 9 个。对早期和中期犯人的分析也存在着样本太小的问题。

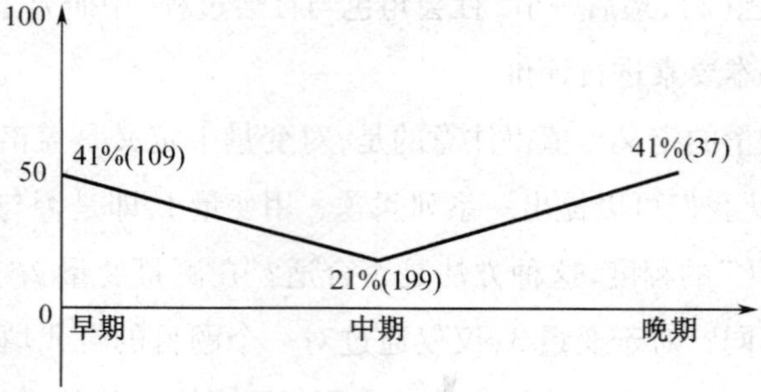

图 14－1 犯人三个阶段遵守规范的情况

表 14－1 高顺从的百分比

角色类型	早期		中期		晚期	
	人数/人	百分比/%	人数/人	百分比/%	人数/人	百分比/%
守旧型	12	67	20	30	5人	60
正常型	24	46	39	8	7	29
政治型	26	46	43	30	9	33
违法型	16	19	20	15	2	0
抱怨型	8	12	9	22	5	60
总计	86		131		28	

表 14－2 高顺从的百分比

角色类型	早期		中期		晚期	
	人数/人	百分比/%	人数/人	百分比/%	人数/人	百分比/%
守旧型	12	14	20	15	5	18
正常型	24	28	39	30	7	25
政治型	26	30	43	33	9	32
违法型	16	19	20	15	2	7
抱怨型	8	9	9	7	5	18
总计	86	100	131	100	28	100

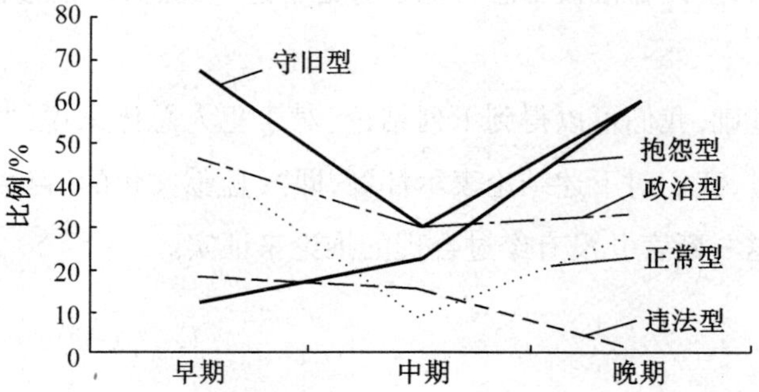

图 14 – 2　各角色类型在三个阶段遵守规范的情况

其次考察研究者关于 C,D,E 阶段的论述以及考虑由 E 到 D 的推论。这里关键的一点是统计分析及其解释是否合理。

如果我们考察与命题(1)有关的数据,就会看到分析是合理完备的。而且资料证实了所假设的"U"形曲线。当我们考虑到问题(2)时,就会发现分析不可靠,因为样本数太小以致结论不可信,例如,五种角色类型之间的任何差异都可能是由随机误差引起的。

4. 对内部理论效度进行分析

在考察内部经验效度时,我们是假定研究考察的操作化的决策是合理的。现在当我们转向对内部理论效度进行分析时,就必须进一步考察研究者的操作化方式。这主要涉及评估分析框架的 A – B – C 过程。

除我们上面已讨论过的"社会角色"的操作定义外,在操作化中还有一些值得怀疑的地方。研究者对"监狱经历"的测量方式是:进监狱不到六个月的为早期犯人,还有六个月就要出狱的为晚期犯人,其他的是中期犯人。这种测量方式是有问题的。假定某一犯人被判刑九个月,那么在前三个月他可以算作是早期犯人,在中间的三个月他可以作为早期犯人,也可作为晚期犯人,在最后三个月他当然是晚期犯人了,这个犯人就没有中间阶段了。反之,如果一个犯人被判刑十年,那么他的中间阶段就高达九年。这显然是不合理的。

另一个问题与盖洛彼蒂恩的抽样有关。选择一个监狱,然后从中抽取一个具有代表性的样本,这在设计上无可厚非。问题是有不回答的情况。这在问卷调查中是常见的,而且许多情况下是不可避免的,但是研究者应当说明这有可能使结果产生误差,应当对此加以讨论。另一个问题是,从这一监狱得到的结论能否普遍适用于其他监狱,由于这是研究中非常重要的一个方面,所以盖洛彼蒂恩可能也考虑了这一问题,但在报告中没有提及。

5. 总体评价

以上述分析为基础,我们可以得到下列结论:对于犯人总体来说,“U”型适应模型得到了资料的证实。不过,我们对下述结论表示怀疑,即“(监狱文化的)巨大影响是随角色类型的不同而变化的”,这一断言并没有经过合理的推论来证实。

[例文]

监狱中的社会角色和社会化过程

P. G. 盖洛彼蒂恩

监狱社区社会化研究采用了两个时间参照系用以描绘、解释一部分犯人在监狱活动中所发生的变化。首先,通常对待时间变量的方法是考虑置身于这个新环境,即已服刑时间的长度。这个参照系是克莱默在他的早期研究中所使用的。他在研究中观察到,大部分犯人在服刑期间逐渐吸收各方面的监狱文化。他把这种吸收称为监狱化过程,即指“或多或少地接受监狱的习俗、道德、惯例和一般文化”。对服刑持续时间与监狱文化的强调,使得克莱默提出了一个假设:监狱化和服刑时间有直接关系。

第二个是更新后的时间参照系,它不仅考虑已服刑时间的长度,而且考虑继续服刑的时间长度。这种方法植根于本照群体理论,强调诸如早期社会化这些概念。这个参照系是维勒在他对一个州立教养院的研究中所运用的。维勒根据犯人所置身的监狱经历的阶段把犯人分类,也就是说,犯人被分成早、中、晚三个阶段,决定了他们遵守监狱规范的程度,发现社会化存在着两个显著倾向。第一个近似于克莱默观察到的监狱化倾向,每一阶段都有一种与监狱规范存在着一定的对立(不等同于克莱默的监狱化,因为监狱文化的采用不必包含偏离监狱规范的运动)。第二个倾向是观察到一种“U”型适应形式。监禁早期和晚期的犯人遵守监狱规范,而那些中期的犯人反而偏离了。

结合克莱默和维勒观察到的两种社会化“倾向”可以看出,犯人规范中其他社会和文化因素对犯人产生的影响不仅因人而异,而且影响的重点也有所不同。对一些犯人的影响在晚期最大;而另一些则在囚禁中期最大。在这里产生了一系列问题,根据监狱化图形,哪些犯人已经社会化了?哪些符合适应的形式?在非正式的社会结构中这些犯人放在哪里?什么样的社会过程引起这两种形式的出现?监狱化和适应化是社会化的唯一的两种形式吗?本研究报告提出了与这些问题有关的发现。特别地,所显示的经验证据支持维勒最近关于适应倾向的发现。且表明,当考虑到犯人社会结构各方面时,可以辨别出至少四种可供选择的社会化形式。

方法和结果:适应模式

这里所报告的数据是从西部最大的州立监狱里收集的。在进行此项研究的时候,那里有大约 1 700 名犯人。为了得出一个社会化指标,随机抽取了 380 名犯人和 141 名监狱工作人员为样本,并要求他们评价五个关于监狱生活的假设情景。这五项内容如下:

(1)两个计划逃跑的犯人,要求他们的密友布朗分散警卫的注意,以便使他们有机会跑出他的视线。布朗拒绝了,宣称他不想与这件阴谋有任何关系。

(2)法警格林发现法警布雷克正携带禁品到监狱来,并且接受一些犯人的报酬,格林立刻向他的上司报告了他所知道的消息。

(省略第 3 ~5 项,每项都与以上形式相似。)

监狱工作人员和犯人都被要求表明他们是同意,还是不同意,或者既不同意也不反对这五种情景中的行为。同意、中立和反对分别记为 2 分,1 分和 0 分,五项分数加起来可能是从 0 到 10 分。

监狱工作人员的分数分布集中在分数等级较高的方向上表明了与规范的高度一致。80% 的工作人员得分为 8 到 10 分,其中 94% 的人得分为 6 到 10 分。另一方面,犯人的分数接近一个矩形分布,在 3 到 5 分间稍有集中的倾向(40%)。就五种假设的情况而言,与工作人员相比,犯人很少表现与规范的一致性。在此研究中,把犯人分成两组:那些获得 6 到 10 分的人(33%)被定义为顺从的人,即在规范方面和工作人员一致;而那些获得低分的人被认为是不顺从的人(犯人们的数字基于一个 345 人的样本,比原来的 380 人总样本少 35 人,这对研究结果的影响程度不大。)

有了以上的资料,就可确定三个监狱阶段中每一阶段遵守监狱规范的犯人人数和百分比。这几个阶段用下面的方法来区分:监禁早期的犯人是那些服刑时间少于六个月的人;那些已服刑六个月以上且至少还要服刑六个月的人被定义为监狱中期的人;监禁晚期的犯人继续服刑的时间少于六个月(这一问卷包括两个能确定监禁阶段的问题项目。第一条,“你现在已在监狱中待了多长时间”,测量了已服刑的时间。第二条,“你还要多长时间才能释放”,测量了还要继续服刑的时间。把两项问题的答案结合起来,就能确定在研究时狱中犯人的监禁阶段)。在每一阶段遵守监狱规范的犯人数量和百分比揭示了某些社会化过程。这里指在目前的时间参照系中所定义的社会化。社会化过程趋向于一条“U”形曲线,它进一步支持了维勒研究报告中的数据,服刑早期的犯人遵守纪范的比例是服刑中期犯人的两倍。这种倾向表明,在这两个阶段之间可能有一个对监狱文化的稳定的接受过程,这类似于监狱化的过程。但这个过程随着犯人们进入监狱生涯晚期会反转过来。

事实上,数据表明晚期和早期顺从者的百分比相等说明在第二和最后阶段中监狱文化的一些影响的“恢复”,这种“恢复”可能出于一种为了新的社会地位而放弃人们目前的地位的期待。从图 14 - 1 中观察到的适应性的反应模式似乎与下面的见解一致:监狱文化在最远离自由社区的时候有很大的影响。然而,这些数据更可靠的经验证明必须等待对典型对象的研究。

最近关于犯人社会系统的研究,强调它解决问题的特点。例如,斯卡拉格(1961)、赛克斯(1958)把犯人角色视为对各种中心问题和在监狱被完全剥夺自由的不同调适模式。工作人员和犯人们认为,这些角色有许多是相同的,而且常常可以根据监狱犯人的俚语来区别……监狱中有各种各样的角色类型,每一类都是围绕一个或几个中心问题来区分或组合的。各种角色类型间的内部联系构成所谓的犯人社会系统。

存在于全国许多监狱的一个主要的角色系统包括(以我们的犯人样本中的语言来说),守旧型、正常型、政治型、违法型和抱怨型。越来越多的文献支持这种说法。这些角色事实上确实存在,他们代表对监狱生活问题的几种调适模式。而且,最近的经验研究已发现了存在于犯罪经历、制度化行为和后制度化行为中的系统差异,以及不同角色担当者的感情依附。这些研究表明守旧型的犯人很少或没有系统地卷入犯罪中,他们积极参与狱方倡导的悔过计划;并且与监狱职员的接触比平均程度要高。而正常型的犯人有较复杂的违法或犯罪的经历,他们不会介入监狱方的悔过计划;并与工作人员保持一定的距离。守旧型的犯人与正统的规范保持一致,而正常型的犯人却信奉非法的准则,然而,这两种角色类型在集体导向以及为了群体目标而将个人利益置于次要位置的倾向上是相同的。

政治型的犯人经历相当复杂,他们倾向于用技能和机智来侵犯受害者,他们积极参与狱方的悔过计划。同职员和犯人有广泛接触。违法型的犯人一般使用暴力侵犯受害人,他们与职员和犯人们接触很少,这主要是由于他们有暴力的前科和他们一贯的破坏性行为。政治型和违法型对待群体准则是感情中立的,但他们对合法与不合法标准的认识却有所不同,这影响了他们表现这种中立性的方式,政治型犯人具有较多的知识,因此他们经常改变态度以适应各种环境突变。违法型犯人则不顾后果地违反双方和犯人中的规范。这两类都是自我导向的,他们把个人利益置于群体目标之上。

用“抱怨”这个词来识别那些对中心问题和被剥夺自由缺乏一致和稳定的反应的犯人,这种一致性和稳定性对于识别上述角色类型是必需的。不过,在抱怨型的犯人中曾有过非暴力的性犯罪行为的并非不常见。他们显然倾向于加入狱方倡导的悔过计划,但却与工作人员和犯人们保持距离。

在监狱里,这些角色是通过犯人们自己的日常观察来划分的,即通过对某一特定犯人在各种真实的或人为的环境中的行为和语言来观察和评价。如上所述,这是使用犯人的语言系统来识别角色类型。当这种识别过程完成之后,角色就成为犯人的人格结构中的一个重要成分。它影响犯人的个人倾向,在大多数情况下,他们为了与其他犯人对自己的期望保持一致,而修正或强化对自己和他人的态度。

方法和结果:社会角色和社会化

识别以上描述的五种角色的担当者的方法,包括对同狱犯人的一个抽样,他们对包含在调查表中的一套15项的问题给出了回答。这些问题列在下面,研究的是人们对己、对人及对人生观的态度。

(1)如果你准备成功,就必须对自己有信心;

(2)我无论何时做错了事都会感到内疚;

(3)“可能即正确”和“人人为己”是生活的主要信条,而不管人们说什么;

(4)最大的犯罪被社会保护起来了,很少送到监狱里来;

(5)我为一些无足轻重的事担忧;

(6)每个人偶尔有些偷窃行为,如你老实说的话;

(7)我真正知道的罪犯只是这个监狱中的人;

(8)你必须关心你自己,因为没有其他人会关心你;

(9)犯人能相信我是诚实的,忠于我同他们的交往;

(10)我很害怕这个时代;

(11)你知道谁比你知道什么重要得多,头脑比体力重要得多;

(12)多数人都试图成为守法者和诚实人;

(13)让人告诉我去做什么会令我痛苦;

(14)警察、法官、检察官和政治家都是狡诈的,正像很多被他们送进监狱的人一样;

(15)多数人对我很不友好。

以上的各项都用来反映某一类角色的观念体系中的一部分。第1,6和第11项用来反映政治型的态度;第2,7和12项反映守旧型的态度;第3,8和13项是关于违法型的态度;第4,9和14项反映正常型的态度;第5,10和15项反映抱怨型的态度。简而言之,对每一个角色都有三项设计好了的问题来表现其观念特征。

犯人通过选择每个陈述下4类答案中的一个来回答问题,答案是:很同意,同意,反对,强烈反对,对这几种答案分别记+2,+1,-1,-2分,然后对每一犯人求五组问题三项得分代数和。这样,一个犯人就由五个分数代表,每个分数可能从+6分到-6分,可以识别他在上述五种角色类型中的位置。

从理论上来讲,一个给定角色的担当者应该很同意为表明其态度的那三个问题,而不同意其余十二条,也就是说,一个已经被确定为监狱社区里的一类角色的犯人,在描述这种角色类型特征的条款下应该获得高分,而在描述其他角色特征的条款下应获得低分:一个犯人在某套问题下的最高正分决定了他的分数(在五套问题下的得分都是3分式,3分以下者不在分析中考虑;在两套或更多条款下分数相近的问题,即按距离分布绝对平均数最远的那个分数来识别犯人)。在此基础上就建立起一个经验分类法来区分251名犯人(即犯人样本的73%)中各类角色的担当者,然后确定这251名角色中每一个的监禁阶段及各阶段顺从规范的犯人的数目,见表14-1。

根据表14-1中的资料,可以作出几个观察。首先,并不是所有的犯人都显示出相同的适应形式。然而,根据角色类型使样本不同,四个单独的倾向就出现了。守旧型和正常型的人回答形式表现出适应性或"U"形,就是说,两个类型都被监狱化,并且也出现"反监狱化",在表14-1中,可以看出两两者的适应形式几乎完全相同,对这两类角色,在早、中期适应比例似乎是相同的。虽然对正常型的人来说"恢复率"。稍低一些,但两类都表现出阶段化效果消失的某些迹象,这种迹象可以由遵守正常准则的指标所列出。两类角色间的主要差异似乎是一个社会化的量的差别而不是比例的差别。

在这个表中，N是算出百分比的基础。例如，处于监早期的12个守旧型中，67%是高遵从的。

另两个明显的趋势似乎服从由维勒假设的稳定遵从和延迟恢复的形式，政治家倾向于贯穿囚禁生涯始终地遵守犯人规范，表明监狱文化对这种角色类型相当轻微的冲击。尽管在中期有一点下降，这时期遵守准则的政治型犯人在比例上仍比守旧型多。关于政治型的伪社会定向的理论公式似乎与以上所示的稳定遵守形式一致。

抱怨型服从延迟恢复的图形，表现出顺从的人的百分比逐渐增加，指明这类角色的社会化过程可能是治疗或改良型的。这些结果必须由对其中的部分犯人的态度变化的典型现象来进一步确认。

表14－1和表14－2进一步的观察揭示，犯人对五种假设情况的回答在中期比两端有更少的偏离。表明这一时期在犯人中可能有一种较高程度的一致，它倾于不顺从的方向。

盖洛彼蒂恩讨论表14－2得出结论，由于前三种角色类型下的百分比在全部三阶段是一致的，很可能"犯人在囚禁生涯中分类得早，不放弃角色就可能发生态度方面的转变"。因为抱怨型和违法型的百分比变得"在后期不稳定"，这个结论不必应用到这两类中去。盖洛彼蒂恩从而指出很多违法型的犯人在判决后期担任了抱怨型的角色，因为假若他们继续作违法型，"他们走出监狱的机动性就可能被阻碍了"。他小心地指出，表14－2的发现整体上还不是结论性的，因为它们是基于横面上的数据，从而"这些发现的可靠证明必须等待基于典型调查对象的研究的资料"了。

在可能产生表14－1和图14－2中的调整形式的社会过程类型这点上产生了问题。例如，令人惊奇地发现，守旧型在监狱囚禁期间表现出U形适应形式；这种倾向表明了监狱化甚至"反监狱化"的现象。最近的说法把守旧型描绘成亲社会的、隔离的、不卷入的犯人，他公然地等同于监狱当局。可以预到，这一类型具有稳定的形式，但是，在守旧型中，早期到中期顺从者从67%到30%的下降却不表明一个稳定遵从形式，表明他们可能不如先前那样隔离，而是在某种程度上卷入到其他犯人中去。

结论：

本文所有的发现表明，当考虑犯人社会结构的诸方面时，对监狱生活的反映的好多形式故出现了。与维勒和克莱默的报告相一致，犯人是在不同的程度和速度上社会化的，这表明了监狱文化对它的参与者的不同影响。资料同样表明,影响最大的时候随着不同角色类型而变化:早期对抱怨型是重要的,中期对正常型和守旧型重要,后期对违法型重要。

许多犯人在释放前必然要经历的所谓期待社会化的过程,可能强得足以“扰乱”或“压倒”许多在监禁期间遭受的特别影响。在此基础上,我们会被引导为许多假释者在假释期间的行为作出预测,然而众所周如,许多从监狱释放的犯人又作为假释中的罪犯回到监狱。(盖洛彼蒂恩通过讨论一些因素而结束此文,这些因素对理解再犯罪和假释犯罪也许是重要的。)

思 考 题

1. 成果的主要表现形式有哪些?
2. 为什么要对调查形成的成果进行评估?
3. 调查研究成果评估的内容有哪些?
4. 如何构建调查研究成果评估的指标体系?

附录　SPSS 的简单用法和相关操作

SPSS 是一个重要的数据分析工具,应用十分广泛。现以 SPSS 8.0 为例,简单对相关操作进行介绍。

约定:凡是在学习中遇到英文命令的,我们都省去每个命令首字母的下划线,如 File 中的下划线就不再标出,只记作“File”。

(一)SPSS 的启动和退出

1.启动

打开计算机,进入 Windows 的桌面后,单击左下角“开始”按钮,选择程序中的 SPSS 选项,单击即可启动。如果桌面上有 SPSS 的快捷方式,也可以用鼠标双击打开。

2.退出

每次操作完毕后,应先把本次操作存盘,然后关闭该文件。单击右上角的“x”按钮,即可退出 SPSS。学习者也可通过菜单来操作,单击左上角“File”,选择“Exit”选项,也可退出 SPSS。

(二)输入数据

1.启动 SPSS。

2.单击“File”菜单,选择“New”中的“Data”项。

3.单击“Data”菜单项的“Define Variable”。

4.在“Variable Name”变量栏中录入变量名,如“age”“number”,这时要注意,输入变量名必须用英文。在同一对话框中还有“Type”“Missing Values”“Lables”“Column Format”四个选项,“Type”:设置变量类型。“Missing Values”:设置缺失值定义;“Lables”:设置变量标签;“Column Format”:设置列格式。每一项单击即可进入设置状态。

四个选项中,“Lables”设置较复杂,单击“Lables”按钮,进入对话框,在“Variable Lable”栏中用汉字输入英文变量名对应的标签值,如“性别”。在“Value”第一栏中输入“1”,在“Value”第二栏中输入“男”,按“Add”按钮,照此定义 2 =“女”。定义完毕后,按“Continue”返回。

5. 变量定义完毕后,请按整理所得的编码本输入各数据观测值。

6. 单击"File",选择"Save As"或"Save",把刚才输入的数据存盘。"Save As"一般用于保存到个人的软盘或指定的目录下,"Save"一般保存在当前盘下。

7. 安全退出 SPSS。

(三)简单统计分析

SPSS 是一个强大的统计分析软件,简单的统计分析方法都包含在一个命令中。描述性统计方法的命令有很多,如"Frequencies""Descriptives"等。这里介绍"Frequencies"的用法,"Descriptives"与之类同。

1. 进入 SPSS,打开已有的 SPSS 数据文件。

2. 单击"Statistics",选择"Summariz"中的"Descriptives"选项,进入对话框。

3. 左侧的源变量框中可以选择一个或多个进入"Variable"中。

4. 单击"Options"按钮,进入"Options"对话框。

5. 在此对话据中,凡有"□"标志的表示可多选,而"○"表示只能选一个。

6. 根据需要选择各选项。

Mean:算术平均值

Variance:方差

S. E. mean:平均数的标准误

Skewness:偏度

Range:最大值与最小值之差

Kurtosis:峰度

Sum:变量各观测值总和

Minimum:最小值

Ascending:升序

Descending:降序。

选择完毕后,单击"continue"返回。

7. 单击 OK。

参考文献

[1] 周孝正,王朝中. 社会调查研究[M]. 北京:中央广播大学出版社,2005.

[2] 范伟达. 现代社会研究方法[M]. 上海:复旦大学出版社,2001.

[3] 汤秀丽. 社会调查理论与方法[M]. 北京:中国水利水电出版社,2014.

[4] 陈昌文. 社会研究方法[M]. 成都:四川大学出版社,2000.

[5] 风笑天. 现代社会调查方法[M]. 3 版. 武汉:华中科技大学出版社,2006.

[6] 宋林飞. 社会调查研究方法[M]. 上海:上海人民出版社,1990.

[7] 吴增基,吴鹏森,苏振芳. 现代社会调查方法[M]. 3 版. 上海:上海人民出版社,2009.

[8] 徐经泽. 社会调查理论与方法[M]. 北京:高等教育出版社,2011.

[9] 谢俊贵. 社会调查理论与方法[M]. 长沙:湖南师范大学出版社,2003.

[10] 张创新. 社会调查理论与方法[M]. 长春:吉林大学出版社,2003.

[11] 范乡. 社会调查的理论与方法[M]. 北京:中国经济出版社,1991.

[12] 郝大海. 社会调查理论与方法[M]. 北京:中国人民大学出版社,2005.

[13] 费孝通. 社会调查自白[M]. 北京:知识出版社,1985.

[14] 张性秀,常艳娥. 调查研究理论与方法[M]. 北京:国防科技大学出版社,2001.

[15] 席群. 社会调查基础理论与方法[M]. 兰州:兰州大学出版社,1996.

[16] 袁亚愚. 社会调查的理论与方法[M]. 成都:成都科技大学出版社,1993.